Merve Verlag

Michel de Certeau

Kunst des Handelns

Aus dem Französischen übersetzt
von Ronald Voullié

Merve Verlag Berlin

Titel der Originalausgabe:

L'invention du quotidien.1
Arts de faire

Union Générale d'Editions,
coll. 10/18, Paris 1980

1988 by Merve Verlag GmbH, Postfach 327, 1 Berlin 15.
Printed in Germany. Satz: Schreibbüro Michael Schliwa,
Berlin. Druck- und Bindearbeiten: Dressler, Berlin. Um-
schlagentwurf: Jochen Stankowski, Köln.

ISBN Nr. 3-88396-060-8

INHALT

WIDMUNG   9

ALLGEMEINE EINFÜHRUNG   11
Die Produktion von Konsumenten. - Taktiken
von Praktikern.

ERSTER TEIL
EINE GANZ GEWÖHNLICHE KULTUR

1. KAPITEL. DIE UMGANGSSPRACHE: EIN GE-
MEINPLATZ   35
"Jedermann und Niemand". - Freud und der gemeine
Mann. - Der Experte und der Philosoph. - Wittgen-
steins Modell der gewöhnlichen Sprache. - Eine
zeitgenössische Geschichtlichkeit.

2. KAPITEL. POPULÄRE KULTUREN   55
Eine brasilianische "Kunst". - Die sprichwörtliche Äußerung. - Spiele, Geschichten und Redekünste: Logiken. - Eine Praktik des Umfunktionierens.

3. KAPITEL. GEBRAUCHSWEISEN UND TAKTIKEN:
ETWAS BENUTZEN   77
Gebrauch oder Konsum. - Strategien und Taktiken.
- Rheotrik von Praktiken, uralte Finten.

ZWEITER TEIL
THEORIEN ÜBER DIE KUNST DES HANDELNS

DIE ALLTAGSPRAKTIKEN   101

4. KAPITEL. FOUCAULT UND BOURDIEU   105
Foucault: Weitverzweigte Technologien. -
Boudieu: die "gelehrte Unwissenheit".

5. KAPITEL. DIE KUNST DER THEORIE   131
Ein theoretisches Rezept: Zerlegen und Umkehren.
- Die Ethnologisierung der "Künste". - Unwis-
sentliche Erzählungen. - Kant: eine Kunst des
Denkens.

6. KAPITEL. DIE ZEIT DES GESCHICHTEN-
ERZÄHLENS   155
Eine Kunst des Redens. - Détienne: von Coups
erzählen. - Die Kunst der Erinnerung und die
Gelegenheit. - Geschichten.

DRITTER TEIL
PRAKTIKEN IM RAUM

7. KAPITEL. GEHEN IN DER STADT   179
Vom Konzept der Stadt zu urbanen Praktiken.
- Das Sprechen der verhallenden Schritte.
- Was einen "in Bewegung versetzt": Mythisches.

8. KAPITEL. SCHIFF UND KERKER   209

9. KAPITEL. BERICHTE VON RÄUMEN   215
"Räume" und "Orte". - Wegstrecken und Karten.
- Grenzziehungen. - Gesetzesübertretungen.

VIERTER TEIL
DER UMGANG MIT DER SPRACHE

10. KAPITEL. DIE ÖKONOMIE DER SCHRIFT   241
Eine "moderne" mythische Praktik: Schreiben.
- Einschreibung des Gesetzes auf dem Körper.
- Von einem Körper zum anderen. - Inkarna-
tionsapparate. - Der Repräsentationsmechanis-
mus. - Die "Junggesellenmaschinen".

11. KAPITEL. STIMMEN ZITIEREN   277
Die entstellte Äußerung. - Die Wissenschaft
von der Fabel. - Körpergeräusche.

12. KAPITEL. LESEN HEISST WILDERN   293
Die Ideologie der "Informationen" durch das
Buch. - Das Lesen: eine verkannte Tätigkeit.
- Produkt einer gesellschaftlichen Elite: die
"buchstäbliche" Bedeutung. - Diese "impertinente Abwesenheit", eine "Übung in Allgegenwärtigkeit". - Räume für Spiele und Listen.

FÜNFTER TEIL
ARTEN UND WEISEN DES GLAUBENS

13. KAPITEL. POLITISCHE GLAUBWÜRDIGKEIT   315
Abwertung des Glaubens. - Die Übergänge des
Glaubens: eine Archäologie. - Von der "geist-
lichen" Macht zur Opposition von links. - Die
Instituierung des Realen. - Die erzählte Ge-
sellschaft.

14. KAPITEL. STERBEN: DAS UNSAGBARE   335
Eine undenkbare Praktik. - Sprechen heißt
glauben. - Schreiben. - Die therapeutische
Macht und ihr Double. - Das Vergängliche.

UNBESTIMMTHEITEN   349
Übereinandergeschichtete Orte. - Die Einbrüche in die Zeit.

ANMERKUNGEN   359

WIDMUNG

Dieser Essay ist dem gemeinen Mann gewidmet. Dem Helden des Alltags. Einer weit verbreiteten Person. Den vielen, die unterwegs sind. Indem ich mich zu Beginn meiner Ausführungen auf einen Abwesenden beziehe, der ihr Auslöser war und ihre Notwendigkeit begründet, frage ich mich nach dem Begehren, dessen unmögliches Objekt er darstellt. Was wollen wir mit diesem vom Rumoren der Geschichte erfüllten Orakel zu verstehen geben, beziehungsweise was nehmen wir uns heraus, wenn wir ihm diese Schrift widmen, die man in früheren Zeiten den Gottheiten oder Musen der Inspiration gewidmet hätte?

Dieser anonyme Held ist schon sehr lange unterwegs. Er ist das Gemurmel der Gesellschaften. Zu allen Zeiten geht er den Texten voraus. Er wartet nicht einmal auf sie. Er macht sich sogar über sie lustig. Indes, in den schriftlichen Darstellungen ist er im Vormarsch. Nach und nach besetzt er das Zentrum unserer Wissenschafts-Szene. Die Akteure mit Eigennamen und sozialen Kennzeichen sind aus dem Rampenlicht verschwunden und stattdessen schwenken die Scheinwerfer zunächst auf den Chor der am Rande versammelten Statisten, um sich dann auf die im Zuschauerraum versammelte Menge zu richten. Eine soziologisch und anthropologisch ausgerichtete Forschung nimmt vor allem das Anonyme und Alltägliche ins Visier, aus dem mit verschiedenen Zooms metonymische Details herausgeschnitten werden - also Teile, die für das Ganze stehen. Die Darsteller, die gestern noch Familien, Gruppen und Ordnungen symbolisierten, verschwinden langsam von der Bühne, die sie zur Zeit des individuellen Namen beherrschten. Nun kommt die Zahl, die der Demokratie, der Großstadt, der Verwaltungen und der Kybernetik. Eine anpassungsfähige und zusammenhängende Masse; ein dichtes Gewebe wie ein Stoff ohne Riß oder Naht; eine

Vielzahl von statistisch erfaßten Helden, die Namen und Gesichter verlieren und zur mobilen Sprache von Kalkülen und Rationalitäten werden,` welche niemandem gehören. Chiffrierte Verkehrsströme.

ALLGEMEINE EINFÜHRUNG

Die hier veröffentlichte Untersuchung basiert auf einer Forschungsarbeit über die *Aktivitäten von Verbrauchern*, die angeblich zu Passivität und Anpassung verurteilt sind. Es geht nicht nur darum, ein gleichermaßen flüchtiges wie fundamentales Thema darzustellen, sondern darum, es überhaupt erst einmal darstellbar zu machen. Es müssen also auf der Basis von Umfragen und Hypothesen mögliche Wege für künftige Analysen aufgezeigt werden. Dieses Ziel wäre erreicht, wenn die Alltagspraktiken oder alltäglichen "Handlungsweisen" (1) nicht mehr als sich im Dunkeln verlierende Grundlage der gesellschaftlichen Tätigkeit angesehen werden würden und wenn es in einem Zusammenspiel von theoretischen Fragen, Methoden, Kategorien und Sichtweisen, welche in diese Finsternis eindringen, gelingen würde, das Dunkel zu artikulieren.

Die Untersuchung dieser Praktiken beinhaltet keinen Rückgriff auf das Individuum. Der gesellschaftliche Atomismus, der über drei Jahrhunderte als historisches Postulat der Gesellschaftsanalyse gedient hat, setzte eine elementare Einheit, nämlich das Individuum, voraus, von dem ausgehend Gruppen gebildet wurden und auf das diese immer wieder reduziert werden konnten. Dieses Postulat, das seit mehr als einem Jahrhundert durch soziologische, ökonomische, anthropologische oder psychoanalytische Untersuchungen zurückgewiesen worden ist (kann das aber für die Historie ein Argument sein?), ist nicht Gegenstand dieser Untersuchung. Vielmehr zeigt die Analyse einerseits, daß die (immer gesellschaftliche) Relation ihre Begriffe bestimmt und nicht umgekehrt und daß jede Individualität ein Ort ist, an dem eine inkohärente (und oft widersprüchliche) Vielzahl von Größen aufeinandertrifft. Andererseits geht es bei der anstehenden Frage vor allem um Vorgehensweisen und Handlungsmuster und nicht direkt um das Subjekt, das Urheber oder Träger derselben ist. Sie zielt auf eine operative Logik, für die es möglicherweise schon Beispiele in den Jahrtausende alten Finten sich tarnender Fische oder Proteus-Insekten gibt und die überall von der heute in der westlichen Welt vorherrschenden Rationalität verdeckt wird. Diese Arbeit will also *Kombinationsmöglichkeiten von Handlungsweisen* herausarbeiten, die auch (aber nicht ausschließlich) zur Bildung einer "Kultur" führen. Sie will die charakteristischen Handlungsmodelle von Verbrauchern wieder ans Licht bringen, deren Status von *Beherrschten* (was nicht heißt, daß sie passiv oder angepaßt sind) man unter der verschämten Bezeichnung Konsumenten verbirgt. Das Alltägliche setzt sich aus allen möglichen Arten des *Wilderns* zusammen.

Da diese Untersuchung notwendigerweise fragmentarisch bleibt, scheint es angemessen, hier einen Gesamtüberblick, beziehungsweise eine Art Vorschau zu geben. Diese im Vogelflug betrachtete Landschaft sieht aus wie die Miniatur eines Puzzles, zu dem noch viele Teile fehlen.

1. DIE PRODUKTION VON KONSUMENTEN

Ausgehend von Arbeiten über die "populäre Kultur" oder die Marginalitäten (2) wurde die Untersuchung über die alltäglichen Praktiken zunächst negativ durch die Notwendigkeit bestimmt, die kulturelle *Differenz* nicht bei den Gruppierungen zu suchen, die das Banner der "Gegen-Kultur" hochhalten - Gruppen, die bereits eine spezielle Charakteristik haben, die oft privilegiert und zum Teil folklorisiert sind - und die nur Symptome waren oder bloß einen Hinweis auf verborgene Zusammenhänge geben. Dennoch kann diese Differenz in drei positiven Bestimmungen dargestellt werden.

Viele, oft bemerkenswerte Arbeiten beschäftigen sich damit, entweder die Vorstellungen oder die Verhaltensweisen einer Gesellschaft zu untersuchen. Aufgrund der Kenntnis dieser gesellschaftlichen Objekte scheint es möglich und notwendig zu sein, auf den *Gebrauch* zu schließen, den Gruppen oder Individuen von ihnen machen. So muß zum Beispiel die Analyse der vom Fernsehen verbreiteten Bilder (Vorstellungen) und der vor dem Fernseher verbrachten Zeit (ein Verhalten) durch eine Untersuchung dessen ergänzt werden, was der Kulturkonsument während dieser Stunden und mit diesen Bildern "*fabriziert*". Dasselbe gilt für den Gebrauch des städtischen Raumes, der im Supermarkt gekauften Produkte oder für den Umgang mit den von der Zeitung verbreiteten Berichten und Stories.

Diese "Fabrikation", der hier nachgegangen werden soll, ist eine Produktion, eine Poiesis (3), - die allerdings unsichtbar ist, da sie sich in den von den Systemen der (televisuellen, urbanen, kommerziellen etc.) "Produktion" definierten und besetzten Bereichen verbirgt. Unsichtbar, da die totalitärer werdende Verbreitung dieser Systeme den "Konsumenten" keinen Platz mehr läßt, um deutlich zu machen, was sie mit den Produkten *machen*. Das Gegenstück zur rationalisierten, expansiven, aber auch zentralisierten, lautstarken und spektakulären Produktion ist eine *andere* Produktion, die als "Konsum" bezeichnet wird: diese ist listenreich und verstreut, aber sie breitet sich überall aus, lautlos und fast unsichtbar, denn sie äußert sich nicht durch eigene Produkte, sondern in der *Umgangsweise* mit den Produkten, die von einer herrschenden ökonomischen Ordnung aufgezwungen werden.

Vor langer Zeit hat man zum Beispiel den zweideutigen Vorgang untersucht, der den "Erfolg" der spanischen Kolonisatoren bei den indianischen Völkern unterlaufen hatte: unterwürfig und sogar bereitwillig *machten* diese Indianer aus den rituellen Handlungen, Vorstellungen oder Gesetzen, die ihnen aufgezwungen worden waren, oft etwas ganz anderes als der Eroberer bei ihnen erreicht zu haben glaubte; sie unterwanderten sie nicht, indem sie sie ablehnten oder veränderten, sondern durch die Art und Weise, wie sie sie zu Zwecken und mit Bezugspunkten gebrauchten, die dem System, welchem sie nicht entfliehen konnten, fremd waren. Innerhalb des Kolonialsystems, das sie äußerlich "assimilierte", blieben sie Fremde; ihr Gebrauch der herrschenden Ordnung war ein Spiel mit deren Macht, welche sie nicht abweisen konnten; sie entflohen dieser Ordnung, ohne sie zu verlassen. Die Kraft ihrer Differenz lag in der Art und Weise des "Konsums". Nicht ganz so ausgeprägt, gibt es auch in unseren Gesellschaften eine ähnliche Zweideutigkeit bei dem Gebrauch, den bestimmte Volksschichten von den Kulturen machen, die "Eliten" als Sprachproduzenten verbreiten und aufzwingen.

Das Vorhandensein und die Verbreitung einer Vorstellung (die von Parteirednern, Lehrern oder Trivialschriftstellern als Code des sozio-ökonomischen Aufstiegs gelehrt wird) gibt keinerlei Aufschluß darüber, was diejenigen, die sie gebrauchen, davon halten. Man muß darüber hinaus untersuchen, wie sie von den Benutzern gehandhabt wird, die sie nicht gemacht haben. Nur so kann man die Unterschiedlichkeit oder Ähnlichkeit ermessen zwischen der Produktion eines Vorstellungsbildes und der sekundären Produktion, die in den Anwendungsweisen verborgen ist.

Unsere Untersuchung ist in diesem Zwischenbereich angesiedelt. Ihr theoretischer Bezugspunkt könnte die Konstruktion eigener Sätze mit Hilfe eines übernommenen Vokabulars und einer übernommenen Syntax sein. In der Linguistik ist "Performanz" etwas anderes als "Kompetenz"; der Sprechakt (und alle dazugehörigen Äußerungstaktiken) ist nicht auf die Kenntnis der Sprache reduzierbar. Wenn man, wie in dieser Studie, die Äußerung untersuchen will, bezieht man sich vorzugsweise auf den Sprechakt: er *vollzieht sich* innerhalb eines Sprachsystems; er erfordert eine *Aneignung* oder Wiederaneignung der Sprache (langue) durch die Sprecher; er begründet eine von Raum und Zeit abhängige *Präsenz*; und er führt zu einem *Vertrag mit dem Anderen* (dem Gesprächspartner) in einem Netz von Orten und Beziehungen. Diese vier Eigenschaften des Äußerungsakts (4) lassen sich auch in vielen anderen Praktiken wiederfinden (Kochen, Gehen etc.). Zumindest wird bei dieser Parallele, die nur teilweise gilt, eine bestimmte Zielrichtung deutlich - man wird sehen, welche. Sie geht davon aus, daß die Verbraucher, so wie die Indianer, mit und in der herrschenden Kulturökonomie die zahlreichen und unendlichen Metamorphosen des Gesetzes dieser Ökonomie in die Ökonomie ihrer eigenen Interessen und Regeln "umfrisieren". Die Vorgehensweisen, Hilfsmittel, Wirkungen und Möglichkeiten dieser ameisenhaften Aktivität sollen hier herausgearbeitet werden.

Kreatives Vorgehen im Alltag

Ein weiterer Bezugspunkt präzisiert eine zweite Zielrichtung dieser Untersuchung. In *Überwachen und Strafen* ersetzt Michel Foucault die Analyse von Apparaten, die die Macht ausüben (das heißt von lokalisierbaren, expansiven, repressiven und legalen Institutionen) durch eine Analyse von "Dispositiven", die die Institutionen "wie Vampire" überfallen und insgeheim die Funktionsweise der Macht umorganisiert haben: "verschwindend kleine" technische Prozeduren, die an den und mit den Details vorgenommen werden, haben den (diskursiven) Raum umorganisiert, um ihn zum Vollstrecker einer sich ausweitenden "Überwachung" zu machen (5). Eine ganz neue Problematik. Aber diese "Mikrophysik der Macht" unterliegt ein weiteres Mal einer Überbewertung des ("Disziplin") produzierenden Apparates, auch wenn sie die "Erziehung" als ein "Repressions"-System kritisiert und aufzeigt, wie die stummen Technologien hinter den Kulissen die institutionellen Inszenierungen determinieren oder kurzschließen. Wenn es richtig ist, daß das Raster der "Überwachung" sich überall ausweitet und verschärft, dann ist es um so notwendiger, zu untersuchen, wie es einer ganzen Gesellschaft gelingt, sich nicht darauf reduzieren zu lassen: welche populären (und auch "verschwindend kleinen", alltäglichen) Praktiken spielen mit den Mechanismen der Disziplinierung und passen sich ihnen nur an, um sie gegen sich selber zu wenden; und welche "Handlungsweisen" bilden schließlich auf seiten der Konsumenten (oder "Beherrschten"?) ein Gegengewicht zu den stummen Prozeduren, die die Bildung der soziopolitischen Ordnung organisieren?

Diese "Handlungsweisen" sind die abertausend Praktiken, mit deren Hilfe sich die Benutzer den Raum wiederaneignen, der durch die Techniken der soziokulturellen Produktion organisiert wird. Sie werfen Fragen auf, die denen von Foucaults Buch sowohl analog als auch konträr sind: analog, da es sich darum handelt, die quasi mikrobenhaften Operationen zu bestimmen, die sich im Inneren der technokratischen Strukturen verbreiten und deren Funktionsweise durch eine Vielzahl von "Taktiken" unterlaufen, die sich in den "Details" des Alltäglichen artikulieren; konträr, da es sich nicht mehr darum handelt herauszuarbeiten, wie die Gewalt der Ordnung sich in eine disziplinierende Technologie umsetzt, sondern darum, die untergründigen Formen ans Licht zu bringen, welche die zersplitterte, taktische und bastelnde Kreativität von Gruppen und Individuen annimmt, die heute von der "Überwachung" betroffen sind. Diese Praktiken und Listen von Konsumenten bilden letztlich das Netz einer Antidisziplin (6), die das Thema des vorliegenden Buches ist.

Man kann davon ausgehen, daß diese vielgestaltigen und fragmentarischen Aktivitäten bestimmten Regeln gehorchen - Aktivitäten, die von der Gelegenheit und vom Detail abhängig sind, die in den Apparaten, deren Gebrauchsanweisungen sie sind, stecken und sich verstecken und die somit keine Ideologie oder eigene Institutionen haben -. Anders gesagt, es muß eine Logik dieser Praktiken geben. Damit stößt man erneut auf das uralte Problem der *Kunst* oder der "Fertigkeit" (manière de faire). Von den Griechen über Kant bis zu Durkheim gibt es eine lange Tradition, die sich darum bemüht, die komplexen (und keineswegs einfachen oder "armseligen") Formalitäten zu definieren, in denen diese Aktivitäten auftreten (7). Dadurch stellt sich die "populäre Kultur", ebenso wie die ganze sogenannte Trivialliteratur, als ganz anders dar: sie zeigt sich im Wesentlichen als eine *"Kunstfertigkeit"* im Umgang mit diesem oder jenem (8), das heißt als kombinierende und verwertende Konsumformen. Diese Praktiken bringen eine "populäre" *ratio* ins Spiel, eine Art und Weise, das Denken auf das Handeln zu beziehen, eine Kombinationskunst, die untrennbar von einer Kunst im Ausnützen ist.

Um das Formale dieser Praktiken in den Griff zu bekommen, habe ich zwei Arten von Untersuchungen einbezogen. Die ersteren, eher deskriptiven, beziehen sich auf einige Arten und Weisen des Machens bzw. Kunstfertigkeiten, die im Hinblick auf ihren Stellenwert innerhalb der Untersuchungsstrategie und im Hinblick auf die Erlangung möglichst differenzierter Varianten ausgewählt worden sind: Lektürepraktiken, Umgangsweisen mit dem städtischen Raum, Umgang mit Alltagsritualen, Wiederverwendungen und schließlich der Ablauf der Erinnerung quer zu den "Autoritäten", die die alltäglichen Praktiken möglich gemacht (oder erlaubt) haben etc. Außerdem gibt es zwei detailliertere Monographien, die versuchen, solchen Aktivitäten bis in ihre Verästelungen zu folgen, die sich zum einen bei der Umorganisierung eines Raumes (des Stadtteils "Croix-Rousse" in Lyon) durch Familienpraktiken und zum anderen bei den Taktiken einer Kochkunst ergeben, die gleichzeitig ein Netz von Beziehungen, von poetischen "Basteleien" und eine Wiederherstellung von Marktstrukturen bewirken (9).

Die zweite Reihe von Untersuchungen bezieht sich auf wissenschaftliche Literatur, die geeignet ist, Hypothesen aufzustellen, welche die Logik jenes Denkens, das sich nicht selber denkt, ernst nehmen. Dabei verdienen drei Bereiche ein besonderes Interesse. Einerseits soziologische, anthropologische und auch historische Arbeiten (von E. Goffman bis P. Bourdieu, von Mauss bis M. Détienne und von J. Boissevain bis E.O. Laumann), die eine Theorie dieser Praktiken (die sich aus Ritualen und Improvisationen zusammensetzen), dieser Veränderung von Räumen und dieser Benutzer von Netzen erarbeiten (10). Andererseits die ethnomethodologischen und soziolinguistischen Untersuchungen von H. Garfinkel, W. Labov, H. Sacks, E.A. Schegoff und vor allem J.A. Fishman, die die alltäglichen Interaktionsprozesse im Verhältnis zu den Erwartungsstrukturen und den Verhandlungs- und Improvisationsstrukturen, die der gewöhnlichen Sprache eigen sind, erforschen (11).

Neben Semiotiken und Philosophien, die sich auf die "Konvention" beziehen (von O. Ducrot bis D. Lewis) (12), muß man schließlich drittens, die stark formalisierten Logiken und ihre Erweiterungen in der analytischen Philosophie zu Rate ziehen, und zwar auf den Gebieten des Handelns (G.H. von Wright, A.C. Danto, R.J. Berstein) (13), der Zeit (A.N. Prior, N. Rescher und J. Urquhart) (14) oder der Modalisierung (G.E. Hughes und M.J. Cresswell, A.R. White) (15). Ein schwerer Apparat, mit Hilfe dessen die Zubereitung und die Plastizität alltäglicher

Aussagen erfaßt werden soll, also nahezu orchestrale Kombinationen von logischen Teilen (Temporalisierung, Modalisierung, Injunktionen, Handlungsprädikate etc.), deren Dominanten sukzessive von den konjunkturellen Umständen und Anforderungen bestimmt werden. Eine Arbeit, die der Chomskys über die oralen Praktiken der Sprache analog ist, soll ihre logische und kulturelle Legitimität an den alltäglichen Praktiken aufweisen - zumindest in den immer noch begrenzten Bereichen, in denen wir über Instrumente verfügen, um diese Praktiken wahrzunehmen (16).

Dabei handelt es sich um eine sehr schwierige und komplexe Untersuchung, da diese Praktiken nach und nach unsere Logiken lähmen und durcheinanderbringen. Sie begegnet den Klagen des Dichters und kämpft wie er mit dem Vergessen: "Und ich vergaß zufällige Umstände, Ruhe und Hektik, Sonne oder Kälte, Anfang oder Ende des Tages, den Geschmack der Erdbeeren oder der Verlassenheit, halbverstandene Mitteilungen, die Titelseite der Zeitung, die Stimme am Telephon, die unbedeutendste Unterhaltung, die unbekanntesten Männer oder Frauen, alles, was spricht, lärmt, geschieht, berührt, begegnet" (17).

Die Marginalität einer Mehrheit

Diese drei Bestimmungen ermöglichen ein Durchqueren des kulturellen Feldes; ein Durchqueren, das durch eine Untersuchungsproblematik definiert und durch Untersuchungen akzentuiert wird, welche von zu verifizierenden Arbeitshypothesen abhängig sind. Sie will *Operations*-Typen oder Aktivitätsformen ausfindig machen, die den Konsum im Raster einer Ökonomie charakterisieren, und in diesen Aneignungspraktiken die Indikatoren der Kreativität aufspüren, die sich gerade dort ausbreitet, wo die Fähigkeit, eine eigene Sprache zu finden, verschwunden ist.

Die gegenwärtige Form von Marginalität ist nicht mehr die von kleinen Gruppen, sondern eine massive, massenhafte Marginalität. Sie ist eine kulturelle Aktivität von Nicht-Kulturproduzenten, eine unmerkliche, nicht entzifferbare und nicht symbolisierte Aktivität, die aber dennoch die einzige Möglichkeit für alle diejenigen bleibt, die die Show-Produkte, in denen sich eine produktivistische Ökonomie buchstabiert, bezahlen, indem sie sie kaufen. Sie wird universell. Diese Marginalität ist zur schweigenden Mehrheit geworden.

Was nicht bedeutet, daß sie homogen wäre. Der Ablauf der Prozeduren, in denen sich die Weiterverwendung derjenigen Produkte vollzieht, die gewissermaßen einer verbindlichen Sprache unterstehen, ist von gesellschaftlichen Situationen und Kräfteverhältnissen abhängig. Ein ausländischer Arbeiter verfügt gegenüber Fernsehbildern nicht über dieselbe kritische oder kreative Distanz wie ein einheimischer mittlerer Angestellter. Auf demselben Gebiet führt ein Mangel an Informationsmitteln, finanziellen Mitteln und "Sicherheiten" jeder Art zu einem gesteigerten Vorkommen von Listen, von Träumen oder von Lachen. Dieselben Dispositive, die unter verschiedenen Kräfteverhältnissen wirksam werden, führen nicht zu denselben Wirkungen. Daher ergibt sich die Notwendigkeit einer Differenzierung der "Aktionen" (im militärischen Sinne des Wortes), die im Konsumbereich von den Konsumenten mit dem System der Produkte ausgeführt werden. Und daher müssen die Spielräume unterschieden werden, die die Konjunkturen den Verbrauchern lassen und in denen diese ihre "Kunst" ausüben können.

Das Verhältnis der Prozeduren zu dem Kräftefeld, in das sie eingreifen, muß also zu einer *kriegswissenschaftlichen* Analyse der Kultur führen. Wie das Recht (das ein Modell dafür ist) bringt die Kultur Konflikte hervor und legitimiert, verschiebt oder kontrolliert das Recht des Stärkeren. Sie entwickelt sich in einem oft gewaltsamen Spannungsfeld, in das sie symbolische Gleichgewichte, ausgleichende Verträge und mehr oder weniger dauerhafte Kompromisse einbringt. Die Konsum-Taktiken - die Findigkeit des Schwachen, Nutzen aus dem Starken zu ziehen - führen somit zu einer Politisierung der Alltagspraktiken.

2. TAKTIKEN VON PRAKTIKERN

Dieses allzu dichotomische Schema des Verhältnisses der Konsumenten zu den Dispositiven der Produktion hat sich im Verlauf der Arbeit auf dreierlei Weise entwickelt: Suche nach Problematiken, an denen das gesammelte Material dargestellt werden könnte; Beschreibung einiger Praktiken (Lesen, Sprechen, Gehen, Wohnen, Kochen etc.), die sich als signifikativ erwiesen haben; Ausdehnung der Analyse dieser Alltagsoperationen auf wissenschaftliche Bereiche, die anscheinend von einem anderen Typ Logik beherrscht werden. Bei der Darstellung der drei eingeschlagenen Wege hat das ganze Vorhaben eine leichte Veränderung erfahren.

Bahnungen, Taktiken und Rhetoriken

Als verkannte Produzenten, Dichter ihrer eigenen Angelegenheiten, und stillschweigende Erfinder eigener Wege durch den Dschungel der funktionalistischen Rationalität produzieren die Konsumenten durch ihre Signifikationspraktiken etwas, das die Gestalt von "Irr-Linien" haben könnte, wie sie die jungen Autisten von F. Deligny (18) zeichnen. In dem technokratisch ausgebauten, vollgeschriebenen und funktionalisierten Raum, in dem sie sich bewegen, bilden ihre Bahnen unvorhersehbare Sätze, zum Teil unlesbare "Querverbindungen". Auch wenn sie aus dem Vokabular der gängigen Sprachen (des Fernsehens, der Zeitung, des Supermarktes oder der offiziellen Museen) gebildet werden und der vorgeschriebenen Syntax (Zeitmodi des Stundenablaufes, paradigmatische Ordnungen von Orten etc.) unterworfen bleiben, verweisen sie auf Finten mit anderen Interessen und Wünschen, die von den Systemen, in denen sie sich entwickeln, weder bestimmt noch eingefangen werden können (19).

Sogar die Statistik weiß darüber nahezu gar nichts, da sie sich darauf beschränkt, die "lexikalischen" Einheiten zu klassifizieren, zu berechnen und aufzulisten, aus denen diese Bahnen zwar zusammengesetzt sind, auf die sie sich aber nicht reduzieren lassen; und da sie von den Kategorien und Taxinomien ausgeht, die ihr selber eigen sind. Sie erfaßt das Material dieser Praktiken und nicht ihre *Form*; sie bezieht sich auf die verwendeten Elemente und nicht auf die "Satzform", die sich aus der Bastelei, aus dem "handwerklichen" Erfindungsreichtum und aus der Diskursivität ergibt, welche all diese "vorgegebenen" und sich ihrem Hintergrund anpassenden Elemente kombinieren. Indem die statistische Untersuchung dieses "Umhervagabundieren" in Einheiten zerlegt, die sie selber definiert hat, und indem sie die Ergebnisse ihrer Zerstückelungsarbeit entsprechend ihren eigenen Codes wiederzusammensetzt, "findet" sie nur Homogenitäten. Sie reproduziert nur das System, dem sie selber angehört, und läßt die Ausbreitung der heterogenen Geschichten und Aktivitäten, die das Patchwork des Alltäglichen bilden, beiseite. Die Kraft ihrer Berechnungen beruht auf ihrem Auf- und Unterteilungsvermögen, aber gerade aufgrund dieser ana-lytischen Zerkleinerung entgeht ihr eben das, was sie zu suchen und darzustellen glaubt (20).

Die "Bahn" evoziert eine Bewegung, aber sie beinhaltet auch eine Projektion auf eine Ebene, eine zweidimensionale Darstellung. Sie ist eine Transkription. Eine Tätigkeit wird durch einen Graphen (der für das Auge überschaubar ist) ersetzt; eine zeitlich irreversible Reihe durch eine reversible Linie (die in beide Richtungen lesbar ist); Handlungen durch eine Spur. Ich beziehe mich daher lieber auf die Unterscheidung zwischen *Taktiken* und *Strategien.*

Als "Strategie" bezeichne ich eine Berechnung von Kräfteverhältnissen, die in dem Augenblick möglich wird, wo ein mit Macht und Willenskraft ausgestattetes Subjekt (ein Eigentümer, ein Unternehmen, eine Stadt, eine wissenschaftliche Institution) von einer "Umgebung" abgelöst werden kann. Sie setzt einen Ort voraus, der als etwas *Eigenes* umschrieben werden kann und der somit als Basis für die Organisierung seiner Beziehungen zu einer bestimmten Außenwelt (Konkurrenten, Gegner, ein Klientel, Forschungs-"Ziel" oder "-Gegenstand") dienen kann. Die politische, ökonomische oder wissenschaftliche Rationalität hat sich auf der Grundlage dieses strategischen Modells gebildet.

Als "Taktik" bezeichne ich demgegenüber ein Kalkül, das nicht mit etwas Eigenem rechnen kann und somit auch nicht mit einer Grenze, die das Andere als eine sichtbare Totalität abtrennt. Die Taktik hat nur den Ort des Anderen (21). Sie dringt teilweise in ihn ein, ohne ihn vollständig erfassen zu können und ohne ihn auf Distanz halten zu können. Sie verfügt über keine Basis, wo sie ihre Gewinne kapitalisieren, ihre Expansionen vorbereiten und sich Unabhängigkeit gegenüber den Umständen bewahren kann. Das "Eigene" ist ein Sieg des Ortes über die Zeit. Gerade weil sie keinen Ort hat, bleibt die Taktik von der Zeit abhängig; sie ist immer darauf aus, ihren Vorteil "im Fluge zu erfassen". Was sie gewinnt, bewahrt sie nicht. Sie muß andauernd mit den Ereignissen spielen, um "günstige Gelegenheiten" daraus zu machen. Der Schwache muß unaufhörlich aus den Kräften Nutzen ziehen, die ihm fremd sind. Er macht das in günstigen

Augenblicken, in denen er heterogene Elemente kombiniert (so vergleicht eine Hausfrau im Supermarkt fremdartige und wechselnde Gegebenheiten, wie zum Beispiel die Vorräte im Kühlschrank, die Geschmäcker, Vorlieben und Launen ihrer Gäste, die preiswertesten Produkte und ihre mögliche Verbindung mit dem, was sie bereits zu Hause hat etc.); allerdings hat deren intellektuelle Synthese nicht die Form eines Diskurses, sondern sie liegt in der Entscheidung selber, das heißt, im Akt und in der Weise, wie die Gelegenheit "ergriffen wird".

Viele Alltagspraktiken (Sprechen, Lesen, Unterwegssein, Einkaufen oder Kochen etc.) haben einen taktischen Charakter. Und noch allgemeiner, auch ein großer Teil der "Fertigkeiten": Erfolge des Schwachen gegenüber dem "Stärkeren" (dem Mächtigen, der Krankheit, der Gewalt der Dinge oder einer Ordnung etc.), gelungene Streiche, schöne Kunstgriffe, Jagdlisten, vielfältige Simulationen, Funde, glückliche Einfälle sowohl poetischer wie kriegerischer Natur. Diese operationalen Leistungen gehen auf sehr alte Kenntnisse zurück. Die Griechen stellten sie in der Gestalt der *metis* dar (22). Aber sie reichen noch viel weiter zurück, zu den uralten Intelligenzen, zu den Finten und Verstellungskünsten von Pflanzen oder Fischen. Vom Grunde der Ozeane bis zu den Straßen der Megapolen sind die Taktiken von großer Kontinuität und Beständigkeit.

In unseren Gesellschaften vermehren sie sich mit dem Zerfall von Ortsbeständigkeit, als ob sie - da sie nicht mehr von einer sie umgebenden Gemeinschaft fixiert werden - aus der Bahn gerieten, herumirrten und die Konsumenten mit den Immigranten in einem System auf eine Stufe stellten, das zu groß ist, als daß es das ihre sein könnte, und das zu engmaschig ist, als daß sie ihm entkommen könnten. Aber sie führen eine brownsche Bewegung in dieses System ein. Diese Taktiken machen deutlich, in welchem Maße die Intelligenz von den alltäglichen Kämpfen und Vergnügungen, die sie verknüpft, abhängig ist, während die Strategien ihr Verhältnis zu der Macht, die sie unterstützt, und durch einen eigenen Ort oder durch eine Institution schützt, unter objektiven Kalkülen verstecken.

Zur Unterscheidung der Taktiktypen liefert die Rhetorik einige Modelle. Das ist in keiner Weise überraschend, da sie einerseits die "Wendungen" beschreibt, deren Ort und Gegenstand eine Sprache gleichzeitig sein kann, und da diese Manipulationen andererseits von den Gelegenheiten und Umständen abhängig sind, in denen man den Willen des Anderen (der Empfänger) verändern (verführen, überreden, gebrauchen) kann (23). Aus diesen beiden Gründen bietet die Rhetorik oder Wissenschaft der "Sprechweisen" einen Apparat von Figuren-Typen zur Analyse der Art und Weise des alltäglichen Tuns (Handlungsweisen) - und doch ist sie prinzipiell vom wissenschaftlichen Diskurs ausgeschlossen. Aus diesen beiden Formen des Sprachgebrauchs ergeben sich zwei Handlungslogiken (eine taktische und eine strategische). Vor allem im Raum der Sprache (wie auch im Raum der Spiele) expliziert eine Gesellschaft die formalen Handlungs- und Funktionsregeln, die sie auszeichnen.

Unter dem Gesichtspunkt der Taktiken haben die Sophisten eine bevorzugte Stellung in dem riesigen rhetorischen Corpus, der sich mit der Kunst des Redens und des Handelns befaßt. Laut Korax ist es ihr Prinzip, die "schwächste" zur "stärksten" Position zu machen; sie wollten über die Kunst verfügen, die Macht durch den Gebrauch der Umstände auf den Kopf zu stellen (24). Ihre Theorien stellen übrigens die Taktiken in eine lange Tradition von Reflexionen über das Verhältnis der Vernunft zum Handeln und zum Augenblick. Von der *Kriegskunst* des Sun Tze in China (25) über die arabische Anthologie *Das Buch der Listen* (26) erstreckt sich diese

Logik, die sich mit den Umständen und dem Wollen des Anderen auseinandersetzt, bis zur heutigen Soziolinguistik.

Lesen, sich unterhalten, wohnen, kochen ...

Zur Beschreibung dieser Alltagspraktiken, die produzieren ohne anzuhäufen, das heißt ohne die Zeit zu beherrschen, drängt sich ein bestimmter Ausgangspunkt auf, weil er der ins Auge springende Brennpunkt der gegenwärtigen Kultur und ihres Konsums ist: *die Lektüre.* Vom Fernsehen bis zur Zeitung, von der Werbung bis zu all den Epiphanien der Waren unterliegt unsere Gesellschaft einer Wucherung des Sehens; sie bewertet jede Realität nach ihrem Vermögen, sich zur Schau zu stellen oder zur Schau gestellt zu werden, und verwandelt jede Kommunikation in ein Wandern des Auges. Sie ist eine Epopöe des Auges und des Lesedrangs. Sogar die Ökonomie selber, die sich in eine "Semiokratie" (27) umgewandelt hat, führt zu einer Hypertrophie der Lektüre. Das Binom Produktion-Konsum könnte durch sein allgemeines Äquivalent Schreiben-Lesen ersetzt werden. Die Lektüre (von Bildern oder Texten) scheint somit den Höhepunkt von Passivität darzustellen, der für einen Konsumenten charakteristisch wäre, der zum Voyeur (Höhlenmensch oder Nomade) in einer "Gesellschaft des Spektakels" (28) wird.

Die Leseaktivität enthält indes tatsächlich alle Züge einer stillen Produktion: das Überfliegen einer Seite, die Metamorphose des Textes durch das wandernde Auge, Improvisation und Erwartung von Bedeutungen, die von einigen Wörtern ausgelöst werden, das Überspringen von Schrifträumen wie in einem flüchtigen Tanz. Aber da der Leser kein Lager anlegen kann (es sei denn, er schreibt oder er macht "Aufzeichnungen"), ist er gegen den Zeitverschleiß (er vergißt sich beim Lesen und er vergißt, was er gelesen hat) nur durch den Kauf des Objektes (Buch,

Bild) gefeit, welcher nur ein Ersatz*[1] (eine Spur oder ein Versprechen) für die beim Lesen "verlorenen" Augenblicke ist. Er führt die Finten des Vergnügens und der Inbesitznahme in den Text eines Anderen ein: er wildert in ihm, er wird von ihm getragen und mitgerissen, er vervielfacht sich in ihm wie das Rumoren der Organe. Als List, Metapher und Kombinatorik ist diese Produktion auch eine "Erfindung" von Gedächtnis. Sie macht aus den Wörtern Resultate von stummen Geschichten. Das zu Lesende wird zum Erinnerungswürdigen: Barthes liest Proust im Text von Stendhal (29); der Betrachter liest die Landschaft seiner Kindheit in einer aktuellen Reportage. Das winzig kleine Schriftelement versetzt Berge und wird zu einem Spiel mit dem Raum. An die Stelle des Autors tritt eine völlig andere Welt (die des Lesers).

Durch diese Mutation wird der Text bewohnbar wie eine Mietwohnung. Sie verwandelt das Eigentum des Anderen für einen Moment in einen Ort, den sich ein Passant nimmt. Mieter führen eine ähnliche Operation in der Wohnung durch, die sie mit ihren Gesten und ihren Erinnerungen möblieren; Redner machen etwas ähnliches in der Sprache, in die sie durch ihren Akzent, durch ihre eigenen "Wendungen" die Botschaften ihrer Muttersprache und ihre eigene Geschichte einfließen lassen; und auch die Fußgänger machen auf den Straßen etwas ähnliches, wo sie ihren unzähligen Wünschen und Interessen freien Lauf lassen. Auch die Benutzer von gesellschaftlichen Codes verwandeln diese in Metaphern und Ellipsen ihrer Bestrebungen. Die herrschende Ordnung dient zahllosen Produktionen als Stütze, aber sie verheimlicht deren Eigentümern diese Kreativität (so wie jene "Chefs", die es *nicht sehen können, wenn etwas anderes* in ihrem eigenen Betrieb

---

1) Hier und im Folgenden steht das Sternchen für "im Original deutsch" (A.d.R.)

erfunden wird (30)). Auf die Spitze getrieben wäre diese Ordnung ein Äquivalent der Reim- und Metrik-Regeln früherer Dichter: ein Vorschriftenregister, das zu Ideen anregt, ein Regelkanon, auf dessen Grundlage die Improvisationen ablaufen.

Die Lektüre führt somit zu einer "Kunst", die nicht passiv ist. Sie ähnelt eher jener Kunst, deren Theorie von mittelalterlichen Dichtern und Romanciers entwickelt worden ist: eine Erneuerung, die in den Text und sogar in die Begriffe einer Überlieferung eingreift. Verwoben mit den Strategien der Moderne (die die Kreation mit der Erfindung einer eigenen, kulturellen oder wissenschaftlichen, Sprache identifizieren), scheinen die gegenwärtigen Konsumprozeduren die subtile Kunst von "Mietern" zu konstituieren, die zu klug sind, um ihre tausend Differenzen in den vom Gesetz vorgeschriebenen Text einzubringen. Im Mittelalter war der Text in die vier oder sieben Lektüreformen eingebettet, für die er geeignet war. Und dieser Text war ein Buch. Heute entsteht dieser Text nicht mehr aus einer Überlieferung. Er wird durch die Entwicklung einer produktivistischen Technokratie aufgezwungen. Es handelt sich nicht mehr um das Buch als Referenzpunkt, sondern die Gesellschaft, die vollständig zu Text geworden ist, bildet die Schrift des anonymen Produktionsgesetzes.

Diese Kunst des Lesens konnte mit anderen Künsten verglichen werden. Zum Beispiel mit der Kunst des Plauderns: die Rhetoriken der gewöhnlichen Konversation sind Praktiken, die die "Sprechsituationen" transformieren; es sind verbale Produktionen, bei denen das Geflecht der Sprecherpositionen ein orales Gewebe ohne individuelle Eigentümer bildet: Kreationen einer Kommunikation, die niemandem gehört. Die Konversation ist eine provisorische und kollektive Wirkung der Fähigkeit in der Kunst, "Gemeinplätze" zu handhaben und mit der Unvermeidbarkeit von Ereignissen zu spielen, um damit vertraut zu werden (31).

Aber die Untersuchung beschäftigte sich vor allem mit den Praktiken im Raume (32), mit den Arten und Weisen, wie eine Örtlichkeit frequentiert wird, mit den komplexen Prozessen der Kochkunst und mit den tausend Weisen zur Herstellung einer Vertrautheit mit den erlebten Situationen, das heißt wie man es ermöglichen kann, Situationen zu durchleben, indem man in sie wieder eine vielgestaltige Mobilität von Interessen und Vergnügungen einführt, eine Kunst der praktischen Handhabung und des Genusses (33).

Perspektivische und politische Erweiterungen

Die Analyse dieser Taktiken wurde auf zwei Bereiche ausgedehnt, deren Studium zwar vorgesehen war, aber deren Erforschung sich im Verlaufe der Studie verändert hat: zum einen die Zukunftsforschung und zum anderen das Subjekt im politischen Leben.

Der "wissenschaftliche" Charakter der auf die Zukunft gerichteten Arbeiten war von Anfang an fragwürdig. Wenngleich ihr Ziel letztendlich eine Intelligibilität der vorhandenen Realität und die Regel eine Bemühung um Kohärenz ist, muß einerseits auf die Unanwendbarkeit einer wachsenden Zahl von Begriffen hingewiesen werden und andererseits auf die Unangemessenheit der Vorgehensweisen gegenüber einem räumlichen Denken (das anvisierte Objekt, der Raum, läßt sich von den gebräuchlichen politischen oder ökonomischen Bestimmungen her nicht mehr auffinden und existiert theoretisch nicht) (34). Die Metaphorisierung der angewandten Begriffe, die Kluft zwischen dem Versinken in Einzelheiten, das die Forschungsarbeit charakterisiert, und die Globalisierung, die das Exposé belastet etc., deuteten darauf hin, daß man den

Diskurs selber durch die "Simulation" definieren mußte, die charakteristisch für seine Methode war.

Auch ist man dahin gelangt, in den Zukunftsstudien folgendes zu betrachten: 1. die Beziehungen der *Rationalität* zum *Imaginären* (das im Diskurs ein Hinweis auf den Ort seiner Produktion ist); 2. die Differenz zwischen den tastenden Versuchen, pragmatischen und *taktischen* Finten, die die praktische Untersuchung kennzeichnen, und andererseits den *strategischen* Vorstellungen, die den Empfängern als Endprodukt dieser Untersuchungen angeboten werden (35).

In den Diskursen kann man die heimliche Wiederkehr einer Rhetorik beobachten, die die "sauber abgegrenzten Felder" der wissenschaftlichen Analyse metaphorisiert. Und in den Forschungsbüros läßt sich eine zunehmende Distanz zwischen den alltäglichen, *praktisch wirksamen Tätigkeiten* und der Abfassung von "Szenarien" konstatieren, die das Gemurmel der Vorgehensweisen in den einzelnen Laboren in utopische Tabellen pressen. Einerseits eine Mischung von Wissenschaft und Fiktion; andererseits eine Disparität zwischen dem Spektakel der Globalstrategien und der undurchdringlichen Realität von lokalen Taktiken. Man ist also gehalten, der Kehrseite der wissenschaftlichen Aktivität nachzuspüren. Man muß sich fragen, ob letztere nicht wie bei einer Collage vorgeht, bei der die vom Diskurs propagierten theoretischen Ambitionen und die hartnäckige, remanente Persistenz von uralten Finten bei der alltäglichen Arbeit in den Büros und Laboren zwar nebeneinander gestellt, aber immer weniger artikuliert werden. Jedenfalls zwingt diese gespaltene Struktur, die in so vielen Verwaltungen und Unternehmen beobachtet werden kann, dazu, all diese Taktiken neu zu überdenken, die bis heute von der Epistemologie der Wissenschaft allzusehr vernachlässigt worden sind.

Das Problem betrifft nicht nur die tatsächlichen Produktionsprozesse. Auf einer anderen Ebene stellt es den

Status des Individuums in den technischen Systemen in Frage, da das subjektive Engagement im Maße ihrer technokratischen Expansion schwindet. Immer mehr eingeengt und immer weniger berücksichtigt von diesen engmaschigen Systemen, löst sich das Individuum von ihnen, ohne ihnen entkommen zu können; es bleibt ihm nur, sie zu überlisten, "Coups zu landen" und in den elektronisierten und informatisierten Riesenstädten auf "die Kunst" von früheren Jägern oder Landleuten zurückzugreifen. Die Atomisierung des gesellschaftlichen Gewebes gibt der Frage nach dem Subjekt heute eine *politische* Bedeutung. Ein Beweis dafür sind die punktuellen Aktionen, die lokalen Aktionen und die ökologischen Gruppierungen, die heute vor allem damit befaßt sind, kollektiv das Verhältnis zur Umwelt zu organisieren. Diese Wege zur Wiederaneignung des produzierten Systems, diese Kreationen von Verbrauchern, zielen auf eine *Therapeutik von beschädigten sozialen Beziehungen* und gebrauchen Recycling-Techniken, in denen man die Prozeduren der Alltagspraktiken wiedererkennen kann. Somit wäre eine Politik dieser Finten zu erarbeiten. In der Perspektive, die von *Das Unbehagen in der Kultur* eröffnet wurde, muß sie sich auch darüber Gedanken machen, wie heute die öffentliche ("demokratische") Repräsentation der mikroskopischen, vielgestaltigen und zahllosen Verbindungen zwischen *Manipulieren und Genießen* aussehen könnte, das heißt die flüchtige und massive Realität einer gesellschaftlichen Aktivität, die mit ihrer Ordnung spielt.

Der scharfsinnige Visionär Witold Gombrowicz gab dieser "Politik" ihren Helden - einen Anti-Helden, der unsere Untersuchung begleitet -, als er dem kleinen Beamten (dem "Mann ohne Eigenschaften" von Musil und dem "gemeinen Mann", dem Freud *Das Unbehagen in der Kultur* widmete) das Wort erteilte, dessen ständige Redensart lautet, "wenn man nicht das hat, was man liebt, muß man lieben, was man hat": "Sie verstehen, ich mußte vor allem immer zu den nahezu unsichtbaren kleinen Freuden Zuflucht nehmen, zu den Nebensächlichkeiten ... Sie haben keine Vorstellung davon, wie bedeutend man durch diese kleinen Details wird; es ist unglaublich, wie sehr man über sich hinauswächst" (36).

ERSTER TEIL

EINE SEHR GEWÖHNLICHE KULTUR

KAPITEL I

DIE UMGANGSSPRACHE:
EIN GEMEINPLATZ

Diese Erosion und Verhöhnung des Einzigartigen oder des Außergewöhnlichen wird im *Mann ohne Eigenschaften* folgendermaßen vorausgesehen: "Vielleicht ist es gerade der Spießbürger, der den Beginn eines ungeheuren neuen, kollektiven, ameisenhaften Heldentums vorausahnt" (1). Wahrhaftig, die Heraufkunft dieser ameisenhaften Gesellschaft hat mit den Massen begonnen, die als erste dem Raster der nivellierenden Rationalitäten unterworfen wurden. Die Flut ist gestiegen. Danach hat sie die Verwalter des Apparates erfaßt, das Management und die Techniker, die von dem System absorbiert werden, das sie organisiert haben; schließlich werden die freien Berufe überflutet, die sich vor ihr sicher glaubten, und auch die literarischen und künstlerischen Schöngeister. Von ihren Fluten werden die Werke, die früher wie Inseln dastanden, erfaßt und aufgelöst; heute werden sie zu Wassertropfen im Meer oder zu Metaphern einer sprachlichen Streuung, die keinen Autor mehr hat, sondern zum Diskurs oder zum unbestimmten Zitieren des Anderen wird.

"Jedermann" und "Niemand"

Es gibt zwar Vorläufer, aber diese wurden von einer Gemeinschaft als ein "gemeinsamer" Wahn und Tod herangebildet und noch nicht durch die Nivellierung einer technischen Rationalität. So tritt der gemeine Mann zu Beginn der Moderne im XVI. Jahrhundert mit den Insignien eines allgemeinen Unglücks auf, dem er mit Hohn und Spott begegnet. So wie die ironische Literatur ihn darstellt, die übrigens den Ländern nördlich von Frankreich eigen ist und bereits demokratische Anklänge hat, hat er sich auf dem überfüllten Schiff der Narren und Sterblichen "eingeschifft", welches das Gegenteil der Arche-Noah ist, da es in die Irre und zum Untergang führt. Auf ihm wird er in dem *allen gemeinsamen* Schicksal gefangengehalten. Dieser Anti-Held, der *Jedermann* genannt wird (ein Name, der das Fehlen eines Namens verrät), ist im Deutschen auch *Niemand, Nemo,* so wie das englische *Everyman* zu *Nobody* wird (2). Er ist immer ein anderer, ohne Eigenverantwortlichkeit ("das war nicht mein Fehler, sondern etwas anderes: das Schicksal") und ohne besondere Eigenheiten, die einen eigenen Ort abgrenzen (der Tod beseitigt alle Unterschiede). Und inmitten dieses Theaters der Humanisten lacht er dennoch. Eben darum ist er in diesem Schicksal, das allen auferlegt ist und das die Unabhängigkeit, nach der *jedermann* strebt, auf *nichts* reduziert, weise und verrückt, beziehungsweise hellsichtig und lächerlich.

Durch das anonyme Gelächter, das eine solche Literatur hervorruft, gibt sie in der Tat einen Hinweis auf ihre eigene Stellung: da sie ausschließlich ein Simulakrum ist, birgt sie die Wahrheit einer dem Tod geweihten Welt der Gaukelei, des Reizes und des Nimbus. Das "irgendwer" oder "alle" ist ein Gemeinplatz, ein philosophischer *Topos.* Die Rolle dieser allgemeinen Person (alle und niemand) besteht darin, das universelle Verhältnis der illusorischen und irrwitzigen Schriftproduktion zum Tod, zum Gesetz des Anderen, zu formulieren. Sie verkörpert auf der Bühne ineins die Definition der Literatur als Welt und der Welt als Literatur. Je weniger der gemeine Mann hier dargestellt oder repräsentiert wird, um so mehr Repräsentation verschafft er dem Text selber, und zwar im und durch den Text; und darüberhinaus wertet er die Allgemeinheit des besonderen Orts übermäßig auf, an dem der verrückte Diskurs einer gelehrten Weisheit stattfindet. Er ist gleichzeitig der Alptraum oder philosophische Traum der humanistischen Ironie und der Schein eines Referenzpunktes (eine gemeinsame Geschichte), der eine Schrift glaubwürdig macht, die "jeden" zum Erzähler seines lächerlichen Unglücks macht. Aber auch wenn die elitäre Schrift den "gewöhnlichen" Sprecher als Travestie einer Metasprache (über sich selbst) gebraucht, so bringt sie trotzdem auch das zum Vorschein, was ihr ihr Privileg entzieht und sie über sich hinaustreibt: einen Anderen, der nicht mehr Gott oder die Muse ist, sondern das Anonyme. Das Abirren der Schrift von ihrem eigentlichen Ort wird von diesem gemeinen Mann vorgegeben, der eine Metapher und ein Ausfluß des sie bedrückenden Zweifels ist, ein Fantom ihrer "Vergeblichkeit", eine enigmatische Figur für ihr Verhältnis zu allen anderen, zu ihrem Freiheitsverlust und zu ihrem Tod.

Freud und der gemeine Mann

Für diese "philosophische" Gestalt gibt es in den heutigen Verhältnissen zweifellos prägnantere Beispiele. Freud, der den *gemeinen Mann** als Ausgangspunkt und Gegenstand seiner Untersuchungen über die beiden Hauptformen der Kultur auswählte, nämlich der Zivilisation (*Das Unbehagen in der Kultur*) und der Religion (*Die Zukunft einer Illusion*) (3), beschränkt sich nicht darauf, im Sinne der *Aufklärung** die Erkenntnisse der Psychoanalyse ("eine Forschungsmethode, ein parteiloses Instrument, wie etwa die Infinitesimalrechnung" (4)) dem Obskurantismus der "großen Mehrheit" gegenüberzustellen und die allgemein verbreiteten Glaubensvorstellungen in Form eines neuen Wissens darzustellen. Er greift nicht einmal auf jenes alte Modell zurück, das unausweichlich die geistige "Illusion" und das gesellschaftliche Unglück mit dem "normalen Menschen" in eins setzt (das ist das Thema von *Das*

Unbehagen, aber im Gegensatz zur Tradition lacht der gemeine Mann bei Freud nicht mehr). Er verbindet die Pionierarbeit seiner Aufklärung mit der "infantilen" Mehrheit (5). Indem er die "kleine Zahl" von "Denkern" und "Künstlern" beiseite läßt, die in der Lage sind, durch Sublimation Arbeit in Vergnügen zu verwandeln, und indem er somit diese "wenigen Auserwählten" verläßt (die allerdings den Ort beherrschen, an dem sein Text entsteht), schließt er ein Bündnis mit dem "gemeinen Mann" und vereinigt er seinen Diskurs mit der Menge, deren *gemeinsames* Schicksal darin besteht, verführt, frustriert und zur Arbeit gezwungen zu werden, das heißt dem Gesetz der Irreführung und der Arbeit des Todes unterworfen zu werden. Dieses Bündnis, das mit demjenigen verglichen werden kann, welches die Geschichte bei Michelet mit dem "Volk" eingeht, das allerdings niemals darin sprechen wird (6), scheint es der Theorie zu ermöglichen, sich auf den Bereich des Universellen auszudehnen und sich auf das Reale der Geschichte zu stützen. Es verschafft der Theorie einen sicheren Ort.

Allerdings wird dem gemeinen Mann vorgeworfen, sich - angeregt durch den Gott der Religion - der Illusion hinzugeben, "die Rätsel dieser Welt in beneidenswerter Vollständigkeit aufzuklären", und sich selbst zuzusichern, "daß eine sorgsame Vorsehung über sein Leben wacht" (7). Dergestalt verschafft er sich auf billige Weise ein Wissen über die Totalität und eine Garantie für seine eigene Stellung (dadurch daß seine Zukunft garantiert ist). Aber zieht die freudsche Theorie nicht selber einen ähnlichen Gewinn aus der allgemeinen Erfahrung, auf die sie sich beruft? Der gemeine Mann, das Symbol für eine abstrakte Welt, spielt in dieser Theorie immer noch die Rolle eines Gottes, der an seinen Wirkungen erkennbar ist, auch wenn er sich mit dem allgemeinen Aberglauben einläßt und vermischt: er liefert dem freudschen Diskurs die Mittel, um ein spezielles Wissen zu *verallgemeinern* und um für die Geschichte insgesamt seine Gültigkeit zu *garantieren*. Er berechtigt ihn dazu, seine Grenzen zu überschreiten - die des psychoanalytischen Zuständigkeitsbereiches, der auf einige Kuren festgelegt ist, und auch die einer jeden Sprache, die vom Realen abgeschnitten ist, welches sie als Referenzpunkt annimmt. Er sichert ihm gleichzeitig seine Differenz (der "aufgeklärte" Diskurs bleibt vom "allgemeinen" Diskurs unterschieden) und seine Universalität (der aufgeklärte Diskurs formuliert und erklärt die allgemeine Erfahrung). Wie immer es um die persönliche Meinung bestellt ist, die Freud über dieses "Gesindel" (8) gehabt haben mag und die das Gegenteil der optimistischen Ansicht von Michelet über das Volk ist, der gemeine Mann dient dem Diskurs als Totalitierungs- und Glaubwürdigkeits-Prinzip; er ermöglicht es dem Diskurs, zu sagen: "das gilt für *alle*" und "das ist die *Realität* der Geschichte". Er hat im Diskurs dieselbe Funktion wie der Gott früherer Zeiten.

Aber der alte Freud denkt sich sein Teil. Er äußert sich selber ironisch über seinen Text, den er als "vollkommen überflüssig", Arbeit aus Langeweile ("man kann nicht den ganzen Tag rauchen und Karten spielen") und als "Zeitvertreib" mit "ausgewählten Themen" bezeichnet, der ihn "die banalsten Wahrheiten" wiederentdecken ließ (9). Er unterscheidet ihn von seinen "früheren Arbeiten", die sich an methodische Regeln gehalten hätten und ausgehend von Einzelfällen konstruiert seien. Es handelt sich hier nicht mehr um den kleinen Hans, Dora oder Schreber. Der gemeine Mann repräsentiert vor allem die moralischen Versuchungen Freuds, die Wiederkehr ethischer Allgemeinsätze im professionellen Bereich, ein Zuviel oder ein Zuwenig gegenüber den psychoanalytischen Verfahren. Eben dadurch macht er eine Umkehrung des Wissens deutlich. Und wenn Freud diese Einführung in eine künftige "Pathologie der kulturellen Gemeinschaften" verspottet, so liegt das daran, daß *er selber* der gemeine

Mann ist, von dem er spricht, indem er einige bittere und "banalste Wahrheiten" in der Hand hält. Er beendet seine Überlegungen mit einer Pirouette. "Ich beuge mich (dem) Vorwurf, daß ich ... keinen Trost zu bringen weiß" (10), denn, wie er sagt, er hat keinen. Damit geht es ihm wie allen anderen und er beginnt zu lachen. Ein ironischer und weiser Wahn verbindet sich mit dem Verlust einer einzigartigen Fähigkeit und findet sich - bei jedermann oder niemand - in der allgemeinen Geschichte wieder. Der Sprecher in der philosophischen Erzählung *Das Unbehagen in der Kultur* ist der gemeine Mann. Er ist im Diskurs der Verbindungspunkt zwischen dem Wissenden und der Allgemeinheit - die Wiederkehr des Anderen (alle und niemand) an den Platz, der sorgsam von ihm abgetrennt wurde. Ein weiteres Mal zeichnet er die Überflutung des Speziellen durch das Banale vor - und die Rückführung des Wissens auf seine allgemeine Voraussetzung: im Ernst, ich weiß nichts. Ich bin so wie alle.

"Entbehrung", "Verdrängung", "Eros", "Thanatos" etc.: diese Werkzeuge einer technischen Arbeit markieren im *Unbehagen* den Weg, der von der triumphierenden *Aufklärung** zu den Gemeinplätzen führt, aber die freudsche Kulturanalyse wird vor allem durch den Verlauf dieser Umkehrung charakterisiert. Eine scheinbar geringfügige und dennoch grundlegende Differenz unterscheidet ihr Ergebnis von den Trivialitäten, die von den Kulturspezialisten verbreitet werden: diese Trivialitäten bestimmen nicht mehr den *Gegenstand* des Diskurses, sondern seinen Ort. Bei Freud ist das Triviale nicht mehr das Andere (das zu einer Entlastung desjenigen führen soll, der es in Szene setzt), sondern die Erfahrung, die zur Produktion des Textes führt. Die Annäherung an die Kultur beginnt dann, wenn der gemeine Mann zum Erzähler *wird,* wenn er den (allen gemeinsamen, den Gemein-) Platz des Diskurses und den (anonymen) Raum seiner Entfaltung definiert.

Dieser Platz ist dem Sprecher des Diskurses ebensowenig gegeben wie sonst irgendjemandem. Er ist der Endpunkt einer Entwicklungslinie. Er ist keine Gegebenheit, kein Geburtsfehler und keine Gnadengabe, sondern etwas *Gewordenes,* das Ergebnis einer Abweichung gegenüber geregelten und falsifizierbaren Praktiken, ein Überfließen des allgemein Üblichen auf eine besondere Position. Und eben das trifft auch auf Freud zu, der seine "Arbeiten" schließlich mit seinen letzten Erzählungen über den gemeinen Mann zu Ende bringt (so wie man einem Verurteilten einen Gnadenstoß gibt): die Verrichtung der Trauerarbeit durch die Fiktionalisierung des Wissens (11).

Wichtig dabei ist die *Arbeit* der Überflutung, Entgrenzung, die ein Eindringen des Alltäglichen in die festgefügten wissenschaftlichen Bereiche bewirkt. Weit davon entfernt, sich willkürlich das Privileg zu verleihen, im Namen des Gemeinen, des Alltäglichen (das unsagbar ist) zu sprechen, oder diesen allgemeinen Platz besetzen zu wollen (das wäre falsche "Mystik") oder, schlimmer noch, eine hagiographische Alltäglichkeit zur Erbauung anzubieten, handelt es sich darum, derjenigen Bewegung ihre Geschichtlichkeit zu verschaffen, die die Prozeduren der Analyse wieder an ihre Grenzen führt, also bis zu dem Punkt, an dem sie durch die ironische und aberwitzige Banalität verändert, beziehungsweise erschüttert werden, die im XVI. Jahrhundert in "Person" (in der Person des "Jedermann" und "Niemand") gesprochen hatte und die mit der Vollendung des Wissens von Freud wiedergekehrt ist. Ich wollte die Erosion beschreiben, die das Alltägliche in einem Korpus von Analysetechniken hervorruft, die Risse aufspüren, die in den Randbereichen einen Hinweis darauf geben, wo eine Wissenschaft in Bewegung gerät, und die Verschiebungen deutlich machen, die zum *Gemeinplatz* hindrängen, an dem "egal wer" schließlich verstummt, es sei denn um Banalitäten zu wiederholen (aber auf andere Weise). Auch wenn sie vom ozeanischen Gefühl des

Gewöhnlichen angeregt wurde, die Aufgabe besteht nicht darin, es durch eine gedankliche Vorstellung zu ersetzen oder es mit lächerlichen Wörtern zu belegen, sondern darin, zu zeigen, wie es in unsere Techniken eindringt - so wie das Meer die Strände überflutet - und wie es den Platz reorganisieren kann, an dem sich der Diskurs produziert.

Der Experte und der Philosoph

Der technische Weg, dem es zu folgen gilt, besteht bei einer ersten Annäherung an das Thema darin, die wissenschaftlichen Praktiken und Sprachen auf ihr Ursprungsland, also das *everyday life,* das alltägliche Leben zurückzuführen. Diese heute immer wichtiger werdende Rückwendung ist insofern paradox, als sie in Bezug auf die wissenschaftlichen Disziplinen, deren Strenge sich nach der strikten Definition ihrer Grenzen bemißt, außerhalb steht. Seitdem die Wissenschaftlichkeit sich eigene Bereiche gegeben hat, die rationalen Projekten unterstellt werden können, welche in der Lage sind, ihre Vorgehensweisen, ihre formalen Gegenstände und die Bedingungen ihrer Falsifikation klar zu definieren; seitdem sie zu einer Vielzahl von abgegrenzten und unterschiedenen Bereichen geworden ist - kurz gesagt, seitdem sie also nicht mehr theologisch ist, hat sie das *Ganze* als seinen *Rest* konstituiert; und dieser Rest ist zu dem geworden, was wir als Kultur bezeichnen.

Diese Spaltung organisiert die gesamte Moderne, indem sie sie auf dem Hintergrund von praktischen "Widerständen" und für das Denken nicht mehr ableitbaren Symbolisierungen in szientifische und dominante Inseln zerlegt. Auch wenn die Ambitionen "der Wissenschaft" dahin gehen, diesen "Rest" ausgehend von den Bereichen zu erobern, die von unseren Kenntnissen beherrscht werden, und auch wenn zur Vorbereitung der vollkommenen Verwirklichung dieses Reiches Forschungsspähtrupps bereits die Grenzbereiche inventarisieren und somit das Helle mit dem Dunklen verbinden (dabei handelt es sich um die grauen Diskurse der sogenannten "humanen" Mischwissenschaften, um Expeditionsberichte, die die Finsternis der Gewalt, des Aberglaubens und des Fremden assimilierbar - wenn nicht gar denkbar - machen und bezeichnen wollen: Geschichte, Anthropologie, Pathologie etc.) - der Graben, den die wissenschaftlichen Institutionen zwischen den künstlichen Sprachen einer geregelten Operationalität und den Sprachen des Gesellschaftskörpers aufgerissen haben, hat immer im Brennpunkt von Kriegen oder Kompromissen gestanden. Diese Trennungslinie, die sich übrigens ständig verschiebt, bleibt in den Kämpfen um Vergrößerung oder zum Abbau des Einflusses der Techniken auf die gesellschaftlichen Praktiken immer eine strategische Linie. Sie trennt die künstlichen Sprachen, die die Prozeduren eines speziellen Wissens artikulieren, von den natürlichen Sprachen, die die allgemeine Signifikations-Tätigkeit organisieren.

Einige dieser Debatten (die sich gerade mit dem Verhältnis jeder einzelnen Wissenschaft zur Kultur auseinandersetzen) und ihre möglichen Ergebnisse können an zwei Gestalten dargelegt werden, die in diesen Auseinandersetzungen aufeinanderstoßen und die sich merkwürdigerweise ganz nahe stehen, aber dennoch völlig entgegengesetzt sind: der Experte und der Philosoph. Beide haben eine Vermittlungsaufgabe zwischen Wissen und Gesellschaft: ersterer, indem er seine speziellen Fähigkeiten in den weiten und komplexen Bereich gesellschaftspolitischer Entscheidungen einbringt, und letzterer, indem er gegenüber den einzelnen Techniken (Mathematik, Logik, Psychiatrie, Geschichte etc.) auf der Relevanz von allgemeinen Fragestellungen beharrt. Beim Experten setzt sich Kompetenz in gesellschaftliche Autorität um; beim Philosophen werden banale Fragen zu einem Prinzip des Verdachts gegenüber einem technischen Bereich. Das zwiespältige Verhältnis (mal Faszination, mal Ablehnung) des Philosophen zum Experten scheint sich übrigens oft auch auf sein eigenes Vorgehen zu beziehen: zum einen bestehen die philosophischen Unternehmungen vehement darauf, daß ihre alte Utopie durch den Experten verwirklicht wird (er soll im Namen einer speziellen Wissenschaftlichkeit den Übergang zum Gesamtproblem garantieren), und zum anderen wenden sie sich - zwar von der Geschichte geschlagen, aber dennoch rebellisch - von dem ab, was ihnen entgleitet, um (oh Erinnerung, oh symbolische Überschreitungen, oh Königreiche des Unbewußten) das SUBJEKT in sein Exil zu begleiten, den König von gestern, der heute von einer technokratischen Gesellschaft vertrieben wird.

Es ist richtig, daß der Experte in dieser Gesellschaft so weit gedeiht, daß er zum allgemeinen Sinnbild dieser Gesellschaft wird; er schwankt zwischen der Erfordernis einer wachsenden Spezialisierung und der einer umso notwendigeren Vermittlung seiner Kenntnisse. Er beseitigt (und ersetzt in gewisser Weise) den Philosophen, der früher ein Spezialist für das Allgemeine war. Aber sein Erfolg ist nicht so spektakulär. Er verkörpert den Widerspruch zwischen dem produktivistischen Gesetz einer festen Zuordnung (Bedingung einer Wirksamkeit) und dem gesellschaftlichen Gesetz der Zirkulation (Tauschform). Sicherlich muß jeder Spezialist immer mehr *auch* zum Experten werden, das heißt zum Interpreten und zum Übersetzer seiner Kompetenz in einen anderen Bereich. Das wird sogar innerhalb der Forschungsinstitute deutlich: wenn es darum geht, sich über Zielsetzungen, Förderungsgründe oder Finanzierungen zu äußern, intervenieren die Experten "im Namen" - aber außerhalb - ihrer speziellen Erfahrung. Wie können sie von ihrer Technik - einer schlüssigen und geregelten Sprache - zu der allgemeineren

Sprache einer anderen Situation übergehen? Durch einen eigenartigen Vorgang, der Kompetenz in Autorität "umwandelt". Es gibt einen Austausch von Kompetenz gegen Autorität, der im äußersten Fall so weit geht, daß sein Reservoir erschöpft wird (wie die Antriebsenergie eines Fahrzeuges): je mehr Autorität der Experte hat, um so weniger Kompetenz hat er. Während der Zeit dieser Umwandlung ist er nicht völlig ohne Kompetenz (er braucht dazu Kompetenz oder zumindest muß er so tun, als verfügte er darüber), aber er verliert seine Kompetenz in dem Maße, wie er seine Autorität weiter ausdehnt, sei es aufgrund der gesellschaftlichen Nachfrage und/oder aufgrund von politischer Verantwortlichkeit. Ein (allgemeines?) Paradox der Autorität: ihre Glaubwürdigkeit beruht auf einem Wissen, das ihr genau dann fehlt, wenn sie Autorität ausübt. Sie läßt sich nicht vom "Mißbrauch des Wissens" (12) trennen - in dem man vielleicht die Wirkung jenes gesellschaftlichen Gesetzes sehen muß, das dem Individuum seine Kompetenz entzieht, um das Kapital einer kollektiven Kompetenz zu bilden oder wiederherzustellen, das heißt das Kapital einer wahrscheinlichen Gemeinsamkeit.

Da der Experte sich nicht auf das stützen kann, was er weiß, äußert er sich im Namen der *Stellung*, die sein Spezialistentum ihm verleiht. Dadurch unterstellt er sich einer *allgemeinen* Ordnung, beziehungsweise er wird einer allgemeinen Ordnung unterstellt, in der die Spezialisierung die Bedeutung einer *Initiation* als oberste *Regel* und *Praktik* der Produktionsökonomie hat. Um diese Initiation erfolgreich durchzustehen, kann er bei der Beantwortung von Fragen, die zwar außerhalb seiner technischen Kompetenz, allerdings nicht außerhalb der Macht, die er durch sie erworben hat, liegen, aufgrund seiner Autorität in einen Diskurs verfallen, der nicht mehr dem Wissen, sondern der sozio-ökonomischen Ordnung angehört. Er spricht wie ein ganz gewöhnlicher Mensch, der seine

Autorität durch das Wissen bezieht, so wie man seinen Lohn für die Arbeit bezieht. Er begibt sich auf die Ebene der Alltagssprache der Praktiken, auf der eine Überproduktion von Autorität übrigens zu ihrer Abwertung führt, da man sich eine höhere Autorität immer mehr mit einer gleichen oder geringer werdenden Kompetenz verschafft. Aber da er weiterhin glaubt oder glauben macht, daß er wissenschaftlich handelt, verwechselt er die gesellschaftliche *Stellung* mit dem technischen *Diskurs*. Er nimmt das eine für das andere: ein Quiproquo. Er verkennt die Ordnung, die er repräsentiert. Er weiß nicht mehr, *was* er sagt. Nur einige erwachen aus ihrem Schlummer, nachdem sie lange Zeit geglaubt haben, als Experten eine wissenschaftliche Sprache zu sprechen, und stellen plötzlich fest, daß sie - wie "Fritz the Cat" in einem alten Film - schon eine ganze Weile in der Luft marschieren und sich weit vom Boden der Wissenschaft entfernt haben. Mit der Glaubwürdigkeit einer Wissenschaft versehen, war ihr Diskurs nur noch die Alltagssprache der taktischen Spiele zwischen ökonomischen Mächten und symbolischen Autoritäten.

Wittgensteins Modell der gewöhnlichen Sprache

Dennoch wird der "universale" Diskurs einer vergangenen Philosophie nicht wieder in seine Rechte eingesetzt werden. Insofern die philosophische Fragestellung sich auf die Sprache bezieht, besteht ihre Aufgabe in unseren technischen Gesellschaften eher darin, die große Kluft zwischen den Diskursformen, die die Spezialisierung regeln (durch operative Abschottungen halten sie eine gesellschaftliche *Vernunft* aufrecht), und den Erzählformen zu untersuchen, die massenhaft ausgetauscht werden (und die Finten vervielfältigen, indem sie eine *Zirkulation* in den Netzen der Macht ermöglichen oder verhindern). Unabhängig von Analysen, die beide auf ihre Gemeinsamkeit als sprachliche *Praktiken* zurückgeführt haben (13), und jenseits von Untersuchungen, die entweder dem Eindringen von Meinungen, Wahrscheinlichkeiten und Metaphern, das heißt von "Alltäglichem", in den wissenschaftlichen Diskurs nachgehen, oder die andererseits den komplexen Logiken nachspüren, die in der Alltagssprache enthalten sind (14) (Versuche, Satzteile, die auseinandergerissen und fälschlicherweise hierarchisiert wurden, wieder zusammenzufügen) - ist es auch möglich, sich auf eine Philosophie zu beziehen, die ein "Modell" (so wie man von einem Automodell spricht) anbietet und die eine strenge Überprüfung der Alltagssprache vornimmt: die Philosophie von Wittgenstein. Aus meiner Sicht kann sie als radikale Kritik des Experten angesehen werden. Und folglich auch als eine Kritik des Philosophen als Experten.

Wenn Wittgenstein "die Wörter von ihrer metaphysischen, wieder auf ihre alltägliche Verwendung zurückführen" will, auf den *everyday use* (15) - ein Vorhaben, das er vor allem in seiner letzten Phase entwickelt hat -, dann verbietet er sich und dem Philosophen jede metaphysische Abschweifung über das hinaus, was gesagt werden *kann*. Er hat beharrlich immer an folgendem Programm festgehalten: "Nichts zu sagen, als was sich sagen läßt ... und dann immer, wenn ein anderer etwas Metaphysisches sagen wollte, ihm nachzuweisen, daß er gewissen Zeichen in seinen Sätzen keine Bedeutung gegeben hat" (16). Er hat es sich zur Aufgabe gemacht, zum Erforscher der bezeichnenden Aktivität in der Alltagssprache zu werden. Alles andere wird als Sprache nur durch die Analogie oder den Vergleich mit "dem Apparat unserer gewöhnlichen Sprache" (17) betrachtet. Und es handelt sich darum, sie so zu behandeln, daß man nichts vorbringt, was die Kompetenz dieser Sprache überschreitet; man darf also niemals zum Experten oder Interpreten dieser Sprache in einem anderen sprachlichen Bereich (zum Beispiel: Metaphysik oder Ethik) werden und niemals *woanders* "in ihrem Namen" sprechen. Auf diese Weise sollte die Verwandlung von Kompetenz in Autorität unmöglich gemacht werden.

Faszinierend an dem Vorhaben dieses Herkules, der die Augiasställe der zeitgenössischen Intellektualität ausmiste-te, sind in erster Linie nicht seine Einschränkungen, welche eine Folge der Leidenschaft für das Exakte sind, die er in den Dienst einer besonderen Zurückhaltung bei der Analyse der "alltäglichen" Sprache stellt (dieses *everyday* ersetzt in der Sprachuntersuchung den *Everyman* der Renaissance-Ethik beinhaltet aber dennoch dieselbe Fragestellung), sondern viel grundsätzlicher die Art und Weise, in der Wittgenstein, um seine eigene Formulierung zu gebrauchen, *"vom Inneren" dieser Sprache* die Grenzen dessen nachzeichnet, was ethisch oder mystisch über sie hinausgeht (18). Ausschließlich von innen her kann er ein an sich unsagbares Außen erkennen. Seine Arbeit führt also zu einer doppelten Erosion: zum einen werden im Inneren der Alltagssprache diese Grenzen deutlich und zum anderen wird der unannehmbare Charakter (der Un-Sinn) jeden Satzes kritisiert, der einen Ausweg in Richtung dessen sucht, "was sich nicht sagen läßt". Die Analyse kennzeichnet die Löcher, die die Sprache unterminieren, und zerstört die Aussagen, die sie füllen wollen. Sie arbeitet mit dem, was sich *zeigt,* ohne *gesagt* werden zu können. Wittgenstein untersucht ein begrenztes und zusammengesetztes Syntaxspiel, dessen Grundlagen, das heißt dessen Kohärenz und globale Bedeutung, zwar wichtige Fragestellungen aufwerfen und sogar sehr we-sentlich sind, aber nicht an einem "eigenen" Ort behandelt werden können, weil die Sprache nicht zum Gegenstand eines Diskurses werden kann. "Wir (können) den Gebrauch unserer Wörter nicht *übersehen*" (19). Nur selten ist die Wirklichkeit der Sprache derartig ernst genommen worden, das heißt die *Tatsache,* daß sie unsere Geschichtlichkeit definiert, daß sie uns in Gestalt des Alltäglichen überragt und umhüllt und daß somit kein Diskurs sie jemals "verlassen" und sich auf Distanz begeben kann, um sie zu betrachten und ihren Sinn auszusprechen.

Auf diese Weise bevorzugt Wittgenstein die Präsenz des Geschichtlichen, ohne sich auf die "Vergangenheit" des Historikers beziehen zu müssen. Er verwarf sogar die Geschichtsschreibung, weil diese durch ihre Trennung von Gegenwart und Vergangenheit einen *eigenen* und produktiven Ort privilegiert, von dem aus sie die Sprachtatsachen (oder "Dokumente") "beherrschen" will und wo sie sich vom *Gegebenen, Produzierten* abheben will, das ausschließlich allen gemeinsamen Regeln unterworfen sein soll. Es wurde ihm klar, daß er in der *allgemeinen* sprachlichen Geschichtlichkeit "befangen" war. Auch wollte er diese Abhängigkeit nicht im ("Vergangenheit" genannten) Gegenstand (l'ob-jet) *lokalisieren,* von dem die Geschichtsschreibung sich fiktiv entfernt (eine Fiktion, die übrigens den Raum bildet, wo die Wissenschaft, die herausgefordert wird, die Historie in den Griff zu bekommen, entsteht) (20). In Wirklichkeit besteht seine Position nicht darin, sondern in einem doppelten Kampf, dessen Artikulation uns einen formalen Bezugspunkt zum Studium der Kultur liefert. Einerseits bekämpft er die Professionalisierung der Philosophie, das heißt ihre Reduktion auf den (positivistischen) technischen Diskurs einer Spezialwissenschaft. Allgemeiner ausgedrückt, er lehnt die Desinfektion ab, die einer Wissenschaft nur noch die Möglichkeit der Produktion und Beherrschung einer künstlichen Sprache läßt, indem sie den alltäglichen Sprachgebrauch (*everyday language*) und somit den fundamentalen Sprachgebrauch eliminiert. Andererseits bekämpft er die metaphysische Gier oder die Ungeduld einer Ethik, die immer darauf aus sind, Verhaltensregeln aufzustellen, und die durch den Unsinn ihrer Aussagen die Autorität ihrer Diskurse über die Sprache der allgemeinen Erfahrung einbüßt. Er greift die Voraussetzung an, die die Philosophie dahin führt, so zu tun, "als ob" sie der Alltagssprache einen Sinn geben würde, und sich selber einen eigenen Ort zu geben, von dem aus sie das Alltägliche denkt.

Wir sind der Alltagssprache zwar unterworfen, aber nicht identisch mit ihr. Wie im Narrenschiff sind wir eingeschifft, ohne die Möglichkeit, einen Überblick zu bekommen oder die Totalität zu erfassen. Das ist die "Prosa der Welt", von der Merleau-Ponty sprach. Sie umschließt jeden Diskurs, selbst wenn die menschlichen Erfahrungen sich nicht auf das reduzieren lassen, was sie darüber sagen kann. Die Wissenschaftler erlauben sich, *sie zu vergessen,* um sich zu konstituieren, und die Philosophen glauben, *sie zu beherrschen,* um sich die Berechtigung zu verschaffen, über sie zu schreiben. Unter diesem Aspekt rühren weder die einen noch die anderen an die philosophische Frage, die unaufhörlich von jenem "Elan" wiederaufgeworfen wird, der "den Menschen dahin treibt, an die Grenzen der Sprache anzurennen" (21). Diese Sprache wird von Wittgenstein *sowohl* in die Philosophie wiedereingeführt, die sie zwar durchaus zu ihrem formalen Gegenstand gemacht hat, aber nur um sich eine fiktive Herrschaft über sie anzumaßen, *als auch* in die Wissenschaften, die sie ausgeschlossen haben, um eine wirksame Beherrschung zu erlangen.

Somit ändert er den *Ort* der Analyse, der von nun an durch eine *Universalität* definiert wird, die mit einer *Unterordnung* unter den alltäglichen Sprachgebrauch identisch ist. Diese Ortsveränderung modifiziert den Status des Diskurses. Der Philosoph, der sich von der Alltagssprache "ergreifen" läßt, hat keinen eigenen Ort mehr, den er sich aneignen könnte. Jede Herrschaftsposition ist ihm genommen. Der analysierende Diskurs und das analysierte "Objekt" haben denselben Status: beide werden von der praktischen Tätigkeit, mit der sie befaßt sind, organisiert; sie werden von Regeln determiniert, die sie weder begründet haben noch überschauen; sie sind gleichmäßig auf verschiedene Funktionen verteilt (Wittgenstein wollte, daß auch sein eigenes Werk nur aus Fragmenten bestünde); und sie sind in eine Textur eingeschrieben, bei der jeder abwechselnd an die andere Instanz "appellieren", sie zitieren und sich auf sie beziehen kann. Es gibt einen permanenten Austausch unterschiedlicher Plätze. Das philosophische oder wissenschaftliche Privileg verliert sich im Alltäglichen. Dieser Verlust führt zu einer Annullierung der Wahrheiten. Von welchem privilegierten Platz aus könnten sie noch bezeichnet werden? Man hat somit *Tatsachen,* die keine *Wahrheiten* mehr sind. Eine Inflation der letzteren wird durch die Kritik der Autoritätsorte, an denen die Tatsachen in Wahrheiten umgewandelt werden, kontrolliert oder sogar verhindert. Indem Wittgenstein sie als eine Mischung aus Unsinn und Macht enthüllt, will er diese Wahrheiten auf sprachliche Tatsachen und auf das zurückführen, was *in* diesen Tatsachen auf eine unsagbare oder "mystische" Exteriorität der Sprache verweist.

Man kann diese Position mit der zunehmenden Bedeutung (bei Wittgenstein) von sprachlichen Vorgehens- und Umgangsweisen in Verbindung bringen. Die Sprache "in" der gewöhnlichen Sprache zu beschreiben, ohne sie von einem entfernten Ort zu "übersehen", bedeutet, sie als ein Ensemble von Praktiken zu begreifen, in das man eingebunden ist und in dem die Prosa der Welt am Werk ist. Die Analyse wäre somit "eine Einsicht in das Arbeiten unserer Sprache" (22). Sie muß somit die Dissemination, die Streuung und Ausbreitung, reproduzieren, die jedes System zerschlägt. Und indem sie darauf beharrt, die Morphologie des Umgangs mit Ausdrücken zu präzisieren, das heißt ihre Anwendungsbereiche zu untersuchen und deren Formen zu beschreiben (23), kann sie die verschiedenen alltäglichen Funktionsweisen "erkennen", die von "pragmatischen Regeln" beherrscht werden, welche ihrerseits von den "Lebensformen" (24) abhängig sind.

Es steht außer Zweifel, daß Wittgensteins Analyse, deren soziolinguistische oder "ethnomethodologische" Weiterentwicklungen in einem späteren Teil wiederaufgegriffen werden, sehr viel der philosophischen Tradition verdankt, die er in Cambridge kennengelernt hat. Von Cook Wilson bis zu G.E. Moore und J.L. Austin konzentrierte sie sich auf die "Sprechweisen" (*ways of speaking*) der Alltagssprache (*ordinary* oder *everyday language*); Austin ging sogar so weit, es sich zum Programm zu machen, "die kleinsten Kleinigkeiten der Alltagssprache zu verfolgen", um in den Ruf "eines Evangelisten der Alltagssprache" zu gelangen (Times Literary Supplement, 16. Nov. 1973). Dafür gab es mehrere Gründe, die auch uns interessieren: 1. die gebräuchlichen Sprechweisen haben *keine Äquivalente* in den philosophischen Diskursen und sind nicht in sie übersetzbar, da in ihnen mehr enthalten ist als in diesen Diskursen; 2. sie bilden eine *Reserve* von "Distinktionen" und "Konnexionen", die von der historischen Erfahrung akkumuliert und im alltäglichen Sprechen gespeichert werden (25); 3. als sprachliche *Praktiken* sind sie Ausdruck von *logischen Komplexitäten,* von denen die gelehrten Formalisierungen keine Ahnung haben (26).

Aber dieser gewissermaßen professionelle Austausch sollte nicht die ursprüngliche historische Verwurzelung Wittgensteins in Vergessenheit geraten lassen. Ich möchte davon drei Aspekte festhalten, die richtungsweisend sind. Zum einen gibt es bei Wittgenstein - parallel zu der Reaktion, die Loos zu *Ornament und Verbrechen* anregte, in dem er angesichts der Entartung des Dekors in Wien eine funktionalistische Schmucklosigkeit fordert (27), oder parallel zu der Reaktion, die bei Musil zu der klinischen Ironie seiner Beobachtungen in Kakanien führte (28) - einen geradezu jansenitischen "Abscheu" gegen den "trügerischen" Charme und den "journalistischen" Glanz einer "verfaulten Kultur" oder gegen das dazugehörige "Geschwätz" (29). "Klarheit und Durchsichtigkeit" (30) sind kennzeichnend für den Stil eines Engagements in der zeitgenössischen Geschichte und für eine philosophische Kulturpolitik. Die kritische Wiederkehr des Alltäglichen muß, so wie Wittgenstein sie versteht, zu einer Zerstörung aller möglichen rhetorischen Glanzlichter der Mächte führen, die Hierarchien bilden, und des Unsinns, der Autorität hat.

Eine weitere, ebenso erstaunliche Analogie: durch seine Erfahrung als Ingenieur und später als Mathematiker war Wittgenstein "der zweite Versuch" und der dritte, der "wichtigste" Versuch von Ulrich, dem Mann ohne Eigenschaften, bekannt. Auch er besaß "Bruchstücke einer neuen Art zu denken wie zu fühlen" und sah, wie "der anfänglich so starke Anblick des Neuen" sich in "immer zahlreicher werdende Einzelheiten" verlor. Auch er "konnte sich nur noch der Philosophie zuwenden" (31). So wie Ulrich hat er sich im Rahmen einer "angemessenen Anwendung seiner (sprachlichen) Fähigkeiten" einen wundervollen Scharfblick bewahrt (32), den die Wissenschaftlichkeit verfeinert hatte - und somit eine technische Strenge mit der Unterordnung unter sein "Objekt" und sein "Ziel" verbunden. Im Gegensatz zum Diskurs des Experten zieht er keinen Vorteil aus dem Wissen, indem er es gegen das Recht austauscht, im Namen dieses Wissens zu sprechen; er bewahrt den Anspruch des Wissens, aber nicht dessen Herrschaftsstreben.

Und schließlich wird diese Wissenschaft vom alltäglichen Sprachgebrauch durch eine dreifache Fremdheit definiert: die Fremdheit des Spezialisten (und des Großbürgers) gegenüber dem gewöhnlichen Leben, des Wissenschaftlers gegenüber dem Philosophen und letztenendes des Deutschen gegenüber der englischen Umgangssprache (mit der er niemals zurechtgekommen ist). Diese Situation ist vergleichbar mit der des Ethnologen und Historikers und treibt sie noch auf die Spitze. Denn die zufälligen Situationen, in denen man (wie ein Reisender oder Archivar) *außerhalb seiner selbst* fremd ist, werden von Wittgenstein als Metaphern für analytische Schritte gedacht, die selbst *im Inneren* der Sprache, die sie beschreibt, *fremd sind.* "Wir sind, wenn wir philosophieren (das heißt, wenn wir an dem Ort arbeiten, der als einziger 'philosophisch' ist, also der Prosa der Welt), wie Wilde, primitive Menschen, die die Ausdrucksweise zivilisierter Menschen hören, sie mißdeuten und nun die seltsamsten Schlüsse aus ihrer Deutung ziehen" (33). Dabei handelt es sich nicht mehr um die Position von Profis, sogenannten Gebildeten unter den Wilden, sondern um eine Stellung, die darin besteht, *bei sich* fremd zu sein, also ein "Wilder" inmitten der gewöhnlichen Kultur, der in der Komplexität des alltäglichen Verstehens und Selbstverständlichen verloren ist. Und da man diese Sprache nicht "verlassen" kann, da man keinen anderen Interpretationsort finden kann, da es somit keine falschen und richtigen Interpretationen gibt, sondern nur illusorische Interpretationen, und da es alles in allem *keinen Ausweg gibt,* muß man *im Inneren ohne ein Außen fremd bleiben* und in der Alltagssprache "an ihre Grenzen anrennen". Diese Situation ist der freudschen Position vergleichbar, wenn man davon absieht, daß Wittgenstein sich keine Referenz des Unbewußten setzt, um diese Fremdheit bei sich, diese Unheimlichkeit, zu bezeichnen.

Durch solche Eigenheiten scheint dieses fragmentarische und strenge Werk einer zeitgemäßen Wissenschaft vom Alltäglichen ein philosophisches Gerüst zu verleihen. Ohne daß wir uns hier im Detail auf seine Thesen einlassen können, muß man dieses Modell als theoretische Hypothese mit den positiven Beiträgen der "Humanwissenschaften" (Soziologie, Ethnologie, Geschichte etc.) zur Erkenntnis der Alltagskultur konfrontieren.

KAPITEL II

POPULÄRE KULTUREN

Wien oder Cambridge und die theoretischen Texte zu verlassen, bedeutet nicht, sich von Wittgenstein zu trennen, der immerhin von 1920 bis 1926 Dorfschullehrer war, sondern in die offene See der allen gemeinsamen Erfahrung zu stechen, die die Diskurse umgibt, durchdringt und schließlich mit sich fortreißt - jedenfalls wenn man sich nicht damit begnügt, die wissenschaftliche Aneignung durch die politische Beherrschung dieser Erfahrung zu ersetzen. Dazu kommen mir viele Erinnerungen, diese Festungen des Schweigens im Gedächtnis. So zum Beispiel die Einführung in ein Seminar über die Volkskultur in Nord-Ost-Brasilien oder ein Gang durch die früher so geräuschvolle Nacht von Salvador zur Igreja do Passo. Im Kontrast zum subtilen Theater der Misericórdia spiegelt die düstere Fassade würdevoll den ganzen Staub und Schweiß der Stadt. Oberhalb der von Lärm und Stimmengewirr erfüllten alten Stadtviertel stehend, manifestiert sie schweigsam und monumental deren Geheimnis. Sie beherrscht die enge Ladeira do Passo. Sie entzieht sich den Suchenden, die sie dennoch ständig vor Augen haben, so wie ihnen die Sprache des Volkes entgeht; sie steht zu hoch und zu fern, als daß man sich ihr nähern könnte. Ganz anders als die blaue und offene Kirche do Rosário erhebt dieser schwarze Stein das nächtliche Antlitz des bahianischen Gemüts. Ein ungreifbarer, obwohl (oder weil) vertrauter Felsen, jeglicher Feierlichkeit beraubt, der den Gesängen der brasilianischen *saudade* ähnlich ist. Auf dem Rückweg von dieser Pilgerschaft scheinen die Gesichter in den Straßen trotz ihrer Lebhaftigkeit im Vorübergehen die Unentzifferbarkeit und das nahe Geheimnis des Monumentes zu verstärken.

Die Untersuchung weitete sich aus. Sie tastete sich voran, zum Beispiel in interdisziplinären Gruppen, die an verschiedenen Orten gebildet worden waren: in Rio, in Salvador, in Recife (Brasilien), oder auch in Santiago de Chile, in Concepción (Chile), in Posadas (Argentinien), etc. Eine dieser Analysen beschäftigte sich mit den sprachlichen Aussagen der Bauern in Pernambuco (Crato, Juazeiro, Itapetim etc.) über ihre Situation im Jahre 1974 und über Heldentaten des Frei Damíao, dem charismatischen Helden der Region (1). Der Diskurs teilte den Raum in zwei Bereiche auf. Einerseits gab es einen sozio-ökonomischen Raum, der von dem uralten Kampf zwischen "Mächtigen" und "Armen" organisiert wurde. Er stellte sich als ein Feld andauernder Siege der Reichen und der Polizei, aber auch als ein Reich der Lüge dar (in diesem Bereich wurde keinerlei Wahrheit ausgesprochen, es sei denn mit leiser Stimme unter den Bauern: *"Agora a gente sabe, mas nao pode dizar alto"*). Hier siegen immer die Starken und die Wörter führen einen hinters Licht - eine Erfahrung, die mit der Feststellung eines nordafrikanischen Gewerkschaftlers in Billancourt übereinstimmt: "Wir werden immer verspottet, verschaukelt, mißverstanden." Neben diesem *kriegswissenschaftlichen* Raum, der dem Scharfblick der Landbevölkerung ein vielfältiges Netz von Konflikten enthüllte, das unter der Oberfläche der Sprache verborgen war, gab es einen utopischen Raum, in dem in Form von religiösen Erzählungen etwas Mögliches sichtbar wurde, das per Definition ein Wunder war: im nahezu unverrückbaren Mittelpunkt dieser Erzählungen stand Frei Damíao, der durch eine Reihe von Geschichten von göttlichen Strafen, die seine Gegner trafen, unaufhörlich ausgezeichnet wurde.

Was das tatsächliche Kräfteverhältnis betraf, so spielte der verständliche Diskurs also mit trügerischen Formulierungen und auch mit Sprechverboten und Auslassungen, um überall die Ungerechtigkeit aufzudecken - und zwar nicht nur die der etablierten Mächte, sondern - noch viel weitgehender - die der Geschichte: er sah in dieser Ungerechtigkeit eine Ordnung der Dinge, auf deren Veränderung man nicht hoffen konnte. Es blieb immer beim Gleichen, wie man Tag für Tag beobachten konnte. Aber diesem Zustand wurde keinerlei Legitimität beigemessen. Im Gegenteil, daß dieses Kräfteverhältnis eine unaufhörlich wiederholte Realität war, machte es um so weniger akzeptierbar. Die *Tatsache* war nicht als *Gesetz* annehmbar, auch wenn das an ihrer Tatsächlichkeit nichts änderte. Diese Überzeugung, die im Zustand der Abhängigkeit und unter dem Zwang, den Fakten gehorchen zu müssen, gewonnen wurde, konfrontierte also eine Verweigerungshaltung mit dem *Status* der angeblich naturgegebenen Ordnung und einen *ethischen* Protest mit der Schicksalhaftigkeit der Ordnung (wenn die Wissenschaft eine andere Stellung zu dem Verhältnis von Tatsachen und Gesetzen einnehmen kann, so liegt das vor allem daran, daß sie nicht dieser Abhängigkeit unterliegt). Aber um die Nichtübereinstimmung von Tatsachen und Bedeutungen auszudrücken, brauchte man einen "anderen", nämlich religiösen Schauplatz, der in Form von übernatürlichen Ereignissen die historische Kontingenz dieser "Natur" wiedereinbezog und mit Hilfe von himmlischen Bezugspunkten einen Ort für diesen Protest schuf. Die Unakzeptierbarkeit der etablierten Ordnung kommt mit vollem Recht in der Form des Wunders zum Ausdruck. Hier konnte - in einer Sprache, die der Analyse der sozio-ökonomischen Verhältnisse notwendigerweise fremd ist - die Hoffnung *aufrechterhalten* werden, daß der von der Geschichte Besiegte (also der Körper, auf dem kontinuierlich die Siege der Reichen oder ihrer Verbündeten eingeschrieben werden) sich in der "Gestalt" des gedemütigten "Heiligen"

Damíao dank der vom Himmel gegen seine Widersacher ausgeteilten Schläge erheben könnte.

Ohne irgendetwas von dem zu unterschlagen, was alltäglich *sichtbar wird*, antworten die Wundererzählungen "nebenbei" auf diese Ereignisse mit einem andersartigen Diskurs, dem man einfach *glauben* muß - so wie, wenn man ethisch reagiert, glauben muß, daß das Leben sich nicht auf das reduziert, was man von ihm sieht. Ebenso bilden die anarchistischen Lieder in *La Cecilia* (ein Film von J.-L. Comolli) ein Gegengewicht zu den Ereignissen, die nach und nach die sozialistische Gemeinde, die in Brasilien von Tito Rossi gegründet worden ist, in dem Maße, wie sie sich entwickelt, zerstören; diese Lieder werden davon nicht berührt - gerade in den Trümmern einer wieder zur Ordnung gebrachten Geschichte kommen diese Gesänge immer wieder auf, indem sie dem Schlachtfeld der Niederlage entfliehen und ihre Stimme woanders zur Entstehung neuer Bewegungen erheben:

> Un'idea l'amante mia
> A cui detti braccio e cuor ... (2)
> Deh t'affretta a sorgere
> O sol dell' avvenir
> Vivere vogliam liberi
> Non vogliam più servir (3).

So wie die *Loas* des Voudou - "Geister" und Stimmen aus einem anderen Bezugssystem (4) - sind auch die Wundererzählungen Gesänge, allerdings ernste Gesänge, die sich nicht auf Aufstände beziehen, sondern auf ihre permanente Unterdrückung. Trotz allem bieten sie dem *Möglichen* einen uneinnehmbaren Ort, da es sich um einen Nicht-Ort, um eine Utopie handelt. Sie schaffen einen anderen Raum, der mit dem Raum einer illusionslosen Erfahrung einhergeht. Sie besingen eine Wahrheit (das Wunderbare), die nicht auf einen Glauben reduziert werden kann, der ihnen Metaphern oder Symbole liefert. Sie wären also *neben* der Analyse der Tatsachen ein Äquivalent für das, was eine politische Ideologie *in* diese Analyse einführt.

Die "Gläubigen" auf dem Lande vereiteln auf diese Weise die Schicksalshaftigkeit der etablierten Ordnung, indem sie einen Bezugsrahmen gebrauchen, der seinerseits auch von einer äußeren Macht kommt (der von den Missionaren aufgezwungene Religion). Sie verwenden ein System, das ganz und gar nicht ihr eigenes ist und von anderen konstruiert und verbreitet wurde; sie machen diese Wiederverwendung durch einen "übertriebenen" Aberglauben, also durch Auswüchse dieses Wunderbaren deutlich, das von den staatlichen und religiösen Autoritäten schon immer - mit Recht - verdächtigt wurde, den Hierarchien der Macht und des Wissens ihre "Daseinsberechtigung" streitig zu machen. Ein ("populärer") Gebrauch der Religion verändert deren Funktion. Eine ganz bestimmte Art und Weise des Gebrauches der überkommenen Sprache verwandelt diese in einen Widerstandsgesang, ohne daß diese innere Metamorphose der Aufrichtigkeit Abbruch tun würde, mit der an sie geglaubt werden kann, und ohne daß der Scharfblick getrübt werden würde, mit dem ansonsten die unter der etablierten Ordnung verborgenen Kämpfe und Ungleichheiten betrachtet werden.

Ganz allgemein gesagt, eine *Umgangsweise* mit aufgezwungenen Systemen führt zum Widerstand gegen das historische Gesetz eines tatsächlichen Zustandes und gegen seine dogmatischen Legitimationen. Die Benutzung einer von anderen geschaffenen Ordnung führt zu einer Neuaufteilung des Raumes in dieser Ordnung; sie schafft zumindest einen Spielraum für die Bewegungen von ungleichen Kräften und für utopische Bezugspunkte. Darin zeigt sich die Undurchdringlichkeit der "Volks"-Kultur - der *schwarze Felsen*, der sich der Assimilation widersetzt. Was hier "Weisheit" (*sabedoria*) genannt wird, definiert sich als

Kriegslist, Strategem (*trampolinagem,* ein Wortspiel, da darin die Akrobatik des Artisten und seine Trampolin-springkunst, *trampolim,* enthalten ist) und als "Betrügerei" (*trapacaria,* Trug und List beim Gebrauch oder beim Hintergehen der gesellschaftlichen Übereinkünfte) (5). Tausend Arten und Weisen, *das Spiel des Anderen,* d.h. den von Anderen vorgegebenen Raum, *zu spielen/zu vereiteln,* sind charakteristisch für die subtile, beharrliche und widerstandsfähige Aktivität von Gruppen, die sich - da sie kein eigenes haben - im Netz der etablierten Kräfte und Vorstellungen zurechtfinden müssen. Man muß "mitma-chen, indem man etwas damit macht". In diesen Kriegsli-sten gibt es so etwas wie die Kunst, einen Coup zu landen, gewissermaßen ein Vergnügen daran, die Regeln einer aufgezwungenen Umwelt auf den Kopf zu stellen. Eine taktische und fröhliche Fingerfertigkeit im Umgang mit einer Technik. Scapin und Figaro sind nur ihr literari-sches Echo. So wie die Geschicklichkeit eines Fahrers in den Straßen von Rom oder Neapel, eine Meisterschaft, die ihre Liebhaber und ihre Ästhetik hat - die im Labyrinth der Macht zur Anwendung kommt und unaufhörlich Undurchsichtigkeiten und Doppeldeutigkeit - schattige Winkel des Listenreichtums - im Universum der technokra-tischen Transparenz rekreiert, sich darin verliert und wiederfindet, ohne sich um die Organisation einer Totalität kümmern zu müssen. Selbst der Bereich des Unglücks wird durch diese Kombination von praktischem Handeln und Genuß umgeformt.

Die sprichwörtliche Äußerung

Eine vorschnelle Verallgemeinerung? Es handelt sich zwar um eine Forschungshypothese, aber diese basiert auf der Untersuchung anderer Gebiete (6) und steht natürlich im Zusammenhang mit früheren und ähnlichen Arbeiten, wie zum Beispiel die jüngsten Untersuchungen über die "praktische Intelligenz" (*metis*) bei den Griechen (7) oder über die "praktische Bedeutung" und die "Strategien" in Béarn (Südfrankreich) und in Kabylien (Algerien) (8).

Diese Annäherung an die Volkskultur wurde durch die Problematik der Äußerung angeregt - und zwar durch den dreifachen Bezug auf Austins Analyse der Performativität, auf die Semiotik der Manipulation bei A.J. Greimas und auf die Semiologie der Prager Schule. Diese Problematik, die sich ursprünglich mit dem *Sprechakt* beschäftigte, durch den ein Sprecher in einer besonderen Austausch- oder "Vertrags"-Situation (9) sich die Sprache aneignet und sie anwendet, kann auf die gesamte Kultur ausgeweitet werden, indem man sich auf die Ähnlichkeiten zwischen den *Prozeduren* ("der Äußerung") bezieht, die Eingriffe sowohl in den Bereich der Sprache als auch in das Netz der gesellschaftlichen Praktiken zum Ausdruck bringen. Diese Fragestellung unterscheidet sich von den traditionelleren Studien, die sich mit den Aussagen von Legenden, Sprichwörtern etc. oder mit der objektiven Form von Riten oder Verhaltensweisen befassen, um einen *eigenen Korpus* der Volkskultur zu konstituieren und um dann in diesem die variablen Terme von invariablen Funktionen in endlichen *Systemen* zu untersuchen. Bei diesen beiden Herangehensweisen sind die Postulate und Methoden divergent. Dort, wo die eine sich bemüht, die von den historischen Konjunkturen geschaffenen *Operations*-Typen auszumachen, zieht es die andere vor, die *strukturalen* Gleichgewichte festzustellen, in denen jede Gesellschaft auf unterschiedliche Weise Konstanz zum Ausdruck bringt.

Die Differenzen sind weder offensichtlich noch einfach oder antinomisch. Pierre Bourdieu zum Beispiel kombiniert beide Herangehensweisen in einer "Theorie der Praxis", auf die es weiter unten noch zurückzukommen gilt. Aber man kann hier die Bedeutung dieser Alternative an einem Spezialfall präzisieren: *Sprichwörter.*

Eine Methode besteht darin, die Sprichwörter zunächst zu isolieren und zu sammeln, wie Aarne oder Propp es anhand von Märchen gemacht haben. Entweder man beschreibt den Inhalt des gesammelten Materials, der in *labels* oder in semantische Einheiten (Handlung, Thema, Akteure) zerlegt wird, deren Beziehungen in Strukturbegriffen analysiert werden können und deren Konstellationen die dieser oder jener Gruppe eigene mentale Geographie bezeichnen (10), oder aber man untersucht die Produktionsformen, so zum Beispiel das Verfahren, durch das bei den Sprichwörtern (die in der Regel die Form des Distichons haben: "Noël au balcon, Pâques au tison" (Ist Weihnachten schönes Wetter, friert es zu Ostern), "Loin des yeux, loin du coeur" (Aus den Augen, aus dem Sinn), "Qui dort dîne" (Der Schlaf läßt den Hunger vergessen) etc.) die Eindringlichkeit des Sinns verstärkt wird, indem die klanglichen Differenzen (durch Reim, Alliteration etc.) abgeschwächt werden (11). Man macht also Signifikations- oder Fabrikations-Systeme ausfindig. Durch die doppelte Beherrschung des Sprichwörter-Korpus und der Operationen, die damit ausgeführt werden, können diese Methoden selber ihren eigenen Gegenstand (Was ist ein Sprichwort?) definieren, die Auswahl der Gegenstände begründen, Typen klassifizieren und das "Gegebene" in etwas Reproduzierbares umwandeln (wenn man zum Beispiel die Regeln zur Herstellung von Sprichwörtern kennt, kann man sie reihenweise fabrizieren). Indem sie sie erklären, erlangen diese Techniken also die Fähigkeit, gesellschaftliche Phänomene *zu konstruieren* - so wie die Biologie Insulin synthetisiert.

Mehr als die Untersuchung von Sprichwörtern hat die Analyse von Mythen (weil sie vorher entwickelt wurde) von Aarne bis zu Lévi-Strauss gezeigt, in welchem Maße es einer Wissenschaft dieser Diskurse - die sie isolierte und sortierte, sie verfeinerte und die erforschten minimalen Einheiten formalisierte - gelingen konnte, eine angeblich heteroklitische Literatur zu klassifizieren, ein "wildes Denken" und eine Logik in den als "fremdartig" charakterisierten Untersuchungsgegenständen auszumachen - und auf diese Weise die Interpretation und Produktion unserer eigenen Diskurse zu erneuern.

Der Nachteil dieser Methode - und gleichzeitig ihr Erfolg - besteht darin, die Dokumente ihres *historischen* Kontextes zu entkleiden und die *Operationen* der Sprecher ohne ihre speziellen Umstände in Zeit, Raum und Wettbewerb zu behandeln. Die alltäglichen Sprachpraktiken (und der Bereich ihrer Taktiken) müssen eliminiert werden, damit die wissenschaftlichen Praktiken in ihrem eigenen Bereich zur Anwendung kommen können. Man berücksichtigt also nicht die tausend verschiedenen Möglichkeiten, ein Sprichwort in einem bestimmten Moment oder gegenüber einem bestimmten Gesprächspartner "gut anzubringen". Diese Kunst und ihre "Macher" werden vom Forschungsinstitut nicht nur deshalb abgelehnt, weil jede wissenschaftliche Tätigkeit eine Begrenzung und Vereinfachung ihrer Gegenstände verlangt, sondern auch weil die Schaffung eines wissenschaftlichen Ortes, die jeder Analyse vorausgeht, mit der Notwendigkeit einhergeht, die Studienobjekte an diesen Ort *transferieren* zu können. Es kann nur das behandelt werden, was transportierbar ist. Was nicht entwurzelt werden kann, bleibt definitiv draußen. Daher das Privileg, das diese Studien dem *Diskurs* beilegen; er ist die einzige Sache auf der Welt, die man ganz leicht einfangen, aufzeichnen, transportieren und an sicheren Orten behandeln kann, während der *Sprechakt* nicht von seinen Umständen losgelöst werden kann. Von den Praktiken selber bringt man nur die Ausstattung mit (Werkzeuge und Produkte, die man in Vitrinen stellen kann) oder Beschreibungsmodelle (meßbare Verhaltensweisen, Stereotypen von Inszenierungen, rituelle Strukturen);

die unentwurzelbare Eigentümlichkeit einer Gesellschaft wird beiseitegelassen. Die Umgangsweisen mit Dingen und Wörtern bei verschiedenen Gelegenheiten. Und das Wesentliche spielt sich in dieser alltäglichen *Geschichtlichkeit* ab, die untrennbar von der *Existenz* der Subjekte ist, welche die Akteure und Autoren der von den Umständen abhängigen Operationen sind. Unsere Gelehrten scheinen demgegenüber - ähnlich wie der Gott von Schreber, der nur noch mit "abgeschiedenen Seelen" (13) verkehrte - an einem Gesellschaftskörper ausschließlich träge Objekte zu betrachten und zu tolerieren.

Muß das so sein? Ich erinnere mich an das wunderschöne Shelburne Museum (Vermont, U.S.A.), wo in den fünfunddreißig Häusern eines wiederaufgebauten Dorfes alle Zeichen, Werkzeuge und Produkte des Alltagslebens aus dem 19. Jahrhundert herumlagen: vom Küchengerät und Apothekertresen bis zum Webstuhl, den Waschutensilien und Kinderspielzeugen. Die Unzahl dieser vertrauten Dinge - abgegriffen, deformiert oder durch den Gebrauch verschönt - vermehrte auch die Spuren von regsamen Händen und arbeitsamen oder geduldigen Körpern, für die diese Dinge ein alltägliches Bezugssystem bildeten: eine eindringliche Präsenz von überall spürbaren Abwesenden. Zumindest versetzte einen dieses mit im Stich gelassenen und zusammengesammelten Gegenständen vollgestopfte Dorf in das ordentliche Gebrabbel von hundert vergangenen oder möglichen Dörfern zurück; und angesichts dieser Spuren, die zu Tausenden von Existenzkombinationen verschachtelt waren, konnte man ins Träumen geraten. Sprichwörter oder andere Diskurse sind genauso wie Werkzeuge durch *den Gebrauch gekennzeichnet;* sie bieten der Analyse *Abdrücke von Handlungen* oder von Sprechvorgängen (14); sie bezeichnen die *Operationen,* deren Gegenstand sie gewesen sind, also Operationen, die von den Umständen abhängig sind und die als jeweilige *Modalisierungen* der Aussage und der Praxis betrachtet werden können (15); im weitesten Sinne verweisen sie also auf eine gesellschaftliche *Geschichtlichkeit,* in der die Vorstellungssysteme oder die Fabrikationsprozesse nicht mehr nur als ein normativer Rahmen erscheinen, sondern als *Werkzeuge, die von denen, die sie gebrauchen, gehandhabt, manipuliert werden.*

Spiele, Geschichten und Redekünste: Logiken

Ausgehend von den Abdrücken auf die Sprache wenden wir uns nun wieder den Vorgehensweisen der Operateure, der Macher zu. Aber es genügt nicht, die einzelnen Tricks und Schliche zu beschreiben. Um sie zu denken, muß man annehmen, daß diesen Vorgehensweisen eine begrenzte Anzahl von Verfahren entspricht (die Erfindung ist nicht unbegrenzt, und wie die "Improvisationen" auf dem Klavier oder der Gitarre setzt sie die Kenntnis und Anwendung von Codes voraus) und daß sie eine *Logik von Handlungsspielen* implizieren, *die sich auf bestimmte Umstände beziehen.* Diese mit der *Gelegenheit* verknüpfte Logik hat - im Gegensatz zur abendländischen Wissenschaftlichkeit - die Nicht-Autonomie des Handlungsbereiches zur Voraussetzung. Dafür gibt es viele Beispiele im chinesischen Denken - und zwar seit dem kanonischen *Buch der Wandlungen* oder der Abhandlung von Sun Tze über die *Kriegskunst* (16) - oder in der arabischen Tradition des *Buches der Listen* (17). Aber muß man auf der Suche nach Modellen überhaupt so weit in die Ferne schweifen? Jede Gesellschaft weist immer irgendwo Umgangsformen auf, denen ihre Praktiken gehorchen. Wo soll man sie aber im Okzident suchen, seitdem unsere rationale Wissenschaftlichkeit die Logik der Beherrschung und der Transparenz ermöglicht und aufgezwungen hat, indem sie die komplexen Bereiche gesellschaftlicher Finten durch ihre "eigenen" Orte und die gewöhnliche Sprache durch ihre "künstlichen"

Sprachen ersetzt? Wie in "Der entwendete Brief" von Edgar Allan Poe befinden sich die Schriften dieser andersartigen Logiken an derartig offensichtlichen Stellen, daß man sie nicht sieht. Ohne sich auf die Alltagssprache zu beziehen, kann man bereits drei Orte benennen, an denen deutlich wird, daß es an die Gelegenheit gebundene Handlungsweisen gibt, die bestimmte, in ihrer Evidenz unsichtbare Formen haben.

Zunächst die jeder Gesellschaft eigentümlichen *Spiele:* diese disjunktiven Operationen (19) (deren Ergebnisse Unterschiede hervorrufen) schaffen Räume, in denen die *Spielzüge* von den *Situationen* abhängig sind. Vom Schachspiel - die aristokratische Form einer "Kriegskunst", die aus China kam und von den Arabern ins mittelalterliche Abendland eingeführt wurde, wo es zum wesentlichen Bestandteil der Kultur in den Herrenhäusern wurde - bis zum Kartenspiel Skat, zum Lotto oder Scrabble *formulieren* (und formalisieren) die Spiele die *Regeln,* die die Spielzüge organisieren, und bilden somit auch *ein Gedächtnis* (einen Speicher und eine Klassifikation) von Handlungsmodellen, die bei Gelegenheit zu bestimmten Gegenzügen führen. Sie können diese Funktion gerade deswegen haben, weil sie von den alltäglichen Auseinandersetzungen befreit sind, in denen es untersagt ist, "sein Spiel offenzulegen", und deren Einsätze, Regeln und Spielzüge von zu großer Komplexität sind. Die Explikation ist immer umgekehrt proportional zum praktischen Engagement. Wenn man in diesen Spielen die Formen von Taktiken findet (so wie man es bereits am Beispiel des Go-Spieles (20) gemacht hat) oder wenn man die Spiele mit der Prognostik vergleicht, deren formeller Rahmen darauf gerichtet ist, eine Entscheidung an konkrete Situationen anzugleichen (21), gewinnt man eine erste Grundlage zur Bestimmung derjenigen Rationalitäten, die den Praktiken in Räumen eigen sind - in abgeschlossenen und durch die Variabilität der zu behandelnden Ereignisse "historisierten" Räumen.

Diese Spiele stehen in einem Zusammenhang mit den *Berichten* von einzelnen Partien. Man unterhält sich über den Skat von gestern abend oder über den kleinen Schlemm von früher. Diese Geschichten sind eine Kombinationsfolge von all den Möglichkeiten, welche die synchrone Organisation eines Raumes, von Regeln, von Gegebenheiten etc. möglich macht. Sie sind eine paradigmatische Projektion einer Auswahl unter diesen Möglichkeiten - einer Auswahl, die einer bestimmten Ausführung (oder Äußerung) entspricht. Wie die Spielberichte vom Bridge· oder Schach in *Le Monde* könnten sie in Zahlen dargestellt werden, das heißt, es könnte sichtbar gemacht werden, daß jedes Ereignis eine einzigartige Anwendung des formalen Rahmens ist. Aber indem diese Geschichten die Partien nachspielen und nacherzählen, zeichnen sie gleichzeitig Regeln und Spielzüge auf. Bei diesen Erzählungen, die man behalten soll und die zu denken geben, handelt es sich um ein *Repertoire von Handlungsmodellen* für Spielpartner. Durch die Faszination, die durch das Moment der Überraschung in diese Geschichten eingebracht wird, vermitteln diese Mementos die Taktiken, die in einem gegebenen (gesellschaftlichen) System möglich sind.

Märchen und Legenden scheinen die gleiche Rolle zu spielen (22). Sie entfalten sich ebenso wie das Spiel in einem Raum, der isoliert und außerhalb des alltäglichen Wettbewerbes dasteht, das heißt im Raum des Wunderbaren, des Vergangenen oder des Ursprünglichen. In Form von Göttern oder Helden können dort also Modelle für gute oder miese Tricks dargestellt werden, die alltäglich anwendbar sind. Es wird von Spielzügen berichtet und nicht von Wahrheiten. Ein Beispiel für dieses Regelwerk von Strategien findet sich bereits bei Propp, einem Pionier, der zu einem richtigen Großmeister der "formalistischen" Untersuchungen über die Volkserzählungen geworden ist (23). Er hat die vierhundert von ihm untersuchten Wundergeschichten auf "grundlegende Reihen" (24) von *Funktionen* reduziert, wobei er die "Funktion" als "Handlung einer Person, die aus der Sicht ihrer Bedeutung bei der Entwicklung der Intrige bestimmt wird" (25), definiert. Es ist keineswegs sicher, wie A. Régnier bemerkte, ob die Homologisierung dieser Funktionen kohärent ist, oder ob, wie Lévi-Strauss und Greimas jeweils gezeigt haben, die herausgelösten Einheiten stabil sind. Aber daß Propp immer noch aktuell ist, verdankt sich der Analyse von Taktiken, deren Inventar und Kombinationen in diesen Geschichten auf der Basis von elementaren Einheiten geliefert werden, welche keine Signifikationen oder Personen sind, sondern Handlungen, die von bestimmten Konfliktsituationen abhängig sind. Ergänzt durch andere Untersuchungen, die seitdem angestellt worden sind, ermöglicht es die Lektüre von Propp, in den Geschichten die strategischen Diskurse des Volkes zu erkennen. Daher auch das Privileg, das diese Geschichten der Simulation/Dissimulation beilegen (26). In diesen Geschichten wird also die Formbestimmtheit der alltäglichen Praktiken sichtbar. Oft stellen sie die Kräfteverhältnisse auf den Kopf und führen den Benachteiligten, wie in den Wundererzählungen, in einem wunderbaren, utopischen Raum zum Sieg. Dieser Raum unterstützt die Waffen des Schwachen gegen die Realität der etablierten Ordnung. Er verbirgt sie auch in den gesellschaftlichen Gruppierungen, die "Geschichte machen", weil sie sie beherrschen. Und dort, wo die Geschichtsschreibung in der Vergangenheitsform von den Strategien der institutionellen Mächte berichtet, bieten diese "wunderbaren" Geschichten ihrem Publikum (wer Ohren hat, der höre) mögliche Taktiken, die in Zukunft gebraucht werden können.

Und schließlich tragen in diesen Geschichten die Effekte, Kniffe und Stil-"Figuren", die Alliterationen, Inversionen und Wortspiele auch zum Vergleich dieser Taktiken untereinander bei. Dadurch werden sie ganz unauffällig auch zu lebendigen Museen und zu Bezugspunkten für Lernende. Die Rhetorik und die alltäglichen Praktiken können gleichermaßen als Manipulationen im Inneren eines Systems definiert werden - sowohl im System der Sprache als auch im System einer etablierten Ordnung. Die "Wendungen" (oder "Tropen") führen in die alltägliche Sprache Finten, Verschiebungen, Ellipsen etc. ein, welche die wissenschaftliche Vernunft aus den operationalen Diskursen entfernt hat, um "eigene" Bedeutungen zu konstituieren. Aber in diesen "literarischen" Zonen, in die man sie verdrängt hat (etwa in den Traum, wo Freud sie wiedergefunden hat), bleibt der Umgang mit diesen Finten vorhanden - sie sind das Gedächtnis einer Kultur. Diese Wendungen charakterisieren eine *populäre Kunst* der Rede. Mögen sie vom Erzähler oder Kolporteur auch so lebendig und geschickt vorgetragen werden, daß man sie kaum erkennt, das Ohr eines Bauern oder eines Arbeiters ist in der Lage, in der Redeweise eine Umgangsweise mit der überkommenen Sprache zu erkennen. Seine amüsierte oder künstlerische Wertschätzung bezieht sich auch auf die Kunst, im Bereich des Anderen leben zu können. Sie unterscheidet in diesen Wendungen der Sprache einen Denk- und Handlungsstil: Modelle für das praktische Handeln (27).

Eine Praktik des Umfunktionierens

Mit diesen Beispielen aus Bereichen, in denen man die spezifische Modalität von "Äußerungs"-Praktiken ausmachen kann, das heißt, die Manipulationen an aufgezwungenen Räumen und die auf bestimmte Situationen bezogenen Taktiken, eröffnet sich die Möglichkeit zur Untersuchung des weiten Feldes einer "Kunst des Handelns". Diese "Kunst" unterscheidet sich von den Modellen, die die Kultur (an die man in der Ausbildung von der Grundschule bis zur Universität angepaßt wird) eigentlich von oben bis unten beherrschen sollen. Diese Modelle setzten alle die Konstitution eines eigenen Ortes (eines wissenschaftlichen Raumes oder einer zu beschreibenden leeren Seite) voraus, der von den jeweiligen Sprechern oder Umständen unabhängig sein soll und an dem man auf der Grundlage von Regeln, die seine Produktion, seine Repetition und seine Verifikation sichern, ein System schaffen will. Aber unsere Forschung wird durch zwei Fragen erschwert. Sie betreffen übrigens zwei Seiten desselben politischen Problems. Einerseits: in wessen Namen haben wir gesagt, daß die "Kunst" sich *unterscheidet*? Andererseits: *von wo aus* (von welchem distinkten Ort) analysieren wir diese "Kunst"? Vielleicht können wir, gerade indem wir uns auf die Vorgehensweisen dieser Kunst selber beziehen, sowohl ihre Definition als "populär" als auch unsere Position als Beobachter überprüfen.

Allerdings bleiben die sozialen, ökonomischen und historischen Differenzen zwischen den Anwendern (Bauern, Arbeiter etc.) dieser Finten und uns als Analytikern bestehen. Es ist kein Zufall, wenn sich ihre ganze Kultur als Konflikt- und Konkurrenzverhältnisse zwischen Starken und weniger Starken entwickelt, ohne daß sich irgendein legendärer oder ritueller Raum zur Sicherung eines neutralen Bereiches bilden könnte. Diese Differenz hat übrigens eine Entsprechung innerhalb der Untersuchung selber: im Bruch zwischen der Phase der Gemeinschaftlichkeit (Phase der Anpassung und Dankbarkeit des Forschers gegenüber seinen Gastgebern) und der Phase der schriftlichen Darstellung, die die institutionellen (wissenschaftlichen, gesellschaftlichen) Zusammenhänge aufdeckt, sowie den (intellektuellen, professionellen, finanziellen etc.) Profit, dem diese Gastfreundschaft objektiv dient. Die Bororos nähern sich langsam ihrem kollektiven Tod und Lévi-Strauss wird in die "Académie Française" aufgenommen. Auch wenn er diese Ungerechtigkeit bedauert, ändert das nichts an den Tatsachen. Diese Geschichte ist ebensosehr die unsere wie die seine. In diesem einen Punkt (der auf andere, wichtigere Aspekte hinweist) verhält es sich so wie in früheren Zeiten, als das einfache Volk die Priester ernährte.

Ohne sich auf die sozio-ökonomischen Implikationen des *Ortes* zu beziehen, an dem eine ethnologische oder historische Untersuchung entsteht (28), oder auf die Politik, die seit den Ursprüngen der gegenwärtigen Forschung den Begriff des *Populären* als Problem der Unterdrückung gesehen hat (29), muß man sich mit folgender Fragestellung auseinandersetzen: wenn man nicht davon ausgeht, daß eine Revolution die Gesetze der Geschichte verändert, wie soll man dann heute die gesellschaftliche Hierarchisierung abschaffen, die die wissenschaftliche Arbeit über die populären Kulturen organisiert und sich in ihr wiederholt? Das Wiederaufleben von "populären" Praktiken in der industriellen und wissenschaftlichen Moderne ist ein Hinweis auf die Wege, die eine Transformation des Objektes, das wir untersuchen, einschlägt, und auf die Position, von der aus wir es untersuchen.

Ein gutes Beispiel dafür ist die Praktik, während der Arbeit, für die man offiziell bezahlt wird, eigenen Beschäftigungen nachzugehen. Im französischen Argot wird diese Praktik als *faire de la perruque* bezeichnet. Dieses Phänomen breitet sich überall aus, auch wenn die Vorgesetzten es bestrafen oder "ein Auge zudrücken", weil sie es nicht gesehen haben wollen. Ein Arbeiter, der während der offiziellen Arbeitszeit für sich selber arbeitet und dem vorgeworfen wird, zu stehlen, Material zu seinem persönlichen Vorteil zu verwenden und die Maschinen für seine eigenen Zwecke zu benutzen, entzieht der Fabrik Zeit (und zwar mehr als Rohstoffe, da er in der Regel nur Reste verwertet), um frei, kreativ und vor allem nicht für den Profit zu arbeiten. Gerade an den Orten, welche von der Maschine, der er dienen muß, beherrscht werden, mauschelt er, um sich das Vergnügen zu verschaffen, zwecklose Produkte zu erfinden, die ausschließlich dazu dienen, durch sein *Werk* ein eigenes "Know-how" zum Ausdruck zu bringen und durch eine *Verschwendung* der Solidarität der Arbeitskollegen und der Familie gerecht zu werden (30). Mit Hilfe der komplizenhaften Unterstützung durch andere Arbeiter (die auf diese Weise ihre von der Fabrik aufgezwungene Konkurrenzsituation umgehen) landet er seine "Coups" im Bereich der etablierten Ordnung. Weit davon entfernt, ein Rückfall in kunsthandwerkliche oder individuelle Produktionseinheiten zu sein, führt das "für sich arbeiten" wieder die "populären" Taktiken von früher oder von woanders in den industriellen Raum (das heißt in die gegenwärtige Ordnung) ein.

Hundert andere Beispiele könnten das Fortbestehen dieser Praktiken in den organisiertesten Bereichen des modernen Lebens zeigen. In verschiedenen Formen verbreiten sich ähnliche Praktiken ebenso in den staatlichen und kommerziellen Verwaltungen wie in den Fabriken. Zweifellos sind sie ebenso verbreitet wie früher (man müßte sie allerdings erst noch untersuchen); und sie werden ebenso wie früher verdächtigt, unterdrückt oder schweigend geduldet. Nicht nur die Werkstätten und Büros, sondern auch die Museen und die Fachzeitschriften verurteilen diese Praktiken oder wollen sie vergessen machen. Die Instanzen des ethnologischen oder folkloristischen Wissens bewahren nur natürliche oder sprachliche Objekte auf, die nach Ursprungsorten und Themen etikettiert und in Schaukästen ausgestellt werden, dargeboten der Interpretation, und dazu dienen sollen, in Form von ländlichen "Werten" - welche zur Erbauung oder Neugier der Städter dargeboten werden - die Legitimation einer angeblich unvordenklichen und "natürlichen" Ordnung durch ihre Konservatoren zu verschleiern. Beziehungsweise, sie extrahieren aus einer *Sprache* gesellschaftlicher Operationen Werkzeuge und Produkte, um die Schaukästen mit technischen Gerätschaften auszustatten und diese toten Gegenstände einem intakten System anzupassen.

Die wirkliche Ordnung der Dinge besteht genau in diesen "populären" Taktiken, die die Dinge zu ihren eigenen Zwecken umändern, ohne sich darüber Illusionen zu machen, daß sich in Kürze etwas ändern wird. Während diese Ordnung ansonsten von der herrschenden Macht ausgebeutet oder einfach vom ideologischen Diskurs geleugnet wird, spielt hier die Kunst mit ihr. In die Institution, der man dienen muß, dringen also ein Stil gesellschaftlicher Austauschformen, ein Stil technischer Erfindungen und ein Stil des moralischen Widerstandes ein, das heißt eine Ökonomie der "*Gabe*" (gegenseitige Großzügigkeit), eine Ästhetik von "*Spielzügen*" oder "*Coups*" (kunstvolle Operationen) und eine Ethik der *Beharrlichkeit* (tausend Arten und Weisen, der etablierten Ordnung den Status von Gesetzmäßigkeit, Vernünftigkeit oder Schicksalsgegebenheit zu verweigern). Das wäre die "populäre Kultur", die alles andere als ein Fremdkörper ist, den man in Stücke zerlegen kann, um ihn auszustellen, und der von einem System traktiert, mißhandelt und "zitiert" werden kann, das in seinen Objekten die Situationen verdoppelt, die es den Lebenden verordnet.

Die zunehmende Parzellierung der Zeit und der Orte, die disjunktive Logik der Spezialisierung durch und für die Arbeit findet in den konjunktiven Ritualen der Massenkommunikation kein ausreichendes Gegengewicht mehr. Trotzdem sollte diese Tatsache nicht zu unserem *Gesetz* werden. Sie könnte durch "Dienstleistungen" umgangen werden, die mit den Gaben unserer Wohltäter "rivalisieren" und ihnen Produkte anbieten, die aus der Institution bezogen werden, welche die Arbeiter traktiert und mißhandelt. Diese Praktik der ökonomischen *Umfunktionierung* bedeutet in Wirklichkeit die Rückkehr einer sozio-politischen Ethik in ein ökonomisches System. Sie verweist zweifellos auf den von Mauss definierten *Potlatch,* jenes Spiel der freiwilligen Gaben, das von der Reziprozität ausgeht und ein gesellschaftliches Netz organisiert, das sich in der "Verpflichtung zum Geben" (31) ausdrückt. Unsere Gesellschaften werden nicht mehr von einem solchen "Wettstreit" geleitet: die Grundeinheit des Liberalismus ist das abstrakte Individuum, und er regelt alle Tauschhandlungen unter diesen Einheiten nach dem allgemeinen Äquivalenzcode, der vom Geld gebildet wird. Zweifellos wird dieses Postulat des Invidiuums heute wieder zu einem Problem, das das gesamte liberale System erschüttert. Das Apriori der historischen Entscheidung für die westliche Gesellschaftsordnung wird zu ihrem Implosionspunkt. Wie immer es auch sei, der *Potlatch* scheint sich in diesem System als Hinweis auf eine andere Ökonomie zu erhalten. Er überlebt in unserer Ökonomie, allerdings nur am Rande oder in ihren Zwischenräumen. Er entwickelt sich sogar, wie illegitim auch immer, im fortgeschrittenen Liberalismus. Aus diesem Grunde wird *auch* die Politik der "Gabe" zu einer Taktik der Umfunktionierung. Ebenso verwandelt sich der Verlust, der in einer Ökonomie der Gabe freiwillig war, in einer Ökonomie des Profits in Überschreitung: sie zeigt sich hier als Exzeß (Verschwendung), Protest (Ablehnung des Profits) oder Vergehen (Angriff auf das Eigentum).

Dieser Weg, der mit unserer Ökonomie verbunden ist, entspringt einer anderen Ökonomie; diese kompensiert die erstere, auch wenn sie illegal und (aus dieser Sicht) marginal ist. Dieser Weg ermöglicht auch eine Untersuchungsposition, die nicht mehr nur durch eine erworbene Fähigkeit und durch das Wissen des Beobachters, vermehrt um ein wenig Nostalgie, definiert wird. Melancholie genügt nicht. Im Verhältnis zum Schrifttum, das im Namen der Arbeitsteilung Unterscheidungen trifft und Klassenbündnisse entdeckt, wäre es sicherlich "wunderbar", wenn sich die Gruppen, denen wir früher Herren verdanken und die heute in unserer Gesellschaft schlummern, wie im Märchen erheben würden, um selber ihr Kommen und Gehen in den Texten zu bestimmen, die ihnen die Ehre erweisen, sie zu begraben. Diese Hoffnung ist ebenso geschwunden wie der Glaube, der schon seit langem nicht mehr in unseren Städten weilt. Es gibt keine Wiedergänger mehr, die die Lebenden an die Reziprozität erinnern. Aber in der von der Macht des Wissens organisierten Ordnung (der unseren), wie auch auf dem Lande und in den Fabriken, bleibt die Praktik der Umfunktionierung möglich.

Gegenüber dem ökonomischen System, dessen Regeln und Hierarchien sich von jeher in den wissenschaftlichen Institutionen wiederholen, wollen wir versuchen, "auf unsere eigene Rechnung zu arbeiten". Im Bereich der wissenschaftlichen Forschung (die die gegenwärtige Ordnung des Wissens definiert) kann man ihre Maschinen und Abfälle nutzen und die der Institution geschuldete Zeit umfunktionieren; Textobjekte herstellen, die Kunst und Solidarität beinhalten; das Spiel des freien Austausches spielen, selbst wenn es von den Chefs und Kollegen bestraft wird, wenn sie kein "Auge zudrücken"; heimliche Komplizenschaften und Taschenspielertricks erfinden; mit Geschenken auf Gaben reagieren; und somit das Gesetz unterwandern, das in der Wissenschaftsfabrik die Arbeit in den Dienst der Maschine stellt und aufgrund derselben Logik in immer weiterem Maße die Kreativität und die "Verpflichtung des Gebens" vernichtet. Ich kenne Forscher, die sehr geübt in dieser Kunst des Umfunktionierens sind, die eine Wiederkehr der Ethik, der Lust und des Erfindungsreichtums in die wissenschaftliche Institution beinhaltet. Ohne Gewinn (der Profit gehört auf die Seite der für die Fabrik geleisteten Arbeit) und oft mit Verlust nehmen sie sich irgendetwas aus der Ordnung des Wissens, um darin künstlerische "Erfolge" zu verzeichnen und die Graffiti ihrer Ehrenschulden darin einzuritzen. Sich auf diese Art mit den alltäglichen Taktiken auseinanderzuset-

zen, bedeutet also eine "gewöhnliche" Kunst zu praktizieren, sich in der üblichen Situation zu befinden und aus
dem Schreiben eine Art von "für sich selber arbeiten" zu
machen.

KAPITEL III

GEBRAUCHSWEISEN UND TAKTIKEN:
ETWAS BENUTZEN

Trotz der Maßnahmen, das "auf eigene Rechnung arbeiten" zu unterdrücken oder zu verbergen, verbreiten sich derartige Praktiken überall erfolgreich. Es ist nur ein Sonderfall unter all den Praktiken, die in das System der Reproduktion und der Parzellierung durch Arbeit oder Freiheit die Kunstgriffe von *Künstlern* (beziehungsweise *Artisten)* und den Wettstreit von *Komplizen* einführen. Schlau wie der Fuchs und doppelt so schnell, es gibt tausenderlei Arten und Weisen, etwas "zu benutzen".

Aus dieser Sicht verläuft der Bruch nicht mehr zwischen Arbeit und Freizeit. Diese beiden Tätigkeitsbereiche gehen ineinander über. Sie wiederholen und verstärken sich gegenseitig. An den Arbeitsstätten verbreiten sich kulturelle Techniken, die die ökonomische Reproduktion unter dem Schein von Überraschung ("das Ereignis"), von Wahrheit ("Information") oder Kommunikation ("Animation") verbergen. Umgekehrt bietet die kulturelle Produktion einen Expansionsbereich für rationelle Vorgehensweisen, die es ermöglichen die Arbeit zu organisieren, und zwar durch Aufteilung (Analyse), Aufrastern (Synthese) und Verdichtung (Verallgemeinerung). Es drängt sich eine andere Einteilung auf als diejenige, die die Verhaltensweisen nach ihrem *Ort* (der Arbeit oder der Freizeit) unterscheiden und sie somit dadurch bestimmen, daß sie sich auf diesem oder jenem Feld des gesellschaftlichen Schachbrettes befinden - im Büro, in der Werkstatt oder im Kino. Es gibt Unterscheidungen anderer Art. Sie beziehen sich auf die *Modalitäten* des Handelns und auf die *Formalitäten* der Praktiken. Sie überschreiten die Grenzen der Zuordnung zum Bereich der Arbeit oder der Freizeit. So überträgt sich zum Beispiel das "auf eigene Rechnung arbeiten" auf das System der Fließbandproduktion (es ist sein Gegenteil an ein und demselben Ort) als eine Tätigkeitsvariante, die außerhalb der Fabrik (an einem anderen Ort) die Form der Bastelei hat.

Auch wenn diese grenzüberschreitenden *Taktiken* von den jeweiligen Umständen abhängen, so unterwerfen sie sich doch nicht dem Gesetz des Ortes. Sie werden nicht durch den Ort definiert oder identifiziert. In dieser Hinsicht sind sie ebensowenig lokalisierbar wie die technokratischen (und schriftlichen) *Strategien,* die Orte schaffen wollen, die mit den abstrakten Modellen übereinstimmen. Was beide voneinander unterscheidet, sind die *Typen des Handelns* in diesen Räumen, die die Strategien produzieren, aufrastern und aufzwingen können, während die Taktiken sie nur gebrauchen, manipulieren und umfunktionieren können.

Man muß also die Handlungsmodelle spezifizieren. Wie in der Literatur unterscheidet man "Stile" oder Schreibweisen und kann somit verschiedene "Macharten" unterscheiden - also die Art und Weise zu gehen, zu lesen, zu produzieren, zu sprechen etc. Diese Handlungsstile intervenieren in einem Bereich, der sie auf einer ersten Ebene bestimmten Regeln unterwirft (zum Beispiel im Fabriksystem), aber sie ziehen dabei ihren Nutzen aus diesem Bereich auf eine Weise, die anderen Regeln folgt und die so etwas wie eine zweite Ebene bildet, die mit der ersten verflochten ist (wie beim Arbeiten auf eigene Rechnung). Ähnlich wie die *Gebrauchsanweisungen* führen diese "Macharten" durch eine Schichtung unterschiedlichster und ineinandergreifender Funktionsweisen innerhalb der Maschinerie zu einem Spiel. Ein Nordafrikaner in Paris oder in Roubaix führt zum Beispiel die Art und Weise des "Wohnens" oder des "Sprechens", die ihm aus seinem Herkunftsland Kabylien vertraut ist, *in* das System ein, das ihm der Bau einer Sozialbauwohnung oder die französische Sprache aufzwingt. Er ergänzt das System durch seine Erfahrung - und durch diese Kombination schafft er sich einen Spielraum zur *Benutzung* der aufgenötigten Ordnung des Ortes oder der Sprache. Ohne den Platz zu verlassen, an dem er wohl oder übel leben muß und der ihm sein Gesetz vorschreibt, verschafft er diesem Ort *Pluralität* und Kreativität. Durch die Kunst des "Zwischen zwei Stühlen Sitzens" erzielt er ungeahnte Wirkungen.

Diese Formen des Gebrauchs oder besser, der Wiederverwendung vervielfältigen sich mit der Ausweitung der Phänomene kultureller Anpassung, das heißt mit den Verschiebungen, die das Identischsein mit dem Ort durch die Arten und Weisen oder "Methoden" des Transits ersetzen. Was aber nicht ausschließt, daß sie mit einer sehr alten Kunst des "etwas damit machens" in Verbindung stehen. Ich bezeichne sie als *Bräuche,* auch wenn dieses Wort meistens die stereotypen Prozeduren bezeichnet, die von einer Gruppe übernommen und reproduziert werden, also ihre "Sitten und Gebräuche". Das Problem liegt in der Doppeldeutigkeit des Wortes, denn es handelt sich gerade darum, in diesen "Bräuchen" Handlungen oder "Aktionen" (im militärischen Sinne des Wortes) zu erkennen, die ihre eigene Form und Erfindungskraft haben und die insgeheim die ameisenhafte Tätigkeit des Konsums organisieren.

Gebrauch oder Konsum

Wenn man den vielfach bemerkenswerten Arbeiten folgt, die die "kulturellen Waren", ihr Produktionssystem (1), die Landkarte ihrer Verbreitung und die Verteilung der Konsumenten auf dieser Karte (2) untersucht haben, scheint es möglich zu sein, diese Waren nicht mehr nur ausschließlich als Gegebenheiten zu betrachten, von denen ausgehend man statistische Darstellungen über ihre Zirkulation anfertigen oder die ökonomischen Abläufe ihrer Ausbreitung verfolgen kann, sondern als ein Repertoire, mit dessen Hilfe die Verbraucher dieser Waren ihre eigenen Handlungen ausführen. Von da an sind diese Dinge nicht mehr die Grundlage unserer Berechnungen, sondern ein Wortschatz ihrer Praktiken. Nachdem die vom Fernsehen verbreiteten Bilder und die vor dem Bildschirm verbrachte Zeit analysiert worden ist, muß man sich fragen, was der Konsument mit diesen Bildern und während dieser Stunden *macht*. Was machen die fünfhunderttausend Käufer von Gesundheitsmagazinen, die Kunden eines Supermarktes, die Benutzer des städtischen Raumes und die Konsumenten von Zeitungsartikeln mit dem, was sie "absorbieren", erhalten und bezahlen? Was machen sie damit?

Das ist das Rätsel der Konsumenten-Sphinx. Ihre Fabrikationen sind über das Produktionsraster der Medien, der Stadt und des Handels verstreut. Sie sind um so weniger sichtbar, je enger, anschmiegsamer und totalitärer die sie umfassenden Netze werden. Da sie von wechselnder Gestalt sind und die Farbe ihres Hintergrundes annehmen, verschwinden sie in den kolonisierenden Organisationen, deren Produkte keinen Platz mehr übrig lassen, wo die Konsumenten ihre Aktivität einschreiben könnten. Das Kind bekritzelt und beschmiert noch sein Schulbuch; und selbst wenn es dafür bestraft wird, es schafft sich einen Raum und hinterläßt in ihm Zeichen seiner Existenz als Autor. Der Fernsehzuschauer kann der Nachricht auf dem Bildschirm nichts mehr hinzufügen. Er wird vom Produkt verdrängt und er hat mit dessen Erscheinung nichts mehr zu tun. Er verliert seine Autorenrechte und wird scheinbar zu einem reinen Empfänger, zum Spiegel eines vielgestaltigen und narzißtischen Akteurs. Auf die Spitze getrieben wäre er das Sinnbild von Apparaten, die ihn zu ihrer Produktion nicht mehr benötigen, also so etwas wie die Nachbildung einer "Junggesellenmaschine" (3).

In Wirklichkeit steht der rationalisierten, expansionistischen, zentralisierten, spektakulären und lärmenden

Produktion eine Produktion von einem ganz anderen Typus gegenüber, die als "Verbrauch" bezeichnet wird und für die ihr Listenreichtum, ihr Abbröckeln je nach Gelegenheit, ihre Wilddiebereien, ihre Klandestinität und ihr unaufhörliches Gemurmel charakteristisch sind - insgesamt also eine Quasi-Unsichtbarkeit, da sie sich kaum durch eigene Produkte auszeichnet (wo hätte sie auch Platz dafür?), sondern durch die Kunst des Gebrauchs derjenigen Produkte, die ihr aufgezwungen werden.

Schon seit langem hat man in anderen Gesellschaften die geheimen und dennoch grundlegenden Verkehrungen untersucht, die durch den Konsum hervorgerufen wurden. So wurde zum Beispiel der spektakuläre Erfolg der spanischen Kolonisation durch den Gebrauch, den die indianische Bevölkerung davon machte, ins Gegenteil verdreht: unterwürfig und sogar bereitwillig gebrauchen die Indianer die Gesetze, Praktiken oder Vorstellungen, die ihnen mit Gewalt oder durch die Verführung aufgezwungen worden waren, oft zu anderen Zwecken als denen der Eroberer; sie machten daraus etwas anderes; sie unterwanderten sie von innen her - und zwar nicht, indem sie sie ablehnten oder veränderten (was allerdings auch vorkam), sondern durch hunderterlei verschiedene Weisen, sie in den Dienst von Regeln, Gebräuchen und Überzeugungen zu stellen, die der Kolonisation, der sie nicht entfliehen konnten, fremd waren (4). Sie metaphorisierten die herrschende Ordnung: sie ließen sie nach einem anderen Register funktionieren. Im Inneren des Systems, das sie assimilierten und von dem sie äußerlich assimiliert wurden, blieben sie andere. Sie entstellten diese Ordnung, ohne sie zu verlassen. Die Prozeduren des Konsums haben selbst in dem Raum ihre Andersheit bewahrt, der von dem Besatzer organisiert wurde.

Ein übertriebenes Beispiel? Nein, auch wenn der indianische Widerstand auf einer durch Unterdrückung geprägten Erinnerung basierte, beziehungsweise einer

Vergangenheit, die auf ihrem Körper eingeschrieben war (5). In geringerem Maße findet sich derselbe Prozeß in dem Gebrauch wieder, den bestimmte Volksschichten von den Kulturen machen, die von den Sprache produzierenden "Eliten" verbreitet werden. Die aufgezwungenen Kenntnisse und Symboliken werden zum Gegenstand des Gebrauchs und der Manipulationen durch Praktiker, die nicht deren Erzeuger sind. Die vorgegebenen Erkenntnisse und Symboliken werden von Praktikern (Benutzern) gebraucht und manipuliert, die sie nicht gemacht haben. Die von einer gesellschaftlichen Klasse geschaffene Sprache hat die Fähigkeit, sich in ihre Umgebung auszudehnen, bis in die "Wüsten", über die es scheinbar noch keine vergleichbaren Aussagen gibt, aber dabei gerät sie in die Falle ihrer eigenen Aneignung: sie wird von einem Gestrüpp von Prozeduren assimiliert, das gerade aufgrund seines Siegeszuges für den Besatzer unsichtbar ist. Wie spektakulär der Erfolg dieser Sprache auch immer aussehen mag, es besteht die Möglichkeit, daß ihre Vorherrschaft nur ein Schein ist, daß sie nur einen Rahmen für die hartnäckigen, listigen und alltäglichen Praktiken liefert, die sie benutzen. Die sogenannte "Vulgarisierung" oder der "Niedergang" einer Kultur wäre also nur ein überzeichneter und partieller Aspekt der Rache, welche die Gebrauchstaktiken an der Macht nehmen, die die Produktion beherrschen will. Jedenfalls sollte der Verbraucher nicht mit den journalistischen oder kommerziellen Produkten identifiziert oder abqualifiziert werden, die er assimiliert: zwischen ihm (der sich ihrer bedient) und diesen Produkten (den Indizien für die "Ordnung", die ihm aufgezwungen wird) gibt es den mehr oder weniger großen Spielraum des Gebrauchs, den er von ihnen macht.

Der *Gebrauch* muß also um seiner selbst willen analysiert werden. An Modellen dafür fehlt es nicht - vor allem was die Sprache betrifft, dieses bevorzugte Terrain zur Auffindung von Formbestimmungen, die diesen Praktiken eigen sind. Gilbert Ryle, der die saussuresche Unterscheidung von "Sprache" (ein System) und "Sprechen" (eine Handlung) wiederaufnahm, verglich erstere mit einem *Kapital* und letztere mit den *Operationen,* die es ermöglicht: einerseits, ein Bestand; andererseits, Geschäfte und Gebrauchsformen (6). Im Falle des Konsums könnte man beinahe sagen, daß die Produktion das Kapital liefert und daß die Konsumenten, ähnlich wie die Mieter, das Recht erwerben, auf dieser Grundlage Operationen durchzuführen, ohne deren Eigentümer zu sein. Aber dieser Vergleich gilt ausschließlich für das Verhältnis zwischen einem Sprachwissen und den "Sprechakten" (*speech-acts*). Allein schon in diesem Zusammenhang stieß man bereits auf eine Reihe von Fragen und Kategorien, die es - vor allem seit Bar-Hillel - ermöglichten, innerhalb der Sprachforschung (*semiosis* oder *semiotic*) einen Spezialbereich (genannt *pragmatics*) zu erschließen, der sich mit dem Gebrauch oder mit *indexical expressions* befaßt, das heißt mit "Wörtern oder Sätzen, deren Referenz ohne die Kenntnis des Kontextes der Anwendung nicht bestimmt werden kann" (7).

Bevor wir uns weiter unten erneut mit solchen Untersuchungen beschäftigen, die einen ganzen Bereich von Alltagspraktiken (Sprachgebrauch) erhellen, genügt es an dieser Stelle festzuhalten, was sie zur Problematik der Äußerung beitragen (8). Die "Anwendungskontexte" (*contexts of use*), die den Sprechakt in sein Verhältnis zu den Umständen stellen, beziehen sich auf Merkmale, die den Sprechakt (oder die Sprachpraxis) spezifizieren und die durch ihn geschaffen werden. Die Äußerung bietet ein Modell für diese Merkmale, die sich allerdings auch in dem Verhältnis wiederfinden, das andere Praktiken (gehen, wohnen etc.) zu nicht-sprachlichen Systemen unterhalten. Die Äußerung setzt in der Tat folgendes voraus: 1. *eine Realisierung* des sprachlichen Systems durch ein Sprechen, das seine Möglichkeiten aktualisiert (die Sprache ist nur im Sprechakt real); 2. *eine Aneignung* der Sprache durch den Sprecher, der sie spricht; 3. die Einführung eines (realen oder fiktiven) Gesprächspartners und somit die Konstitution eines relationalen *Vertrages* oder einer Allokution (man spricht zu jemandem); 4. die Herstellung *einer Gegenwart* durch den Akt des "Ich", das spricht, und gleichzeitig - da "die Gegenwart die eigentliche Quelle der Zeit ist" - die Organisation einer Zeitlichkeit (die Gegenwart erzeugt ein Vorher und ein Nachher) und die Existenz eines "Jetzt", das Präsenz in der Welt bedeutet (9).

Diese Elemente (realisieren, aneignen, sich in die Relationen einschreiben, sich in die Zeit einordnen) machen aus der Äußerung und sekundär auch aus dem Gebrauch einen Knoten von Umständen, eine unauflösliche Verknüpfung mit dem "Kontext", von dem sie abstrakt getrennt werden. Untrennbar vom gegenwärtigen *Augenblick,* von den *besonderen* Umständen und von einem *Tun* (Sprache Produzieren und die Dynamik einer Relation Modifizieren) ist der Sprechakt ein Gebrauch *der* Sprache und ein Operieren *mit* der Sprache. Man kann versuchen, dieses Modell auf viele nicht-sprachliche Operationen anzuwenden, indem man von der Hypothese ausgeht, daß all diese Gebrauchsweisen vom Konsum abstammen.

Darüberhinaus muß man das Wesen dieser Operationen noch auf anderem Wege präzisieren - und zwar nicht mehr in Bezug auf das Verhältnis, das sie zu einem System oder zu einer Ordnung unterhalten, sondern insofern als die *Kräfteverhältnisse* diejenigen Netze bestimmen, in die sie sich einschreiben, und die Umstände festlegen, von denen sie profitieren können. Infolgedessen muß man von einer sprachlichen Referenz zu einer kriegswissenschaftlichen Referenz übergehen. Es handelt sich um Kämpfe oder Spiele zwischen dem Starken und dem Schwachen und um "Aktionen", die dem Schwachen noch möglich sind.

Als verkannte Produzenten, Dichter ihrer eigenen Angelegenheiten und Erfinder ihrer eigenen Wege durch den Dschungel der funktionalistischen Rationalität produzieren die Konsumenten etwas, das die Gestalt jener "Irr-Linien" hat, von denen Deligny spricht (10). Sie folgen "unbestimmten Bahnen" (11), die scheinbar sinnlos sind, da sie in keinem Zusammenhang mit dem bebauten, beschriebenen und vorfabrizierten Raum stehen, in dem sie sich bewegen. Dabei handelt es sich um Sätze, die an einem Ort, der von Techniken, die Systeme erzeugen, organisiert wird, nicht vorhersehbar sind. Auch wenn ihr *Vokabular* aus vorgegebenen Sprachen besteht (der Sprache des Fernsehens, der Zeitung, des Supermarktes oder der städtischen Organisationsformen) und auch wenn sie sich im Rahmen der vorgeschriebenen *Syntaxen* bewegen (Zeitmodi des Stundenablaufes, paradigmatische Organisationen von Orten etc.), bleiben diese "Quergänge" heterogen gegenüber den Systemen, in die sie eindringen und in denen sie trickreich *differente* Interessen und Wünsche entwerfen. Sie zirkulieren, kommen und gehen, fließen über und münden in einem vorgeformten Relief: schäumende Wogen eines Meeres, die zwischen die Felsen und in die Labyrinthe einer bestehenden Ordnung eindringen.

Von diesen Strömungen, die im Prinzip von den institutionellen Rastern reguliert werden, welche sie in Wirklichkeit nach und nach abtragen und verschieben, wissen die Statistiken nahezu nichts. Es handelt sich dabei eigentlich nicht um eine Flüssigkeit, die in den Lücken fließt, sondern um andersartige *Bewegungen,* die die Elemente des Terrains benutzen. Die Statistiken beschränken sich darauf, diese Elemente zu klassifizieren, zu berechnen und aufzulisten - als "lexikalische" Einheiten, Reklamewörter, Fernsehbilder, Fertigwaren, vorgegebene Orte etc. -, indem sie Kategorien und Taxinomien verwenden, die in der industriellen oder administrativen Produktion üblich sind. Auch berücksichtigen sie nur das Material, das von diesen Konsumpraktiken gebraucht wird - ein Material, das offensichtlich allen von der Produktion aufgezwungen wird -, und nicht die eigene *Form* dieser Praktiken, ihre unmerkliche und listenreiche "Beweglichkeit", das heißt gerade die Tätigkeit des "etwas benutzen". Die Stärke dieser Berechnungen beruht auf dem Teilungsvermögen, aber diese ana-lytische Fähigkeit unterdrückt die Möglichkeit der Darstellung der taktischen Bahnen, die aufgrund eigener Kriterien Fragmente aus den riesigen Produktionskomplexen auswählen, um daraus orginäre Geschichten zu machen.

Es zählt, *was* gebraucht wird, und nicht die *Art und Weise* des Gebrauchs. Paradoxerweise wird letztere im Universum der sich ausbreitenden Kodifizierung und Transparenz unsichtbar. Von diesen Strömungen, die überall eindringen, sind nur die Wirkungen wahrnehmbar (die Menge und die Lokalisierung der konsumierten Produkte). Sie zirkulieren, ohne gesehen zu werden, und sind nur an den Gegenständen wahrnehmbar, die sie bewegen oder verschwinden lassen. Die Konsumpraktiken sind die Phantome einer Gesellschaft, die ihren Namen trägt. Wie früher die "Geister" postulieren sie die vielförmige und geheime produktive Tätigkeit.

Um diesen Praktiken nachzuspüren, habe ich auf den Begriff der "Bahn" (12) zurückgegriffen. Er soll eine zeitliche Bewegung in einem Raum beschreiben, das heißt die Einheit einer diachronischen *Aufeinanderfolge* von durchlaufenden Punkten und nicht die *Figur*, die diese Punkte an einem angenommenen synchronischen oder achronischen Ort bilden. Diese "Darstellung" ist allerdings unzureichend, da die Wegstrecke und die Zeit oder Bewegung auf diese Weise auf eine Linie reduziert werden, die insgesamt vom Auge erfaßt und augenblicklich gelesen werden kann: man projiziert den Weg eines Spaziergängers durch die Stadt auf eine Fläche. So nützlich diese "Flächenprojektion" auch sein mag, sie verwandelt die *zeitliche* Gliederung von Orten in eine *räumliche* Abfolge von Punkten. Eine graphische Darstellung wird an die Stelle eines Handlungsablaufes gesetzt. Ein reversibles Zeichen (denn es läßt sich in zwei Richtungen lesen, ist es erst einmal auf eine Karte projiziert worden) ersetzt eine Praktik, die untrennbar von einzigartigen Augenblicken und "Gelegenheiten" und somit irreversibel ist (man kann die Zeit nicht zurückdrehen und man kann verpaßte Gelegenheiten nicht wiederholen). Es handelt sich also um eine Spur *anstelle* von Handlungen, um Überreste anstelle von wirklichen Taten: die Spur ist nur ein Rest von ihnen, ein Zeichen für ihr Vergehen. Diese Projektion setzt die Möglichkeit voraus, das eine (das Nachgezeichnete) durch das andere (die je nach Gelegenheit ausgeführten Handlungen) zu ersetzen. Es handelt sich um ein "Quiproquo" (eins ersetzt das andere), typisch für Reduktionen, die eine funktionalistische Verwaltung des Raumes vornehmen muß, um effektiv zu sein. Man muß also ein anderes Darstellungsmodell heranziehen.

Eine Unterscheidung von *Strategien* und *Taktiken* scheint ein adäquateres Grundschema zu liefern. Als *Strategie* bezeichne ich die Berechnung (oder Manipulation) von Kräfteverhältnissen, die in dem Moment möglich wird, wenn ein mit Willen und Macht versehenes Subjekt (ein Unternehmen, eine Armee, eine Stadt oder eine wissenschaftliche Institution) ausmachbar ist. Sie setzt *einen Ort* voraus, der als etwas *Eigenes* beschrieben werden kann und somit als Basis für die Organisierung von Beziehungen zu einer *Exteriorität* dienen kann, seien dies Stoßrichtungen oder Bedrohungen (Kunden oder Konkurrenten, Feinde, das Umland der Stadt, Forschungsziele und -gegenstände etc.). Wie beim Management ist jede "strategische" Rationalisierung vor allem darauf gerichtet, das "Umfeld" von dem "eigenen Bereich", das heißt vom Ort der eigenen Macht und des eigenen Willens, abzugrenzen. Ein cartesianisches Unterfangen, wenn man so will: etwas Eigenes in einer Welt umreißen, die von den unsichtbaren Mächten des Anderen verhext ist. Ein Unterfangen der Moderne in politischer, militärischer und wissenschaftlicher Hinsicht.

Die Zäsur zwischen einem angeeigneten Ort und dem anderen hat beträchtliche Auswirkungen, von denen hier einige angeführt werden sollen:

1. Das "Eigene" ist *ein Sieg des Ortes über die Zeit*. Es ermöglicht, aus den errungenen Vorteilen Gewinn zu schlagen, künftige Expansionen vorzubereiten und sich somit eine Unabhängigkeit gegenüber den wechselnden Umständen zu verschaffen. Das ist eine Beherrschung der Zeit durch die Gründung eines autonomen Ortes.

2. Es ist auch eine Beherrschung der Orte durch das Sehen. Die Gliederung des Raumes ermöglicht eine *panoptische Praktik* ausgehend von *einem* Ort, von dem aus der Blick die fremden Kräfte in Objekte verwandelt, die man beobachten, vermessen, kontrollieren und somit seiner eigenen Sichtweise "einverleiben" kann (13). Sehen (in die Ferne sehen), bedeutet auch voraussehen, also durch die Lektüre des Raumes der Zeit vorauseilen.

3. Es wäre legitim, *die Macht des Wissens* als die Fähigkeit, die Ungewißheiten der Geschichte in entzifferbare Räume zu verwandeln, zu definieren. Aber es ist richtiger, in diesen "Strategien" einen spezifischen Typus des Wissens zu sehen, der die Macht darin unterstützt und sie leitet, sich einen eigenen Ort zu verschaffen. Auch sind die militärischen oder wissenschaftlichen Strategien immer schon durch die Konstitution von "eigenen" Bereichen (autonome Städte, "neutrale" oder "unabhängige" Institutionen, "unparteiische" Forschungslaboratorien etc.) entwickelt worden. Anders gesagt, *die Voraussetzung dieses Wissens ist eine gewisse Macht.* Die Macht ist nicht nur ein Ergebnis oder eine Eigenschaft des Wissens. Sie

ermöglicht und bestimmt die Eigentümlichkeiten des Wissens. Sie stellt sich im Wissen her.

Im Gegensatz zu den Strategien (deren aufeinanderfolgende Formen dieses allzu formale Schema verändern werden und deren Verbindung zu einer besonderen historischen Konstellation auch noch zu präzisieren wäre) bezeichne ich als *Taktik* ein Handeln aus Berechnung, das durch das Fehlen von etwas Eigenem bestimmt ist. Keine Abgrenzung einer Exteriorität liefert ihr also die Bedingung einer Autonomie. Die Taktik hat nur den Ort des Anderen. Sie muß mit dem Terrain fertigwerden, das ihr so vorgegeben wird, wie es das Gesetz einer fremden Gewalt organisiert. Sie ist nicht in der Lage, sich bei sich selbst aufzuhalten, also auf Distanz, in einer Rückzugsposition, wo sie Vorausschau üben und sich sammeln kann: sie ist eine Bewegung "innerhalb des Sichtfeldes des Feindes", wie von Bülow sagte (14), die sich in einem von ihm kontrollierten Raum abspielt. Sie hat also nicht die Möglichkeit, sich einen Gesamtüberblick zu verschaffen und den Gegner in einem abgetrennten, überschaubaren und objektivierbaren Raum zu erfassen. Sie macht einen Schritt nach dem anderen. Sie profitiert von "Gelegenheiten" und ist von ihnen abhängig; sie hat keine Basis, wo sie ihre Gewinne lagern, etwas Eigenes vermehren und Ergebnisse vorhersehen könnte. Was sie gewinnt, kann nicht gehortet werden. Dieser Nicht-Ort ermöglicht ihr zweifellos die Mobilität - aber immer in Abhängigkeit von den Zeitumständen -, um im Fluge die Möglichkeiten zu ergreifen, die der Augenblick bietet. Sie muß wachsam die Lücken nutzen, die sich in besonderen Situationen der Überwachung durch die Macht der Eigentümer auftun. Sie wildert darin und sorgt für Überraschungen. Sie kann dort auftreten, wo man sie nicht erwartet. Sie ist die List selber.

Insgesamt gesehen ist sie eine Kunst des Schwachen, wie Clausewitz am Beispiel der List in seiner Abhandlung *Vom Kriege* notierte. Je größer eine Macht wird, um so weniger kann sie es sich erlauben, einen Teil ihrer Kräfte zu mobilisieren, um Täuschungen hervorzurufen: es ist in der Tat gefährlich, größere Kräfte zum bloßen Schein zu verwenden, weil diese Art von "Demonstration" im allgemeinen vergeblich ist und "der trockene Ernst der Notwendigkeit meist so in das unmittelbare Handeln hineindrängt, daß für jenes Spiel kein Raum bleibt". Man würde seine Kräfte zu sehr zersplittern und riskiert deshalb keine Täuschung. Die Stärke ist mit ihrer Sichtbarkeit verbunden. Im Gegensatz dazu ist die List eine Möglichkeit für den Schwachen - und oft die einzige, so etwas wie ein "letztes Mittel": "Je schwächer aber die Kräfte werden, welche der strategischen Führung unterworfen sind, um so zugänglicher wird diese der List sein" (15). Ich übersetze: um so mehr wird sie sich auf die Taktik zubewegen.

Clausewitz vergleicht die List mit dem Witz: "wie der Witz eine Taschenspielerei mit Ideen und Vorstellungen ist, so ist die List eine Taschenspielerei mit Handlungen" (16). Damit wird der Weg beschrieben, wie die Taktik - in der Tat eine Taschenspielerei - überraschend in eine Ordnung eindringt. Die Kunst "Coups zu landen" beinhaltet ein Gespür für die passende Gelegenheit. Mit Hilfe der Vorgänge, die Freud am Beispiel des Witzes darstellt (17), werden dabei frech Elemente miteinander in Verbindung gebracht, die etwas anderes in der Sprache eines Ortes aufblitzen lassen und den Adressaten verblüffen sollen. Streiflichter, Knalleffekte, Risse und Volltreffer in den Netzen eines Systems - die Handlungsweisen der Konsumenten sind auf der praktischen Ebene Äquivalente für den Witz.

Ohne eigenen Ort, ohne Gesamtübersicht, blind und scharfsinnig wie im direkten Handgemenge, abhängig von momentanen Zufällen, wird die Taktik durch das *Fehlen von Macht* bestimmt, während die Strategie durch eine Macht organisiert wird. In diesem Zusammenhang könnte ihre Dialektik durch die alte Kunst der Sophistik erhellt werden. Bereits Aristoteles, der Autor eines großen "strategischen" Systems, interessierte sich sehr für die Argumentationen jenes Gegners, der - wie er meinte - die Ordnung der Wahrheit pervertierte. Er zitiert einen Ausspruch dieses sprunghaften, schnellen und überraschenden Gegners, der die Triebfeder der Sophistik deutlich macht und letztendlich die Taktik in dem Sinne definieren kann, wie ich sie hier verstehe: wie Korax sagte, geht es darum, "die Position des Schwächsten so stark wie möglich zu machen" (18). In ihrer paradoxen Kürze umreißt diese Formulierung das Kräfteverhältnis, das zum Prinzip einer intellektuellen Kreativität gehört, welche ebenso beharrlich wie subtil ist, nicht aufgibt, bei jeder Gelegenheit auf der Lauer liegt, auf dem Gebiet der herrschenden Ordnung verstreut ist und Regeln fremd gegenübersteht, die von einer Rationalität erzwungen werden, die auf dem erworbenen Recht auf etwas Eigenes beruht.

Strategien sind somit Aktionen, die aufgrund der Voraussetzung eines Macht-Ortes (der Besitz von etwas Eigenem) theoretische Orte (totalisierende Systeme und Diskurse) schaffen, die einen Komplex von physischen Orten artikulieren können, auf die die Kräfte verteilt sind. Sie kombinieren drei Arten von Orten, wobei sie die einen durch die anderen beherrschen wollen. Sie bevorzugen somit die Beziehungen zwischen den Orten. Zumindest streben sie danach, alle zeitlichen Relationen darauf zu reduzieren, indem sie analytisch jedem einzelnen Element einen eigenen Platz zuweisen und indem sie kombinatorisch die spezifischen Bewegungen in Einheiten oder in Einheitenkomplexe zusammenfassen. Das Modell dafür ist militärisch gewesen, bevor es "wissenschaftlich" wurde. Taktiken sind Handlungen, die ihre Geltung aus der Bedeutung beziehen, welche sie der Zeit beilegen - und auch den Umständen, welche in einem ganz bestimmten Interventionsmoment in eine günstige Situation verwandelt werden;

der Schnelligkeit von Bewegungen, die die Organisierung des Raumes verändern; den Relationen zwischen den aufeinanderfolgenden Momenten eines "Coups"; den möglichen Überschneidungen von Zeitabschnitten und heterogenen Rhythmen; etc. In dieser Hinsicht verweist die Differenz zwischen Strategien und Taktiken auf zwei historische Optionen im Bereich des Handelns und der Sicherheit (Optionen, die sich übrigens mehr auf Notwendigkeiten als auf Möglichkeiten beziehen): die Strategien setzen auf den Widerstand, den *die Etablierung eines Ortes* dem Verschleiß durch die Zeit entgegenhalten kann; die Taktiken setzen auf einen geschickten *Gebrauch der Zeit,* der Gelegenheiten, die sie bietet, und auch der Spiele, die sie in die Grundlagen einer Macht einbringt. Auch wenn die von der alltäglichen Kriegskunst praktizierten Methoden sich niemals so scharf abzeichnen, so gilt darum nicht weniger, daß das Setzen auf den Ort oder auf die Zeit die Handlungsweisen voneinander unterscheidet.

Rhetorik von Praktiken, uralte Finten

Verschiedene theoretische Vergleiche werden es ermöglichen, die Taktiken oder die Kriegswissenschaft des "Schwachen" besser zu charakterisieren. Das gilt besonders für die "Figuren" und "Wendungen", die von der *Rhetorik* analysiert werden. Bereits Freud hat sie übrigens in seinen Untersuchungen über den Witz gebraucht und für die Formen herangezogen, die die Wiederkehr des Unterdrückten im Bereich einer Ordnung annehmen: verbale Verkürzung und Verdichtung, Doppelsinnigkeiten und Widersinnigkeiten, Verschiebungen und Alliterationen, mehrfache Verwendung desselben Materials etc. (19). Diese Homologien zwischen den praktischen Finten und den rhetorischen Bewegungen sind nicht verwunderlich. In Bezug auf den "richtigen Gebrauch" der Syntax und der "eigentlichen" Bedeutung, das heißt in Bezug auf die allgemeine Definition von etwas "Richtigem" im Gegensatz zu etwas nicht Richtigem, bewegen sich die gelungenen und mißlungenen Wendungen der Rhetorik auf einem Terrain, das auf diese Weise abgesondert worden ist. Es handelt sich um Sprachmanipulationen, die von bestimmten Gelegenheiten abhängig sind und die die sprachliche Position des Adressaten verführen, für sich einnehmen oder verändern sollen (20). Während die Grammatik die "Eigenheit" der Terme überwachen soll, verweisen die rhetorischen Abwandlungen (metaphorische Abschweifungen, elliptische Verdichtungen, metonymische Verkleinerungen etc.) auf einen Gebrauch der Sprache durch Sprecher in den ganz besonderen Situationen von tatsächlichen oder rituellen sprachlichen Auseinandersetzungen. Sie sind Hinweise auf den Verbrauch und auf das Spiel der Kräfte. Sie hängen ab von der Problematik des Aussagens. Obwohl (oder weil) diese "Sprechweisen" prinzipiell aus dem wissenschaftlichen Diskurs ausgeschlossen sind, liefern sie doch der Analyse der "Handlungsweisen" ein ganzes Repertoire von Modellen und Hypothesen. Insgesamt gesehen sind sie zwar nur Varianten in einer allgemeinen Semiotik der Taktiken - und zur Erarbeitung dieser Semiotik muß man sich noch mit Denk- und Handlungskünsten befassen, die sich von dem unterscheiden, was zur Begründung der Eingrenzung von etwas Eigenem geführt hat: von den vierundsechzig Hexagrammen des chinesischen *I Ging* (21) oder der griechischen *metis* (22) bis zur arabischen *hila* (23) zeichnen sich andere "Logiken" ab.

Mir geht es allerdings nicht direkt um die Schaffung einer Semiotik. Mein Vorhaben besteht eher darin, einige Arten und Weisen, wie man sich die alltäglichen Praktiken von Konsumenten zu denken hat, vorzustellen, indem zunächst davon ausgegangen wird, daß sie taktischer Art sind. Wohnen, Umhergehen, Sprechen, Lesen, Einkaufen oder Kochen - all diese Aktivitäten scheinen den Merkmalen der Finten und taktischen Überraschungen zu entsprechen: gelungene Tricks des "Schwachen" in der vom "Starken" etablierten Ordnung, die Kunst, im Bereich des Anderen "Coups zu landen", Jagdlisten, polymorphe und taktisch geschickte Beweglichkeit, poetische und kriegerische Glücksfälle.

Vielleicht rühren sie von einer uralten Kunst her, die nicht nur die Institutionen der aufeinanderfolgenden soziopolitischen Ordnungen durchkreuzt hat, sondern noch weiter als unsere Geschichte zurückgeht und mit ganz seltsamen Gegenseitigkeiten diesseits der Grenzen der Menschheit verbunden ist. Diese Praktiken weisen in der Tat - wie durch eine unvordenkliche Intelligenz - ganz merkwürdige Analogien zu den Simulationen, Tricks und Tarnungen auf, die bestimmte Fische oder Pflanzen mit einer wunderbaren Virtuosität ausführen. Die Verfahrensweisen dieser Kunst finden sich in den entferntesten Ursprüngen des Lebens wieder, als ob sie nicht nur die strategischen Maßnahmen der historischen Einrichtungen überstanden hätten, sondern auch den Schnitt, den die Institution des Bewußtseins selber gemacht hat. Vom Grunde des Ozeans bis zu den Straßen unserer Großstädte sichern sie die formale Kontinuität und die Permanenz eines Gedächtnisses ohne Sprache.

Aber es hat auch den Anschein, daß die Verallgemeinerung und die Expansion der technokratischen Rationalität im Rahmen der gegenwärtigen Geschichte zu einem Losbröckeln und Auswuchern dieser Praktiken, die früher durch stabile lokale Einheiten reguliert wurden, zwischen den Maschen des Systems geführt hat. Immer mehr geraten die Taktiken aus der Bahn. Losgelöst von den traditionellen Gemeinschaften, die ihr Funktionieren festlegten, beginnen sie in einem sich homogenisierenden und sich ausdehnenden Raum überall aufzutauchen. Die Konsumenten verwandeln sich in Immigranten. Das System, in dem sie verkehren, ist zu groß, als daß sie irgendwo fixiert werden könnten, und zu engmaschig, als daß sie ihm jemals entfliehen und sich außerhalb von ihm ansiedeln könnten. Es gibt kein Anderswo mehr. Aus diesem Grunde verändert sich auch das "strategische" Modell, als ob es in seinem Siegeszug unterginge: es beruhte auf der Definition von etwas "Eigenem", das von dem Rest unterschieden ist; es wird das Ganze. Es ist möglich, daß es nach und nach seine Wandlungsfähigkeiten erschöpft, um nur noch einen Raum zu bilden (der ebenso umfassend wie der Kosmos früherer Zeiten ist), in dem sich eine Gesellschaft nach kybernetischem Vorbild betätigt, die der Brownschen Bewegung von unsichtbaren und zahllosen Taktiken ausgeliefert ist. Im Inneren eines immensen Rasters von sozio-ökonomischen Zwängen und Absicherungen könnte sich ein Wuchern von aleatorischen und unkontrollierbaren Handlungsweisen ergeben: Myriaden von quasi unsichtbaren Bewegungen, die mit der immer feineren Textur eines homogenen Ortes spielen würden, der für alle gleich ist und allen gehört. Ist das schon die Gegenwart oder noch die Zukunft der Großstadt?

Indem die Untersuchung einiger vorhandener Alltagstaktiken die jahrtausendalte Archäologie der Finten ebenso außer acht läßt wie die Möglichkeit ihrer ameisenhaften Zukunft, darf sie dennoch weder den Horizont, von dem sie kommen, noch - das andere Extrem - den Horizont, zu dem sie sich hinbewegen könnten, vergessen. Die Beschwörung dieser fernen Vergangenheiten oder Zukünfte ermöglicht es zumindest, den zwar fundamentalen, aber oft eigenwilligen und zwanghaften Folgerungen einer Analyse zu widerstehen, die sich darum bemüht, die Institutionen und Mechanismen der *Unterdrückung* zu beschreiben. Die Privilegierung der Probleme der Repression im Bereich der Forschung ist nicht überraschend: die wissenschaftlichen Institutionen sind Bestandteil des Systems, das sie untersuchen; indem sie es untersuchen, passen sie sich dem wohlbekannten Genre der Familiengeschichte an (eine

Kritik der Ideologie ändert nichts an deren Funktionieren, da die Kritik den Schein von Distanziertheit innerhalb des Zugehörigkeitsbereiches erzeugt); sie fügen nur noch den beunruhigenden Reiz von Teufeln oder Werwölfen hinzu, deren Geschichten am Abend zuhause erzählt werden. Diese Erhellung des Apparates durch sich selber ist insofern ungenügend, als sie *nicht die Praktiken sieht,* die ihm heterogen sind und die er unterdrückt oder die er zu unterdrücken glaubt. Dennoch haben sie eine gute Chance, *auch* diesen Apparat zu überleben; sie sind *auch* Bestandteil des gesellschaftlichen Lebens; und sie sind um so resistenter, als sie den andauernden Veränderungen angepaßt und unterworfen werden. Wenn man diese flüchtige und permanente Realität unter die Lupe nimmt, hat man den Eindruck, die Nacht der Gesellschaften zu erforschen - eine Nacht, die länger dauert als ihr Tag, ein trübes Gewässer, aus dem die aufeinanderfolgenden Institutionen hervorgehen, die Weite eines Ozenas, in dem die sozio-ökonomischen politischen Apparate das Aussehen von flüchtigen Inselgruppen haben.

Die imaginäre Forschungslandschaft ist nicht völlig wertlos, auch wenn sie nicht die notwendige Strenge hat. Sie setzt zwar fort, was sich nur ganz schwach unter dem Thema einer populären Kultur abzeichnete, aber um das in eine bewegliche Unendlichkeit von Taktiken zu verwandeln, was sich als eine Antriebskraft der Geschichte darstellte. Sie vergegenwärtigt also weiterhin die Struktur eines gesellschaftlichen Imaginären, von dem aus die Fragestellung unaufhörlich verschiedene Formen aufgreift und zu neuen Ufern aufbricht. Gleichermaßen verwahrt sie sich gegen die Wirkungen einer Analyse, die diese Praktiken notwendigerweise nur am Rande eines technischen Apparates beobachten kann, nämlich dort, wo diese Praktiken dessen Instrumente verändern oder aus der Bahn bringen. Auch ist gerade diese Studie nur nebensächlich gegenüber den studierten Phänomenen. Die Landschaft, in der diese Phänomene in imaginärer Weise dargestellt werden, hat also die Bedeutung einer Berichtigung und einer globalen Therapie gegenüber der Reduktion dieser Phänomene durch eine laterale Untersuchung. Sie sichert zumindest deren Präsenz in der Gestalt von Wiedergängern. Diese Wiederkehr auf einem anderen Schauplatz erinnert somit an das Verhältnis der Erfahrung mit diesen Praktiken zu dem, was eine Analyse davon darstellt. Das zeugt, wenn auch phantastisch und nicht-wissenschaftlich, für das Mißverhältnis zwischen den alltäglichen Taktiken und der strategischen Aufklärung. Was läßt sich von dem, was jeder macht, aufschreiben? Das Bild, Phantom des sachverständigen aber stummen Körpers, bewahrt die Differenz zwischen beidem.

ZWEITER TEIL

THEORIEN ÜBER DIE KUNST DES HANDELNS

Die Alltagspraktiken bilden einen riesigen Komplex, der schwer einzugrenzen ist und den man provisorisch als einen Komplex von Handlungsweisen, *Prozeduren* bezeichnen könnte. Dabei handelt es sich um Handlungsmodelle und technische Manipulationen, Umgangsweisen. Ausgehend von einigen grundlegenden Analysen aus neuerer Zeit (Foucault, Bourdieu, Vernant und Détienne etc.) kann man diese Prozeduren, wenn schon nicht definieren, so doch zumindest in ihrer Funktionsweise beschreiben - und zwar in Bezug auf den Diskurs (oder die "Ideologie", wie Foucault sagt), den Erwerb (der *Habitus* von Bourdieu) und die Zeitform der günstigen Gelegenheit (der *kairos,* von dem Vernant und Détienne sprechen). Dadurch bietet sich sowohl die Möglichkeit, einen bestimmten Typus des Technischen auszumachen, als auch diese Studie in der aktuellen Forschungsgeographie anzusiedeln.

Wenn ich diese Untersuchung in einen größeren Kontext stelle und mich auf einen Bereich beziehe, über den bereits etwas geschrieben worden ist (trotz der Fiktion der leeren Seite schreiben wir immer über etwas Geschriebenes), beabsichtige ich weder ein zwangsläufig illusorisches Bild der theoretischen und deskriptiven Arbeiten zu entwerfen, die die Fragestellung organisiert oder teilweise zu ihrer Verdeutlichung beigetragen haben, noch will ich damit nur meinen Dank abstatten. Es geht dabei um den Status der Analyse und um ihr Verhältnis zu ihrem Gegenstand. Wie in einer Werkstatt oder in einem Labor resultieren die von einer Untersuchung hervorgebrachten Gegenstände aus dem mehr oder weniger originellen Beitrag zu dem Bereich, der sie möglich gemacht hat. Sie sind also von den "Bedingungen der Fragestellung" abhängig, das heißt von *einem Netz* beruflichen oder textuellen *Austausches* oder von der "Dialektik" der gerade stattfindenden Arbeit (wenn man unter "Dialektik", wie im XVI.

Jahrhundert, die Bewegungen der Verhältnisse zwischen verschiedenen Untersuchungsschritten bei ein und demselben Thema versteht und nicht die einem besonderen Platz zugeschriebene Macht, diese Unterschiede zu totalisieren oder "aufzuheben"). In dieser Hinsicht sind die "Gegenstände" unserer Untersuchungen nicht von den intellektuellen und gesellschaftlichen "Verkehrsformen" zu trennen, die ihre Aufteilungen und Verschiebungen organisieren.

Wenn ein "Autor" die kollektive Arbeit, in die er sich einschreibt, vergißt und den Gegenstand seiner Diskurse von seiner historischen Genese abtrennt, leugnet er also seine reale Situation. Er schafft die Fiktion eines eigenen Ortes. Trotz aller anderslautenden Ideologien, von denen sie begleitet werden kann, ist die Mißachtung des Subjekt-Objekt-Verhältnisses oder des Diskurs-Objekt-Verhältnisses eine Abstraktion, die zur Simulation eines "Autors" führt. Sie beseitigt die Spuren der Zugehörigkeit einer Untersuchung zu einem Netz - Spuren, die in der Tat immer wieder die Autorenschaft beeinträchtigen. Sie verschleiert die Produktionsbedingungen des Diskurses und seines Gegenstandes. Diese verleugnete Genealogie wird somit durch ein Schauspiel ersetzt, das das Simulakrum des Gegenstandes mit dem Simulakrum des Autors kombiniert. Ein Diskurs läßt sich also dann als wissenschaftlich kennzeichnen, wenn er die Bedingungen und Regeln seiner Produktion verdeutlicht, und vor allem die Verhältnisse, unter denen er entstanden ist.

Dieser Umweg verweist erneut auf die Verpflichtung gegenüber anderen Autoren, das heißt auf ein Element, das jedem neuen Diskurs wesentlich ist, und nicht mehr auf eine Anleihe bei diesen Autoren, die durch eine Danksagung oder Anerkennung aus der Welt geschaffen werden könnte. Auch Rabelais' Panurg sah, diesmal in lyrischer Form, darin einen Hinweis auf eine allumfassende Solidarität. Jeder "eigene" Ort wird durch das verändert, was sich dort bereits von anderen vorfindet. Aus diesem Grunde verbietet sich auch eine "objektive" Darstellung der nahestehenden oder entfernten Positionen, die man als "Einflüsse" bezeichnet. Sie tauchen in einem Text (oder in der Definition einer Untersuchung) in den Veränderungen und Arbeitsschritten auf, die sie hervorgerufen haben. Diese Einflüsse können ihrerseits nicht mehr zu Gegenständen werden. Austausch, Lektüre und Auseinandersetzung sind die Möglichkeitsbedingungen jeder einzelnen Studie, sie ist ein Spiegel mit hundert Facetten (die Anderen werden überall in diesem Raum widergespiegelt), aber ein gebrochener und verzerrender Spiegel (die Anderen brechen sich in ihm und werden zu etwas anderem).

KAPITEL IV

FOUCAULT UND BOURDIEU

1. FOUCAULT: WEITVERZWEIGTE TECHNOLOGIEN

Zunächst stellt sich das Problem des Verhältnisses dieser Prozeduren zum Diskurs. Sie haben nicht die repetitive Beständigkeit von Ritualen, Gewohnheiten oder Reflexen - also von Kenntnissen, die sich im Diskurs nicht mehr oder noch nicht artikulieren. Ihre Beweglichkeit bringt sie unausweichlich mit einer Vielzahl von Zielsetzungen und "Schachzügen" in Verbindung, wobei sie allerdings nicht von einer verbalen Erklärung abhängig sind. Sind sie folglich autonom? Wie man gesehen hat, können die Taktiken in einem Diskurs formale Bezugspunkte von Taktiken ohne Diskurs sein (1). Außerdem bilden diese Denkweisen, · die in die Gebrauchsweisen (manières de faire) eingehen, einen (bedeutenden) Sonderfall der Beziehungen, welche die Praktiken mit den Theorien unterhalten.

In dem Buch, in dem er untersucht, wie sich die "Prozeduren" der strafrechtlichen, schulischen und medizinischen "Überwachung" zu Beginn des 19. Jahrhunderts organisiert haben, häuft Michel Foucault die Synonyme an, schwebende Bezeichnungen und sukzessive Annäherungen eines unmöglichen Eigennamens: "Dispositive", "Instrumentarien", "Techniken", "Mechanismen", "Maschinerien" etc. (2). Die Ungewißheit und das Schwanken der sprachlichen Bezeichnung sind bereits ein Hinweis. Aber selbst die Geschichte, die er erzählt, die eines enormen Quiproquo, postuliert und setzt eine Dichotomie zwischen den "Ideologien" und den "Prozeduren", indem sie deren einzelne Entwicklungen und Überschneidungen nachzeichnet. Er analysiert in der Tat den Vorgang eines Chiasmus: der Platz, der von den Reformprojekten am Ende des 18. Jahrhunderts eingenommen wurde, ist durch die Disziplinarprozeduren, die seitdem den sozialen Raum organisieren, "besetzt" und "ausgelaugt" worden. Diese Detektivgeschichte einer Ersetzung des Körpers hätte Freud erfreut.

Bei Foucault spielt sich das Drama, wie immer, zwischen zwei Kräften ab, deren Verhältnis sich durch verschiedene Finten im Laufe der Zeit umkehrt. Einerseits die Ideologie der Aufklärung, die im Bereich der Strafjustiz revolutionär war. Die Reformvorhaben des 18. Jahrhunderts wollten die Hinrichtung oder "Leibesmarter" des "Ancien Régime" - ein blutiges Ritual von Mann zu Mann, das den Triumph der königlichen Ordnung über die Verbrecher in Szene setzte, die wegen ihres symbolischen Wertes ausgewählt wurden - durch Strafen ersetzen, die für alle gleich galten, den Straftaten angemessen waren, nützlich für die Gesellschaft waren und einen erzieherischen Wert für die Verurteilten hatten. Die Disziplinarmaßnahmen, die langsam in der Armee und in der Schule perfektioniert wurden, führten in der Tat ganz schnell zu dem weitreichenden und komplexen, von der Aufklärung konzipierten Justizapparat. Ohne sich auf irgendeine Ideologie zu beziehen, verfeinerten sich diese Techniken und breiteten sich immer weiter aus. Mit Hilfe eines zellartigen Ortes, der für alle (Schüler, Militärs, Arbeiter, Kriminelle oder Kranke) gleich war, perfektionierten sie die Durchschaubarkeit und die Rasterung dieses Raumes, um ein Werkzeug zu schaffen, das zur Disziplinierung geeignet war und mit dem man jede beliebige Menschengruppe überwachen und "behandeln" konnte. Es handelt sich dabei um technologische Details, um winzigkleine und entscheidende Verfahren. Sie haben theoretisch ihre Berechtigung: durch sie universalisiert sich eine einheitliche Strafform, das Gefängnis, die die revolutionären

Institutionen von innen her verändert und überall den "Strafvollzug" an die Stelle der Strafjustiz setzt.

Foucault unterscheidet somit zwei heterogene Systeme. Er beschreibt die Vorteile, die eine politische Technologie des Körpers gegenüber der Entwicklung eines "Lehrkorpus" errungen hat. Aber er beschränkt sich nicht auf die Unterscheidung von zwei Machtformen. Indem er die Bildung und siegreiche Verbreitung dieser "Anpassung im Detail" verfolgt, versucht er die Triebfedern jener undurchdringlichen Macht ans Licht zu bringen, die keinen Eigentümer und keinen bevorzugten Ort hat, keine Über- oder Untergebenen, weder repressiv noch dogmatisch ist. Diese Macht erzielt ihre Wirkungen quasi von selbst, nur aufgrund ihres technologischen Vermögens, das behandelte Objekt räumlich aufzuteilen, zu klassifizieren, zu analysieren und zu individualisieren. (Zu jener Zeit ist die Ideologie "geschwätzig"!) In einer Reihe von klinischen Bildern (die ihrerseits auch wunderbar "panoptisch" sind) versucht er seinerseits, die "allgemeinen Regeln", "Funktionsbedingungen", die "Techniken" und "Prozeduren", die verschiedenen "Operationen", die "Mechanismen", "Prinzipien" und "Elemente" zu benennen und zu klassifizieren, aus denen sich eine "Mikrophysik der Macht" zusammensetzt (3). Diese Galerie von Diagrammen hat die doppelte Funktion, eine gesellschaftliche Schicht von diskurslosen Praktiken freizulegen und einen Diskurs über diese Praktiken zu eröffnen.

Woraus besteht nun diese Schicht von entscheidenden Praktiken, die von der Analyse hervorgehoben wird? Auf einem Umweg, der charakteristisch für Foucaults Untersuchungsstrategie ist, entdeckt er *den Gestus, der den Raum des Diskurses organisiert hat* - und zwar nicht mehr, wie in *Wahnsinn und Gesellschaft,* den epistemologischen und sozialen Gestus, der darin besteht etwas Ausgeschlossenes einzuschließen, um einen Raum zu schaffen, der eine Ordnung der Vernunft möglich macht, sondern den ganz

kleinen und überall wiederholten Gestus, der einen sichtbaren Ort mit einem Raster überzieht, um diejenigen, die
sich an diesem Ort befinden, der Beobachtung und der
"Information" zu unterstellen. Die Prozeduren, die diesen
Gestus wiederholen, verstärken und perfektionieren, haben
den Diskurs der Humanwissenschaften organisiert. Dadurch
kann ein *nicht-diskursiver Gestus* ausgemacht werden, der
aus noch zu erklärenden historischen und sozialen Gründen
privilegiert ist und sich in den Diskursen der gegenwärtigen Wissenschaftlichkeit artikuliert.

Die ganz neuen Perspektiven, die durch diese Analyse
eröffnet werden (4) - und die übrigens auch eine andere
Theorie des "Stils" ermöglichen würden (der Stil, diese
Manier, diese Art und Weise des Vorgehens, dieser nicht-
textuelle Gestus, organisiert den Text eines Gedankens) -
kann man noch um einige Fragestellungen ergänzen, die
im Zusammenhang mit unserer Untersuchung stehen:

1. Um eine Archäologie der Humanwissenschaften zu
beginnen (sein explizites Vorhaben seit *der Ordnung der
Dinge)* und eine "allgemeine Matrix" zu finden, das heißt
eine "Technologie der Macht", die zum Prinzip des Straf-
rechtes (die Bestrafung des Menschen) und der Humanwissenschaften (die Kenntnis des Menschen) gehört, muß
Foucault eine *Selektion* in der Gesamtheit der Prozeduren
vornehmen, die das Gewebe der gesellschaftlichen Aktivitäten im 18. und 19. Jahrhundert bilden. Diese chirurgi-
sche Operation besteht darin, ausgehend von einem sich
ausbreitenden zeitgenössischen System - von der juristischen und wissenschaftlichen Technologie - *die Geschichte
zurückzuverfolgen,* vom Gesamtkörper das Krebsgebilde,
das ihn befallen hat, zu *isolieren,* und sein heutiges
Funktionieren *durch seine Genese* im Verlaufe der letzten
beiden Jahrhunderte *zu erklären.* Aus einem umfangreichen
historiographischen (strafrechtlichen, militärischen, pädagogischen und medizinischen) Material extrahiert diese
Operation optische und panoptische Prozeduren, die sich

zunehmend ausweiten, und gewinnt dabei - zunächst vereinzelt - Hinweise auf einen Apparat, dessen Elemente sich nach und nach im ganzen Gesellschaftskörper präzisieren, kombinieren und reproduzieren.

Diese bemerkenswerte historiographische "Operation" wirft gleichzeitig zwei Fragen auf, die man allerdings nicht verwechseln darf: einerseits die nach der entscheidenden Rolle von technologischen Prozeduren und Dispositiven bei der Organisation einer Gesellschaft; andererseits die nach der besonderen Entwicklung einer speziellen Kategorie dieser Dispositive. Man muß sich also fragen:

a) Wie kann man *die bevorzugte Entwicklung* der speziellen Reihe erklären, die die panoptischen Dispositive bilden?

b) Welche Rolle spielen die vielen anderen Reihen, die stillschweigend ihrer Wege gehen und es weder zu einer diskursiven Konfiguration noch zu einer technologischen Systematisierung gebracht haben? Sie könnten als *eine gewaltige* Reserve betrachtet werden, die Ansätze oder Hinweise auf *differente Entwicklungen* enthält.

Es ist jedenfalls unmöglich, das Funktionieren einer Gesellschaft auf einen Haupttypus von Prozeduren zu reduzieren. Jüngere Untersuchungen haben bereits auf weitere technologische Dispositive und deren Spiel mit der Ideologie verwiesen und dabei - wenn auch unter anderen Gesichtspunkten - deren bestimmenden Charakter unterstrichen - so zum Beispiel die Arbeiten von Serge Moscovici, insbesondere über die urbane Organisation (5), oder von Pierre Legendre über den mittelalterlichen Justizapparat (6). Sie scheinen für einen mehr oder weniger langen Zeitraum vorherrschend zu sein und dann wieder in die aufgehäufte Masse der Prozeduren zurückzufallen, während andere die Rolle übernehmen, ein System zu "informieren".

Eine Gesellschaft wäre somit aus bestimmten herausragenden Praktiken, die ihre normativen Institutionen organisieren, *und* aus zahllosen anderen Praktiken zusammengesetzt, die "klein", "minoritär", geblieben sind, die (auch wenn sie keinen Diskurs organisieren) da sind und die ersten Sprößlinge oder Reste von differenten (institutionellen oder wissenschaftlichen) Hypothesen für diese oder für andere Gesellschaften enthalten. In dieser vielgestaltigen und stummen "Reserve" von Prozeduren wären die "Konsum"-Praktiken zu suchen; und Foucault zufolge hätten sie die Eigenschaft, gleichzeitig - mal in ganz geringfügiger und mal in sehr bedeutender Weise - die Räume und die Sprachen organisieren zu können.

2. Das Endprodukt (die observierende und disziplinierende gegenwärtige Technologie), das Foucault als Ausgangspunkt seiner rückblickenden Geschichtsschreibung dient, erklärt die beeindruckende Kohärenz der Praktiken, die er auswählt und untersucht. Aber gilt für die Gesamtheit der Prozeduren dieselbe Kohärenz? A priori, nein. Die außergewöhnliche, also krebsartige Entwicklung der panoptischen Prozeduren scheint untrennbar von der ihnen zugeteilten historischen Rolle zu sein, das heißt von ihrer Rolle als Waffe zur Bekämpfung und Kontrolle von heterogenen Praktiken. Die Kohärenz ist das Ergebnis eines speziellen Erfolges und nicht die Eigentümlichkeit aller technologischen Praktiken. Unter dem Monotheismus, mit dem man das Privileg, das die panoptischen Dispositive sich anmaßen, vergleichen könnte, hat *ein "Polytheismus" von verstreuten Praktiken* überlebt, die zwar von dem triumphalen Erfolg der einen Praktik gegenüber den anderen dominiert, aber nicht beseitigt werden können.

3. Welche Rolle spielt ein einziges Dispositiv, wenn es sich zum Organisationsprinzip einer Technologie der Macht wandelt? Welche Rückwirkung hat sein Herausragen auf es selber? Welches neue Verhältnis ergibt sich zu der verstreuten Gesamtheit von Prozeduren, wenn eine von ihnen sich als Straf- und Wissenschaftssystem institutionalisiert? Das auf diese Weise privilegierte Dispositiv könnte sehr wohl die Wirksamkeit verlieren, die es, Foucault zufolge,

aufgrund seines stummen und ganz langsamen technischen Vordringens gewonnen hat. Indem es die dunkle Schicht verläßt, in der Foucault die determinierenden Maschinerien einer Gesellschaft ansiedelt, könnte es in die Position von Institutionen geraten, die langsam von den immer noch schweigenden Prozeduren "kolonisiert" werden. Vielleicht (und das ist eine der Hypothesen des vorliegenden Ansatzes) wird das Disziplinierungs- und Überwachungssystem, das sich im 19. Jahrhundert auf der Basis früherer Prozeduren herausgebildet hat, heute tatsächlich selber von anderen Prozeduren "vampirisiert" und "ausgehöhlt".

4. Kann man noch weiter gehen? Ist nicht gerade die Tatsache, daß die Dispositive der Überwachung als Folge ihrer Expansion zu einem Untersuchungsgegenstand werden und daß sie somit zum Bestandteil der Sprache der Aufklärung werden, ein Zeichen dafür, daß sie aufhören, die diskursiven Institutionen zu bestimmen? Als Ergebnis von organisierenden Dispositiven würde der Diskurs also mit den Dispositiven, die er abhandeln kann, diejenigen bezeichnen, die diese Rolle nicht mehr spielen. Man müßte sich somit fragen, durch welchen anderen Typus von Dispositiven er artikuliert werden könnte, ohne ihn zu seinem Gegenstand machen zu können. Zumindest könnte ein Diskurs (der von *Überwachen und Strafen?*), der die Praktiken analysiert, von denen er selber abstammt, auf diese Weise die von Foucault vorgenommene Trennung von "Ideologien" und "Prozeduren" überwinden.

Diese Fragen, auf die es im Moment nur voreilige Antworten gäbe, sind zumindest ein Hinweis auf die Transformationen, die Foucault in die Analyse der Prozeduren eingebracht hat, und auf die Perspektiven, die sich aufgrund seiner Studie öffnen. Indem er an einem Beispiel die Heterogenität und die doppeldeutigen Relationen von Dispositiven und Ideologien aufgezeigt hat, hat er an einem historischen Gegenstand diejenige Zone beschreibbar gemacht, in der die technologischen Prozeduren spezifische

Machtfunktionen haben, eigenen *logischen Gesetzmäßigkei-*
ten gehorchen und zu einer grundsätzlichen *Umorientie-*
rung in den Institutionen der Ordnung und des Wissens
führen können. Daneben muß man sich aber fragen, was
mit den anderen - auch infinitesimalen - Prozeduren ist,
die nicht von der Geschichte "privilegiert" worden sind
und die trotzdem eine zahllose Aktivität zwischen den
Maschen der institutionellen Technologien entfalten. Das
gilt insbesondere für die Prozeduren, die nicht über die
Voraussetzung verfügen, welche überall von den bei
Foucault beschriebenen postuliert wird, also über einen
eigenen Ort, an dem die panoptische Maschinerie funktionieren kann. Diese Taktiken - die zwar auch operativ
sind, die aber vorerst nicht über das verfügen, was die
Stärke der anderen ausmacht - sind die "Taktiken", von
denen ich angenommen habe, daß sie einen formalen
Hinweis auf die allen gemeinsamen Konsumpraktiken
liefern könnten.

2. BOURDIEU: DIE "GELEHRTE UNWISSENHEIT"

Unsere "Taktiken" scheinen nur auf dem Umweg über
eine andere Gesellschaft analysierbar zu sein: das Frankreich des "Ancien Régime" oder des 19. Jahrhunderts bei
Foucault; Kabylien oder das Béarn bei Bourdieu; die
griechische Antike bei Vernant und Détienne etc. Sie
kommen von woanders zu uns zurück, als ob es einer
anderen Bühne bedürfte, damit sie - die von der "abendländischen" Rationalität marginalisiert worden sind - einen
Raum finden, in dem sie sichtbar gemacht und erklärt
werden können. Andere Regionen liefern uns das, was
unsere Kultur aus ihrem Diskurs ausgeschlossen hat. Aber
sind diese Taktiken nicht gerade durch das definiert
worden, was wir eliminiert oder verloren haben? Wie in

Traurige Tropen (7) brechen unsere Reisen in die Ferne auf, um dort etwas zu entdecken, dessen Präsenz bei uns unkenntlich geworden ist. Freud findet diese taktischen und rhetorischen Finten - die von der Wissenschaftsfamilie, deren Adoptivsohn Freud lange Zeit sein wollte, der Illegitimität geziehen werden - auch bei der Erfindung und Erforschung einer *terra incognita,* des Unbewußten, wieder; aber sie erreichen ihn zweifellos aus einer viel älteren und nähergelegenen Region - aus einer lange Zeit verworfenen jüdischen Fremdheit, die mit ihm wieder in den wissenschaftlichen Diskurs eingeht - allerdings in Gestalt des Traums und der Fehlleistung. Die Freudsche Lehre wäre somit eine Kombination aus den legitimen Strategien, die aus der *Aufklärung* hervorgegangen sind, und aus den "Wendungen", die unter dem Deckmantel des Unbewußten noch viel weiter zurückreichen.

Zwei Hälften

Daß Kabylien bei Bourdieu das trojanische Pferd einer "Theorie der Praxis" ist; daß die drei Texte, die Kabylien gewidmet sind (die schönsten, die Bourdieu jemals geschrieben hat, vor allem "Das Haus oder die verkehrte Welt") als mehrteilige Vorhut eines langen epistemologischen Diskurses dienen; daß diese "drei Studien kabylischer Ethnologie", als wären sie Poëme, zu einer Theorie anregen (einer Art von Kommentar in Prosa) und ihr eine unendlich oft zitierbare Grundlage für großartige Einsichten liefern; und schließlich daß in dem Moment, wo Bourdieu seine drei "alten" Texte veröffentlicht, ihr referenzieller und gattungspoetischer Ort aus dem Titel getilgt wird (was zu dem Kommentar führt: *eine Theorie*) und daß dieser kabylische Ursprung - aufgelöst in den Wirkungen, die er im autorisierten Diskurs hervorgerufen hat - nach und nach selber verschwindet wie eine Sonne, die hinter einer spekulativen Landschaft versinkt, die sie dennoch beleuchtet: all diese Züge zeigen bereits eine Position der Praxis in der Theorie (8).

Das ist kein Zufall. Alle Arbeiten, die 1972 und später den "Sinn für das Praktische" (9) zum Gegenstand haben, sind in der gleichen Weise abgefaßt - außer "Avenir de classe et causalité du probable" (10). Dennoch gibt es eine Abweichung: in Kabylien ersetzt die Studie über die "Heiratsstrategien" (die insbesondere die genealogische Ökonomie behandelt) den béarnaiser Bezugspunkt (11). Es gibt also zwei Referenzorte. Ist es möglich zu sagen, welcher das Duplikat des anderen ist, der béarnaiser oder der kabylische Ort? Sie stehen für zwei Formen von beherrschter - und bedrückender - "Vertrautheit": die eine wegen ihrer Ferne von ihrem Entstehungsland, die andere wegen der Fremdheit ihrer kulturellen Andersheit. Es hat aber doch den Anschein, als ob das Béarn, *in-fans* wie jede Herkunft, zuerst seiner Verdoppelung auf dem kabylischen Schauplatz bedurfte (der Bourdieu zufolge dem Herkunftsland sehr nahe steht), um beschrieben werden zu können. Auf diese Weise "objektivierbar" gemacht, liefert es eine reale (und legendäre: wo sind die Béarnaiser von früher?) Grundlage, um in die Humanwissenschaften den *Habitus* einzuführen, der Bourdieus persönlicher Beitrag zur Theorie ist. Somit verliert sich die Besonderheit der ursprünglichen Erfahrung in seiner Fähigkeit zur Reorganisation des allgemeinen Diskurses.

Geteilt in zwei Hälften, deren eine die andere möglich macht, ist der *Entwurf einer Theorie der Praxis* vor allem eine praktische Anwendung der Interdisziplinarität. Und somit eine Metapher, da es sich um den Übergang von einem Genre zu einem anderen handelt: von der Ethnologie zur Soziologie. Ehrlich gesagt, ganz so einfach ist es nicht. Dieses Buch ist schwer einzuordnen. Ist es aus interdisziplinären Auseinandersetzungen hervorgegangen, die Bourdieu früher schon gefordert hatte und die - indem sie das Stadium eines simplen "Daten"-Austausches über-schreiten - eine wechselseitige Erklärung der vorausge-setzten Eigenheiten jeder Fachrichtung anstreben (12)? Diese Auseinandersetzungen bemühen sich um eine gegen-seitige epistemologische Aufklärung; sie bemühen sich, ihre impliziten Grundlagen ans *Licht* zu bringen, was im Einklang mit der Ambition und dem Mythos des Wissens steht. Aber vielleicht geht es um etwas ganz anderes, vielleicht geht es darum, den Gestus einzuführen, durch den eine Disziplin *sich der Dunkelheit zuwendet,* die sie umgibt und die ihr vorausgeht - und zwar nicht, um dieses Dunkel zu beseitigen, sondern *weil* es nicht besei-tigt werden kann und also bestimmend ist? Theorie wäre also dann gegeben, wenn eine Wissenschaft versucht, ihr Verhältnis zu dieser Exteriorität zu denken, und sich nicht nur darauf beschränkt, ihre Produktionsregeln zu korrigieren oder ihre Geltungsgrenzen zu bestimmen. Ist das der Weg, den Bourdieus Diskurs einschlägt? Gewiß ist jedenfalls, daß die Praktiken außerhalb der Grenzen der wissenschaftlichen Disziplin eine undurchdringliche, dunkle Realität schaffen, von der eine theoretische Frage ihren Ausgang nehmen kann.

Boudieus "ethnologische Studien" haben einen ganz eigenartigen Stil - so als wären sie das Hobby eines Soziologen, aber wie bei jedem Hobby ist der spielerische Umgang viel ernster zu nehmen als der professionelle. Diese Abschnitte sind mit einer seltenen Genauigkeit abgefaßt. Niemals war Bourdieu so gründlich, scharfsinnig und virtuos. Seine Texte haben sogar insofern einen ästhetischen Charakter, als ein "Fragment" - eine *besonde-re* und "herausgelöste" Form (13) - zur Metapher eines *umfassenden* (und nicht allgemeinen) Verhältnisses der wissenschaftlichen Disziplin zu einer Realität wird, die gleichzeitig fremd, ausschlaggebend und ursprünglich ist. Dieses Gesellschafts- und Analysefragment ist vor allem *das Haus,* das bekanntlich Bezugspunkt der ganzen Metaphernbildung ist (14). Man sollte besser sagen: *ein* Haus. Durch die Praktiken, die seinen Innenraum gliedern, *kehrt* es die Strategien des öffentlichen Raumes *um* und *organisiert* insgeheim die Sprache (einen Wortschatz, Sprichwörter etc.) (15). Umkehrung der öffentlichen Ordnung und Erzeugung eines Diskurses: diese beiden Züge machen aus dem kabylischen Haus das Gegenteil der französischen *Schule,* ein Objekt, in dem Bourdieu, der es zu seinem Spezialgebiet gemacht hat, nur die "Reproduktion" von gesellschaftlichen Hierarchien und die Wiederholung ihrer Ideologien entdecken kann (16). Im Verhältnis zu der Gesellschaft, mit der es die Soziologie zu tun hat, ist der ganz unten angesiedelte Wohnsitz in seiner Einzigartigkeit also ein gegensätzlicher und determinierender Ort. Seine Untersuchung wird vom Autor selber im Hinblick auf den sozio-ökonomischen Normativismus des Faches als unzulässig angesehen: sie beschäftigt sich zu sehr mit dem symbolischen Bereich (17). Sie ist sozusagen ein Lapsus.

Die "Theorie" will die Distanz zwischen diesen Gesetzmäßigkeiten der Soziologie und den ethnologischen Besonderheiten aufheben. Die Rationalität eines wissenschaftlichen Bereiches und die außerhalb dieses Bereiches vorkommenden Praktiken sollen neu gegliedert werden. Der *Entwurf* (und die späteren Artikel) bemüht sich in der Tat um eine Verbindung dieser beiden Elemente. Dieser Versuch, den "ethnologischen" Einwand in eine Lücke des soziologischen Systems einzufügen, ist ein heikles Unterfangen. Um dieser Operation zu folgen, muß man sehr genau die Arbeitsschritte des Werkes nachvollziehen: einerseits die Analyse dieser speziellen Praktiken und andererseits die Rolle, die ihnen beim Aufbau einer "Theorie" beigemessen wird.

Die als "Strategien" bezeichneten Praktiken, die Bourdieu untersucht, beziehen sich auf das béarnaiser Erbschaftssystem oder auf den inneren Aufbau des kabylischen Hauses oder auf die Aufteilung der Aufgaben und Perioden im Verlaufe des kabylischen Jahres, etc. Das sind nur einige Beispiele für eine Gattung von "Strategien" der Fruchtbarkeit, der Erbfolge, der Erziehung, der Vorbeuge, der gesellschaftlichen oder ökonomischen Investitionen, der Ehe etc. und auch der "Umkehrung", wenn die Praktiken nicht mehr den Umständen entsprechen (18). In jedem der untersuchten Fälle ermöglichen es die Unterschiede, "bestimmte Eigenheiten" einer "praktischen Logik" auszumachen.

1. Die Ahnentafeln oder "Stammbäume", die Grundbücher und die geometrischen Pläne von Wohnvierteln, sowie die linearen Zyklen von Kalendern sind in Bezug auf die Strategien selber zusammenfassende, vereinheitlichende Hervorbringungen, das heißt Ergebnisse der Distanz und der "Neutralisierung" des Beobachters; die Strategien bilden darin *"kleine Inseln"*, wie zum Beispiel die tatsächlich praktizierten, weil nützlichen Verwandtschaftsbeziehungen, oder die Orte, die die entgegengesetzten und sukzessiven Bewegungen des Körpers bestimmen, oder die Dauer von Aktionen, die nach und nach entsprechend den eigenen und unvergleichlichen Rhythmen zwischen den Körpern ausgeführt werden (19). Dort, wo die synoptische Darstellung - ein Instrument der Summierung und der Beherrschung durch den Blick - alle gesammelten "Tatsachen" nivelliert und klassifiziert, organisiert die Praxis Diskontinuitäten und heterogene Handlungsmuster. Die Verwandtschaftsbeziehungen sind, ebenso wie Raum und Zeit, hier wie dort *nicht dieselben.*

(Ich füge hinzu, daß diese Differenz an der Grenze von zwei Finten angesiedelt ist. Die Wissenschaftlichkeit verbirgt mit ihren Schaubildern die Rückzugs- und Macht-operationen, die sie möglich machen. Die Praktiker ihrer-seits, die die "Daten" liefern, welche von den Forschern gesammelt werden, verschweigen zwangsläufig die prakti-sche Differenz, die unter ihnen durch den Umgang mit den Daten geschaffen wird, derer sie sich bedienen (oder nicht); und somit arbeiten sie bei der Produktion von allgemeinen Schaubildern mit, die den Beobachter ihre Taktiken nicht erkennen lassen. Somit wäre das Ergebnis dieser doppelten Irreführung das Wissen über die Prakti-ken.)

2. Die "Strategie" (zum Beispiel bei der Verheiratung eines Kindes) kommt einem *"Coup"* in einem Kartenspiel gleich. Sie ist von der "Qualität des Spiels" abhängig, das heißt gleichzeitig von den Karten (ein gutes Blatt haben) und von der Spielweise (ein guter Spieler sein) (20). Der "Coup" muß einerseits die *Voraussetzungen* berücksichtigen, die den Spielraum bestimmen, und andererseits die *Regeln,* die den Spielkarten einen Wert und dem Spieler seine Spielmöglichkeiten geben; und schließlich setzt er eine spielerische *Geschicklichkeit* in den verschiedenen Situa-tionen voraus, in denen das Anfangskapital eingesetzt wird. Dieser ganze Komplex bildet ein Gewebe von qualita-tiv unterschiedlichen Spielabläufen:

a) Es gibt zwar *"implizite Prinzipien"* oder Voraus-set-zungen (wie zum Beispiel bei der béarner Eheschließung das Primat des Mannes über die Frau oder des Erstgebore-nen über den Jüngeren - diese Prinzipien sorgen in einer Ökonomie, die von der Geldknappheit beherrscht wird, für die Unversehrtheit und den Schutz des Erbes), aber die Tatsache daß sie nicht definiert (nicht formuliert) sind, schafft Toleranzspielräume und die Möglichkeit, sie gegeneinander auszuspielen.

b) Es gibt *"explizite Regeln"* (zum Beispiel das *adot,* "eine Ersatzleistung, die den jüngeren Erben als Ausgleich für ihren Verzicht auf den Boden zugebilligt wird"), aber sie haben eine Grenze, an der sie sich umkehren (zum Beispiel das *tournadot,* die Rückgabe des *adot* im Falle einer kinderlosen Ehe). Bei jeder Anwendung dieser Regel muß man also mit der Rückwirkung dieser Umkehrung auf die Regel rechnen; und diese Rückwirkung ist eine ständige Bedrohung, da sie mit den Zufällen des Lebens verbunden ist.

c) Die "*Strategien*" - gute "Tricks" ("das Vorgehen ist trickreich") - "segeln" zwischen den Regeln umher, "spielen mit allen Möglichkeiten, die die Traditionen bieten", gebrauchen eher die eine als die andere und ersetzen die eine durch die andere. Indem sie vom Ungeklärten profitieren, das das streng Geregelte verdeckt, schaffen sie in diesem Netz ihre eigenen Zugehörigkeiten. Wie bei einer Vorlesung, bei der man mit der Globalität von Resultaten spielen könnte, ohne sich mit dem Durchschnitt der einzelnen Disziplinen befassen zu müssen, bewegen sie sich und gleiten sie von einer Funktion zur nächsten, wobei sie die ökonomischen, gesellschaftlichen und symbolischen Trennungen kurzschließen: so kompensiert zum Beispiel eine kleine Zahl von Kindern (eine Frage der Fruchtbarkeit) eine schlechte Verheiratung (Scheitern der Ehe); oder durch die Aufnahme von jüngeren Geschwistern ins Haus als "unbezahlte Domestiken" (ökonomische Investition und Verhinderung der Fortpflanzung) wird vermieden, daß man ihnen ein *adot* zahlen muß (Vorrang der Ehe). Die Strategien "wenden" keine Prinzipien oder Regeln "an". Sie wählen aus ihnen das Repertoire ihrer Operationen aus (21).

3. Diese unaufhörlichen Übergänge von einem Genre zum anderen, die mit *Transfers* und "*Metaphorisierungen*" vergleichbar sind, diese Praktiken setzen eine "Logik" voraus. Listiger als jemals zuvor und noch listiger als sie selber - um ihrer in der labyrinthischen Entwicklung seiner Sätze habhaft zu werden - entdeckt Bourdieu in diesen Praktiken einige wesentliche Prozeduren (22):

a) eine *Polythetie:* die Verwendungsmöglichkeiten und die Eigenarten ein und derselben Sache wechseln entsprechend den Kombinationen, auf die sie sich einläßt;

b) eine *Substituierbarkeit:* eine Sache kann jederzeit durch eine andere ersetzt werden, da es eine Affinität jeder einzelnen Sache zu allen anderen in der Totalität, die sie repräsentiert, gibt;

c) eine *Euphemisierung:* man muß die Tatsache verbergen, daß die Handlungen den im symbolischen System dargestellten Dichotomien und Antinomien zuwiderlaufen. Indem die rituellen Handlungen Gegensätzliches vereinigen, liefern sie ein Modell für diese "Euphemisierung".

Somit wäre die *Analogie* die Grundlage all dieser Prozeduren, die zwar Überschreitungen der symbolischen Ordnung und der von ihr gesetzten Grenzen sind, aber verborgene Überschreitungen, gleitende Metaphern. Und insofern sind sie überkommen und gelten als erlaubt, denn dadurch, daß sie gegen die von der Sprache getroffenen Unterscheidungen verstoßen, respektieren sie diese. So gesehen ist die Anerkennung der Autorität der Regeln das glatte Gegenteil von ihrer Anwendung. Dieser grundsätzliche Chiasmus scheint heute wiederzukehren, da wir Gesetze anwenden müssen, deren Autorität wir nicht mehr anerkennen. Wie auch immer, es ist nicht uninteressant, daß Bourdieu als letzte Triebfeder dieser Praktiken gerade den "Gebrauch der Analogie" wiederentdeckt, den die Wissenschaftler, deren Texte er 1968 zusammengestellt hat (Duhem, Bachelard, Campbell u.a.), für den Antrieb der theoretischen Schöpfung selber hielten (23).

4. Alle diese Praktiken werden schließlich von dem bestimmt, was ich als *eine Ökonomie des eigenen Ortes* bezeichnet habe. Diese nimmt in Bourdieus Analyse zwei gleichermaßen grundlegende, aber nicht ausgeführte Formen an: einerseits die Maximierung des Kapitals (die materiellen und symbolischen Güter), welches im Wesentlichen das *Erbe* bildet; und andererseits die Entwicklung des

individuellen und kollektiven *Körpers,* der (durch seine Fruchtbarkeit) Dauer und (durch seine Bewegungen) Raum erzeugt. Die Vermehrung der Finten, ihrer Erfolge und ihres Scheitern verweist auf eine Ökonomie, die damit befaßt ist, die folgenden beiden unterschiedlichen, aber dennoch komplementären Formen des "Hauses" (24) zu reproduzieren und zur Blüte zu bringen: die Güter und den Körper - den Boden und die Herkunft. Eine Politik dieses "Ortes" unterliegt überall diesen Strategien.

Daraus ergeben sich die beiden Hauptzüge, die zu Praktiken führen, welche ganz speziell zu dem geschlossenen Raum gehören, in dem Bourdieu sie untersucht, und welche von dem Blick abhängig sind, den er auf sie wirft:

a) Er setzt immer die doppelte Verbindung dieser Praktiken mit einem eigenen Ort (ein Erbe) und mit kollektivem Organisationsprinzip (die Familie, die Gruppe) voraus. Was geschieht, wenn diese doppelte Voraussetzung zu fehlen beginnt? Eine interessante Frage, denn das ist der Fall bei unseren technokratischen Gesellschaften, denen gegenüber die Inselwelten der Eigentümer und Familien von früher und von woanders zu Utopien von verlorenen Welten, wenn nicht gar von Robinsonaden werden. Wenn Bourdieu also denselben Typus von Praktiken bei den heutigen "Kleinbürgern" oder Hausfrauen wiederfindet, dann handelt es sich nur noch um "kurzfristige und kurzlebige Strategien", um "anarchische Ausfälle", die von "einem zusammenhanglosen Komplex des Halb-Wissens" abhängig sind, von einem "kulturellen *Kauderwelsch",* von einem "Gerümpel aus dem Zusammenhang gerissener Begriffe" (25). Hier ist zwar dieselbe praktische Logik am Werke, aber sie ist unabhängig von dem Ort, der früher das Funktionieren traditioneller Gesellschaften kontrollierte. Es hat somit den Anschein, als ob im *Entwurf* die Problematik des Ortes ein größeres Gewicht als die der Praktiken hat.

b) Der Begriff "Strategie" wird genau so eng verwendet. Er wird durch die Tatsache gerechtfertigt, daß die Praktiken eine angemessene Antwort auf die jeweiligen Umstände geben. Aber Bourdieu betont gleichzeitig, daß es sich nicht um Strategien im eigentlichen Sinne handele: es gibt keine Wahl unter verschiedenen Möglichkeiten und somit keine "strategische Absicht"; es gibt keine Einbeziehung von Korrektiven, die sich aus einer besseren Information ergeben, und somit nicht "das mindeste Kalkül"; es gibt keine Vorausschau, sondern nur eine "vorausgesetzte Welt" als Wiederholung des Vergangenen. Ergo: "so weil die Subjekte im eigentlichen Sinne nicht wissen, was sie tun, weil das, was sie tun, mehr Sinn aufweist, als sie wissen" (26). Daher die "gelehrte Unwissenheit", docta ignorantia (27), eine Fertigkeit, die nichts von sich weiß.

Mit diesen zwar gelehrten, aber ungewußten "Strategien", die durch den Ort bestimmt werden, hält die ganz traditionelle Ethnologie wieder ihren Einzug. In den insularen Reservaten, wo sie die Strategien beobachtete, gewann sie in der Tat den Eindruck, daß die Elemente einer Ethnie *kohärent* und *unbewußt* wären: zwei unvereinbare Aspekte. Damit Kohärenz die Voraussetzung eines Wissens, des Ortes, den es sich gibt, und des Erkenntnismodells, auf das es sich bezieht, sein kann, muß dieses Wissen gegenüber der untersuchten Gesellschaft Abstand wahren, das heißt man muß gegenüber der Kenntnis, die sie von sich selber hat, davon ausgehen, daß sie fremd und überlegen ist. Die Unbewußtheit der erforschten Gruppe ist der Preis, den man für ihre Kohärenz bezahlen muß (den sie bezahlen mußte). Eine Gesellschaft konnte nur ohne ihr Wissen ein System sein. Daher die Folgerung: man benötigte einen Ethnologen, um zu erfahren, was eine Gesellschaft war, ohne es zu wissen. Heute würde es kein Ethnologe mehr wagen, so etwas zu sagen (geschweige denn zu denken). Wie kommt Bourdieu dazu, sich im Namen der Soziologie zu kompromittieren?

In dem Maße wie die Soziologie *"objektive Strukturen"* auf der Basis von "Regelmäßigkeiten" definiert, welche ihr die Statistiken liefern (die ihrerseits auf empirischen Erhebungen beruhen), und in dem Maße wie sie jede "Situation" oder die *"objektiven Umstände"* für den "Spezialfall" einer dieser Strukturen hält (28), muß sie das Näher- oder Fernerrücken der Praktiken in Abhängigkeit von diesen Strukturen begreifen. Woher kommt die Übereinstimmung zwischen den Praktiken und den Strukturen (Strukturen, die in ihren "Spezialfällen", also in den besonderen Umständen präsent sind), die man allgemein feststellt? Die Antworten verweisen zum einen auf einen Automatismus als Reflex der Praktiken und zum anderen auf die subjektive Genialität ihrer Urheber. Aus guten Gründen verwirft Bourdieu beide Hypothesen. Er ersetzt sie durch seine "Theorie", die die Übereinstimmung der Praktiken mit den Strukturen durch ihre *Genese* erklären will.

Man sollte meinen, daß die Begriffe des Problems ausreichend umrissen sind. Von den drei zur Frage stehenden Gegebenheiten - den Strukturen, den Situationen und den Praktiken - sind nur die beiden letzten (die voneinander abhängig sind) *beobachtet* worden, während die ersten aus Statistiken *abgeleitet* wurden und *konstruierte Modelle* sind. Bevor man sich auf das "theoretische" Problem einläßt, drängt sich eine doppelte epistemologische Voraussetzung auf, die zu folgenden Fragen führt: a) nach der vorausgesetzten "Objektivität" dieser Strukturen, die von der Überzeugung gestützt wird, daß das Reale in Person sich im Diskurs des Soziologen äußert; b) nach den Grenzen der beobachteten Praktiken oder Situationen, und vor allem ihrer statistischen Darstellungen, im Verhältnis zu dem Globalen, dem die "strukturalen" Modelle gerecht werden wollen. Aber diese Voraussetzungen sind im Namen der Notwendigkeit von Theorie vergessen worden.

Bourdieu muß in den Begriffen, in denen sich das Problem ihm stellt, *irgendetwas* finden, was die Praktiken den Strukturen annähert und dennoch ihr Auseinanderklaffen erklärt. Er benötigt einen supplementären Bereich. Er findet ihn in einem Prozeß, der das Zentrum seines Spezialgebiets als Erziehungssoziologe ausmacht, im *Wissenserwerb:* dieser liefert die gesuchte Vermittlung zwischen den Strukturen, die ihn organisieren, und den "Dispositionen", die er produziert. Diese "Genese" impliziert eine Verinnerlichung von Strukturen (durch den Wissenserwerb) und eine Veräußerlichung des Erworbenen (oder den *Habitus)* in Praktiken. Auf diese Weise wird eine zeitliche Dimension eingeführt: die Praktiken (die das Erworbene zum Ausdruck bringen) sind genau dann den Situationen (die die Struktur manifestieren) adäquat, wenn, und nur wenn, die Struktur während der Dauer der Verinnerlichung/Veräußerlichung stabil geblieben ist; andernfalls entfernen sich die Situationen von den Praktiken, die immer noch dem entsprechen, was die Struktur während ihrer Verinnerlichung durch den *Habitus* war.

Dieser Analyse zufolge können sich die Strukturen verändern und zum (sogar einzigen) Ursprung sozialer Mobilität werden. Das Erworbene nicht. Es hat keine Eigenbewegung. Es ist der Ort, an dem sich die Strukturen einschreiben, der Marmor, in den ihre Geschichte gemeißelt wird. Bei ihm geschieht nichts, was nicht eine Wirkung seiner Veräußerlichung wäre. Wie bei der traditionellen Vorstellung von primitiven und/oder bäuerlichen Gesellschaften, bewegt sich bei ihm nichts; es hat keine Geschichte außer der, die eine fremde Ordnung ihm aufdrückt. Die Immobilität dieses Gedächtnisses garantiert der Theorie, daß das sozio-ökonomische System getreulich in den Praktiken reproduziert wird. Auch steht hier nicht der Wissenserwerb oder die Lehre (sichtbare Phänomene),

sondern das Erworbene, der *Habitus* (29), im Mittelpunkt:
er stützt die Erklärung einer Gesellschaft durch Strukturen. Aber das rächt sich. Um das nämlich zu erhärten,
müssen die Erklärungsmodelle undurchsichtig und unkon-
trollierbar sein.

Bourdieu ist an der Genese interessiert, "an der Art
und Weise wie die Praktiken entstehen". Nicht, wie
Foucault, an dem, was sie produzieren, sondern an dem,
was sie produziert. Von den "ethnologischen Studien", die
die Praktiken untersucht haben, bis zur Soziologie, die
eine Theorie aus ihnen macht, gibt es also eine Verschiebung, die den Diskurs in Richtung *Habitus* treibt, dessen
Synonyme (*hexis, ethos, modus operandi*, "gesunder Men-
schenverstand", "zweite Natur" etc.), Definitionen (30) und
Rechtfertigungen sich häufen. Von der Ethnologie bis zur
Soziologie verändert sich der Held. Ein passiver und
finsterer Akteur wird an die Stelle der listigen Vielfalt
der Strategien gesetzt. Diesem starren Marmorbild werden,
wie ihrem Akteur, die in einer Gesellschaft festgestellten
Phänomene zugeschrieben (31). In der Tat eine sehr
wesentliche Gestalt, denn sie ermöglicht der Theorie ihre
zirkuläre Bewegung: von jetzt an geht sie von den "Strukturen" zum *Habitus* (ein Wort, das Bourdieu immer kursiv
schreibt) über; und von diesen zu den "Strategien", die
sich den jeweiligen "Umständen" annähern, welche ihrerseits selber wieder zu den "Strukturen" zurückführen,
deren Wirkungen und Spezialfälle sie sind.

Der Zirkel geht in der Tat von einem *konstruierten*
Modell (der Struktur) zu einer *vorausgesetzten* Realität
(dem Habitus) weiter und von dort zu einer Interpretation
der *beobachteten* Fakten (Strategien und jeweilige Umstände). Aber noch erstaunlicher als die heterogenen
Bedeutungen der Teile, die von der Theorie in eine
Kreislaufbewegung versetzt werden, ist die Rolle, die sie
den ethnologischen "Fragmenten" zuschreibt, nämlich das
Loch in der soziologischen Kohärenz zu stopfen. Der

Andere (aus Kabylien oder Béarn) soll ein der Theorie fehlendes Element liefern, damit sie vorwärtskommt und "alles erklärt werden kann". Dieser Fremde aus der Ferne hat alle Eigenschaften, die den Habitus auszeichnen: Kohärenz, Stabilität, Unbewußtheit und Territorialität (das Erworbene ist ein Äquivalent für das Erbe). Er wird durch den Habitus "repräsentiert", durch diesen unsichtbaren Ort, an dem die Strukturen sich - wie im kabylischen Haus - verkehren, indem sie verinnerlicht werden, und zu dem diese Schrift sich erneut zuwendet, indem sie sich in Form von Praktiken veräußerlicht, die das trügerische Aussehen von freien Improvisationen haben. Gerade das Haus, dieses stumme und prägende Gedächtnis, logiert in der Theorie als Metapher des Habitus; und darüberhinaus liefert es der theoretischen Grundvoraussetzung einen Referenzpunkt, einen Anschein von Realität. Auch wenn dieser Referenzpunkt zu einer theoretischen Metapher wird, so ist er deshalb doch nur eine Wahrscheinlichkeit. Das Haus gibt dem Habitus seine Form, aber keinen Inhalt. Allerdings bemüht sich Bourdieus Argumentation weniger um eine Annäherung an die Realität, als um die Notwendigkeit und die Vorteile zu zeigen, die eine solche Hypothese für die Theorie hat. Auch wird der Habitus zu einem dogmatischen Ort, wenn man unter dogmatisch die Affirmation eines "Realen" versteht, dessen der Diskurs bedarf, um umfassend zu sein. Wie viele andere Dogmen hat er nichtsdestotrotz den heuristischen Wert, die Forschungsmöglichkeiten zu verlagern und zu erneuern.

Diese Texte Bourdieus sind anziehend durch ihre Analysen und abstoßend durch ihre Theorie. Wenn ich sie lese, fühle ich mich von einer Leidenschaft gefangen, die sie enttäuschen, indem sie sie anstacheln. Sie bestehen aus Gegensätzen. Indem sie peinlich genau die Praktiken und ihre Logik untersuchen (in einer Weise, die sicher seit Mauss beispiellos dasteht), reduzieren sie sie letztendlich auf eine mystische Realität, nämlich den Habitus, der sie dem Reproduktionsgesetz unterstellen soll. Die feinsinnigen Beschreibungen der béarnaiser und kabylischen Taktiken münden plötzlich in niederschmetternde Wahrheiten - als ob ein derartig scharfsinnig untersuchter Komplex das brutale Gegengewicht einer dogmatischen Vernunft benötigte. Diese Gegensätze finden sich auch im Stil wieder, der in seinem Jagdrevier raffiniert und labyrinthisch vorgeht und in seinen Affirmationen vielfach ermüdend ist. So gibt es die eigenartige Kombination eines "ich weiß nur zu gut" (dieses listige und überschreitende Vorantasten) und eines "aber trotzdem" (es *muß* einen aufs Ganze bezogenen Sinn geben). Um dieser abstoßenden Verführung zu entgehen, setzte ich (meinerseits) voraus, daß in diesem Gegensatz etwas ganz Wesentliches zur Analyse der Taktiken enthalten sein *muß*. Der Deckmantel, den Bourdieus "Theorie" über die Taktiken wirft, als ob er deren Feuer löschen wollte, indem er ihnen Fügsamkeit gegenüber der sozio-ökonomischen Rationalität bescheinigt, oder als ob er an ihnen eine Trauerarbeit verrichten wolle, indem er sie für unbewußt erklärt, sollte uns irgendeinen Aufschluß über ihr Verhältnis zu jedweder Theorie geben.

Diese Taktiken würden somit durch ihre Kriterien und Prozeduren die institutionelle und symbolische Organisation in einer derartig autonomen Weise benutzen, daß die wissenschaftliche Darstellung der Gesellschaft, wenn sie sie ernst näme, sich ganz und gar in ihnen verlieren und untergehen würde. Ihre Postulate und Ambitionen würden keinen Bestand mehr haben. Normen, Verallgemeinerungen und Unterscheidungen würden angesichts der transversalen und "metaphorisierenden" Auswucherung dieser *differenten* Mikroaktivitäten nicht greifen. Die Mathematik und die exakten Wissenschaften verfeinern unendlich ihre Logiken, um den aleatorischen und mikrobenhaften Bewegungen nicht-menschlicher Phänomene zu folgen. Den Gesellschaftswissenschaften, deren Gegenstand noch viel "feiner" und deren Werkzeug viel grober ist, käme die Aufgabe zu, ihre Modelle (das heißt, das Streben nach Beherrschung) zu *verteidigen,* indem sie eine derartige Wucherung ausmerzten. In der Tat, entsprechend den bewährten Methoden des Exorzismus verstehen sie diese Wucherung als einzigartig (lokal), unbewußt (prinzipiell fremd) und unfreiwillig aufschlußreich für das Wissen, das diese Praktiken beurteilt. Wenn der "Beobachter" voll und ganz in seiner Urteilsinstanz befangen und somit völlig blind ist, geht alles gut. Der Diskurs, den er produziert, scheint kohärent zu sein.

Bei Bourdieu gibt es nichts von alledem. Sicherlich, auf einer ersten (allzu offensichtlichen) Ebene scheint er zwar *zurückzuweichen* (sich diesen Taktiken anzupassen), aber nur um wieder *zurückzukehren* (die professionelle Rationalität bekräftigen). Es handelt sich also nur um einen falschen Ausweg, um eine "Strategie" des Textes. Aber ist diese übereilte Rückkehr nicht ein Hinweis darauf, daß er die, vielleicht tödliche, Gefahr *kennt,* welche die allzu klugen Praktiken für das wissenschaftliche Wissen bedeuten? Eine (entfernt an Pascal erinnernde) Kombination des Abbaus der Vernunft mit einem dogmatischen Glauben. Er weiß seit langem um das wissenschaftliche Wissen und um die Macht, die es begründet, und ebenso um die Taktiken, deren Listen er in seinen Texten mit so viel Virtuosität anwendet. Daher legte er über diese Listen das Raster des Unbewußten und verleugnete mit dem Fetisch des Habitus' das, was der Vernunft fehlt, damit sie zu etwas anderem als zur Vernunft des Stärkeren wird. Mit dem Habitus bekräftigte er das *Gegenteil* dessen, was er *weiß* - eine traditionelle und populäre Taktik; und diese Schutzmaßnahme (dieser Tribut an die Autorität der Vernunft) gab ihm die wissenschaftliche Möglichkeit, diese Taktiken an sorgsam festumrissenen Orten zu beobachten.

Wenn das richtig wäre (aber *wer* könnte das sagen?), würde er uns ebensoviel durch seinen "Dogmatismus" lehren wie durch seine "Fallstudien". Der Diskurs, der verbirgt was er weiß (und nicht das, was er nicht weiß), hätte gerade dadurch einen "theoretischen" Wert, daß er *praktiziert*, was er *weiß*. Er wäre das Resultat eines *bewußten* Verhältnisses zu seiner unvermeidlichen Exteriorität, und nicht nur ein aufklärerisches Theater. Verbindet er sich somit wieder mit der "gelehrten Unwissenheit", der gerade deswegen vorgeworfen wird, ohne ihr Wissen weise zu sein, weil sie zuviel von dem weiß, was sie weder ausspricht noch aussprechen kann?

KAPITEL V

DIE KUNST DER THEORIE

Ein besonderes Problem stellt sich, wenn die Theorie nicht mehr wie üblich ein Diskurs über andere Diskurse ist, sondern in eine Region vorstoßen will, in der es keinen Diskurs mehr gibt. Ein plötzlicher Ebenenwechsel und der Boden der verbalen Sprache schwindet. Die theoretische Arbeit gerät an die Grenzen des Bereiches, in dem sie normal funktioniert, wie ein Auto am Rande einer Steilküste. Jenseits davon liegt das Meer.

Foucault und Bourdieu haben ihre Arbeit an dieser Grenze angesiedelt und einen Diskurs über nicht-diskursive Praktiken geführt. Sie sind nicht die ersten. Man braucht nicht unendlich weit zurückgehen, aber seit Kant konnte keine Forschungsarbeit sich davon freimachen, mehr oder weniger direkt ihr Verhältnis zu dieser diskurslosen Aktivität zu erklären, zu diesem gewaltigen "Rest", der durch das gebildet wird, was von der menschlichen Erfahrung nicht in der Sprache gezähmt und symbolisiert worden ist. Jede Einzelwissenschaft ist damit beschäftigt, diese direkte Konfrontation zu vermeiden. Sie gibt sich apriorische Voraussetzungen, um den Dingen nur in dem eigenen und begrenzten Bereich zu begegnen, in dem sie "verbalisiert" werden können. Sie erwartet die Dinge mit einem Raster von Modellen und Hypothesen, in dem sie sie "zum Sprechen bringen kann"; und dieser Apparat von Fragestellungen (soetwas ähnliches wie eine Jagdfalle) transformiert ihre Stummheit in "Antworten", also in Sprache: das ist das Experiment (1). Die theoretische Fragestellung dagegen *vergißt nicht* und kann nicht vergessen, daß es außer dem Verhältnis dieser wissenschaftlichen Diskurse zueinander ihr gemeinsames Verhältnis zu dem gibt, was sie sorgfältig aus ihrem Bereich ausgeschlossen haben, um ihn zu konstituieren. Sie verbindet sich mit der Wucherung dessen, was nicht (noch nicht?) spricht und - unter anderem - die Gestalt der "alltäglichen" Praktiken hat. Sie ist *das Gedächtnis dieses* "Restes". Die theoretische Fragestellung spielt sozusagen die Rolle der Antigone im Hinblick auf das, was vor der wissenschaftlichen Rechtssprechung nicht statthaft ist. Kontinuierlich bringt sie dieses Unvergeßliche in die wissenschaftlichen Bereiche ein, wo die technischen Zwänge zu einem "politisch" (methodologisch und, prinzipiell, vorläufig) notwendigen Vergessen führen. Wie gelingt ihr das? Durch welchen Geniestreich oder durch welche Finten? Das ist die Frage.

Ein theoretisches Rezept: Zerlegen und Umkehren

Wir müssen noch einmal auf die Arbeiten von Foucault und Bourdieu zurückkommen. Beide sind wichtig, aber es gibt einen bedeutenden Unterschied zwischen ihnen; Grund genug also, um sich mit ihnen zu Beginn eines Essays zu beschäftigen, der keine Geschichte der Theorien über die Praktiken liefern will. Diese beiden Monumente stecken ein Untersuchungsfeld ab, da sie sich beinahe an den entgegengesetzten Polen dieses Feldes befinden. Dennoch, so entfernt diese beiden Werke auch voneinander sein mögen, sie scheinen einen gemeinsamen Herstellungsprozeß zu haben. Es ist ein gleiches Operationsschema zu erkennen, trotz der Unterschiedlichkeit der verwendeten Materialien, der fraglichen Problematiken und der eröffneten Perspektiven. Man hätte hier zwei Varianten der "Machart" einer Theorie der Praktiken. Wie die Machart einer bestimmten Küche kann sie unter verschiedenen Umständen und mit heterogenen Interessen ausgeübt werden; sie hat, wie variantenreich auch immer, ihre Kunstgriffe und ihre guten oder schlechten Spieler; auch sie erlaubt es, bestimmte Coups zu landen. Wenn man die einzelnen Schritte (oder Anweisungen) eines Rezepts befolgt, so läßt sich diese Theorie-Operation in zwei Momente zusammenfassen: zunächst trennen, zerlegen; und dann ver-wenden, umkehren. Zunächst eine "ethnologische" Eingrenzung; dann eine logische Inversion, Umkehrung.

Die erste Geste *trennt* bestimmte Praktiken aus einem undefinierten Gewebe heraus, indem sie als *eine abgesonderte Population* behandelt und *ein kohärentes Ganzes* bildet, das dem Ort, an dem die Theorie produziert wird, *fremd* ist. So zum Beispiel die "panoptischen" Prozeduren von Foucault, die in einer Vielzahl isoliert werden, oder die "Strategien" von Bourdieu, die bei den Béarnaisern oder Kabylen lokalisiert werden. Dadurch bekommen sie eine ethnologische Form. Darüberhinaus wird in beiden Fällen die eingegrenzte Gattung (Foucault) oder der eingegrenzte Ort (Bourdieu) als Metonymie der gesamten Spezies betrachtet: ein Teil (der beobachtet werden kann, weil er festumrissen ist) soll die (undefinierbare) Totalität der Praktiken repräsentieren. Sicher, bei Foucault basiert diese Isolierung auf der Erklärung der Dynamik einer bestimmten Technologie: diese Zerlegung wird durch einen historiographischen Diskurs hervorgebracht. Bei Bourdieu wird vorausgesetzt, daß die Isolierung durch den Raum zustandekommt, der durch die Verteidigung eines Erbes organisiert wird: sie wird als eine sozio-ökonomische und geographische Gegebenheit genommen. Aber die Tatsache dieser ethnologischen und metonymischen Zerlegung ist beiden Analysen gemeinsam, selbst wenn die Modalitäten ihrer Bestimmung auf beiden Seiten heterogen sind.

Die zweite Geste kehrt die auf diese Weise zerlegte Einheit um. Die dunkle, schweigende und entfernte Einheit wird in ein Element verkehrt, das die Theorie erhellt und den Diskurs unterstützt. Bei Foucault werden die in den Details der schulischen, militärischen oder Krankenhaus-Überwachung steckenden Prozeduren, die Mikro-Dispositive ohne diskursive Legitimation und die der "Aufklärung" fremden Techniken zum Ausgangspunkt, von dem aus gleichzeitig das System unserer Gesellschaft und das der Humanwissenschaften verständlich wird. *Durch* diese und *in* diesen Prozeduren entgeht Foucault nichts. Sie ermöglichen es seinem Diskurs, er selber und theoretisch panoptisch zu sein, *alles zu sehen*. Bei Bourdieu wiederum wird der entfernte und undurchsichtige Ort, der von den (im Verhältnis zur Ordnung des Diskurses) listenreichen, polymorphen und transgressiven "Strategien" gebildet wird, umgekehrt, um seine Evidenz und seine wesentliche Struktur in den Dienst einer Theorie zu stellen, die überall die Reproduktion derselben Ordnung erkennen will. Auf den Habitus reduziert, der sich in der Ordnung veräußerlicht, verschaffen diese Strategien, die sich ihres eigenen Wissens unbewußt sind, Bourdieu das Mittel, alles zu erklären und sich über alles bewußt zu sein. Auch wenn sich Foucault für die Auswirkung seiner Prozeduren auf ein System interessiert und Bourdieu für das "eine Prinzip", dessen Resultat seine Strategien sind - sie wenden beide denselben Trick an, wenn sie die als aphasisch und geheim isolierten Praktiken in ein Meisterstück der Theorie verwandeln und wenn sie diese nächtliche Population zu einem Spiegel machen, in dem das entscheidende Element ihres erklärenden Diskurses aufleuchtet.

Durch diesen Trick wird die Theorie zum Bestandteil der Prozeduren, die sie behandelt - auch wenn sie die Praktiken vergißt, die ihre eigene Fabrikation sichern, indem sie nur eine einzige Kategorie der Spezies betrachtet, dieses isolierte Element durch einen metonymischen Wert ersetzt und die anderen Praktiken somit aufs Abstellgleis schiebt. Daß der Diskurs von den Prozeduren determiniert wird, analysiert Foucault bereits am Beispiel der Humanwissenschaften. Aber auch seine Analyse, die durch die Produktionsweise gesichert wird, von der sie Rechenschaft ablegt, wird von einem Dispositiv bestimmt, das analog zu denjenigen Dispositiven ist, deren Funktionieren sie beschreibt. Offen bleibt, welche Differenz (im Verhältnis zu den panoptischen Prozeduren, deren Geschichte Foucault erzählt) die doppelte Geste, einen *fremden* Komplex von Praktiken einzugrenzen und dann seinen dunklen Inhalt in eine leuchtende Schrift *umzukehren*, erzeugt.

Aber zunächst ist angezeigt, das Wesen dieser Gesten näher zu bestimmen und ihre Untersuchung nicht nur auf die zwei Werke zu beschränken, die bisher aus sachlichen Gründen hervorgehoben worden sind. Die Verfahrensweise, aus der sie resultieren, ist tatsächlich alles andere als außergewöhnlich. Es handelt sich sogar um ein altes, oft angewandtes Rezept, das keine weitere Aufmerksamkeit verdient. Es mag genügen, an zwei berühmte Beispiele vom Beginn dieses Jahrhunderts zu erinnern: Durkheims *Elementare Formen des religiösen Lebens* und Freuds *Totem und Tabu*. Bei ihrer Konstruktion einer Theorie der Praktiken orten sie diese Praktiken zunächst in einem "primitiven" und abgeschlossenen Raum, der im Verhältnis zu unseren "aufgeklärten" Gesellschaften ethnologisch ist, und dann entdecken sie dort hinten, an diesem dunklen Ort, die theoretische Grundformel ihrer Analyse. Durkheim entdeckt in den Opferpraktiken der Arunta in Australien (einem garantiert primitiven Volk unter den "primitiven") das Prinzip für eine zeitgenössische Ethik und Gesellschaftstheorie: die (beim Opfer) vorgenommene Einschränkung des freien Willens jedes Einzelnen macht einerseits eine Koexistenz und andererseits Konventionen zwischen den Mitgliedern einer Gruppe möglich; anders ausgedrückt, die Praktizierung von Verzicht und Selbstverleugnung ermöglicht Mehrheiten und Übereinkünfte, das heißt eine Gesellschaft: das Akzeptieren einer Grenze ist die Grundlage des Gesellschaftsvertrages (2). Freud seinerseits entdeckt in den Praktiken der Urhorde wesentliche Begriffe der Psychoanalyse: Inzest, Kastration und die

Formulierung des Gesetzes vom Tod des Vaters (3). Ein um so erstaunlicherer Umweg, als er von keinerlei direkten Erfahrung gerechtfertigt wird; keiner von beiden hat die Praktiken, die er behandelt, selber beobachtet. Sie haben die Praktiken ebensowenig aufgesucht, wie Marx in eine Fabrik gegangen ist (4). Warum also die Konstitution dieser Praktiken als ein unlösbares Rätsel, an dem man andererseits das Zauberwort der Theorie ablesen kann?

Heute sind diese Praktiken, die das Geheimnis unserer Vernunft in sich tragen, nicht mehr so fern. Mit der Zeit rücken sie immer näher. Es hat heute keinen Zweck mehr, diese ethnologische Realität in Australien oder in den Urzeiten zu suchen. Sie befindet sich in unserem System (siehe die panoptischen Prozeduren) oder direkt neben, wenn nicht gar im Inneren unserer Städte (siehe die béarnaiser oder kabylischen Strategien), wenn nicht noch näher ("das Unbewußte"). Aber wie nahe der Inhalt auch sein mag, seine "ethnologische" *Form* bleibt bestehen. Daher wird vor allem die diesen Praktiken - die so weit weg vom Wissen angesiedelt sind und dennoch sein Geheimnis enthalten - gegebene Form zum Problem. Sie bildet eine Gestalt der Moderne.

Die Ethnologisierung der "Künste"

Die theoretische Reflexion, die die Praktiken nicht von ihrem Ort fernhalten will, braucht sich nicht zu ihnen hinzubegeben, um sie zu untersuchen, sondern es genügt ihr, sie umzudrehen, um sie bei sich wiederzufinden. Sie zerlegt sie immer weiter. Die Geschichte hat ihr das auferlegt. Die diskurslosen Verfahren sind in einem Bereich versammelt und festgehalten, den die Vergangenheit geschaffen hat und der ihnen die für die Theorie entscheidende Rolle einer wilden "Reserve" für das aufgeklärte Wissen gibt.

Sie sind nach und nach mit einem *Grenz*-Wert ausgestattet worden - nämlich in dem Maße wie die aus der *Aufklärung** hervorgegangene Vernunft ihre Disziplinen, ihre Kohärenz und ihre Vermögen organisierte. Im Verhältnis zu den wissenschaftlichen Arbeiten, deren Strenge und Operationalität seit dem 18. Jahrhundert immer rigider wird, erscheinen sie nun als Fremdkörper und "Widerstände". Man kann beobachten, wie sie sich im Namen desselben Fortschrittes einerseits in die *Künste* (oder Art und Weisen) des Tuns, für die populäre Literatur viele Bezeichnungen hat (5), also in Gegenstände der wachsenden Neugier von seiten der "Beobachter des Menschen" (6), und andererseits in *Wissenschaften* differenzieren, was zu einer neuen Konfiguration des Wissens führt.

Diese Unterscheidung geht im wesentlichen nicht mehr auf das traditionelle Binom von "Theorie" und "Praxis" zurück, das durch die Trennung von "Spekulation", die das Buch der Welt entziffert, und konkreter "Anwendung" gekennzeichnet war, sondern sie ist auf zwei differente *Operationen* bezogen: die eine diskursiv (in der und durch die Sprache) und die andere ohne Diskurs. Seit dem 16. Jahrhundert verändert· die Idee der *Methode* zunehmend das Verhältnis von Erkennen und Tun: ausgehend von den Praktiken des Rechts und der Rhetorik, die nach und nach in diskursive "Handlungen", welche auf verschiedenen Gebieten ausprobiert werden, und somit in Techniken zur Transformation eines Milieus umgewandelt werden, drängt sich das Grundschema eines *Diskurses* auf, der das *Denken* als ein *Tun* organisiert, also als rationale Organisation einer Produktion und als regulierten Eingriff in die angeeigneten Bereiche. Das ist die "Methode", der Keim der modernen Wissenschaftlichkeit. Im Grunde systematisiert sie die *Kunst,* die bereits Platon dem Signum der Aktivität unterstellt hatte (7). Aber sie ordnet ein Knowhow *(savoir faire)* durch einen Diskurs. Die Grenze trennt also nicht mehr zwei hierarchisierte Wissensformen - die eine spekulativ, die andere an Besonderheiten gebunden, die eine damit beschäftigt, die Ordnung der Welt zu ergründen, und die andere innerhalb des Rahmens, den erstere ihr vorgibt, mit dem Detail der Dinge befaßt -, sondern sie stellt die durch den Diskurs artikulierten Praktiken denjenigen Praktiken gegenüber, die (noch) nicht artikuliert worden sind.

Wie sieht das "Know-how" ohne Diskurs und vor allem ohne Schrift (es ist nämlich der Diskurs über die Methode, der gleichzeitig Schrift und Wissenschaft ist) aus? Es besteht aus zahllosen, aber wilden praktischen Handlungen. Dieses Wuchern gehorcht nicht dem Gesetz des Diskurses, sondern bereits dem der Produktion, dem höchsten Wert der physiokratischen und später kapitalistischen Ökonomie. Es bestreitet also das Privileg der wissenschaftlichen Schrift, die Produktion zu organisieren. Es irritiert und stimuliert immer wieder die Techniker der Sprache. Es ist auf eine Eroberung aus, und zwar nicht als verächtliche Praktik, sondern ganz im Gegenteil als "ingeniöses", "komplexes" und "praktisches" Wissen. Von Bacon bis zu Christian Wolff oder Johann Beckmann ist eine gewaltige Anstrengung gemacht worden, um diese immense Reserve von "Künsten" und "Handwerkskünsten" zu kolonisieren, die - da sie sich noch nicht in einer Wissenschaft artikulieren können - bereits durch "*Deskription*" in die Sprache eingeführt und somit zur höchsten "*Perfektion*" gebracht werden können. Durch diese beiden Begriffe - "Deskription", die aus dem erzählerischen Bereich kommt, und "Perfektion", die eine technische Optimierung anstrebt - wird die Position der "Künste" festgelegt: in der Nähe, aber außerhalb der Wissenschaft (8).

Die *Enzyklopädie* des späten 18. Jahrhunderts ist gleichzeitig ein Resultat und das Banner dieser Sammlungsarbeit: *Dictionnaire raisonné des sciences, des arts et des métiers* (Wohldurchdachtes Wörterbuch der Wissenschaften, Künste und Gewerbe). Sie stellt Seite an Seite - in einer Nachbarschaft, die ein Versprechen auf eine spätere Vereinigung ist - "Wissenschaften" und "Künste" nebeneinander: die einen sind praktisch anwendbare Sprachen, deren Grammatik und Syntax konstruierte, kontrollierbare und somit aufschreibbare Systeme bilden; die anderen sind Techniken, denen noch ein aufgeklärtes Wissen fehlt. In dem Artikel über die *Kunst* versucht Diderot das Verhältnis zwischen diesen heterogenen Elementen zu präzisieren. Wir haben es mit einer "Kunst" zu tun, schreibt er, "wenn der Gegenstand hergestellt wird", und mit einer "Wissenschaft", "wenn über den Gegenstand nachgedacht wird". Diese Unterscheidung zwischen Ausführung und Spekulation ist mehr an Bacon als an Descartes orientiert. Sie wiederholt sich innerhalb der "Kunst" selber, je nachdem ob sie gedacht oder praktiziert wird: "Jede Kunst hat ihren spekulativen und ihren praktischen Teil: ihre Spekulation ist die nicht-angewandte Kenntnis der Regeln der Kunst; ihre Praxis ist die habituelle und nicht reflektierte Anwendung dieser Regeln". Kunst ist somit ein Wissen, das außerhalb des aufgeklärten Diskurses operiert und diesem fehlt. Mehr noch, dieses *Know-how* geht aufgrund seiner Komplexität dem aufgeklärten Wissen voraus. So schreibt Diderot über die "Geometrie der Künste": "Es ist klar, daß in der Akademie der Wissenschaften die Grundbegriffe der Geometrie nur die einfacheren und weniger komplizierten Grundbegriffe der Geometrie in den Werkstätten sind". So ist zum Beispiel bei vielen Problemen mit Hebeln, mit der Reibung, mit Textilfäden, mit Uhrenmechanismen etc. die "Berechnung" noch unzureichend. Die Lösung wäre vorwiegend die "Angelegenheit" einer sehr alten "experimentellen Mathematik", auch wenn die "Sprache der Künste" wegen des "Mangels an speziellen Wörtern" und wegen des "Überflusses an gleichbedeutenden Wörtern" noch sehr unvollkommen ist (9).

Als *Handwerke (manouvriers)* bezeichnet Diderot, im Gefolge von Girard, diejenigen Künste, die sich darauf beschränken, die Materialien "zusammenzufügen", indem sie sie zerlegen, zuschneiden, miteinander verbinden etc., ohne ihnen (durch Fusion, Komposition, etc.) ein "neues Sein" zu geben, wie es die *manufakturiellen* Künste machen (10). Sie "schaffen" um so weniger ein neues Produkt, als sie über keine eigene Sprache verfügen. Sie handwerkeln. Aber die Neuorganisation und Hierarchisierung der Kenntnisse nach dem Kriterium der Produktivität gibt diesen Künsten aufgrund ihrer Operativität eine Referenzfunktion und aufgrund ihrer "experimentellen und handwerklichen" Geschicklichkeit eine Avantgardefunktion. Obwohl sie den wissenschaftlichen "Sprachen" fremd sind, bilden sie außerhalb derselben ein *Ab-solutum* des Handelns (eine Wirksamkeit, die - losgelöst vom Diskurs - dennoch ihr produktivistisches Ideal bezeugt) und eine *Reserve* von Kenntnissen, die in den "Werkstätten" oder auf dem Lande zu finden ist (ein *Logos* verbirgt sich hier im Handwerk, und es kündigt sich bereits die Heraufkunft der Wissenschaft an). In das Verhältnis zwischen Wissenschaft und Künsten kommt die zeitliche Problematik der Verspätung hinein. Ein *zeitliches Handicap* trennt das Know-how von seiner zunehmenden Erhellung durch die *epistemologisch überlegenen* Wissenschaften.

Die "Beobachter" stürzen sich geradezu auf diese Praktiken, die den Wissenschaften noch fern stehen und ihnen voraus sind. Fontenelle wies schon 1699 auf folgendes hin: "Die Werkstätten des Handwerks sind überall voller Geist und Erfindungskraft und erregen dennoch nicht unsere Aufmerksamkeit. Es fehlt an Beobachtern für diese sehr nützlichen und ingeniös erdachten Instrumente und Praktiken ..." (11). Diese "Beobachter" werden zu Sammlern, Beschreibern und Analytikern. Aber auch wenn sie ein Wissen finden, welches höher steht als das der Gelehrten, müssen sie es von seiner "ungeeigneten"

Sprache befreien und den irrigen Ausdruck dieser "Wunder", der bereits im alltäglichen Know-how vorhanden ist, in einen "eigenen" Diskurs verkehren. Aus all diesen Aschenputteln macht die Wissenschaft Prinzessinnen. Seitdem ist das Prinzip eines ethnologischen Zugriffs auf diesen Praktiken gegeben: ihre *gesellschaftliche Isolierung* führt zu einer Art von "Erziehung", die sie - dank einer *sprachlichen Umkehrung* - in das wissenschaftliche Schrifttum einführt.

Bemerkenswert ist, daß die Ethnologen oder Historiker vom 18. bis zum 20. Jahrhundert die Techniken um ihrer selbst willen würdigen: sie entdecken, was sie *machen*. Sie brauchen nicht interpretiert zu werden. Es genügt, sie zu beschreiben. Sie halten im Gegenteil sogar die Geschichten, in denen eine Gruppierung ihre Aktivitäten interpretiert oder symbolisiert, für "Legenden", die etwas anderes bedeuten, als sie aussagen. Eine eigenartige Disparität bei der Behandlung von Praktiken und von Diskursen. Dort wo erstere eine "Wahrheit" des Tuns verzeichnet, entziffert die andere die "Lügen" des Redens. Die kurzen Beschreibungen des ersteren Typus stehen übrigens im Gegensatz zu den weitschweifigen Interpretationen, die die Mythen und Legenden zum bevorzugten Gegenstand von Sprach-Profis gemacht haben, also von Hohepriestern, die seit langem mit den hermeneutischen Vorgehensweisen vertraut sind, welche von den Juristen auf die Professoren und/oder Ethnologen übertragen worden sind: nämlich die zugrundeliegenden Dokumente zu kommentieren, zu deuten und in wissenschaftliche Texte zu "übersetzen".

Die Würfel sind gefallen. Das stumme Vorgehen der Praktiken ist historisch eingegrenzt und festgelegt worden. Auch Durkheim - einhundertfünfzig Jahre nach Diderot - verändert diese "ethnologische" Definition kaum; und wenn er sich mit dem Problem der *Kunst* (des Handelns), das heißt mit dem, "was reine Praxis ohne Theorie ist", beschäftigt, dann geschieht das nur, um diese Definition zu verstärken. Eben dort, in der "Reinheit", liegt das Absolutum des praktischen Handelns. Er schreibt: "Eine Kunst ist ein System von Handlungsweisen (manières de faire), die auf bestimmte Ziele gerichtet und entweder Produkte einer traditionellen, durch Erziehung mitgeteilten Erfahrung oder Produkt persönlicher Erfahrung des Individuums sind." Eingekapselt in die Besonderheit und ohne Verallgemeinerungen, die allein dem Diskurs zukommen, bildet die Kunst dennoch ein "System" und organisiert sich nach "Zwecken" - zwei Postulate, die es einer Wissenschaft und einer Ethik ermöglichen, *an ihrer Stelle* den "eigenen" Diskurs zu führen, von dem die Kunst abgetrennt ist, das heißt sich am Orte und im Namen dieser Praktiken zu äußern.

Charakteristisch ist auch das Interesse dieses großen Pioniers, der die Grundlegung der Soziologie mit einer Erziehungstheorie verbunden hat, für die Produktion oder Aneignung der Kunst: "Man kann sie nur erwerben, indem man in Berührung mit den Gegenständen kommt, auf die sich das Handeln beziehen soll, und indem man selbst mit ihnen umgeht." Durkheim konfrontiert die "Unmittelbarkeit" des praktischen Handelns nicht mehr wie Diderot mit einem Rückstand der Theorie gegenüber dem handwerklichen Wissen der Werkstätten. Es bleibt nur noch eine Hierarchie übrig, die nach dem Kriterium der Erziehung gebildet wird. "Es kann zweifellos vorkommen", fährt Durkheim fort, "daß die Kunst durch die Reflexion erleuchtet wird (man beachte, das Schlüsselwort der Aufklärung), aber die Reflexion ist kein wesentliches Moment der Kunst, denn die Kunst kann auch ohne sie existieren. Auch gibt es nicht eine einzige Kunst, in der alles reflektiert wird" (12).

Gibt es somit eine Wissenschaft, "in der alles reflektiert wird"? Immerhin bekommt die Theorie - in einem Vokabular, das immer noch der *Enzyklopädie* (die von "Betrachten" sprach) nahesteht - die Aufgabe zugewiesen, dieses "alles" zu "reflektieren". Noch allgemeiner gesagt, ist die Gesellschaft eine Schrift, die nur von ihr gelesen werden kann. Hier wird den Praktiken zwar bereits ein Wissen zugeschrieben, aber es wird noch nicht enthüllt, aufgeklärt. Die Wissenschaft wird zu einem Spiegel, der dieses Wissen lesbar macht; sie wird zu einem Diskurs, der ein unmittelbares und präzises Handlungsvermögen "reflektiert", das allerdings noch keine Sprache und kein Bewußtsein hat. Es ist schon gelehrig, aber noch ungebildet.

Unwissentliche Erzählungen

Wie das Opfer, "das uns näher steht, als man aufgrund seiner scheinbaren Roheit glauben sollte" (13), ist die *Kunst* im Verhältnis zur Wissenschaft ein Wissen, das als solches zwar wesentlich ist, aber ohne sie nicht entziffert werden kann. Eine gefährliche Position für die Wissenschaft, da ihr allein die Macht zukommt, das Wissen zu formulieren, das ihr selber fehlt. Außerdem handelt es sich bei Kunst und Wissenschaft nicht um eine Alternative, sondern man sucht nach einer Ergänzung und, wenn möglich, nach einer Verbindung, das heißt, man geht wie Wolff im Jahre 1740 (nach Swedenborg oder vor Lavoisier, Désaudray, Auguste Comte u.a.) davon aus, "dass der *dritte Mann* dazu käme, welcher die Wissenschaft und Kunst mit einander vereinigte, damit dem Gebrechen der *Theoristen* abgeholffen, und den Liebhabern der Kunst das Vorurtheil benommen würde, als wenn sie ohne die *Theorie* darinnen vollkommen seyn könnten" (14). Diese Vermittlerrolle zwischen "dem Mann der Theorie" und "dem Mann der Erfahrung" (15) sollte der *Ingenieur* einnehmen.

Dieser "dritte Mann" (16) geisterte und geistert noch immer durch den aufgeklärten (philosophischen oder wissenschaftlichen) Diskurs, aber er ist nicht so geworden, wie man sich ihn erhofft hatte. Der Platz, den man ihm

eingeräumt hat (und der heute langsam von den Technokraten eingenommen wird), war von der Arbeit abhängig,
die im Verlaufe des 19. Jahrhunderts einerseits die Kunst
von ihren Techniken isoliert und andererseits diese
Techniken "geometrisiert" und mathematisiert hat. Nach
und nach hat man im Know-how das eingegrenzt, was von
der individuellen *Leistungsfähigkeit* abgekoppelt werden
konnte, um es in *Maschinen* zu "perfektionieren", die
kontrollierbare Kombinationen von Formen, Materialien
und Kräften sind. Diese "technischen Organe" werden der
manuellen Kompetenz entzogen (sie überschreiten diese,
indem sie zu Maschinen werden) und in einen eigenen
Raum versetzt, in dem sie dem Urteil des Ingenieurs
unterstehen. Sie werden einer Technologie unterworfen.
Von da an wird das Know-how langsam von dem getrennt,
was sich objektiv in einem *Tun* ausdrückte. In dem Maße
wie ihm seine Techniken genommen werden, um in Maschinen umgewandelt zu werden, scheint es sich in ein
subjektives *Wissen* zurückzuziehen, das von der Sprache
seiner Verfahrensweisen getrennt ist (letztere werden
jetzt umgedreht und ihm als von der Technologie produzierte Maschinen aufgezwungen). Es bekommt das Aussehen
einer "intuitiven" oder "reflexartigen", quasi geheimen
Fähigkeit, deren Status im Ungewissen bleibt. Nachdem die
technische Optimierung des 19. Jahrhunderts dem Schatz
der "Künste" und "Gewerbe" die Modelle, Vorwände oder
Zwänge ihrer mechanischen Erfindungen entlehnt hat, hat
sie den alltäglichen Praktiken nur noch einen Nährboden
ohne eigene Mittel und Produkte übriggelassen; diese
Optimierung macht ihn zu einem folkloristischen Bereich,
beziehungsweise einer zweifach schweigenden Welt: wie
vordem ohne verbalen Diskurs und von nun an ohne eine
handwerkliche Sprache.

Es bleibt ein "Wissen" übrig, dem sein technischer
Apparat fehlt (aus dem man Maschinen gemacht hat) oder
dessen Handlungsweisen aus der Sicht einer produktivisti-

schen Rationalität keine Legitimität haben (die Alltagskün-
ste der Küche, des Saubermachens, des Nähens etc.). Dafür
bekommt dieser von der technologischen Kolonisierung
übriggelassene Rest die Bedeutung einer "Privat"-Beschäf-
tigung, sorgt für symbolische Besetzungen des Alltagslebens, funktioniert im Zeichen kollektiver oder individueller
Besonderheiten und wird insgesamt zum gleichzeitig
legendären und aktiven Gedächtnis all dessen, was am
Rande oder in den Zwischenräumen der wissenschaftlichen
oder kulturellen Orthopraxien verbleibt. Als Hinweise auf
Singularitäten - als poetisches oder tragisches Gemurmel
des Alltäglichen - finden die Handlungsweisen mehr und
mehr Eingang in den Roman oder in die Novelle. Zunächst
vor allem in den realistischen Roman des 19. Jahrhunderts.
Hier finden sie einen neuen Darstellungsraum, den der
Fiktion, der mit alltäglichen Virtuositäten bevölkert ist,
mit denen die Wissenschaft nichts anfangen kann und die
- für den Leser wohlerkennbar - zur Signatur der Mikro-
Geschichten von allen und jedem werden. Die *Literatur*
wird zum Repertoire aller Praktiken ohne technologisches
Copyright. Und sie nehmen bald auch eine bevorzugte
Stellung in den Erzählungen der Patienten in den Räumen
der psychiatrischen Institutionen oder in den Arbeitszim-
mern der Psychoanalytiker ein.

Anders gesagt, "Geschichten" statten die Alltagspraktiken mit dem Schmuck einer *Narrativität* aus. Gewiß, sie
beschreiben nur Bruchstücke dieser Praktiken. Sie sind nur
deren Metapher. Aber trotz der Brüche zwischen den
aufeinanderfolgenden Konfigurationen des Wissens bilden
sie eine neue Variante in der ununterbrochenen Reihe von
narrativen Dokumenten, die - von den Volksmärchen, den
Sammlungen von Handlungsmodellen (17) bis zu den
Descriptions des Arts des klassischen Zeitalters - die
Handlungsweisen in Form von *Erzählungen* vorstellen.
Diese Reihe umfaßt somit ebenso den zeitgenössischen
Roman - und auch die Mikroromane, die sehr oft ethnolo-

gische Beschreibungen von handwerklichen, kulinarischen oder ähnlichen Techniken sind. Eine solche Kontinuität läßt auf eine *theoretische* Relevanz der Narrativität für die Alltagspraktiken schließen.

Die "Wiederkehr" dieser Praktiken in der Narration (deren Tragweite an vielen anderen Beispielen untersucht werden müßte) ist mit einem sehr viel umfangreicheren und historisch weniger bestimmbaren Phänomen verbunden, das man als eine mit dem Know-how verbundene *Ästhetisierung des Wissens* bezeichnen könnte. Losgelöst von seinen Verfahrensweisen gilt dieses Wissen als "Geschmack", "Takt" und sogar "Genialität". Man verleiht ihm den Charakter einer entweder künstlerischen oder reflexartigen Intuition. Es ist, wie man sagt, eine Kenntnis, die nicht um sich weiß. Diese kognitive Fähigkeit ist nicht von einem Selbstbewußtsein begleitet, welches vermittels einer Verdoppelung oder inneren "Reflexion" zu einer Beherrschung dieser Kenntnis strebt. Zwischen Theorie und Praxis nimmt sie einen "dritten" Platz ein, aber sie ist nicht mehr diskursiv, sondern primitiv. Sie ist zurückgenommen, ursprünglich, wie eine "Quelle" dessen, was später differenziert und erhellt wird.

Dieses *Wissen* wird *nicht gewußt*. In den Praktiken hat es eine ähnliche Bedeutung wie Fabeln oder Mythen: diese formulieren Kenntnisse, die sie selber nicht kennen. Auf beiden Seiten handelt es sich um ein Wissen, das die Subjekte nicht reflektieren. Sie geben Zeugnis von ihm, ohne es sich aneignen zu können. Sie sind letztendlich Mieter und nicht Eigentümer ihres eigenen Know-how. Bei ihren Äußerungen fragt man sich nicht, *ob es* ein Wissen *gibt* (man setzt voraus, daß es eines geben *muß*), aber es wird nur von anderen als den Trägern dieses Wissens *gewußt*. Wie bei Dichtern oder Malern wird das Know-how der tagtäglichen Praktiken nur von dem Interpreten erkannt, der es in seinem diskursiven Spiegel darstellt, aber es ebensowenig besitzt. Es gehört also niemandem. Es zirkuliert vom Unbewußten der Praktiker bis zur Reaktion der Nicht-Praktiker, ohne von irgendeinem Subjekt abhängig zu sein. Es ist ein anonymes und referentielles Wissen, eine Bedingung der Möglichkeit von technischen oder kenntnisreichen Praktiken.

Die Freudsche Psychoanalyse liefert eine besonders bemerkenswerte Fassung dieses zurückgezogenen Wissens, das gleichzeitig keine lesbaren Prozeduren (es hat keine eigene Sprache mehr) und keinen legitimen Eigentümer hat (es hat kein eigenes Subjekt). Alles geht dabei von einer Voraussetzung aus, die durch ihre Wirkungen für eine Realität gehalten wird: es gibt ein *Wissen*, aber es ist *unbewußt;* umgekehrt ist es folglich das Unbewußte, das weiß (18). Die Patientenerzählungen und die "Krankengeschichten" bei Freud sprechen seitenlang davon. Übrigens hat jeder Psychoanalytiker seit Freud eines aus seiner Erfahrung gelernt: "die Leute wissen bereits alles", was er in der Rolle derjenigen, die "es wissen sollten", sie aussprechen läßt oder aussprechen lassen kann. Es ist so, als ob die "Werkstätten", von denen Diderot sprach, zu Metaphern des verdrängten und abgelegenen Ortes geworden wären, von dem aus die "experimentellen und handwerksmäßigen" Kenntnisse heute den Diskurs überflügeln, den die psychoanalytische Theorie oder "Akademie" über sie führt. Der Analytiker sagt oft von seinen Patienten - und von allen anderen -: "Irgendwo wissen sie es". "Irgendwo": aber wo? Es sind ihre Praktiken, die es wissen - Gesten, Verhaltensweisen, Arten und Weisen des Sprechens oder Gehens etc. Ein Wissen ist vorhanden, aber wessen? Es ist so streng und genau, daß alle Werte der Wissenschaftlichkeit mit Sack und Pack auf die Seite dieses Unbewußten übergegangen zu sein scheinen, so daß dem Bewußtsein nur Fragmente und Nebeneffekte dieses Wissens übrigbleiben, also Hinterlisten und Taktiken, die mit denen verglichen werden können, welche früher die "Kunst" charakterisierten. Durch diese Umkehrung wird das *Vernünftige* zu eben dem, was sich nicht reflektiert und nicht spricht, das *Nicht-Gewußte* und *in-fans,* während das "aufgeklärte" Bewußtsein nur noch die "unzureichende" Sprache dieses Wissens ist.

Aber diese Umkehrung ist eher auf den Vorrang des Bewußtseins gerichtet, als daß sie die Aufteilung in Wissen und Diskurs verändert. In den handwerklichen "Werkstätten" wie in denen des Unbewußten haust ein grundlegendes und urtümliches Wissen, das zwar den aufgeklärten Diskurs überflügelt, aber keine eigene Kultur hat. Auch der Analytiker bietet dem Wissen des Unbewußten - wie dem der "Künste" - die Möglichkeit "eigener" Wörter und einer Unterscheidung zwischen "gleichbedeutenden Wörtern". Von dem, was sich undeutlich im dunklen Untergrund des Wissens bewegt, "reflektiert" die Theorie einen Teil im hellen Licht der "wissenschaftlichen" Sprache. Trotz der historischen Wandlungen des Bewußtseins oder der aufeinanderfolgenden Definitionen des Wissens bleibt seit drei Jahrhunderten die Kombination von zwei getrennten Begriffen bestehen: auf der einen Seite steht eine "unkultivierte" und referentielle Kenntnis und auf der anderen ein aufklärender Diskurs, der bei Licht die umgekehrte Repräsentation seiner dunklen Quelle produziert. Dieser Diskurs ist "Theorie". Er bewahrt dem Wort seine antike und klassische Bedeutung von "sehen/sehend machen" oder von "betrachten" (*theorein*). Er ist "aufgeklärt" oder "erleuchtet". Das primitive Wissen wird in dem Maße, wie es zunehmend von den Techniken und Sprachen getrennt wird, die es objektivierten, zu einer Intelligenz des Subjekts, die schlecht oder allenfalls durch neutrale Begriffe (Flair, Takt, Geschmack, ein Urteil, einen Instinkt etc. haben) definiert wird, welche zwischen den Bereichen des Ästhetischen, des Kognitiven oder des Reflexiven schwanken, als ob das "Know-how" sich auf ein unfaßbares Prinzip des Wissens beschränkte.

Bezeichnenderweise behandelt Kant das Verhältnis von Kunst* (*l'art de faire*) und Wissenschaft oder von Technik* und Theorie* im Verlaufe einer Untersuchung, die sich von den ersten Schriften über den Geschmack bis zu einer Kritik der Urteilskraft entwickelte (19). Auf diesem Weg vom Geschmack zur Urteilskraft begegnet er der Kunst. Sie ist der Parameter einer praktischen Erkenntnis, die über das Wissen hinausgeht, und einer ästhetischen Form. Kant entdeckt dabei das, was er genial als "*logischen Takt*"* bezeichnet. Dem Bereich einer Ästhetik zugehörig, untersteht die Kunst des Machens dem Signum der Urteilskraft, der "a-logischen" Bedingung des Denkens (20). Die traditionelle Antinomie zwischen praktischem "Handeln" und "Reflexion" wird durch eine Sichtweise überwunden, die - indem sie eine *Kunst* als Wurzel des Denkens annimmt - aus der Urteilskraft ein "*Mittelglied*"* zwischen Theorie und Praxis macht. Diese Kunst des Denkens bildet eine synthetische Einheit zwischen beiden.

Kant bezieht seine Beispiele insbesondere von den Alltagspraktiken: "Urteilskraft geht über Verstand. (...) Urteilskraft in Kleidung eines Frauenzimmers zu Hause. Urteilskraft in Ansehung der Würde eines Gebäudes, in Ansehung der Zierraten, die dem Zweck nicht widerstehen müssen." (21) Die Urteilskraft bezieht sich nicht nur auf die gesellschaftliche "Angemessenheit" (das elastische Gleichgewicht in einem Netz von stillschweigenden Übereinkünften), sondern viel allgemeiner auf das *Verhältnis* einer Vielzahl von Elementen, und es existiert nur im konkreten Schaffensakt eines neuen Gesamtzusammenhanges durch eine *angemessene* Verbindung dieses Verhältnisses mit einem weiteren Element - so wie man etwas Rot oder Ocker zu einem Bild hinzufügt und es dadurch verändert, ohne es zu zerstören. Die Umwandlung eines gegebenen Gleichgewichtes in ein anderes Gleichgewicht wäre charakteristisch für die Kunst.

Um das zu vertiefen, zitiert Kant die allgemeine Autorität des Diskurses, allerdings eine Autorität, die immer nur lokal und konkret ist: "In meinen Gegenden sagt der gemeine Mann", daß der "Taschenspieler" über ein Wissen verfügt (wenn man weiß, wie es geht, kann man es), während der "Seiltänzer" eine Kunst ausübt (22). Auf einem Seil zu tanzen bedeutet, in jedem Moment das *Gleichgewicht* zu bewahren, indem man es bei jedem Schritt durch neue Korrekturen wiederherstellt; es bedeutet, an einem Verhältnis festzuhalten, das niemals erworben worden ist und das durch eine unaufhörliche Erfindung ständig wiederhergestellt wird, so daß es den Anschein hat, als ob man es "bewahren" würde. Dergestalt wird die Kunst des Machens in bewundernswerter Weise definiert, und zwar insofern, als der Praktiker selber tatsächlich ein Bestandteil des Gleichgewichtes ist, das er verändert, ohne es zu stören. Durch diese Fähigkeit, ausgehend von einem vorgegebenen Gleichgewicht einen neuen Zustand zu schaffen und trotz der Veränderung der Bestandteile an einem formalen Zusammenhang festzuhalten, nähert er sich sehr stark der künstlerischen Produktion an. Nämlich der unaufhörlichen Erfindungskraft des Geschmacks in der praktischen Erfahrung.

Aber diese Kunst ist auch eine Beschreibung dessen, was bei der wissenschaftlichen Arbeit selber nicht von der zwar notwendigen Anwendung von Regeln oder Modellen abhängig ist, sondern letztenendes, wie auch Freud sagt, "eine Sache des Takts" bleibt (23). Als Freud auf diesen Punkt zu sprechen kommt, geht es ihm um die Diagnose, also um eine Frage der Beurteilung, die bei einer praktischen Behandlung das Verhältnis oder das Gleichgewicht einer Vielzahl von Elementen untersucht. Für Freud handelt es sich ebenso wie für Kant um eine autonome Fähigkeit, die sich verfeinern, aber nicht erlernen läßt:

"Der Mangel an Urteilskraft ist eigentlich das, was man Dummheit nennt, und einem solchen Gebrechen ist gar nicht abzuhelfen." (24) Und weder die Wissenschaftler noch die anderen sind frei von diesem Gebrechen.

Zwischen dem Verstand, der erkennt, und der Vernunft, die begehrt, ist das Urteilsvermögen also formales "Arrangement", ein subjektives "Gleichgewicht" von Einbildung und Verstehens. Das Urteilsvermögen hat die Form eines *Vergnügens,* das nicht von einer Exteriorität, sondern von einer bestimmten Praxis abhängig ist: sie bringt die *konkrete* Erfahrung eines *universellen* Prinzips der Harmonie zwischen Einbildungskraft und Verstand ins Spiel. Dabei handelt es sich um einen *Sinn**, der allerdings "allen gemeinsam" ist: den *Gemeinsinn** oder das Urteil. Ohne sich bei den Einzelheiten einer Abhandlung aufzuhalten, die die ideologische Trennung zwischen den Wissensformen und somit ihre gesellschaftliche Hierarchisierung ablehnt, kann man zumindest festhalten, daß dieser Takt eine (*moralische*) Freiheit, eine (*ästhetische*) Schöpfung und eine (*praktische*) Handlung miteinander verbindet - drei Elemente, die bereits beim "auf eigene Rechnung arbeiten", diesem modernen Beispiel für eine Alltagstaktik, vorhanden sind (25).

Vielleicht sind die Vorläufer für dieses im ethischen und poetischen Handeln vorhandene Urteilsvermögen in der alten religiösen Erfahrung zu suchen, insofern auch sie ein "Takt" war: die Erfassung und Schaffung einer "Harmonie" in den einzelnen Praktiken, die ethische und poetische Geste des *religare* (wieder verbinden) oder der Herstellung eines Einklangs durch eine unendliche Reihe von konkreten Handlungen. Newman sah darin noch einen "Takt". Aber als Folge von historischen Verschiebungen, die insbesondere die der religiösen "Seiltänzer"-Kunst möglichen Gleichgewichte eingegrenzt haben, ist dieser Takt nach und nach durch eine ästhetische Praxis ersetzt worden, die selber immer mehr bis zu dem Punkt von der

Operativität und von der Wissenschaftlichkeit isoliert worden ist, daß sie zum Beispiel (von Schleiermacher bis zu Gadamer) zu einer marginalen Erfahrung geworden ist, auf die eine "hermeneutische" Tradition unaufhörlich zurückgreift, um ihre Kritik an den objektiven Wissenschaften zu stützen. Als von den Zeitumständen (von der Kunst eines J.S. Bach bis zur Französischen Revolution) gefördertes Genie steht Kant an einem Schnittpunkt, an dem von der konkreten religiösen Handlung noch die ethische und ästhetische Form übrig ist (während der dogmatische Inhalt verschwindet) und an dem das künstlerische Schaffen noch den Wert einer moralischen und technischen Handlung hat. Diese Übergangssituation, die bei ihm selber bereits in einem Schwanken zwischen einer "Kritik des Geschmacks" und einer "Metaphysik der Sitten" zum Ausdruck kommt, liefert einen modernen Bezugspunkt, der als Grundlage für die Analyse des ästhetischen, ethischen und praktischen Wesens des alltäglichen Know-how dient.

Kant selber bemüht sich noch einmal darum, diesen Takt in einem journalistischen Text genauer zu bestimmen, der während der Französischen Revolution in der *Berlinischen Monatsschrift* (September 1793) veröffentlicht wurde und in dem er an einen bekannten "Gemeinspruch" anknüpfend schreibt: "Das mag in der Theorie richtig sein, taugt aber nicht für die Praxis" (26). Dieser bedeutende theoretische Text hat also einen Sinnspruch zum Gegenstand und als Überschrift und bedient sich der Sprache der Presse (man hat von einem "populären Werk" Kants gesprochen). Er greift in eine Debatte ein, in der nach den Antworten Kants auf die Einwände von Christian Garve (1792) mit den Artikeln von Friedrich Gentz (Dez. 1793) und August Wilhelm Rehberg (Feb. 1794) in derselben Zeitschrift die Diskussion über den Sinnspruch fortgesetzt wird. Dieser *Spruch** ist gleichzeitig ein Sprichwort (eine Weisheit), eine Sequenz (ein Urteil) und ein Orakel (ein Ausspruch, der auf Wissen gestützt ist). Ist es eine Wirkung der Revolution, daß ein Sprichwort die philosophische Triftigkeit eines *Spruches** aus einem heiligen Text bekommt und daß dieses wie die alten Ausgaben des Talmud, des Koran oder der Bibel das exegetische Wissen der Theoretiker mobilisiert (27)? Diese philosophische Debatte um ein Sprichwort erinnert auch an die Evangeliengeschichte des *Infans,* das mit den Schriftgelehrten redet, oder an die Volksgeschichte vom *Weisen dreijährigen Kind* (28). Aber hier handelt es sich nicht mehr um die Kindheit und vor allem nicht um das Alter (wie man Kant in den Mund gelegt hat, als man *Gemeinspruch** mit "vieux dicton" oder "Old Saw" übersetzte), sondern um alle und jeden, um den "allgemeinen" und "gemeinen"* Menschen, dessen *Spruch* ein weiteres Mal die geistige Elite hinterfragt und sie zu ihren Kommentaren anspornt.

Der gemeine "Spruch" bestätigt kein Prinzip. Er stellt eine Tatsache fest, die Kant entweder als ein Zeichen für ein mangelndes Interesse des Praktikers an der Theorie oder als eine unzureichende Entwicklung der Theorie durch den Theoretiker selber interpretiert. "Da lag es dann nicht an der Theorie, wenn sie zur Praxis noch wenig taugte, sondern daran, daß *nicht genug* Theorie da war, welche der Mann von der Erfahrung hätte lernen sollen ..." (29). Wie immer es auch um die angeführten Beispiele bestellt sein mag (man stößt wieder auf das traditionelle Problem der Reibung), Kant organisiert seine Darstellung als ein Stück in drei Akten, in dem der gemeine Mann nacheinander in der Rolle von drei Personen auftritt (Geschäftsmann, Staatsmann und Weltbürger), die mit drei Philosophen konfrontiert werden (Garve, Hobbes und Mendelssohn), wodurch es möglich wird, nacheinander Fragen der Moral, des Verfassungsrechts und des Völkerrechts zu untersuchen. Mehr als diese Variationen interessiert hier das Prinzip einer *formalen Übereinstimmung* der Vermögen im Urteil. Diese ist weder im wissenschaftlichen Diskurs, noch in einer besonderen Technik oder in einem künstlerischen Ausdruck lokalisierbar. Es handelt sich um eine Kunst des Denkens, die ebensowohl in den gemeinen Praktiken wie in der Theorie zu finden ist. Wie die Tätigkeit des Seiltänzers hat sie einen ethischen, ästhetischen und praktischen Wert. Es ist daher nicht erstaunlich, daß eine Kunst die Diskurse organisiert, welche die Praktiken im Namen einer Theorie behandeln, wie zum Beispiel die Diskurse von Foucault oder Bourdieu. Aber damit stellt sich die - nicht gerade kantianische - Frage nach einem Diskurs, der gleichzeitig die Kunst, eine Theorie zu formulieren und zu machen, und eine Theorie der Kunst wäre, das heißt ein Diskurs, der Gedächtnis und Praxis wäre, also die *Erzählung des Takts.*

KAPITEL VI

DIE ZEIT DES GESCHICHTENERZÄHLENS

Wenn man dem Auf und Ab dieser Praktiken folgt oder sie umkreist, scheint einem irgendetwas zu entgehen, das weder ausgesprochen noch "gelehrt" werden kann, sondern "praktiziert" werden muß. Eben das meinte Kant, als er sich mit dem Urteilsvermögen oder mit dem Takt beschäftigte. Auch wenn er dieses Problem in Bezug auf Theorie und Praxis auf einer "transzendentalen" Ebene behandelt hat (und nicht mehr als einen referentiellen Rest gegenüber der "Aufgeklärtheit" der Vernunft), so sagt er doch nicht genau, welche Sprache es haben könnte. Er gebraucht stattdessen ein Zitat: ein allgemeines Sprichwort oder einen Spruch des "gemeinen" Mannes. Diese noch juristische (und bereits ethnologische) Vorgehensweise *läßt* das zu deutende Fragment *zum Anderen sprechen.* Der *Spruch** (das volkstümliche "Orakel") muß diese Kunst *aussprechen,* und der Kommentar wird dann das "Gesagte" *erklären.* Dadurch nimmt der Diskurs dieses Sprechen zwar ernst (anstatt es nur für einen trügerischen Deckmantel von Praktiken zu halten), aber er beobachtet es von außen, aus der Distanz einer abwägenden Beobachtung. Beim Diskurs handelt es sich um ein Sprechen *über* das, was der Andere über seine Kunst sagt, und nicht über ein Sprechen dieser Kunst selber. Wenn man davon ausgeht, daß diese "Kunst" nur praktiziert werden kann und daß sie neben ihrer Ausübung keine weitere Aussage hat, dann muß die Sprache in diese Praktik einbegriffen sein. Sie wäre also eine Kunst des Sprechens: in ihr würde genau jene Kunst des Machens praktiziert werden, in der Kant eine Kunst des Denkens sah. In anderen Worten, sie wäre eine Erzählung. Wenn die Kunst des Sprechens selber eine Handlungskunst (l'art de faire) und eine Kunst des

Denkens ist, dann kann sie gleichzeitig Praxis und Theorie sein.

Eine Kunst des Redens

Die vorangegangenen Untersuchungen deuten in diese Richtung. Ich unterscheide dabei eine Tatsache und eine Hypothese.

1) Eine *Tat*sache ist vor allem aufschlußreich. Die Handlungsweisen bezeichnen nicht nur die Aktivitäten, die eine Theorie zum Gegenstand genommen hat. Sie bilden auch ihre Konstruktion. Weit davon entfernt, sich außerhalb oder auf der Schwelle der theoretischen Schöpfung zu befinden, bilden die "Prozeduren" Foucaults, die "Strategien" Bourdieus und ganz allgemein die Taktiken einen *Operationsbereich, in dem sich auch die Produktion von Theorie entwickelt.* Man stößt hier also wieder, wenn auch auf einer anderen Ebene, auf Wittgensteins Position gegenüber der "Alltagssprache" (1).

2) Zur Erklärung des Verhältnisses der Theorie zu den Prozeduren, deren Resultat sie ist, und zu den Prozeduren, die sie behandelt, bietet sich eine *Möglichkeit:* nämlich ein Diskurs in Form von Erzählungen. Die narrative Verarbeitung von Praktiken wäre eine textuelle "Handlungsweise" (manière de faire) mit eigenen Prozeduren und Taktiken. Seit Marx und Freud (um nicht noch weiter zurückzugehen) fehlt es dafür nicht an berufenen Beispielen. Foucault sagt übrigens, daß er nur "Geschichten" erzählt. Bourdieu seinerseits macht Erzählungen zur Vorhut und zur Referenz seines Systems. Auch in vielen anderen Arbeiten erscheint die Narrativität im wissenschaftlichen Diskurs als sein allgemeines Kennzeichen (als Titel), als ein Bestandteil von ihm ("Fall"-Untersuchungen, "Lebensgeschichten", Geschichten von Gruppen etc.) oder als sein Kontrapunkt (zitierte Fragmente, Interviews, "Aussprüche"

etc.). Sie ist wieder im Kommen. Bekommt *Wissenschaft* nicht gerade dadurch ihre Legitimation, daß sie anerkennt, daß die Narrativität nicht ein eliminierbarer und auch aus dem Diskurs noch zu tilgender Rest ist, sondern eine notwendige Funktion, und daß *eine Theorie der Erzählung untrennbar von einer Theorie der Praktiken ist, da sie gleichzeitig deren Bedingung und Produktion ist?*

Das bedeutet zweifellos auch, den theoretischen Wert des Romans anzuerkennen, der seit Bestehen der modernen Wissenschaft zum Zoo der Alltagspraktiken geworden ist. Und das bedeutet vor allem, der traditionellen Sage (die auch ein Gestus ist[*]), die schon immer von den Praktiken *erzählt* hat, ihre "wissenschaftliche" Bedeutung wiederzugeben. Denn dann würden das Volksmärchen oder die Erzählungen des Volkes dem wissenschaftlichen Diskurs ein Modell liefern und nicht bloß Textgegenstände sein, die behandelt werden müssen. Diese Erzählung wäre dann kein Dokument mehr, das nicht weiß, was es sagt, und das vor und während der Analyse, die das weiß, zitiert wird. Sie stünde ganz im Gegenteil für eine "Kunst des Redens", die genau ihrem Gegenstand gerecht wird und die in dieser Hinsicht nicht mehr das Andere des Wissens ist, sondern eine Variante des wissenden Diskurses und eine Autorität in Sachen Theorie. Und somit könnte man die Umschwünge und Komplizenschaften, die Homologien von Prozeduren und die gesellschaftlichen Verschachtelungen verstehen, die die "Kunst des Redens" mit der "Kunst des Handelns" (l'art de faire) verbinden: dieselben Praktiken würden mal im verbalen und mal im gestischen Bereich vorkommen; sie würden gegenseitig aufeinanderwirken und sich hier und da

---

[*] "Le geste" bedeutet im Französischen sowohl "Geste", "Gebärde" als auch "Heldentat". "La chanson de geste" bezeichnet daher die klassische französische Heldensage des Mittelalters. (A.d.Ü.)

taktisch und subtil verhalten; und sie würden sich gegenseitig den Ball zuspielen - von der Arbeit zum Feierabend, von der Küche zu den Legenden und zum Klatsch und von den Finten der erlebten Geschichte zu den Finten der erzählten Geschichten.

Führt diese Narrativität zur "Beschreibung" aus dem klassischen Zeitalter zurück? Es gibt eine grundsätzliche Differenz zwischen diesen beiden Formen: bei der Erzählung geht es nicht mehr darum, sich möglichst eng an die "Realität" zu halten (ein technisches Verfahren etc.) und dem Text durch das von ihm vor- oder dargestellte "Reale" eine Glaubwürdigkeit zu verschaffen. Die erzählte Geschichte schafft demgegenüber einen fiktionalen Raum. Sie entfernt sich vom "Realen" - beziehungsweise sie gibt sich den Anschein, sich der gegenwärtigen Situation zu entziehen: "Es war einmal ...". Gerade dadurch gelingt es ihr, einen "Coup" nicht nur zu beschreiben, sondern ihn zu *landen*. Um die von Kant gebrauchte Formulierung aufzugreifen, sie ist selber ein Seiltanz-, ein Balance-Akt, an dem sowohl die Umstände (Zeit, Ort) als auch der Erzähler selber teilhaben; sie ist ein Vermögen zur Handhabung, Bearbeitung und "Plazierung" eines Ausspruchs, welches ein ganzes Gefüge verschiebt; sie ist also insgesamt "eine Sache des Takts".

Die Erzählung hat zwar einen Inhalt, aber auch er gehört zur Kunst einen Coup zu landen: er macht einen Umweg über etwas Vergangenes ("damals", "früher") oder über ein Zitat (ein "Ausspruch", ein Sprichwort), um eine Gelegenheit zu ergreifen und einen Gleichgewichtszustand überraschend zu verändern. Der Diskurs wird hier eher durch die Art und Weise, *wie er praktiziert wird*, bestimmt, als durch das, was er zeigt. Daher muß man etwas anderes verstehen können als das, was er sagt. Er erzeugt somit Wirkungen und keine Gegenstände; er ist Erzählung (Narration) und keine Beschreibung. Es handelt sich um eine *Kunst* des Sprechens. Das Publikum läßt sich dadurch nicht an der Nase herumführen. Es ist durchaus in der Lage, die Kunst von einem "Trick" (von dem, was "man nur wissen muß, um es zu können"), aber auch von einer Enthüllung/Popularisierung (von dem, was man wissen *muß)* zu unterscheiden. Es erkennt die Kunst ebenso, wie die gewöhnlichen Leute - auf die Kant sich bezieht (aber wo steht er selber eigentlich?) - mit Leichtigkeit den Taschenspieler vom Seiltänzer unterscheiden. Irgendetwas an der Narration entzieht sich der Ordnung dessen, was gewußt werden muß oder soll, und verweist durch seine Eigenart auf den *Stil* von Taktiken.

Diese Kunst ist bei Foucault leicht auszumachen: eine Kunst des In-der-Schwebe-Haltens, des Zitierens, der elliptischen Verkürzung und der Metonymie; eine Kunst der Konjunktur (Aktualität, Öffentlichkeit) und der günstigen (epistemologischen, politischen) Gelegenheiten; insgesamt die Kunst, mit Fiktionen von Geschichten "Coups" zu landen. Nicht seine (trotzdem wunderbare) Gelehrtheit verschafft Foucault seine Wirksamkeit, sondern diese Kunst des Redens, die eine Kunst des Denkens und des Handelns ist. Mit den subtilsten Prozeduren der Rhetorik und durch den geschickten Wechsel von bildlichen (exemplarische "Geschichten") und analytischen Tableaus (theoretische Distinktionen) macht er der von ihm anvisierten Öffentlichkeit etwas klar; er verschiebt die Bereiche, in die er nach und nach eindringt, und schafft ein neues "Arrangement" des Ganzen. Aber diese Kunst des Erzählens spielt mit ihrem Gegenspieler, mit der historiographischen "Beschreibung", und modifiziert deren Gesetz, ohne es durch ein anderes zu ersetzen. Foucault hat keinen eigenen Diskurs. Er spricht nicht selber. Er operiert mit dem Nicht-Ort: *fort? da?* Da und nicht da. Es tut so, als verschwände er hinter der Gelehrtheit oder hinter den Systematiken, die er dennoch handhabt und manipuliert. Ein als Archivar verkleideter Seiltänzer. Das Lachen Nietzsches hallt durch den Text des Historikers.

Um das Verhältnis der Erzählung zu den Taktiken zu verstehen, muß man sich auf ein deutlicheres wissenschaftliches Modell beziehen, bei dem genaugenommen die Theorie der Praktiken die Form annimmt, in der sie erzählt werden.

Détienne: von den Coups erzählen

Marcel Détienne, der sowohl Historiker als auch Anthropologe ist, hat sich mit vollem Bedacht entschieden zu erzählen. Er stellt die griechischen Geschichten nicht vor sich hin, um sie im Namen von etwas anderem, als sie selber sind, zu behandeln. Er ist gegen den Einschnitt, der sie zum Gegenstand und auch zum Ziel des Wissens machen würde, zu einer Höhle, in der die dort eingelagerten "Mysterien" darauf warten, von der wissenschaftlichen Untersuchung ihre Bedeutung zugewiesen zu bekommen. Er vermutet hinter all diesen Geschichten kein Geheimnis, dessen zunehmende Entschleierung ihm insgeheim seinen eigenen Platz geben würde, nämlich den der Interpretation. Diese Geschichten, Erzählungen, Gedichte und Abhandlungen sind für ihn bereits Praktiken. Sie sagen genau das aus, was sie machen. Sie sind die Geste, die sie bedeuten. Man braucht ihnen weder einen Kommentar hinzuzufügen, der weiß, was sie ausdrücken, ohne es zu wissen, noch sich fragen, *wofür* sie eine Metapher sind. Sie bilden ein Netz von Operationen, Tausende von Gestalten schildern das Wie und Was ihrer gelungenen Coups.

Détienne erkennt in diesem Raum von textuellen Praktiken - wie bei einem Schachspiel, dessen Spielfiguren, Regeln und Partien um die darüber geschriebene Literatur vervielfacht worden sind - als Künstler tausend bereits ausgeführte Tricks (die Erinnerung an frühere Schachzüge ist ein wesentlicher Bestandteil jeder Schachpartie) und spielt mit ihnen; mit diesem Repertoire erfindet er weitere Tricks: er *erzählt* seinerseits. Er re-zitiert die taktischen Gesten. Um auszudrücken, was sie sagen, gibt es keinen anderen Diskurs als sie selber. Ihr fragt euch, was sie sagen "wollen". Ich erzähle sie euch noch einmal. Wenn Beethoven nach dem Sinn einer Sonate gefragt wurde, so hat er angeblich damit geantwortet, daß er sie noch einmal spielte. Dasselbe gilt für die Rezitation der mündlichen Überlieferung, wie J. Goody sie analysiert: sie ist eine Art von Wieder-Erzählung der Abfolge und des formalen Handlungsgefüges, die mit der Kunst, sie an die Situation anzupassen und sie mit dem Publikum "in Einklang zu bringen", verbunden ist (2).

Die Erzählung ist nicht der Ausdruck einer Praktik. Sie beschränkt sich nicht darauf, über eine Bewegung zu sprechen. Sie *vollzieht* die Bewegung. Man versteht eine Bewegung, indem man den Tanz mitmacht. So auch Détienne. Er sagt die griechischen Praktiken, indem er die griechischen Geschichten rezitiert. "Es war einmal ..." *Die Gärten des Adonis, Der parfümierte Panther, Der getötete Dionysos, Die Opferküche:* Fabeln eines praktizierenden Erzählers (3). Er zeichnet die griechischen Redewendungen nach, indem er selber ihre Erzählungen auf seine Weise und heute wiedererzählt. Er schützt sie vor museographischer Entstellung durch eine Kunst, die die Historiographie heute verliert, nachdem sie sie lange Zeit für wesentlich gehalten hat, und deren Bedeutung die Anthropologie bei den anderen wiederentdeckt, von den *Mythologica* (Lévi-Strauss) bis zur *Ethnography of Speaking* (4): die Kunst Geschichten zu erzählen. Er bewegt sich also zwischen dem, was die Historiographie in der Vergangenheit selber praktiziert hat, und dem, was die Anthropologie heute als ein fremdes Objekt restauriert. Gerade zwischen diesen beiden gewinnt die Lust am Erzählen eine wissenschaftliche Relevanz. Der Erzählende kommt im leichten Gang seiner Fabeln daher. Er folgt all ihren Wendungen und Umwegen und vollführt somit eine Kunst des Denkens. Wie der Springer im Schachspiel durchquert er das riesige Schachbrett der Literatur mit den verschiedenen Wendungen der Geschichte, wie Ariadnes Faden, - formales Spielen der Praktiken. Dadurch "interpretiert" er diese Fabeln wie ein Pianist. Er führt dabei vor allem zwei "Figuren" aus, in denen sich insbesondere die griechische Kunst des Denkens darstellte: Tanz und Kampf, das heißt eben die Figuren, die die Schrift der Erzählung verwendet.

Er hat zusammen mit Jean-Pierre Vernant ein Buch über die *"metis"* der Griechen geschrieben: *Les ruses de l'intelligence* (5). Dieses Buch ist eine Folge von Erzählungen. Es befaßt sich mit einer Form von Intelligenz, die immer "in eine Praktik eingebunden ist", in der "Scharfsinn, Fingerspitzengefühl, Voraussicht, geistige Wendigkeit, Finten, Findigkeit, wachsame Aufmerksamkeit, ein Gefühl für Gelegenheiten, verschiedene Fertigkeiten und lang angesammelte Erfahrungen" (6) kombiniert werden. Mit einer außergewöhnlichen "Stabilität" quer durch den Hellenismus und ohne das Vorbild (und die Theorie), welches das griechische Denken von sich konstruiert hat, steht die "metis" mit ihrer "Fingerfertigkeit, ihrer Geschicklichkeit und ihren Kriegslisten" und mit der Skala der in ihr enthaltenen Verhaltensweisen - vom Know-how bis zur List - ganz in der Nähe der Alltagstaktiken.

Bei dieser Analyse scheinen mir drei Elemente besondere Aufmerksamkeit zu verdienen, weil sie das Verhältnis der "metis" zu anderen Verhaltensweisen verdeutlichen, aber auch weil sie gleichermaßen die Erzählungen charakterisieren, die von ihr sprechen. Dabei handelt es sich um das dreifache Verhältnis der "metis" zur "Gelegenheit", dem zu den Verstellungen und Verkleidungen und zu einer paradoxen Unsichtbarkeit. Zum einen rechnet und spielt die "metis" mit der "günstigen Gelegenheit", dem richtigen Augenblick (dem *kairos*): ein Umgang mit der Zeit. Zum anderen vervielfacht sie die Masken und Metaphern: eine

Demontage des eigenen Ortes. Und schließlich verschwindet sie in ihrem eigenen Handeln und verliert sich in dem, was sie macht, ohne einen Spiegel zu haben, der sie repräsentiert: sie hat kein Bild von sich selber. Diese Eigenschaften der "metis" treffen ebenso auf die Erzählung zu. Sie liefern Détienne und Vernant somit eine "Ergänzung": die Form von praktischer Intelligenz, die sie analysieren, und die Art und Weise, in der sie das machen, müssen untereinander eine theoretische Verbindung haben, wenn die erzählerische Narrativität auch so etwas wie eine *metis* ist.

Die Kunst der Erinnerung und die Gelegenheit

Innerhalb des Kräfteverhältnisses, in das die "metis" eingreift, ist sie eine "unschlagbare Waffe", die Zeus die Vorherrschaft über die anderen Götter verleiht. Dabei handelt es sich um ein ökonomisches Prinzip: mit einem Minimum an Kräften das Maximum von Wirkung erzielen; und wie man weiß, definiert es auch eine Ästhetik. Die Vervielfachung der Wirkung durch eine Beschränkung der Mittel ist aus verschiedenen Gründen die Regel, die gleichzeitig eine Kunst des Handelns (l'art de faire) und die poetische Kunst des Sprechens organisiert: etwas schildern oder besingen.

Dieses ökonomische Verhältnis ist eher eine Umschreibung der "metis" und weniger ein Hinweis auf ihre Triebfeder. Die "Wendung" oder Umkehrung, die die Handlung von ihrem Ausgangspunkt (*weniger* Kräfte) zu ihrem Ende (*mehr* Wirkung) führt, beinhaltet vor allem die Vermittlung eines *Wissens,* allerdings eines Wissens, das durch die Dauer seiner Erwerbung und die unendliche Sammlung seiner speziellen Kenntnisse geformt ist. Eine Frage des "Alters", sagen die Texte: der "Gedankenlosigkeit der Jugend" stellen sie "die Erfahrung des Alters" gegenüber.

Dieses Wissen besteht aus vielen Momenten und heterogenen Dingen. Es hat keine allgemeine und abstrakte Aussage, keinen eigenen Ort. Es ist ein *Gedächtnis* (7), dessen Kenntnisse nicht von der Zeit ihrer Erwerbung getrennt werden können und die in dieser Zeit ihre einzigartigen Züge herausschälen. Das Gedächtnis setzt sich aus einer Vielzahl von Ereignissen zusammen, in denen es sich bewegt, ohne sie zu besitzen (jedes dieser Ereignisse ist *vergangen,* hat seinen Ort verloren, ist aber ein Zeit-Splitter); auch sieht es "die vielfachen Wege der Zukunft" voraus, indem es frühere und mögliche Einzelheiten kombiniert (8). Auf diese Weise wird eine Dauer in das Kräfteverhältnis eingeführt, welche es zu verändern beginnt. Die "metis" setzt in der Tat auf eine akkumulierte Zeit, die ihr von Vorteil ist, und gegen die Konstitution eines Ortes, was ihr von Nachteil ist. Aber ihre Erinnerung bleibt bis zu dem Augenblick verborgen (sie hat keinen ausmachbaren Ort), in dem sie sich "im richtigen Augenblick" offen zeigt - und zwar, wenn auch im Gegensatz zur Eingebundenheit in die Dauer, immer noch in einer zeitlichen Weise. Der Blitz dieser Erinnerung leuchtet bei einer *Gelegenheit* auf.

Die Gelegenheit ist insofern enzyklopädisch, als die "metis" in ihr vergangene Erfahrungen anhäufen und Möglichkeiten aufbewahren kann; sie enthält so all dieses Wissen in Kleinformat. Sie konzentriert ein *Maximum* an Wissen in einem *Minimum* an Zeit. Auf ihr kleinstes Ausmaß reduziert, auf eine Handlung, die die Situation metaphorisiert, enthält diese konkrete Enzyklopädie den Stein der Weisen! Sie erinnert übrigens sehr stark an das logische Problem der Identität der Kreislinie und des Punktes. Aber hier ist die Extension Dauer und die Konzentration Augenblick. Durch diese Verschiebung des Raumes in die Zeit bietet die Koinzidenz zwischen der unendlichen Kreislinie der Erfahrungen und dem punktuellen Moment ihrer Wiederholung sehr wohl ein theoretisches Modell der günstigen Gelegenheit.

Ausgehend von diesen ersten Elementen wird eine schematische Darstellung der "Wendung" möglich, und zwar von ihrem Ausgangspunkt (I) - weniger Kräfte - bis zu ihrem Endpunkt (IV) - mehr Wirkungen. Das ließe sich folgendermaßen darstellen:

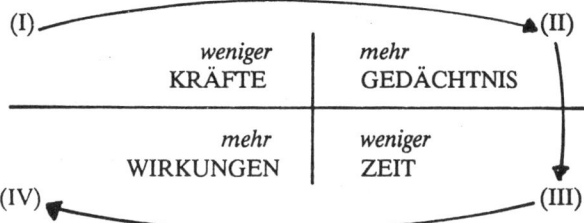

weniger KRÄFTE	*mehr* GEDÄCHTNIS	
mehr WIRKUNGEN	*weniger* ZEIT	

In (I) nehmen die Kräfte ab; in (II) wächst das Erinnerungsvermögen; in (III) verringert sich die Zeit; in (IV) steigern sich die Wirkungen. Diese Steigerungen und Verminderungen verhalten sich umgekehrt proportional zueinander. Man bekommt folgende Relationen:

- von (I) zu (II), je *weniger* Kräfte es gibt, desto *mehr* Erinnerungsvermögen wird benötigt;
- von (II) zu (III), je *mehr* Erinnerungsvermögen es gibt, desto *weniger* Zeit wird benötigt;
- von (III) zu (IV), je *weniger* Zeit vorhanden ist, desto *größer* sind die Wirkungen.

Die Gelegenheit ist ein derart wichtiger *Knoten* in allen Alltagspraktiken und in den dazugehörigen "Volks"-Erzählungen, daß man bei dieser ersten Skizze verweilen und sie präzisieren muß. Zumal, da die Gelegenheit unaufhörlich sämtliche Definitionen zum Narren hält, weil sie weder in einer Konjunktur noch in einer Operation isoliert werden kann. Sie kann nicht von der "Wendung" getrennt werden, die sie hervorbringt. Wenn sie sich in eine Reihe von Elementen einschreibt, verzerrt sie deren Beziehungen. Sie übersetzt sich in *Torsionen,* die in einer Situation durch die Annäherung von *qualitativ heterogenen Dimensionen* hervorgebracht werden, die nicht mehr nur entgegengesetzte oder widersprüchliche Gegenüberstellungen sind. Ein Index für diesen "retorsiven" Prozeß sind die oben beschriebenen umgekehrt proportionalen Relationen: sie wären mit den Proportionen und Verzerrungen vergleichbar, die es durch Spiegeleffekte (Umkehrungen, Krümmungen, Verkleinerungen oder Vergrößerungen) oder durch Perspektivverschiebungen (je kleiner, um so weiter weg, etc.) ermöglichen, auf einer einzigen Bildebene *verschiedene* Räume nebeneinanderzustellen. Aber in der Reihe, in die die Gelegenheit eindringt, betrifft die Nebeneinanderstellung von heterogenen Dimensionen die Zeit und den Raum oder den Zustand der Dinge und die Handlung, etc. Sie ist durch umgekehrt proportionale Beziehungen gekennzeichnet, die analog zu denjenigen Beziehungen sind, welche bei Pascal unterschiedliche "Ordnungen" zum Ausdruck bringen und von folgendem Typus sind: je mehr vorhanden, um so weniger sichtbar; je weniger zahlreich, um so mehr von der Gnade bevorzugt, etc. (9). Durch "verdrehte" Relationen und aufeinanderfolgende Umkehrungen gibt es qualitativ *Übergänge zum Anderen*.

Von den qualitativen Differenzen, welche durch die umgekehrten Beziehungen verbunden werden, werde ich zumindest an zwei Arten festhalten, die zwei unterschiedliche Lesarten ihrer Serialisierung erfordern:

1) Eine Differenz zwischen *Raum und Zeit* führt zur folgenden paradigmatischen Reihe: in die Zusammensetzung des Ausgangsortes (I) dringt die Welt des Gedächtnisses (II) im "rechten Augenblick" ein (III) und führt zu Modifikationen des Raumes (IV). Bei diesem Differenz-Typus steht am Anfang und am Ende der Serie eine räumliche

Organisation; die Zeit befindet sich dazwischen; sie ist etwas ganz und gar Fremdes, das irgendwo hergekommen ist und von dem einen zu dem folgenden Zustand der Orte führt. Zwischen zwei "Gleichgewichtszuständen" gibt es also das Hereinbrechen einer Zeit:

2) Eine Differenz zwischen dem etablierten *Sein* (einem Zustand) und dem *Tun* (einer Produktion und Transformation) kombiniert sich mit der ersten Differenz. Sie basiert auf dem Gegensatz von Sichtbarem und Unsichtbarem, ohne ihm allerdings exakt zu entsprechen. Durch diese Achse bekommt man folgende paradigmatische Reihe: wenn eine sichtbare Anordnung von Kräften (I) und ein unsichtbarer Gehalt des Gedächtnisses (II) vorgegeben sind, dann führt eine punktuelle Aktion des Gedächtnisses (III) zu sichtbaren Wirkungen in der etablierten Ordnung (IV). Der erste Teil der Serie besteht aus zwei tatsächlichen Situationen, in denen das unsichtbare Wissen der sichtbaren Macht entkommt; dann kommt ein operationeller Teil. Die Zyklen sein/machen und sichtbar/unsichtbar lassen sich folgendermaßen unterscheiden:

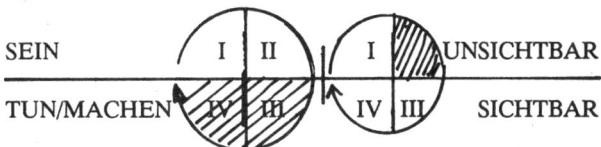

Eine zusammenfassende Darstellung dieser Elemente sieht aus wie folgt:

	(I) Ort	(II) Gedächtnis	(III) kairos	(IV) Wirkungen
ZEIT		+	+	
MACHEN			+	+
ERSCHEINEN...	+		+	+

Das Gedächtnis wird zum Medium der räumlichen Transformationen. So wie ein "günstiger Moment" (kairos) erzeugt es einen grundlegenden Bruch; dessen Fremdartigkeit macht eine Übertretung des Gesetzes des Ortes möglich. Hervorgegangen aus seinen unerforschlichen und ungreifbaren Geheimnissen, modifiziert ein "Coup" die örtliche Ordnung. Die Zweckbestimmung der Serie ist somit auf eine Handlung gerichtet, die die Organisation des Sichtbaren transformiert. Aber Voraussetzung dieser Veränderung sind die unsichtbaren Ressourcen einer Zeit, die anderen Gesetzen gehorcht und die der im Raum vorhandenen Aufteilung ganz überraschend etwas entzieht.

Dieses Schema läßt sich in zahlreichen Geschichten wiederfinden. Es ist so etwas wie ihre *Minimaleinheit*. Die Erinnerung kann etwas Komisches an sich haben, wenn sie zum Beispiel im richtigen Moment eine Situation auf den Kopf stellt: "Aber ... dann müßten Sie ja mein Vater sein!" - "Großer Gott, meine Tochter!" Eine Pirouette, die sich aus der Rückkehr einer Zeit ergibt, die die räumliche Verteilung der Personen ignoriert. Dann kann es so wie im Krimi sein, bei dem die Vergangenheit einen wiedereinholt und die Gegebenheiten einer hierarchischen Ordnung umwälzt: "Also ist er der Mörder!" Auch die Struktur des Wunders gehört dazu: aus anderen Zeiten, aus einer Zeit, die anders ist, erhebt sich jener "Gott", der die Züge des

Gedächtnisses, also einer verschwiegenen Enzyklopädie von einzigartigen Handlungen hat, und dessen Gestalt in der religiösen Überlieferung getreulich die "volkstümliche" Erinnerung derjenigen darstellt, die zwar keinen Ort, aber dafür Zeit haben - "Geduld!" Auf verschiedene Weise wiederholt sich der Rückgriff auf eine fremde Welt, aus der ein Coup kommen kann, kommen muß, der die etablierte Ordnung verändert. Aber all diese Varianten können - wenn sie zu symbolischen und narrativen Projektionen vergrößert werden - nur Schlagschatten der tagtäglichen Praxis sein, die darin besteht, die Gelegenheit zu ergreifen und aus dem Gedächtnis ein Mittel zur Transformation von Orten zu machen.

Ein letzter, wesentlicher Punkt bleibt noch zu klären: wie artikuliert sich die Zeit in einem organisierten Raum? Wie vollzieht sich ihr "Eindringen" bei günstigen Gelegenheiten? Was bedeutet es, wenn *die Erinnerung einen Ort besetzt,* der bereits ein Ganzes bildet? Das ist der Moment des Gleichgewichts und des Taktischen, der Augenblick der Kunst. Dieses Einsetzen kann durch das Erinnerungsvermögen weder lokalisiert noch bestimmt werden. Die Gelegenheit wird "ergriffen" und nicht geschaffen. Sie wird von der Konjunktur geliefert, das heißt von den *äußeren* Umständen, in denen ein rascher Blick den neuen und günstigen Komplex erkennt, den sie bilden werden, wenn man noch *ein weiteres Detail* hinzufügt. Noch ein zusätzlicher Stoß, und alles wird "gut". Damit sich eine praktische "Harmonie" ergibt, fehlt noch ein kleines Etwas, eine Zutat von irgendetwas, ein Rest, der durch die Umgebung kostbar geworden ist und den der unsichtbare Schatz der Erinnerung liefern wird. Aber das aus diesem Schatz kommende Fragment kann nur in eine von außen vorgegebene Anordnung eingebracht werden, um sie in eine instabile, provisorische Harmonie zu verwandeln. In ihrer praktischen Form verfügt die Erinnerung über keine bereitstehende Organisation, die sie dort einbringen könnte. Sie kann nur in Abhängigkeit von dem mobilisiert werden, was kommt - eine Überraschung, die sie in eine Gelegenheit verwandeln kann. Sie findet sich nur bei einer zufälligen Begegnung, beim Anderen.

Wie jene Vögel, die nur im Nest anderer Arten nisten, produziert die Erinnerung an einem Ort, der nicht ihr eigener ist. Sie bekommt ihre Form und ihre Verwurzelung durch äußere Umstände, auch wenn der Inhalt (das fehlende Detail) von ihr kommt. Ihre Mobilisierung ist untrennbar von einer *Veränderung,* einer Alteration. Mehr noch, das Gedächtnis bezieht seine Interventionskraft gerade aus seiner Fähigkeit, verändert werden zu können - es ist verschiebbar, mobil und hat keinen festen Ort. Ein durchgängiger Zug: das Gedächtnis bildet sich (und sein "Kapital"), indem es *von einem Anderen* (den Umständen) *hervorgebracht wird* und indem es ihn wieder *verliert* (es ist nur eine Erinnerung). Eine doppelte Alteration: einerseits des Gedächtnisses selber, das dadurch praktisch wird, daß es modifiziert wird, und andererseits seines Objektes, das es nur als verschwundenes bewahrt. Das Gedächtnis schwindet, wenn es zu dieser Alteration nicht mehr in der Lage ist. Es bildet sich in der Konfrontation mit Ereignissen, die nicht von ihm selber abhängig sind; und es ist mit der Erwartung verbunden, daß sich etwas produzieren soll oder muß, das zur Zeit noch unbekannt ist. Weit davon entfernt, das Reliquiar oder der Mülleimer des Vergangenen zu sein, lebt es davon, an die Möglichkeiten *zu glauben* und sie wachsam auf der Lauer liegend zu erwarten.

Zur gleichen Zeit, wie eine "Kunst" des Krieges den Umgang mit dem Raum beeinträchtigte, entwickelt die "Kunst" des Erinnerns die Fähigkeit, immer am Ort des Anderen zu sein, ohne ihn zu besitzen, und immer einen Nutzen aus dieser Alteration zu ziehen, ohne dabei vom Weg abzukommen. Diese Kraft ist keine Macht (auch wenn das Erzählen von ihr eine Macht sein kann). Sie könnte eher als *Autorität* bezeichnet werden: diese aus dem kollektiven oder individuellen Gedächtnis "gewonnene" Autorität "autorisiert" (ermöglicht) eine Umkehrung, eine Veränderung der Ordnung oder des Ortes, einen Übergang zum Differenten, sie macht aus der Praxis oder aus dem Diskurs eine Metapher. Daher der so subtile Umgang mit "Autoritäten" in jeder volkstümlichen Tradition. Die Erinnerung kommt also von woanders her, sie ist nicht bei sich selber, und das Gedächtnis verschiebt. Die Taktiken ihrer Kunst beziehen sich auf das, was sie ist, und auf ihre beunruhigende Vertrautheit. Zum Abschluß möchte ich einige ihrer Prozeduren hervorheben, die in den alltäglichen Verhaltensweisen vor allem die Gelegenheit organisieren: das Spiel der Alteration , die metonymische Praxis der Singularität und (aber das ist im Grunde nur ein allgemeiner Effekt) eine verwirrende und "retorsive" Mobilität.

1) Die praktische Erinnerung wird vom vielgestaltigen Spiel der *Alteration* geregelt - und zwar nicht nur, weil sie durch äußere Begegnungen geprägt wird und diese aufeinanderfolgenden Einwirkungen und Tätowierungen von seiten des Anderen sammelt, sondern auch weil diese unsichtbaren Einschreibungen nur mit Hilfe von neuen Umständen "erinnert" werden können. Der Erinnerungsmodus entspricht dem Modus der Einschreibung. Vielleicht ist das Gedächtnis auch nur diese "Erinnerung" oder dieser Anstoß durch den Anderen (oder das Andere), dessen Eindruck sich übermächtig auf einem Körper einschreibt, der immer schon ohne sein Wissen verändert worden ist. Diese ursprüngliche und geheime Schrift kommt nach und nach genau an den Stellen zum Vorschein, wo das Gedächtnis berührt wird. Auf jeden Fall spielen die Umstände mit dem Gedächtnis, so wie ein Klavier beim Anschlagen der Tasten Töne "von sich gibt". Es ist Sinn des Anderen. Auch entwickelt es sich im Verhältnis (in den "traditionellen" Gesellschaften, wie auch in der Liebe),

während es verkümmert, wenn eigene Orte sich verselbständigen. Mehr noch als registrierend ist es reagie-
rend - und zwar bis zu dem Punkt, daß es seine mobile
Zerbrechlichkeit verliert, unfähig zu neuen "Alterationen"
wird und nur noch seine ersten Antworten wiederholen
kann.

Dieses System der antwortenden Alteration rhythmisiert
den Takt, von dem das Eindringen in vorgegebene Umstände begleitet wird. Die im Fluge ergriffene Gelegenheit
wäre geradezu die Transformation der Berührung in eine
Antwort, eine "Verkehrung" dieser Überraschung, die
erwartet wird, ohne daß sie vorausgesehen werden kann:
das, was das Ereignis, wie flüchtig und schnell auch
immer, einschreibt, wird umgekehrt und ihm in Wort oder
Geste zurückgegeben. Schlag auf Schlag. Die Heftigkeit
und die Angemessenheit der Erwiderung sind untrennbar
von der Abhängigkeit von den Augenblicken und von der
Wachsamkeit. Und die Wachsamkeit ist um so größer, je
weniger es einen eigenen Ort gibt, um sich vor dieser
Antwort zu schützen.

2) Diese Antwort ist *singulär*. In dem Gesamtkomplex,
in dem sie entsteht, ist sie nur *ein weiteres Detail* - eine
Geste, ein Wort -, das so zutreffend ist, daß es die
Situation umkehrt. Aber was könnte die Erinnerung auch
sonst liefern? Sie besteht aus einzelnen Ausbrüchen und
Fragmenten. Die Erinnerungen bestehen aus einem Detail,
aus vielen Details. Jede Erinnerung, die sich aus dem
Dunkel löst, ist auf ein Ganzes bezogen, das ihr fehlt. Sie
scheint auf als eine Metonymie im Verhältnis zu diesem
Ganzen. Von einem Gemälde bleibt nur - eine köstliche
Verwundung - jenes tiefe Blau. Von einem Körper gibt es
nur jenen Glanz eines Blickes oder jenen weißen Schim-
mer, der in einer Haarlocke aufscheint. Jene Einzelheiten
haben Überzeugungskraft: *jener* Typ dort hinten, der sich
vor langem verbeugt hat ..., *jener* Geruch, von dem man
nicht einmal mehr weiß, woher er gekommen ist ... Zise-

lierte Details und intensive Singularitäten funktionieren bereits im Gedächtnis so, wie sie bei Gelegenheit eingreifen. Hier wie dort wird derselbe Takt ausgeführt, dasselbe Knüpfen einer Beziehung zwischen einem konkreten Detail und einer Konjunktur, die hier für eine Ereignisspur gehalten wird und dort durch die Produktion einer Übereinstimmung oder einer "Harmonie" erzeugt wird.

3) Das Merkwürdigste ist zweifellos die *Beweglichkeit* dieses Gedächtnisses, in dem die Details niemals das sind, was sie sind: weder Objekte, denn als solche verflüchtigen sie sich; noch Fragmente, denn sie bringen auch den Gesamtkomplex hervor, den sie vergessen; noch Totalitäten, denn sie genügen sich nicht selbst; noch sind sie stabil, da jedes Erinnern sie verändert. Dieser "Raum" eines wandernden Nicht-Ortes hat die Subtilität einer kybernetischen Welt. Er bildet wahrscheinlich (aber dieser Zusammenhang ist eher ein Hinweis als eine Erklärung und bezieht sich auf etwas, was wir nicht wissen) das Modell einer Kunst des Handelns oder jener "metis", die - indem sie die Gelegenheiten ergreift - unaufhörlich an den Orten, wo die Mächte sich ausbreiten, die ungewöhnliche Triftigkeit der Zeit erneuert.

Geschichten

In der Struktur, in die das Detail eindringt und deren Funktionsweise und Gleichgewicht es verändert, scheint alles gleich zu bleiben. Die zeitgenössischen wissenschaftlichen Analysen, die das Gedächtnis wieder in seinen "gesellschaftlichen Kontext" einbinden, oder die Techniken der Kleriker, die es im Mittelalter so geschickt in eine Komposition von Orten transformiert haben und die auf diese Weise die moderne Mutation der Zeit in einen kontrollierbaren Raum vorbereitet haben (11), vergessen die Umwege der Erinnerung oder lehnen sie ab - auch wenn sie sich große Mühe geben zu erklären, mit welchen Prozeduren und aus welchen legitimen strategischen Gründen die Gelegenheit - dieser indiskrete Augenblick, dieses Gift - durch die Verräumlichung des gelehrten Diskurses kontrolliert worden ist. Unaufhörlich reduziert die wissenschaftliche Schreibweise (als Konstitution eines eigenen Ortes) die Zeit, dieses flüchtige Etwas, auf die Normalität eines observierbaren und lesbaren Systems. Auf diese Weise gibt es keine Überraschungen. Durch die Aufrechterhaltung von Orten werden diese bösartigen Wendungen oder Schliche eliminiert.

Aber sie kehren hinterrücks und stillschweigend nicht nur in diese wissenschaftliche Aktivität zurück (12) und auch nicht nur in die Alltagspraktiken, die - auch wenn sie keinen Diskurs mehr haben - gleichwohl vorhanden sind, sondern auch in die Geschichten, die so alltäglich, listenreich und geschwätzig sind. Um sie dort wiederzuerkennen, darf man sich nicht darauf beschränken (was aber dennoch eine notwendige Arbeit ist), ihre repetitiven Formen oder Strukturen zu untersuchen. In diesen Geschichten kommt ein Know-how zur Anwendung, in dem alle Tricks der Kunst des Erinnerns deutlich werden. Ein einziges Beispiel. Bei der Erzählung einer wohlbekannten und somit klassifizierbaren Geschichte kann ein "beiläufiges" Detail die ganze Tragweite der Geschichte verändern. Diese Geschichte "wiederzuerzählen" bedeutet, mit diesem *zusätzlichen* Element, das in der glücklichen Stereotypie des Gemeinplatzes verborgen ist, zu spielen. Eine "Kleinigkeit", die in den Rahmen, der als Erzählgrundlage dient, eingefügt wird, erzeugt an diesem Ort andere Effekte. Wer Ohren hat, der höre. Das feine Ohr kann aus dem *Gesagten* heraushören, was hier und jetzt durch den differenten *Sprechakt* (durch den Akt es auszusprechen) hervorgehoben wird, und wird nicht müde, diese geschickten Wendungen des Erzählers aufmerksam zu verfolgen.

Die trickreichen Wendungen, die die Geschichten aus der kollektiven Sage oder aus der alltäglichen Unterhaltung in eine günstige Gelegenheit verwandeln und die zum größten Teil (ein weiteres Mal) aus der Rhetorik stammen (13), müssen noch präzisiert werden. Aber man kann bereits von der Ausgangshypothese ausgehen, daß in der Kunst des Erzählens von Handlungsweisen diese selber praktiziert werden. So ist es vorbildlich, wie Détienne und Vernant sich zu Erzählern dieser "Intelligenz im Irrgarten", wie Francoise Frontisi zutreffend gesagt hat (14), gemacht haben. Dieser diskursive Umgang mit der Geschichte ist gleichzeitig die Kunst und der Diskurs dieser "Intelligenz".

Im Grunde ist all das eine uralte Geschichte. Der alte Aristoteles, der wohl kaum für einen Seiltänzer gehalten werden kann, liebte es, sich in den labyrinthischsten und subtilsten Diskursen zu verlieren. Er befand sich bereits im Alter der "metis":

"Je mehr ich ichsam und einsam bin, desto geschwätziger bin ich geworden" (15). Er hat die Geschichten voller Bewunderung gerechtfertigt; wie beim alten Freud handelte es sich dabei um die Bewunderung eines Kenners für den harmoniebildenden Takt und für seine Kunst, es auf überraschende Weise zu tun: "Der Mythenliebhaber ist in gewisser Weise in die Weisheit verliebt, denn der Mythos besteht aus Überraschungen" (16).

DRITTER TEIL

PRAKTIKEN IM RAUM

KAPITEL VII

GEHEN IN DER STADT

Voyeure oder Fußgänger

Von der 110. Etage des World Trade Centers *sehe* man auf Manhattan. Unter dem vom Wind aufgewirbelten Dunst liegt die Stadt-Insel. Dieses Meer inmitten des Meeres erhebt sich in der Wall Street zu Wolkenkratzern und vertieft sich dann bei Greenwich; bei Midtown ragen die Wellenkämme wieder empor, am Central Park glätten sie sich und jenseits von Harlem wogen sie leicht dahin. Eine Dünung aus Vertikalen. Für einen Moment ist die Bewegung durch den Anblick erstarrt. Die gigantische Masse wird unter den Augen unbeweglich. Sie verwandelt sich in ein Textgewebe, in der die Extreme des Aufwärtsstrebens und des Verfalls zusammenfallen, die brutalen Gegensätze von Gebäudegenerationen und Stilen, die Kontraste zwischen gestern geschaffenen buildings, die bereits zu Mülleimern geworden sind, und den heutigen urbanen Irruptionen, die den Raum versperren. Im Gegensatz zu Rom hat New York niemals die Kunst des Alterns und des spielerischen Umgangs mit den Vergangenheiten erlernt. Seine Gegenwart wird von Stunde zu Stunde erfunden, indem das Vorhandene verworfen und das Zukünftige herausgefordert wird. Eine Stadt, die aus paroxystischen Orten in Form von monumentalen Reliefs besteht. Der Betrachter kann hier in einem Universum lesen, das höchste Lust hervorruft. Dort stehen die architektonischen Figuren der *coincidatio oppositorum* geschrieben, die früher in mystischen Miniaturen und Textgeweben entworfen worden sind. Auf dieser Bühne aus Beton, Stahl und Glas, die von einem eisigen Gewässer zwischen zwei Ozeanen (dem atlantischen und dem amerikanischen) herausgeschnitten wird, bilden die größten Schriftzeichen der Welt eine gigantische Rhetorik des Exzesses an Verschwendung und Produktion (1).

Mit welcher Erotik des Wissens kann die Ekstase, einen solchen Kosmos zu entziffern, verglichen werden? Da ich ein gewaltiges Lustempfinden verspüre, frage ich mich, woher die Lust kommt, diesen maßlosesten aller menschlichen Texte zu "überschauen", zu überragen und in Gänze aufzufassen.

Auf die Spitze des World Trade Centers emporgehoben zu sein, bedeutet, dem mächtigen Zugriff der Stadt entrissen zu werden. Der Körper ist nicht mehr von den Straßen umschlungen, die ihn nach einem anonymen Gesetz drehen und wenden; er ist nicht mehr Spieler oder Spielball und wird nicht mehr von dem Wirrwar der vielen Gegensätze und von der Nervosität des New Yorker Verkehrs erfaßt. Wer dort hinaufsteigt, verläßt die Masse, die jede Identität von Produzenten oder Zuschauern mit sich fortreißt und verwischt. Als Ikarus dort oben über diesen Wassern kann er die Listen des Daedalus in jenen beweglichen und endlosen Labyrinthen vergessen. Seine erhöhte Stellung macht ihn zu einem Voyeur. Sie verschafft ihm Distanz. Sie verwandelt die Welt, die einen behexte und von der man "besessen" war, in einen Text, den man vor sich unter den Augen hat. Sie erlaubt es, diesen Text zu lesen, ein Sonnenauge oder Blick eines Gottes zu sein. Der Überschwang eines skopischen und gnostischen Triebes. Ausschließlich dieser Blickpunkt zu sein, das ist die Fiktion des Wissens.

Muß man danach wieder in den finsteren Raum zurückfallen, in dem sich die Massen bewegen, die - sichtbar von oben - dort unten nicht sehen? Der Sturz des Ikarus. In der 110. Etage gibt ein Plakat dem Fußgänger, der für einen Moment zu einem Seher geworden ist, wie eine Sphinx ein Rätsel auf: *It's hard to be down when you're up.*

Der Wille, die Stadt zu sehen, ist den Möglichkeiten seiner Erfüllung vorausgeeilt. Die Malerei des Mittelalters und der Renaissance zeigte die Stadt aus der Perspektive eines Auges, das es damals noch gar nicht gab (2). Die Maler erfanden gleichzeitig das Überfliegen der Stadt und den Panoramablick, der dadurch möglich wurde. Bereits diese Fiktion verwandelte den mittelalterlichen Betrachter in ein himmlisches Auge. Sie schuf Götter. Hat sich daran etwas geändert, seitdem technische Prozeduren eine "alles sehende Macht" organisiert haben (3)? Das alles überschauende Auge, das von den alten Meistern erdacht wurde, überlebt in unseren heutigen Errungenschaften. Die Benutzer der architektonischen Schöpfungen werden immer noch von demselben skopischen Trieb geleitet, indem sie heute die Utopie verwirklichen, die früher nur gemalt war. Der 420 m hohe Turm, der das Wahrzeichen von Manhattan bildet, erzeugt weiterhin die Fiktion, die Leser schafft, indem sie die Komplexität der Stadt lesbar macht und ihre undurchsichtige Mobilität zu einem transparenten Text gerinnen läßt.

Ist dieses gewaltige Textgewebe, das man da unten vor Augen hat, etwas anderes als eine Vorstellung, ein optisches Artefakt? So etwas ähnliches wie ein Faksimile, das Raumplaner, Stadtplaner oder Kartographen durch eine Projektion erzeugen, welche in gewisser Weise eine Distanz herstellt. Die Panorama-Stadt ist ein "theoretisches" (das heißt visuelles) Trugbild, also ein Bild, das nur durch ein Vergessen und Verkennen der praktischen Vorgänge zustandekommt. Der Voyeur-Gott, der diese Fiktion schafft und der wie der Gott von Schreber nur Leichen kennt (4), muß sich aus den undurchschaubaren Verflechtungen des alltäglichen Tuns heraushalten und ihm fremd werden.

Die gewöhnlichen Benutzer der Stadt aber leben "unten" (*down*), jenseits der Schwellen, wo die Sichtbarkeit aufhört. Die Elementarform dieser Erfahrung bilden die Fußgänger, die *Wandersmänner (Silesius)*, deren Körper dem mehr oder weniger deutlichen Schriftbild eines städtischen "Textes" folgen, den sie schreiben, ohne ihn lesen zu können. Diese Stadtbenutzer spielen mit unsichtbaren Räumen, in denen sie sich ebenso blind auskennen, wie sich die Körper von Liebenden verstehen. Die Wege, auf denen man sich in dieser Verflechtung trifft - die unbewußten Dichtungen, bei denen jeder Körper ein von vielen anderen Körpern gezeichnetes Element ist - entziehen sich der Lesbarkeit. Alles geht so vor sich, als ob eine Blindheit die organisierenden Praktiken der bewohnten Stadt charakterisierte (5). Die Netze dieser voranschreitenden und sich überkreuzenden "Schriften" bilden ohne Autor oder Zuschauer eine vielfältige Geschichte, die sich in Bruchstücken von Bewegungsbahnen und in räumlichen Veränderungen formiert: im Verhältnis zu dem, wie es sich darstellt, bleibt diese Geschichte alltäglich, unbestimmt und anders.

Es gibt eine Fremdheit des Alltäglichen, die der imaginären Zusammenschau des Auges entgeht und die keine Oberfläche hat, beziehungsweise deren Oberfläche eine vorgeschobene Grenze ist, ein Rand, der sich auf dem Hintergrund des Sichtbaren deutlich abzeichnet. In diesem Zusammenhang möchte ich Praktiken hervorheben, die dem "geometrischen" oder "geographischen" Raum der panoptischen oder theoretischen, visuellen Konstruktionen fremd sind. Diese Art, mit dem Raum umzugehen, verweist auf eine spezifische Form von *Tätigkeit* (von "Handlungsweisen"), auf "eine andere Räumlichkeit" (6) (eine "anthropologische", poetische und mythische Erfahrung des Raumes) und auf eine *undurchschaubare und blinde* Beweglichkeit der bewohnten Stadt. Eine metaphorische oder *herumwandernde* Stadt dringt somit in den klaren Text der geplanten und leicht lesbaren Stadt ein.

1. VOM KONZEPT DER STADT
ZU URBANEN PRAKTIKEN

Das World Trade Center ist nur das monumentalste Beispiel für den westlichen Urbanismus. Die Atopie/Utopie des optischen Wissens bemüht sich schon seit langem darum, die Widersprüche, die sich aus der städtischen Zusammenballung ergeben, zu überwinden und zu artikulieren. Dabei geht es darum, das Anwachsen von Menschenansammlungen zu organisieren. "Die Stadt ist ein großes Kloster", sagte Erasmus. Die perspektivische und die prospektive Sichtweise bilden die doppelte Projektion einer undurchdringlichen Vergangenheit und einer ungewissen Zukunft auf eine zu bearbeitende Oberfläche. Sie sind (seit dem 16. Jahrhundert?) der Beginn der Transformation der *Tatsache* Stadt in das *Konzept* der Stadt. Aber noch bevor das Konzept selber zum Bestandteil der Geschichte werden kann, muß vorausgesetzt werden, daß diese Tatsache als eine bedeutende Einheit von einer urbanistischen Ratio behandelt werden kann. Die Allianz von Stadt und Konzept führt zwar niemals dahin, daß sie identisch werden, aber sie bemüht sich um ihre immer engere Symbiose: Stadtplanung bedeutet, gleichzeitig die *Pluralität* (auch der Wirklichkeit) *zu denken* und diesem Pluralitätsgedanken *Wirksamkeit zu verleihen;* und das wiederum bedeutet, wissen und artikulieren zu können.

Ein operatives Konzept?

Die durch den utopischen und urbanistischen Diskurs geschaffene "Stadt" (7) wird durch die Möglichkeit einer dreifachen Operation definiert:
1. die Erzeugung eines *sauberen* Raumes: die rationale Organisation muß alle physischen, geistigen oder politi-

schen Verunreinigungen unterdrücken, die sie kompromittieren könnten;

2. die Ersetzung des ungreifbaren und hartnäckigen Widerstandes der Traditionen durch *Zeitlosigkeit* oder durch ein synchrones System: eindeutige wissenschaftliche Strategien, die durch das Einebnen aller Gegebenheiten möglich geworden sind, müssen die Taktiken der praktisch Handelnden ersetzen, die je nach Gelegenheit ihr eigenes Spiel spielen und dabei - ein Lapsus der Überschaubarkeit - überall wieder die Undurchsichtigkeiten der Geschichte einführen;

3. die Schöpfung eines anonymen und *universellen Subjekts,* also der Stadt selber: wie bei ihrem politischen Modell, dem Staat von Hobbes, ist es möglich, ihr nach und nach alle Funktionen und Prädikate zu verleihen, die bis dahin auf viele reale Subjekte, Gruppen, Vereinigungen und Individuen verteilt und verstreut waren. "Die Stadt" bietet nun, so wie ein Eigenname, die Möglichkeit, den Raum ausgehend von einer begrenzten Anzahl von festumrissenen Eigenheiten, die isoliert und voneinander unterschieden werden können, zu erfassen und zu konstruieren.

An diesem Ort, der durch "spekulative" und klassifizierende Verfahren organisiert wird (8), verbindet sich die Verwaltung mit einer Ausgrenzung. Aufgrund von Umpolungen, Verlagerungen, Konzentrationen etc. gibt es einerseits eine Differenzierung und eine Neuaufteilung der Teile und Funktionen der Stadt; andererseits wird alles zurückgewiesen, was nicht handhabbar ist und somit für eine funktionalistische Verwaltung den "Ausschuß" bildet (Anormalität, abweichendes Verhalten, Krankheit, Tod etc.). Sicherlich, der Fortschritt erlaubt, einen wachsenden Anteil der Ausschüsse wieder in den Verwaltungskreislauf einzuführen, und er verwandelt sogar die Defizite selber (zum Beispiel im Gesundheitswesen und was die Sicherheit angeht) in Mittel, die die Ordnungsnetze enger knüpfen. Aber in Wirklichkeit produziert er unaufhörlich Wirkungen, die seiner Absicht zuwiderlaufen: das Profitsystem erzeugt einen Verlust, der - in den vielfältigen Elendsformen außerhalb seiner selbst und durch die Vergeudung im Inneren - beständig die Produktion in "Verschwendung" verkehrt. Darüberhinaus führt die Rationalisierung der Stadt zu ihrer Mythisierung in den strategischen Diskursen, also zu Berechnungen, die von der Annahme oder Notwendigkeit ausgehen, daß sie zerstört werden muß, um zu einer Endlösung zu gelangen (9). Indem die funktionalistische Organisation den Fortschritt (die Zeit) privilegiert, läßt sie schließlich sogar ihre Entstehungsbedingung in Vergessenheit geraten, nämlich den Raum selber, der zum Ungedachten, zum blinden Fleck einer wissenschaftlichen und politischen Technologie wird. So funktioniert also die Konzept-Stadt, Ort von Transformationen und Aneignungen, Gegenstand von Interventionen, aber auch ein durch immer neue Attribute bereichertes Subjekt: sie ist gleichzeitig die treibende Kraft und der Held der Moderne.

Welche Wandlungen dieses Konzept auch immer erfahren haben mag, man muß heute feststellen, daß, in dem Maße wie die Stadt im Diskurs als totalisierender und quasi mythischer Bezugspunkt für sozio-ökonomische und politische Strategien dient, das städtische Leben sich mehr und mehr auf das zurückbesinnt, was die urbanistische Planung ausgegrenzt hat. Die Sprache der Macht "urbanisiert sich" zwar, aber die Innenstadt ist widersprüchlichen Bewegungen ausgesetzt, die sich jenseits der panoptischen Macht ausgleichen und verbinden. Die Stadt wird zwar zum beherrschenden Thema der politischen Legendenbildung, aber sie ist kein Bereich programmierter und kontrollierter Verfahren mehr. Unterhalb der ideologisierenden Diskurse wuchern Finten und Bündnisse von Mächten ohne erkennbare Identität, ohne greifbare Konturen und ohne rationale Transparenz, die nicht verwaltet werden können.

Die Konzept-Stadt verfällt. Bedeutet das, daß die Krankheit, unter der die Ratio, die sie geschaffen hat, und ihre professionellen Vertreter leiden, auch die städtischen Bevölkerungen befallen hat? Vielleicht verfallen die Städte zugleich mit den Prozeduren, die sie organisiert haben. Aber man muß unseren Analysen mißtrauen. Die Diener des Wissens haben schon immer befürchtet, daß das Universum von Veränderungen bedroht wird, die ihre Ideologien und ihre Stellungen erschüttern. Sie verwandeln das Unglück ihrer Theorien in Unglückstheorien. Wenn sie ihre Irrtümer zu "Katastrophen" machen, wenn sie das Volk in die "Panik" ihrer Diskurse einbeziehen wollen, müssen sie dann, fragen wir abermals, recht haben?

Anstatt sich an einen Diskurs zu klammern, der sein Privileg aufrechterhält, indem er seinen Inhalt ins Gegenteil verkehrt (also von Katastrophe spricht und nicht mehr von Fortschritt), könnte man einen anderen Weg einschlagen: man könnte die einzigartigen und vielfältigen, mikrobenhaften Praktiken untersuchen, die ein urbanistisches System hervorbringen oder unterdrücken muß und die seinen Untergang überleben; man könnte die Zunahme jener Handlungsweisen verfolgen, die sich - weit davon entfernt, von der panoptischen Verwaltung kontrolliert oder eliminiert zu werden - in einer wuchernden Gesetzwidrigkeit verstärkt und entwickelt haben und dabei in die Netze der Überwachung eingesickert sind, indem sie sich durch nicht lesbare, aber stabile Taktiken derartig miteinander verbunden haben, daß sie zu alltäglichem Ablauf und unauffälliger Kreativität geworden sind, welche bloß von den heute kopflosen Dispositiven und Diskursen der überwachenden Organisation nicht gesehen werden wollen.

Dieser Weg könnte als eine Fortsetzung oder auch als ein Gegenstück zu Foucaults Analyse der Machtstrukturen verstanden werden. Er verlegte den Schwerpunkt der

Analyse auf die Dispositive und technischen Prozeduren, die "kleineren Instrumentalitäten", die ausschließlich durch die Organisation von "Details" dazu in der Lage sind, die menschliche Vielfältigkeit in eine "Disziplinar"-Gesellschaft zu verwandeln und "alle Abweichungen in den Bereichen der Lehre, des Gesundheitswesens, der Justiz, der Armee oder der Arbeit zu verwalten, zu differenzieren, zu klassifizieren und zu hierarchisieren" (10). "Diese oft winzigen Listen der Disziplin", "kleine, aber unfehlbare" Maschinerien, beziehen ihre Wirksamkeit aus dem Verhältnis zwischen den Prozeduren und dem Raum, den sie neu aufteilen, um ihn zu einem "Operator" zu machen. Aber welche *Umgangsweisen mit dem Raum* entsprechen diesen einen disziplinären Raum erzeugenden Apparaten, wenn man (mit der) Disziplin spielt? Bei dem gegenwärtigen Widerspruch zwischen dem Modus einer kollektiven Verwaltung und dem individuellen Modus einer Wiederaneignung ist diese Frage gerade dann wichtig, wenn man davon ausgeht, daß die Umgangsweisen mit dem Raum tatsächlich die determinierenden Bedingungen des gesellschaftlichen Lebens bestimmen. Ich möchte einige dieser - vielgestaltigen, resistenten, listigen und hartnäckigen - Vorgehensweisen verfolgen, die der Disziplin entkommen, ohne jedoch ihren Einflußbereich zu verlassen, und die zu einer Theorie der Alltagspraktiken, des Erfahrungsraumes und der *unheimlichen Vertrautheit* mit der Stadt führen müßten.

2. DAS SPRECHEN DER VERHALLENDEN SCHRITTE

"Die Göttin war an ihrem Gang zu erkennen".
Vergil, *Aeneis*, I, 405

Die Geschichte beginnt zu ebener Erde, mit den Schritten. Sie bilden die Zahl, aber eine Zahl, die nicht zu einer Reihe wird. Man kann sie nicht zählen, weil jede ihrer Einheiten etwas Qualitatives ist: ein Stil der taktilen Wahrnehmung und der kinesischen Aneignung. Ihr Gewimmel bildet eine unzählbare Menge von Singularitäten. Die Spiele der Schritte sind Gestaltungen von Räumen. Sie weben die Grundstruktur von Orten. In diesem Sinne erzeugt die Motorik der Fußgänger eines jener "realen Systeme, deren Existenz eigentlich den Stadtkern ausmacht", die aber "keinen Materialisierungspunkt haben" (11). Sie können nicht lokalisiert werden, denn sie schaffen erst den Raum. Sie sind ebensowenig faßbar wie die chinesischen Buchstaben, deren Umrisse die Sprecher mit einem Finger auf ihrer Hand skizzieren.

Sicher, die Prozesse des Gehens können auf Stadtplänen eingetragen werden, indem man die (hier sehr dichten und dort sehr schwachen) Spuren und die Wegbahnen (die hier und nicht dort durchgehen) überträgt. Aber diese dicken oder dünnen Linien verweisen wie Wörter lediglich auf die Abwesenheit dessen, was geschehen ist. Bei der Aufzeichnung von Fußwegen geht genau das verloren, was gewesen ist: der eigentliche Akt des Vorübergehens. Der Vorgang des Gehens, des Herumirrens oder des "Schaufensterbummels", anders gesagt, die Aktivität von Passanten wird in Punkte übertragen, die auf der Karte eine zusammenfassende und reversible Linie bilden. Es wird also nur noch ein Überrest wahrnehmbar, der in die Zeitlosigkeit einer Projektionsfläche versetzt wird. Die sichtbare

Projektion macht gerade den Vorgang unsichtbar, der sie ermöglicht hat. Diese Aufzeichnungen konstituieren die Arten des Vergessens. Die Spur ersetzt die Praxis. Sie manifestiert die (unersättliche) Eigenart des geographischen Systems, Handeln in Lesbarkeit zu übertragen, wobei sie eine Art des In-der-Welt-seins in Vergessenheit geraten läßt.

Die Äußerungen von Fußgängern

Ein Vergleich mit dem Sprechakt erlaubt, noch weiter zu gehen (12) und nicht nur bei einer Kritik der graphischen Darstellung stehenzubleiben, indem man an den Grenzen der Lesbarkeit ein unerreichbares Jenseits anstrebt. Der Akt des Gehens ist für das urbane System das, was die Äußerung (der Sprechakt) für die Sprache oder für formulierte Aussagen ist (13). Auf der elementarsten Ebene gibt es in der Tat eine dreifache Funktion der Äußerung: zum einen gibt es den Prozeß der *Aneignung* des topographischen Systems durch den Fußgänger (ebenso wie der Sprechende die Sprache übernimmt oder sich aneignet); dann eine räumliche *Realisierung* des Ortes (ebenso wie der Sprechakt eine lautliche Realisierung der Sprache ist); und schließlich beinhaltet er *Beziehungen* zwischen unterschiedlichen Positionen, das heißt pragmatische "Übereinkünfte" in Form von Bewegungen (ebenso wie das verbale Aussagen eine "Anrede" ist, die den Angesprochenen festlegt und die Übereinkünfte zwischen Mitredenden ins Spiel bringt) (14). Das Gehen kann somit fürs erste wie folgt definiert werden: es ist der Raum der Äußerung.
Man könnte diese Problematik übrigens auch auf die Beziehungen zwischen dem Akt des Schreibens und dem Geschriebenen ausdehnen und sogar auf das Verhältnis des "Pinselstriches" (Bewegung des Pinsels) zum fertigen Bild (Formen, Farben etc.). Der im Bereich der verbalen

Kommunikation entwickelte Begriff der "Äußerung" findet hier nur eine seiner möglichen Anwendungsweisen; seine linguistische Fassung ist nur die erste Bestimmung einer viel allgemeineren Unterscheidung zwischen den in einem System *verwendeten Formen* und den *Anwendungsregeln* dieses Systems, das heißt zwischen zwei "ganz verschiedenen Welten", da "dieselben Dinge" jeweils nach entgegengesetzten Formbestimmungen untersucht werden.

Aus dieser Sicht weist die "Äußerung" von Fußgängern drei Merkmale auf, die sie von vornherein vom räumlichen System unterscheiden: das Gegenwärtige, das Diskontinuierliche und das "Phatische".

Wenn es also zunächst richtig ist, daß die räumliche Ordnung eine Reihe von Möglichkeiten (z.B. durch einen Platz, auf dem man sich bewegen kann) oder von Verboten (z.B. durch eine Mauer, die einen am Weitergehen hindert) enthält, dann aktualisiert der Gehende bestimmte dieser Möglichkeiten. Dadurch verhilft er ihnen zur Existenz und verschafft ihnen eine Erscheinung. Aber er verändert sie auch und erfindet neue Möglichkeiten, da er durch Abkürzungen, Umwege und Improvisationen auf seinem Weg bestimmte räumliche Elemente bevorzugen, verändern oder beiseite lassen kann. Auf diese Weise vervielfachte Charlie Chaplin die Möglichkeiten seines Spazierstockes: mit derselben Sache machte er etwas anderes und überschritt somit die Grenzen, die von der Bestimmung des Gegenstandes für seinen Gebrauch festgelegt waren. Genauso verwandelt der Gehende jeden räumlichen Signifikanten in etwas anderes. Und wenn er einerseits nur einige der von der baulichen Ordnung festgelegten Möglichkeiten ausschöpft (er geht nur hier und nicht dort lang), so vergrößert er andererseits die Zahl der Möglichkeiten (indem er zum Beispiel Abkürzungen und Umwege erfindet) und der Verbote (er verbietet sich zum Beispiel erlaubte oder vorgeschriebene Wege). Er wählt also aus. "Der Stadtbenutzer entnimmt Bruchstücke des 'Ausgesagten', um sie insgeheim zu aktualisieren" (15).

Indem er eine Auswahl unter den Signifikanten der räumlichen "Sprache" vornimmt oder indem er sie durch den Gebrauch, den er von ihnen macht, verändert, schafft er also Diskontinuität. Einige Orte verurteilt er dazu, brach zu liegen oder zu verschwinden, und mit anderen bildet er "seltene", "zufällige" oder gar unzulässige räumliche "Wendungen" (wie Redewendungen). Und das führt bereits zu einer Rhetorik des Gehens.

Im Rahmen der Äußerung erzeugt der Gehende im Verhältnis zu seiner Position eine Nähe und eine Ferne, ein *hier* und *da*. Der Tatsache, daß die Adverben *hier* und *da* in der verbalen Kommunikation genau die sprechende Instanz bestimmen (16) (eine Koinzidenz, die die Parallelität zwischen der sprachlichen Äußerung und der Äußerung des Fußgängers verstärkt), muß man hinzufügen, daß das Bezugsraster *(hier-dort),* das ein notwendiger Bestandteil des Gehens und ein Hinweis auf die gegenwärtige Aneignung des Raumes durch ein "Ich" ist, auch die Aufgabe hat, den Anderen in ein Verhältnis zu diesem "Ich" zu setzen und somit eine konjunktive und disjunktive Artikulation von Plätzen herbeizuführen. Ich möchte dabei vor allem den "phatischen" Aspekt hervorheben, wenn man darunter die von Malinowski und Jakobson herausgearbeitete Funktion von Termen versteht, die einen Kontakt herstellen, aufrechterhalten oder unterbrechen, wie zum Beispiel "Hallo!" oder "ist schon gut, schon gut" (17). Das Gehen, das sich Schritt für Schritt fortsetzt oder fortgesetzt wird, macht aus der Umgebung etwas Organisch-Bewegliches, eine Abfolge von phatischen *topoi.* Und wenn die phatische Funktion, diese Bemühung um die Aufrechterhaltung der Kommunikation, bereits genauso die Sprache von sprechenden Vögeln charakterisiert, wie sie "die erste Funktion bildet, die von Kindern erlernt werden muß", dann ist es nicht überraschend, daß sie vor oder auch

parallel zu der informativen Redeweise mitunter herum-
hüpft, auf allen Vieren kriecht, tanzt und spazierengeht,
und sich leichten oder schweren Schrittes wie eine Folge
von "Hallos!" in einem wiederhallenden Labyrinth gibt.

Man kann nun die Modalitäten der Äußerung von
Fußgängern, die sich von der Einzeichnung in eine Karte
befreit, untersuchen, das heißt die Art der Beziehungen,
die sie zu den Wegstrecken (oder den "Aussagen") unterhält, indem sie ihnen einen Wahrheitswert ("alethische"
Modalitäten des Notwendigen, des Unmöglichen, des
Möglichen oder des Kontingenten), einen Erkenntniswert
("epistemische" Modalitäten des Gewissen, des Ausgeschlos-
senen, des Plausiblen oder des Bezweifelbaren) oder
schließlich einen Wert, der das Handeln-Müssen betrifft
("deontische" Modalitäten des Obligatorischen, des Verbotenen, des Erlaubten oder des Fakultativen) (18). Das
Gehen bejaht, verdächtigt, riskiert, überschreitet, respektiert etc. die Wege, die es "ausspricht". Alle Modalitäten
wirken dabei mit; sie verändern sich von Schritt zu
Schritt; ihr Umfang, ihre Aufeinanderfolge und ihre
Intensität verändern sich je nach den Momenten, den
Wegen und den Gehenden. Diese Aussagevorgänge sind von
unbestimmter Vielfalt. Man könnte sie also nicht auf ihre
graphische Linienführung reduzieren.

Rhetoriken des Gehens

Das Verhalten des Passanten, der sich durch eine Reihe
von Drehungen und Wendungen seinen Weg bahnt, kann
mit den "Redewendungen" oder "Stilfiguren" verglichen
werden. Es gibt eine Rhetorik des Gehens. Die Kunst,
Sätze zu drehen und zu wenden, hat als Äquivalent eine
Kunst des "Rundendrehens". Wie die Alltagssprache (19)
enthält und kombiniert auch diese Kunst Stile und Gebrauchsformen. Der *Stil* kennzeichnet "eine sprachliche

Struktur, die auf symbolischer Ebene (...) die grundlegende Art und Weise des In-der-Welt-seins eines Menschen manifestiert" (20); er bedeutet zugleich eine Einzigartigkeit. Der *Gebrauch* definiert das gesellschaftliche Phänomen, durch das ein Kommunikationssystem tatsächlich in Erscheinung tritt; er verweist auf eine Norm. Stil und Gebrauch zielen beide auf eine bestimmte "Art und Weise des Handelns" (Sprechens, Gehens etc.), aber der eine als einzigartiger Umgang mit dem Symbolischen und der andere als Element eines Codes. Sie überschneiden sich, um einen Gebrauchsstil und eine Art und Weise des Seins und des Handelns zu bilden (21).

Die Einführung des Begriffs einer "Rhetorik des Wohnens" - ein fruchtbarer Weg, der von A. Médam (22) begonnen und von S. Ostrowetsky (23) und J.-F. Augoyard (24) systematisiert wurde - setzt voraus, daß die von der Rhetorik aufgeführten "Tropen" Modelle und Hypothesen für die Analyse der Aneignungsweise von Orten liefern. Zwei Postulate bedingen, wie mir scheint, die Möglichkeit einer solchen Anwendung: 1. setzt man voraus, daß auch die Umgehensweisen mit dem Raum bestimmten Manipulationen an den Grundelementen einer gebauten Ordnung entsprechen, und 2. setzt man voraus, daß sie, wie die Tropen der Rhetorik, Varianten im Verhältnis zu einer Art "buchstäblicher Bedeutung" sind, die durch das urbanistische System definiert wird. Dadurch ergäbe sich dann eine Homologie zwischen den Sprach-Figuren und den Weg-Figuren (wobei man von letzteren mit den Tanz-Figuren bereits eine Auswahl von Stilen hätte), da beide aus "Verarbeitungen" oder Vorgehensweisen bestehen, die an isolierbaren Einheiten (25) und an "doppeldeutigen Konstruktionen" vorgenommen werden, welche die Bedeutung - in etwa so wie ein verwackeltes Bild den photographierten Gegenstand unscharf macht und vervielfacht - in eine Mehrdeutigkeit verkehren und verschieben (26). Zwischen diesen beiden Bereichen ist also eine Analogie denkbar. Ich füge hinzu, daß der geometrische Raum der Urbanisten und Architekten die Bedeutung des "eigentlichen Wortsinnes" zu haben scheint, der von den Grammatikern und Linguisten konstruiert wurde, um über eine normale und normative Ebene verfügen zu können, auf die man die "bildliche Darstellung" rückbeziehen kann. Allerdings ist dieses "Eigentliche" (ohne bildlichen Ausdruck) im üblichen Sprach- oder Fußgänger-Gebrauch nicht auffindbar; es ist nur eine Fiktion, die durch den seinerseits auch speziellen, metalinguistischen Gebrauch der Wissenschaft erzeugt wird, die sich durch eben diese Unterscheidung singularisiert (27).

Das Gehverhalten spielt mit der Raumaufteilung, so panoptisch sie auch sein mag: es ist ihr weder fremd (es bewegt sich nicht woandershin) noch konform (es bezieht seine Identität nicht aus ihr). Es erzeugt in ihr Zwielichtigkeit und Zweideutigkeit. Es läßt in sie eine Vielzahl seiner Bezugspunkte und Zitate eindringen (gesellschaftliche Modelle, kulturelle Gebräuche, persönliche Faktoren). Dabei wird es selber zum Resultat einer Reihe von Begegnungen und Gelegenheiten, die es unaufhörlich verändern und zum Emblem des Anderen machen, das heißt zum Kolporteur dessen, was seine Wege irreleitet, kreuzt oder verführt. All diese verschiedenen Aspekte beinhalten eine Rhetorik und definieren sie zugleich.

Bei seiner Analyse über den Umgang mit Räumen, dieser "modernen Kunst des alltäglichen Ausdrucks" (28), hat J.-F. Augoyard vor allem zwei grundlegende Stilfiguren entdeckt: die Synekdoche und das Asyndeton. Ich glaube, daß sich durch das Vorherrschen dieser beiden komplementären Pole das Formale dieser Praktiken abzeichnet. Die *Synekdoche* besteht darin, daß "ein Wort in einer Bedeutung gebraucht wird, die ein Teil einer anderen Bedeutung desselben Wortes ist" (29). Im Wesentlichen bezeichnet sie also einen Teil anstelle des Ganzen, zu dem dieser Teil gehört. In dem Ausdruck "Ich weiß auch nicht, wo dieser wichtige Kopf abgeblieben ist" steht zum Beispiel der "Kopf" für den "Menschen"; genauso steht im Bericht von einer Flugbahn eine Steinhütte oder ein Erdhügel für einen Park. Das *Asyndeton* ist das Weglassen von Bindewörtern, Konjunktionen und Adverben in einem Satz oder zwischen Sätzen. In gleicher Weise wird beim Gehen der durchquerte Raum ausgewählt und in Teile zerlegt; das Asyndeton überspringt die Verbindungen und ganze Teile, es läßt sie weg. Aus dieser Sicht springt oder hüpft also jedes Gehen wie ein Kind "auf einem Bein". Es spart alle konjunktiven Orte aus, es vollzieht die Ellipse.

In Wirklichkeit sind diese beiden Geh-Figuren untrennbar voneinander. Die eine dehnt ein Raumelement aus, damit es die Rolle eines "Mehr" (eines Ganzen) spielen und sich an die Stelle des ganzen Raumes setzen kann (ein Moped oder ein Möbelstück, das in einem Schaufenster ausgestellt ist, steht für eine ganze Straße oder für einen Stadtteil). Die andere erzeugt durch eine Weglassung ein "Weniger", schafft Lücken im räumlichen Kontinuum und behält nur ausgewählte Stücke, also Relikte, zurück. Die eine ersetzt Totalitäten durch Fragmente (ein Weniger anstelle eines Mehr); die andere löst ihre Verbindung, indem sie Konjunktives und Konsekutives wegläßt (ein Nichts anstelle von etwas). Die eine verdichtet: sie vergrößert das Detail und verkleinert das Ganze. Die andere unterbricht: sie zerstört die Kontinuität und stellt deren Wahrscheinlichkeit in Frage. Der von den Praktiken so behandelte und veränderte Raum verwandelt sich in vergrößerte Singularitäten und voneinander getrennte Inseln (30). Durch diese Aufblähung, Schrumpfung und Zerstückelung, durch diese rhetorische Arbeit bildet sich ein räumliches Satzbild analogischer (nebeneinanderstehende Zitate) und elliptischer Art (Lücken, Lapsus und Anspielungen). Die Weg-Figuren ersetzen das technologische System eines kohärenten und zusammenfassenden, eines "gebundenen" und simultanen Raumes durch Wege, die eine mythische Struktur haben, zumindest dann, wenn man unter Mythos einen Diskurs versteht, der sich auf den Ort/Nicht-Ort (oder Ursprung) der konkreten Existenz bezieht, also eine zusammengestoppelte Erzählung, die aus von Gemeinplätzen bezogenen Elementen besteht, eine fragmentarische Geschichte voller Andeutungen, deren Auslassungen den sozialen Praktiken entsprechen, die sie symbolisiert.

Die Figuren dieser stilistischen Metamorphose des Raumes sind die Gebärden. Beziehungsweise, wie Rilke sagt, "Bäume von Gebärden" in Bewegung. Sie versetzen sogar die festgefahrenen und mechanisierten Abteilungen der medizinisch-pädagogischen Anstalten in Bewegung, wo debile Kinder anfangen, ihre "Raumgeschichten" zu spielen und zu tanzen (31). Diese Bäume von Gebärden setzen sich überall in Bewegung. Ihre Wälder marschieren durch die Straßen. Sie verändern die Szenerie, aber kein Bild kann sie an einem Ort festhalten. Wenn trotz allem eine Illustration nötig wäre, so wären dies die Transit-Bilder, die gelb-grünen und stahlblauen Kalligraphien, die tonlos die Untergründe der Stadt durchhallen und durchstreifen, das Buchstaben- und Ziffern-"Gebrodel", vollkommene Gesten der Gewalt, mit der Sprühdose gemalt, Shivas in Schriftzeichen, tanzende Graphen, deren flüchtige Erscheinung vom Rattern der U-Bahn begleitet wird: die Graffiti von New York.

Wenn es wahr ist, daß die Gebärdenwälder demonstrieren, dann kann weder ihr Marsch in Bildern festgehalten noch der Sinn ihrer Bewegungen in einem Text umschrieben werden. Ihre rhetorische Wanderung reißt die eigentlichen, analytischen und kohärenten Bedeutungen des Urbanismus mit sich fort und davon; es handelt sich um ein "Abirren des Semantischen" (32), das von Massen erzeugt wird, die die Stadt an bestimmten Punkten verschwinden lassen und an anderen Stellen wieder wuchern lassen, sie verzerren, zerlegen und von ihrer dennoch unbeweglichen Ordnung abbringen.

3. WAS EINEN "IN BEWEGUNG VERSETZT": MYTHISCHES

Die Figuren dieser Bewegungen (Synekdoten, Ellipsen etc.) charakterisieren gleichzeitig eine "Symbolik des Unbewußten" und "bestimmte typische Prozesse der im Diskurs manifestierten Subjektivität" (33). Die Ähnlichkeit zwischen "Diskurs" (34) und Traum (35) beruht auf dem Gebrauch derselben "stilistischen Verfahren"; sie schließt also auch die Praxis des Gehens ein. Der "alte Katalog der Tropen", der von Freud bis Benveniste ein brauchbares Inventar für die Rhetorik der ersten beiden Ausdrucks-Register lieferte, taugt auch für das dritte. Wenn es hier eine Parallelität gibt, so nicht nur deshalb, weil in diesen drei Bereichen die Äußerung vorherrschend ist, sondern auch deshalb, weil ihr diskursiver (verbalisierter, geträumter oder gegangener) Ablauf sich als ein Verhältnis zwischen dem *Ort*, von dem er ausgeht (ein Ursprung), und dem *Nicht-Ort*, den er erzeugt (eine Art des "Vorübergehens"), organisiert.

Nachdem man den Prozeß des Gehens den sprachlichen Formen angenähert hat, kann man ihn nun von seiten der Traumgebilde betrachten, beziehungsweise zumindest an diesem anderen Ufer das ausmachen, was beim Umgang mit dem Raum untrennbar vom geträumten Ort ist. Gehen bedeutet, den Ort zu verfehlen. Es ist der unendliche Prozeß, abwesend zu sein und nach einem Eigenen zu suchen. Das Herumirren, das die Stadt vervielfacht und verstärkt, macht daraus eine ungeheure gesellschaftliche Erfahrung des Fehlens eines Ortes. Diese Erfahrung zerfällt allerdings in zahllose und winzige Entwurzelungen und Deportationen (Ortsveränderungen und Wanderungen), wird durch die Bezüge und Überschneidungen jener Massenauswanderungen kompensiert, die zu Verflechtungen führen und das urbane Netz bilden, und untersteht dem Zeichen dessen, was schließlich der Ort sein sollte - aber die STADT ist nur ein Name. Und die Identität, die dieser Ort verschafft, ist um so symbolischer (auf den Namen bezogen), als es, trotz der Ungleichheit der Positionen und Einkünfte der Einwohner, nur ein einziges Gewimmel von Passanten gibt, ein Netz von flüchtigen, der Zirkulation entzogenen Unterkünften, eine Durchquerung von scheinbar eigenen Orten und ein Universum von gemieteten Orten, die von einem Nicht-Ort oder von geträumten Orten bedrängt werden.

Namen und Symbole

Ein Hinweis auf das Verhältnis der räumlichen Praktiken zu dieser Abwesenheit findet sich gerade in ihrem Spiel mit und an den "Eigen"-Namen. Die Beziehungen zwischen der Bedeutung des Gehens und der Bedeutung der Wörter ergeben zwei anscheinend entgegengesetzte Bewegungen, eine nach Außen gerichtete (gehen bedeutet sich hinausbegeben) und eine nach Innen gerichtete (eine Mobilität unterhalb der Stabilität des Signifikanten). Das Gehen gehorcht tatsächlich semantischen Tropismen; es wird von Benennungen mit dunkler Bedeutung angezogen oder abgestoßen, während die Stadt selber sich für viele in eine "Wüste" verwandelt, wo das Sinnlose, das heißt das Erschreckende, keine Schattengestalt mehr hat, sondern wie im Theater von Genet zu einem erbarmungslosen Licht wird, das einen urbanen Text ohne jede Unklarheit produziert, welcher überall von einer technokratischen Macht erzeugt wird, und das den Bewohner unter Überwachung stellt (von wo aus, weiß man nicht): "Die Stadt hat uns im Blick; und diesen Blick kann man nicht aushalten, ohne schwindelig zu werden", sagt eine Einwohnerin von Rouen (36). In den grell von einer fremden Vernunft erleuchteten Räumen enthalten die Eigennamen Reserven an verborgenen und vertrauten Signifikationen. Sie "machen Sinn"; anders gesagt, sie geben den Anstoß zu Bewegungen, so wie Eingebungen und Signale, die den Verlauf des Weges ändern oder umlenken, indem sie ihm Bedeutungen (oder Richtungen) geben, die bis dahin nicht sichtbar waren. Diese Namen schaffen Nicht-Orte an Orten; sie verwandeln sie in Passagen.

Ein Freund aus der Stadt Sèvres gerät in Paris - als er seine Mutter in einem anderen Stadtteil besuchen will - in die Rue des Saints-*Pères* und in die Rue de *Sèvres:* diese Namen bilden einen Satz, den seine Füße erzeugen, ohne daß er es weiß. Die Nummern (112. Straße oder 9, rue Saint-Charles) magnetisieren ebenso wie Bahnen, wie sie Träume durchziehen können. Eine Freundin vermeidet ohne ihr Wissen Straßen, die einen Namen haben und die eben deshalb für sie, so ähnlich wie Aufforderungen und Klassifikationen, Befehle oder Identitäten "bedeuten"; sie geht auf Wegen ohne Namen und Bezeichnungen. Damit hätten die Eigennamen für sie also die negative Funktion, sie zum Gehen zu bringen.

Was also buchstabieren sie? Diese Wörter (*Borrégo, Botzaris, Bougainville ...*), die in Konstellationen angeordnet sind, welche die Oberfläche der Stadt semantisch ordnen, diese Operatoren von chronologischen Einordnungen und historischen Legitimationen verlieren nach und nach wie abgenutzte Geldstücke ihren eingravierten Wert, aber ihre Signifikationsfähigkeit überlebt ihre erste Bestimmung. *Saints-Pères, Corentin Celton, Roter Platz ...* Sie bieten den Passanten vielerlei Bedeutungen (Polysemien) an; sie lösen sich von den Stellen, die sie definieren sollten, und dienen als imaginäre Treffpunkte für Reisen, deren Verlauf sie, in Metaphern verwandelt, aus Gründen bestimmen, die ihrer ursprünglichen Bedeutung fremd, den Passanten aber teilweise bewußt sind. Eine seltsame Toponymie, die von den Orten abgelöst ist und über der Stadt wie eine "Bedeutungs"-Geographie in den Wolken schwebt, und von dort aus die Bewegungen der Körper lenkt: *Place de l'Etoile, Concorde, Poissonnière* ... Diese Konstellationen organisieren den Verkehr: Sterne bestimmen Wege. "Die Place de la Concorde gibt es nicht", sagte Malaparte, "sie ist eine Idee" (37). Sie ist mehr als eine "Idee". Man müßte noch viele Vergleiche heranziehen, um die magischen Kräfte richtig zu beschreiben, über die die Eigennamen verfügen. Sie scheinen von den Reisenden mitgebracht worden zu sein, sie lenken ihre Schritte und schmücken sie.

Indem sie Gebärden und Schritte verbinden, indem sie den Bedeutungen und Richtungen einen Weg bahnen, wirken diese Wörter sogar im Sinne einer Entleerung und Abnutzung ihrer ursprünglichen Zweckbestimmung. Sie werden dadurch zu befreiten Räumen, die besetzt werden können. Ihre weitestgehende Unbestimmtheit, die zu einer semantischen Verknappung führt, gibt ihnen die Möglichkeit, über der Geographie der verbotenen oder erlaubten buchstäblichen Bedeutung eine zweite, poetische Geographie zu formulieren. Sie ermöglichen andere Reisen innerhalb der funktionalistischen und historischen Verkehrsordnung. Das Gehen folgt ihnen: "Ich fülle diesen großen leeren Raum mit einem schönen Namen" (38). Was einen in Gang bringt, sind Bruchteile von Bedeutungen, manchmal auch ein Bedeutungsüberschuß, die zweckentfremdeten Reste großer Ambitionen (39). Nichtigkeiten oder Beinahe-Nichtigkeiten symbolisieren und lenken die Schritte; Namen, die, genaugenommen, schon längst keine Eigennamen mehr sind.

In diesen Symbolkernen zeigen sich (und verschmelzen vielleicht) drei unterschiedliche (aber miteinander verbundene) Funktionsrelationen zwischen räumlichen Praktiken und Signifikationspraktiken: das *Glaubhafte,* das *Denkwürdige* und das *Ursprüngliche.* Sie bezeichnen das, was die Aneignungen des Raumes "autorisiert" (oder möglich und glaubhaft macht), was dabei von einem schweigsamen und in sich gekehrten Gedächtnis wiederholt (oder erinnert) wird und was dabei strukturiert und von einem in-fantilen Ursprung unaufhörlich gezeichnet wird. Diese drei symbolischen Dispositive organisieren die Topoi des Diskurses über die/der Stadt (die Legende, die Erinnerung und den Traum) auf eine Weise, die sich der urbanistischen Systematik entzieht. Man kann sie bereits an der Funktion der Eigennamen erkennen: sie machen den Ort, den sie mit einem Wort versehen, bewohnbar oder glaubwürdig (indem sie ihre Macht zur Klassifikation aufgeben, erlangen sie die Macht, etwas anderes "zuzulassen"); sie erinnern oder beschwören (tote, verschwunden geglaubte) Phantome, die - verborgen in Gebärden oder gehenden Körpern - noch immer unterwegs sind; und in dem Maße, wie sie eine vom Anderen kommende Anweisung (eine Geschichte) benennen, das heißt vorschreiben, und wie sie die funktionalistische Identität verändern, indem sie sich von ihr lösen, erzeugen sie am Ort selbst jene Erosion oder jenen Nicht-Ort, der hier das Gesetz des Anderen aushöhlt.

Glaubhaft und denkwürdig: die Bewohnbarkeit

Durch ein nur scheinbares Paradox ist der Diskurs, der etwas glauben macht, auch ein Diskurs, der einen von dem abbringt, was er einem nahelegt, oder der niemals das hält, was er verspricht. Weit davon entfernt, eine Leere nur auszudrücken oder einen Mangel zu beschreiben, schafft er die Leere und den Mangel. Er macht Platz für die Leere. Damit bringt er Licht in die Sache; er "erlaubt" ein Spiel in einem System von definierten Orten. Er "autorisiert" die Schaffung eines Spielraums* auf einem

Schachbrett, das Identitäten analysiert und klassifiziert. Er macht bewohnbar. Aus diesem Grund bezeichne ich ihn als eine "lokale Autorität". Sie ist eine Lücke in einem System, das die Orte mit Signifikationen überschüttet und diese derartig einengt, daß sie einem den Atem rauben. Eine symptomatische Tendenz, der funktionalistische Totalitarismus (darin eingeschlossen die Programmierung von Spielen und Festen), versucht daher diese lokalen Autoritäten zu beseitigen, denn sie unterminieren die Eindeutigkeit des Systems. Er greift an, was er völlig zu recht als *Aberglaube* bezeichnet: weitere semantisch überladene Schichten, die sich "zusätzlich" und "zu sehr" (40) aufdrängen und die in der Vergangenheit oder in der Poetik einen Teil der Bereiche verfremden, die sich die Verfechter der technizistischen Vernunft und der finanziellen Rentabilisierung vorbehalten haben.

Im Grunde sind bereits die Eigennamen "lokale Autoritäten" oder "Aberglaube". Daher ersetzt man sie durch Ziffern: nicht mehr *Opéra*, sondern 073; nicht mehr *Calvados*, sondern 14. Das gleiche gilt für Erzählungen oder Legenden, die den städtischen Raum und die Einwohner zu sehr oder zuviel heimsuchen. Nur wegen der Logik der Technostruktur werden sie zum Gegenstand einer Hexenjagd. Aber ihre Ausrottung (wie die der Bäume, Wälder und verborgenen Winkel, in denen die Legenden hausen) (41) macht aus der Stadt eine "Symbolik des Leidens" (42). Die bewohnbare Stadt wird vernichtet. Wie eine Einwohnerin von Rouen sagt: hier, "nein, gibt es nichts Besonderes, außer mir ... Hier gibt's nichts". Nichts "Besonderes": nichts Bemerkenswertes, das mit einer Erinnerung oder einer Geschichte zusammenhängt, nichts, das vom Anderen gezeichnet wäre. Glaubhaft bleibt nur noch die Höhle der Wohnung, sie bleibt für eine Weile noch durchlässig für Legenden, noch durchsetzt von Schatten. Daneben gibt es einem anderen Bürger zufolge nur noch "Orte, bei denen einem gar nichts mehr einfällt" (43).

Weil sie die Möglichkeit bieten, ein beredtes Schweigen einzulagern und wortlose Geschichten zu speichern, oder vielmehr durch ihr Vermögen überall Keller und Dachböden zu schaffen, bewahren die lokalen Legenden (*legenda*: das, was man lesen muß, aber auch das, was man lesen kann) Ausgänge, Rückkehr- und Auswegmöglichkeiten und somit Räume, die bewohnbar sind. Zweifellos ersetzen das Wandern und das Reisen jenes Fortgehen und Zurückkehren und die Ausgänge, all das, was früher durch einen Legendenschatz gesichert war, dem heute die Orte fehlen. Die körperliche Fortbewegung hat die Funktion des herumwandernden "Aberglaubens" von früher und heute. Die Reise ist (wie das Gehen) ein Ersatz für die Legenden, die den Raum für das Andere öffneten. Bewirkt die Reise letztendlich nicht durch eine gewisse Rückwendung "eine Erforschung der Wüsten meiner Erinnerung", eine Rückkehr zu einem nahegelegenen Exotismus über den Umweg in die Ferne und eine "Erfindung" von Relikten und Legenden ("flüchtige Bilder der französischen Landschaft", "Bruchstücke von Musik und Poesie") (44), insgesamt also soetwas wie eine "Entwurzelung in den eigenen Ursprüngen" (Heidegger)? Was dieses Exil des Gehenden hervorbringt, ist genau der Legendenschatz, der gegenwärtig in unmittelbarer Nähe fehlt; also eine Fiktion, die wie der Traum oder die Rhetorik des Gehens die doppelte Eigenschaft hat, ein Resultat von Verschiebungen und Verdichtungen zu sein (45). Folglich kann man diese Signifikationspraktiken (sich Legenden erzählen) als Praktiken interpretieren, die Räume erfinden.

Unter diesem Gesichtspunkt sind sowohl ihre Inhalte als auch das Prinzip, das sie organisiert, sehr aufschlußreich. Die Erzählungen über Orte sind Basteleien, Improvisationen, die aus den Trümmern der Welt gebildet werden. Auch wenn die literarische Form und das Handlungsschema der Geschichten des "Aberglaubens" feststehenden Modellen folgt, deren Strukturen und Kombinationen in den letzten dreißig Jahren sehr oft analysiert worden sind, so besteht das Material (jedes rhetorische Detail der "Darlegung") doch aus den Resten von Benennungen, Taxinomien, heroischen oder komischen Prädikaten etc., das heißt aus Bruchstücken von verstreuten semantischen Orten. Diese heterogenen oder gar gegensätzlichen Elemente überfluten die homogene Form der Erzählung. Ein *Mehr* und etwas *Anderes* (Details und Überschüsse, die von woanders kommen) dringen in den überkommenen Rahmen, in die vorgegebene Ordnung ein. Demzufolge hat man die genaue Beziehung zwischen den räumlichen Praktiken und der gebauten Ordnung. An der Oberfläche dieser Ordnung zeigt sich, daß sie überall von Ellipsen, Abschweifungen und Bedeutungsverfall zerstochen und durchlöchert ist: diese Ordnung sieht wie ein Sieb aus.

Die verbalen Relikte, aus denen die Erzählung zusammengesetzt ist und die mit vergessenen Geschichten und undurchsichtigen Gebärden verbunden sind, werden zu einer Collage zusammengefügt, bei der ihre Zusammenhänge nicht gedacht werden und daher ein symbolisches Ganzes bilden (46). Sie artikulieren sich durch Lücken. Sie produzieren somit im strukturierten Raum des Textes Anti-Texte, Verschleierungs- und Ausreißer-Effekte, sowie Möglichkeiten zum Übergang in andere Landschaften - wie Keller und Büsche: "o Gebüsche, o Plurale" (47). Dadurch, daß die Erzählungen verbreitet und in alle Winde zerstreut werden können, sind sie das Gegenteil vom *Gerücht,* denn das Gerücht ist immer der Ordnung verpflichtet und die Folge einer räumlichen Gleichschaltung; das Gerücht erzeugt Kollektivbewegungen, die die Ordnung stärken, indem sie dem Zum-Handeln-Bringen ein Glauben-Machen hinzufügen. Erzählungen diversifizieren, Gerüchte totalisieren. Wenn es schon immer ein Schwanken zwischen beiden gegeben hat, so scheint es sich heute mehr um eine

Schichtung zu handeln: die Erzählungen werden privater und ziehen sich in die hintersten Winkel der Stadtviertel, Familien oder Individuen zurück, während die Gerüchte der Medien alles überlagern und - in Gestalt der *Stadt,* dem Machtwort eines anonymen Gesetzes und Substitut aller Eigennamen - den Aberglauben, der ihnen immer noch widersteht, bekämpfen oder beseitigen.

Die Zersplitterung der Erzählungen ist bereits ein Hinweis auf die Zersplitterung des Erinnerungswürdigen. Das Gedächtnis ist in der Tat ein Anti-Museum: es ist nicht lokalisierbar. Daher kommt es zu Ausbrüchen in den Legenden. Auch die Gegenstände und die Wörter sind hohl. Vergangenes schlummert in ihnen wie in den alltäglichen Gebärden des Gehens, des Essens und des Schlafens, in denen einstige Revolutionen enthalten sind. Die Erinnerung ist auf der Reise wie ein schöner Prinz, der eines Tages das Dornröschen unserer wortlosen Geschichten wachküßt. "*Das hier war* eine Bäckerei"; "*dort* hat Mutter Dupuis gewohnt". Verblüffend dabei ist, daß lebendig wahrgenommene Orte so etwas wie die Gegenwart von Abwesendem sind. Das, was sich zeigt, bezeichnet, was nicht mehr ist: "*Sehen Sie,* hier *gab* es ...", aber es ist nicht mehr zu sehen. Die Demonstrativpronomen sprechen die unsichtbaren Identitäten des Sichtbaren aus: der Ort wird gerade dadurch definiert, daß er aus den Reihen dieser Verschiebungen und Wechselwirkungen zwischen den zerstückelten Schichten, aus denen er zusammengesetzt ist, gebildet wird und daß er mit diesen sich veränderlichen Dichten spielt.

"Die Erinnerungen halten uns dort fest ... Das ist etwas ganz Persönliches, das niemanden interessiert, aber schließlich macht doch gerade das die Atmosphäre eines Stadtviertels aus" (48). Es gibt nur Orte, die von zahlreichen Atmosphären und Geistern überlagert sind, welche dort schweigend bereitstehen und "heraufbeschworen" werden können oder nicht. Man kann nur an solchen "heimgesuchten" Orten wohnen - ein Schema, das das genaue Gegenteil des *Panopticons* ist. Aber so wie die gotischen Königsstatuen von Notre-Dame, die seit zwei Jahrhunderten im Keller eines Wohnhauses in der Rue de la Chaussée-d'Antin eingelagert sind (49), sagen diese, ihrerseits auch zerbrochenen "Geister" nicht mehr aus als sie zeigen. Es handelt sich um ein Wissen, das schweigt. Von dem, was gewußt, aber verschwiegen wird, gehen "unter uns" nur Andeutungen um.

Die Orte sind fragmentarische und umgekrempelte Geschichten, der Lesbarkeit für Andere entzogene Vergangenheiten und erfüllte Zeiten, die sich entfalten können, die aber mehr noch als die Geschichten in Form von Bilderrätseln bereitstehen; sie sind Symbolisierungen, die im Schmerz oder in der Lust des Körpers eingekapselt sind. "Ich fühle mich wohl hier" (50): das ist ein Umgang mit dem Raum, bei dem das Wohlbefinden sich auf die Sprache zurückzieht, in der es kurz aufleuchtet.

Kinderheit und Metaphern von Orten

> *Metapher ist die Übertragung eines fremden Nomens, entweder von der Gattung auf die Art oder von der Art auf die Gattung oder von einer Art auf eine andere oder gemäß der Analogie.*
>
> Aristoteles, *Poetik*, 1457 b

Das Erinnerungswürdige ist das, was von einem Ort erträumt werden kann. Schon im Palimpsest-Charakter dieses Ortes artikuliert sich die Subjektivität durch die Abwesenheit, die sie als Existenz strukturiert und ihr ein *Dasein** verleiht. Aber wie schon deutlich wurde, äußert sich dieses Dasein nur in den Umgangsweisen mit dem Raum, das heißt, in der *Art und Weise wie man zum Anderen übergeht*. Hierin muß man, in Form von verschiedenen Metaphern, die Wiederholung einer entscheidenden und ursprünglichen Erfahrung erkennen: wenn das Kind sich vom Körper seiner Mutter unterscheidet. Dabei entsteht die Möglichkeit eines Raumes und einer Lokalisierung des Subjektes. Es ist unnötig, an dieser Stelle die berühmte Analyse wiederzugeben, die Freud über diese prägende Erfahrung durchgeführt hat, als er das Spiel seines anderthalbjährigen Enkels verfolgte, der eine Holzspule mit einem *o-o-o-o* und einem *fort* voller Befriedigung wegwarf und sie mit einem freudigen *da* am Ende des Fadens wieder zurückholte (51). Es genügt, sich an dieses gefahrvolle und befriedigende Herausreißen aus der Differenzlosigkeit im mütterlichen Körper (für den die Spule steht) zu erinnern: dieses Verlassen der Mutter (damit sie nach und nach verschwindet und damit das Kind sie verschwinden läßt) bildet die Lokalisierung und die Exteriorität aufgrund einer Abwesenheit. Die von Jubel begleitete Manipulation, die es erlaubt, das mütterliche Objekt "verschwinden zu lassen" und *sich* selber verschwinden zu lassen (insofern man mit diesem Objekt identisch ist), also *da* zu sein (weil *ohne* den Anderen, aber in einem notwendigen Verhältnis zum Verschwundenen, bildet eine "ursprüngliche räumliche Struktur".

Wahrscheinlich kann man diese Differenzierung auch schon viel früher ansetzen, nämlich bei der Benennung, die den als männlich identifizierten Foetus von der Mutter abtrennt. (Aber was ist mit der Tochter, die in diesem Moment ein anderes Verhältnis zum Raum bekommt?) Was bei diesem Initiationsspiel der "fröhlichen Geschäftigkeit" des Kindes wichtig ist, das sich vor dem Spiegel als *eins* (als ein überschaubares Ganzes) erkennt, dabei aber nur ein *Anderes* ist (nämlich *Es*, ein Bild, mit dem es sich identifiziert) (52), ist der Vorgang dieser "Inbesitznahme von Raum", der den Übergang zum Anderen als Gesetz des Seins und des Ortes festschreibt. Mit dem Raum umzugehen bedeutet also, die fröhliche und stille Erfahrung der Kindheit zu wiederholen; es bedeutet, am Ort *anders zu sein* und *zum Anderen überzugehen.*

So beginnt der Weg, den Freud mit dem Stampfen auf dem Leib der Mutter Erde vergleicht (53). Dieses Verhältnis von sich zu sich bestimmt die inneren Veränderungen des Ortes (das Spiel zwischen seinen Schichten) oder auch die beim Gehen stattfindende Entfaltung der an einem Ort angesammelten Geschichten (Verkehr und Reisen). Die Kindheit, die über den Umgang mit dem Raum entscheidet, entwickelt in der Folge ihre Wirkungen, vervielfältigt und überflutet die öffentlichen und privaten Räume, verwischt dabei die entzifferbaren Oberflächen und schafft in der durchgeplanten Stadt eine "metaphorische" oder entstellte Stadt oder ruft eine Veränderung hervor, wie sie Kandinsky erträumte: "eine große, fest nach allen architektonisch mathematischen Regeln gebaute Stadt, welche plötzlich von einer unermeßbaren Kraft geschüttelt wird" (54).

KAPITEL VIII

SCHIFF UND KERKER

Eingesperrt reisen. Unbeweglich im Abteil sitzend die unbewegten Dinge vorübergleiten sehen. Was geschieht? Weder innerhalb noch außerhalb des Zuges bewegt sich etwas.

Während er unbeweglich bleibt, wird der Reisende verstaut, numeriert und kontrolliert im Planquadrat des Waggons, dieser vollkommenen Verwirklichung einer rationalen Utopie. Überwachung und Ernährung bewegen sich von Abteil zu Abteil: "Ihre Fahrkarten, bitte" ... "Sandwiches? Bier? Kaffee? ...". Nur die W.C.'s bieten eine Fluchtmöglichkeit in diesem abgeschlossenen System. Sie sind der Traum der Liebenden, der Ausweg von Kranken, die Ausflucht der Kinder ("Ich muß mal!"), - eine irrationale Ecke, wie die Amouren und Gossen in den *Utopien* früherer Zeiten. Abgesehen von diesem dem Exzeß preisgegebenen Lapsus ist alles rechtwinklig durchorganisiert. Nur eine rationalisierte Zelle ist auf Reisen. Eine Bulle der panoptischen und klassifizierenden Macht, ein Modul der Einschließung, das die Herstellung einer Ordnung ermöglicht, eine abgeschlossene und autonome Inselhaftigkeit - nur so etwas kann den Raum durchqueren und sich von seinen lokalen Verwurzelungen unabhängig machen.

Im Inneren die Unbeweglichkeit einer Ordnung. Hier herrscht Ruhe und wird geträumt. Es gibt nichts zu tun, man ist im *Zustand* der Vernunft, im Vernunftstaat. Hier ist, wie in der *Rechtsphilosophie* von Hegel, alles an seinem Platz. Jedes Wesen steht hier an seinem Ort: wie ein Druckbuchstabe auf einer militärisch in Reihen gegliederten Seite. Diese Ordnung, dieses Organisationssystem, dieser Ruhezustand einer Vernunft, ist sowohl für den Waggon wie für den Text die Voraussetzung ihrer Zirkulation.

Draußen, eine andere Unbeweglichkeit, die der Dinge: aufragende Gebirge, weitreichende Grünflächen, stillstehende Dörfer, Gebäudereihen, schwarze Stadtsilhouetten im Gegenlicht der Sonne, das Glitzern von nächtlichen Lichtern auf einem Meer, das vor oder nach unseren Geschichten liegt. Der Zug ist einer Verallgemeinerung von Dürers *Melencolia,* eine spekulative Erfahrung der Welt: außerhalb dieser Dinge zu sein, die dort, losgelöst und absolut, bleiben und die uns verlassen, obwohl sie nicht umsonst da sind; von ihnen getrennt sein, überrascht von ihrer Flüchtigkeit und ihrer ruhigen Fremdheit. Verwunderung in der Verlassenheit. Dennoch bewegen sie sich nicht. Sie haben nur die Bewegung, die die ständigen Perspektivwechsel zwischen ihren Massen hervorrufen: illusionäre Mutationen. Wie ich, wechseln sie nicht ihren Platz, nur der Blick verändert und erneuert beständig die Beziehungen, die diese unbeweglichen Elemente miteinander unterhalten.

Zwischen der inneren und der äußeren Unbeweglichkeit vollzieht sich ein Quiproquo, ein winziger Schnitt verkehrt ihre Stabilitäten. Der Chiasmus wird durch die Fensterscheibe und durch die Schiene bewirkt. Zwei Themen von Jules Verne, diesem Victor Hugo des Reisens: das Bullauge der *Nautilus,* eine durchsichtige Zäsur zwischen dem Gefühlsstrom des Beobachters und den Bewegungen einer ozeanischen Realität; die Eisenbahnschiene, die mit einer geraden Linie den Raum durchschneidet und in ihrem Verlauf die ruhigen Identitäten des Bodens in Geschwindigkeit verwandelt. Die Fensterscheibe macht es möglich *zu sehen,* und die Schiene ermöglicht eine *Durchquerung.* Das sind die beiden komplementären Modi der Trennung. Der eine erzeugt die Distanz des Betrachters: Bitte nicht berühren; je mehr du siehst, um so weniger kannst du fassen - eine Enteignung der Hand zugunsten eines größeren Schweifens der Augen. Der andere zieht eine unendliche Linie, ist eine Aufforderung zum Weitergehen; das ist die Ordnung des Schreibens, zwar nur mit einer einzigen Linie, aber ohne Ende: gehe weiter, hau ab, das hier ist nicht dein Land und das dort auch nicht - ein Befehl zur Loslösung, der dazu zwingt, eine abstrakte Herrschaft des Auges über den Raum damit zu bezahlen, daß man jeden eigenen Ort verläßt und nirgends mehr Fuß fassen kann.

Die Glasscheibe und die Schienenlinie setzen auf die eine Seite die Innerlichkeit des Reisenden, des vermeintlichen Erzählers, und auf die andere die Kraft des Seins, die als ein Objekt ohne Diskurs konstituiert wird, die Macht des Schweigens in der Außenwelt. Aber paradoxerweise ist es das Schweigen dieser in die Ferne geschobenen und hinter Glas versetzten Dinge, was aus der Ferne unsere Erinnerung zum Sprechen bringt oder die Träume unserer Geheimnisse aus dem Schatten zieht. Die Isolation erzeugt ein Denken in Trennungen. Das Glas und die Schiene bringen spekulative oder gnostische Denker hervor. Dieser Einschnitt ist notwendig, damit außerhalb der Dinge, aber nicht ohne sie, die unbekannten Landschaften und fremdartigen Fabeln unserer inneren Geschichten entstehen können.

Die Aufteilung ist eine Partitur, die Geräusche erzeugt. In dem Maße, wie sie vorankommt und zwei entgegengesetzte Bereiche des Schweigens schafft, skandiert, pfeift oder stöhnt sie. Die Schienen rattern und die Glasscheiben vibrieren. Die Räume reiben sich an den Punkten, wo sich ihre Grenzen auflösen. Aber diese verbindenden Punkte haben keinen Ort. Sie machen sich nur durch ein vorübergehendes Kreischen und flüchtige Geräusche bemerkbar. Diese Grenzen können nicht entziffert, sondern nur gehört werden, wenn sie sich erst einmal vermischt haben - so beständig ist der Riß, der alle Punkte vernichtet, an denen er vorbei kommt.

Diese Geräusche sind indessen ebenso wie ihre Folgen ein Hinweis auf das *Prinzip,* das für den ganzen Vorgang verantwortlich ist, der gleichzeitig die Reisenden und die Natur in seinen Bann zieht: die Maschine. Unsichtbar wie jede Theatermaschinerie, steuert die Lokomotive von Ferne alle Echos ihrer Arbeit. Ganz diskret und indirekt gibt ihr Orchester einen Hinweis auf das, was Geschichte macht, und versichert, wie ein Gerücht, daß es immer noch eine Geschichte gibt. Daneben gibt es noch den Zufall. Von diesem Motor des Systems rühren die Erschütterungen, Verzögerungen und Überraschungen her. Dieser Rest von Ereignissen stammt von dem unsichtbaren und einzigen Akteur, der allein an der Gleichmäßigkeit seines Gemurmels oder an plötzlichen Wundern, die die Ordnung stören, erkennbar ist. Die Maschine, der erste Beweger, ist der einsame Gott, von dem jedes Handeln ausgeht. Sie bewirkt die Trennung in Zuschauer und Seiende, aber sie verbindet sie auch. Dieser Operator ist ein bewegliches Symbol zwischen ihnen, ein unermüdlicher *shifter,* ein Produzent der Veränderung der Beziehungen zwischen den unbeweglichen Seiten.

Als Kerker und Schiff, ähnlich wie die Schiffe und U-Boote von Jules Verne, verbindet der Waggon Traum und Technik. Das "Spekulative" kehrt im Inneren der Maschinerie zurück. Während der Dauer einer Reise fallen die Gegensätze zusammen. Ein eigenartiger Moment, in dem eine Gesellschaft Betrachter und Überschreiter von Räumen, Heilige und Glückliche hervorbringt, die sich in den Aureolen-Zellen ihrer Waggons befinden. An diesen Orten des Müßiggangs und des Denkens, in diesen paradiesischen (Kirchen-)Schiffen zwischen zwei sozialen Treffpunkten (Geschäft und Familie, zwei grauen Gewaltformen) werden atopische Liturgien abgehalten, Parenthesen von Gebeten ohne Empfänger (an wen sind wohl die vielen Gedanken der Reisenden gerichtet?). Die hier Versammelten gehorchen nicht mehr den Hierarchien der dogmati-

schen Ordnungen; sie werden vom Raster der technokratischen Disziplin organisiert, also von der stummen Rationalisierung des liberalen Atomismus.

Wie immer mußte man für den Eintritt bezahlen. Dies
ist die historische Schwelle der Glückseligkeit: Geschichte
gibt es dort, wo ein Preis bezahlt werden muß. Ruhe wird
nur durch diese Abgabe erreicht. Dabei sind die Glücklichen im Zug noch bescheiden im Verhältnis zu denen im
Flugzeug, denen man für mehr Geld eine viel abstraktere
(ein Verbleichen der Landschaft und gefilmte Trugbilder
der Welt) und unvollkommenere Stellung (die von in einem
fliegenden Museum angeschnallten Statuen) zubilligt, die
aber durch einen Exzeß beeinträchtigt wird, der mit einer
Schmälerung des ("melancholischen") Vergnügens bestraft
wird, das sehen zu können, wovon man getrennt ist.

Und wie immer muß man wieder aussteigen: es gibt
eben nur verlorene Paradiese. Ist die Endstation das Ende
einer Illusion? Eine weitere Schwelle, die durch die
momentane Verwirrung in den Kontrollschleusen der
Bahnhöfe zustandekommt. Die Geschichte beginnt fieber-
haft von vorn, indem sie geschäftig die angehaltene
Armatur des Waggons umgibt: der Inspekteur erkennt am
Geräusch der Hammerschläge die Risse im Rad, der Träger
nimmt die Koffer in die Hand und die Kontrolleure laufen
herum. Die Helme und Uniformen erneuern in der Menge
das Netz einer Ordnung der Arbeit, während die Flut der
Träumenden-Reisenden sich auf die kleine Menge stürzt,
die aus herrlich erwartungsvollen oder vorsichtig abschät-
zigen Gesichtern besteht. Zornige Rufe. Aufforderungen.
Freude. In der bewegten Welt des Bahnhofs scheint die
gestoppte Maschine plötzlich ganz monumental und durch
ihre Trägheit nahezu unpassend wie ein stummes Götzenbild oder ein abgetakelter Gott zu sein.

Jeder kehrt zum Dienst an den ihm vorgeschriebenen
Platz im Büro oder in der Fabrik zurück. Schluß mit der
Ferien-Enklave. Die schöne Abstraktion des "Gefängnisses"

wird durch die Kompromisse, Trübseligkeiten und Abhängigkeiten eines Arbeitsplatzes ersetzt. Es beginnt wieder die hautnahe Auseinandersetzung mit einer Wirklichkeit, die den von den Schienen und Fensterscheiben getrennten Betrachter aus seiner Rolle entläßt. Schluß mit der Robinsonade der reisenden schönen Seele, die sich selber für *intakt* halten konnte, weil sie von Glasscheiben und Schienen umgeben war.

KAPITEL IX

BERICHTE VON RÄUMEN

> "*Die Erzählung hat die Menschheit geschaffen.*"
> Pierre Janet, *L'Evolution de la mémoire et la notion de temps,* 1928, p. 261.

Im heutigen Athen heißen die kommunalen Verkehrsmittel *metaphorai*. Um zur Arbeit zu fahren oder nach Hause zurückzukehren, nimmt man eine "Metapher" - einen Bus oder einen Zug. Auch die Geschichten könnten diesen schönen Namen tragen: jeden Tag durchqueren und organisieren sie die Orte; sie wählen bestimmte Orte aus und verbinden sie miteinander; sie machen aus ihnen Sätze und Wegstrecken. Sie sind Durchquerungen des Raumes.

In diesem Zusammenhang haben die narrativen Strukturen die Bedeutung von räumlichen Syntaxen. Mit einem ganzen Sortiment von Codes, Verhaltensanordnungen und Kontrollen regeln sie die räumlichen Veränderungen (oder Verkehrsbewegungen), die von den Erzählungen in Form von Orten, die in linearen oder verflochtenen Reihen angeordnet werden, erzeugt werden: von hier (Paris) geht man dorthin (Montargis); diese Umgebung (ein Zimmer) schließt eine weitere ein (einen Traum oder eine Erinnerung); etc. Mehr noch, diese Orte, die in Beschreibungen oder auch von Schauspielern dargestellt werden (ein Fremder, ein Stadtbewohner, ein Phantom), sind untereinander auf mehr oder weniger enge oder lockere Weise durch "Modalitäten" verbunden, die die Art von Übergang vom einen zum anderen bestimmen: der Transit kann durch eine "epistemische" Modalität, die sich auf die Erkenntnis beziehт (z.B.: "es ist ungewiß, ob das hier die Place de la République ist"), oder durch eine "alethische" Modalität geregelt werden, die sich auf die Existenz bezieht (z.B.: "das Schlaraffenland ist ein unwahrscheinlicher Ausdruck"); oder durch eine "deontische" Modalität, die eine Pflicht beinhaltet (z.B.: "von diesem Punkt hier müssen Sie dorthin gehen") ... Diese Formeln zeigen unter vielen anderen nur, mit welcher subtilen Komplexität die alltäglichen oder literarischen Berichte zu unseren kommunalen Verkehrsmitteln, zu unseren *metaphorai* werden.

Jeder Bericht ist ein Reisebericht - ein Umgang mit dem Raum. Daher ist er ein wichtiger Bestandteil der Alltagstaktiken: vom Alphabet der räumlichen Anweisungen ("da vorne rechts", "jetzt nach links"), die den Anfang einer Erzählung bilden, deren Schritte das Folgende beschreiben, bis zu den alltäglichen "Neuigkeiten" ("Rate mal, wen ich beim Bäcker getroffen habe?"), der "Tagesschau" im Fernsehen ("Teheran: Komeiny immer mehr isoliert ..."), den Bildlegenden (die Aschenputtel in den Strohhütten) und den erzählten Geschichten (Erinnerungen und Romane von mehr oder weniger fernen fremden oder vergangenen Ländern). Diese erzählten Abenteuer, die gleichzeitig Handlungsgeographien produzieren und in die "Gemeinplätze" einer Ordnung münden, sind nicht nur eine "Ergänzung" der Ausdrucksweise der Fußgänger und der Rhetorik des Gehens. Sie beschränken sich nicht darauf, diese in den Bereich der Sprache zu versetzen und zu übertragen. Sie lenken tatsächlich die Schritte. Sie machen eine Reise, bevor oder während die Füße sie nachvollziehen.

Wie kann man dieses Metapherngewimmel - Aussagen und Berichte, die die Orte durch die Ortsveränderungen gestalten, die sie "beschreiben" (so wie man eine Kurve "beschreibt") - analysieren? Wenn man nur die Untersuchungen zu Rate zieht, die sich auf verräumlichende Vorgehensweisen (und nicht auf die räumlichen Systeme) beziehen, so sind die Arbeiten, die Methoden und Kategorien liefern, immer noch sehr zahlreich. Unter den neueren befinden sich Arbeiten über eine Semantik des Raumes (John Lyons über die "Lokativ-Subjekte" und die "Räumlichen Ausdrücke") (1), über eine Psycholinguistik der Wahrnehmung (Miller und Johnson-Laird mit ihrer "Lokalisierungshypothese") (2), über eine Soziolinguistik der Ortsbeschreibungen (z.B. William Labov) (3), über eine Phänomenologie der die "Territorien" organisierenden Verhaltensweisen (z.B. Albert E. Scheflen und Norman Ashcraft) (4), über eine "Ethnomethodologie" der Lokalisierungsindexe in der Konversation (z.B. Emanuel A. Schegloff) (5) oder über eine Semiotik, die die Kultur als eine räumliche Metasprache betrachtet (z.B. die Schule von Tartu, vor allem Y.M. Lotman und B.A. Ouspenski) (6), etc. Wie einst die Signifikationspraktiken, die sich auf den Sprachgebrauch beziehen, aus der Sicht von linguistischen Systemen betrachtet wurden, so werden heute die Verräumlichungspraktiken von den Codes und Taxinomien aus der Sicht der räumlichen Ordnung erforscht. Unsere Untersuchung gehört zu dieser "zweiten" Analysestufe, die von den Strukturen zu den Handlungen übergeht. Aber in diesem sehr weiten Bereich will ich nur die *narrativen Handlungen* untersuchen. Sie erlauben es, bestimmte Grundformen der Praktiken zu bestimmen, die den Raum organisieren: die Bipolarität von "Karte" und "Wegstrecke", sowie die Vorgehensweisen bei der Begrenzung oder "Grenzmarkierung" und die "Bündelung von Aussagen" (das heißt, den Index des Körpers im Diskurs).

"Räume" und "Orte"

Zum Beginn unterscheide ich zwischen Raum und Ort, um den Untersuchungsbereich einzugrenzen. Ein *Ort* ist die Ordnung (egal, welcher Art), nach der Elemente in

Koexistenzbeziehungen aufgeteilt werden. Damit wird also die Möglichkeit ausgeschlossen, daß sich zwei Dinge an derselben Stelle befinden. Hier gilt das Gesetz des "Eigenen": die einen Elemente werden *neben* den anderen gesehen, jedes befindet sich in einem "eigenen" und abgetrennten Bereich, den es definiert. Ein Ort ist also eine momentane Konstellation von festen Punkten. Er enthält einen Hinweis auf eine mögliche Stabilität.

Ein *Raum* entsteht, wenn man Richtungsvektoren, Geschwindigkeitsgrößen und die Variabilität der Zeit in Verbindung bringt. Der Raum ist ein Geflecht von beweglichen Elementen. Er ist gewissermaßen von der Gesamtheit der Bewegungen erfüllt, die sich in ihm entfalten. Er ist also ein Resultat von Aktivitäten, die ihm eine Richtung geben, ihn verzeitlichen und ihn dahin bringen, als eine mehrdeutige Einheit von Konfliktprogrammen und vertraglichen Übereinkünften zu funktionieren. Im Verhältnis zum Ort wäre der Raum ein Wort, das ausgesprochen wird, das heißt, von der Ambiguität einer Realisierung ergriffen und in einen Ausdruck verwandelt wird, der sich auf viele verschiedene Konventionen bezieht; er wird als Akt einer Präsenz (oder einer Zeit) gesetzt und durch die Transformationen verändert, die sich aus den aufeinanderfolgenden Kontexten ergeben. Im Gegensatz zum Ort gibt es also weder eine Eindeutigkeit noch die Stabilität von etwas "Eigenem".

Insgesamt *ist der Raum ein Ort,* mit dem man etwas macht. So wird zum Beispiel die Straße, die der Urbanismus geometrisch festlegt, durch die Gehenden in einen Raum verwandelt. Ebenso ist die Lektüre ein Raum, der durch den praktischen Umgang mit einem Ort entsteht, den ein Zeichensystem - etwas Geschriebenes - bildet.

Bereits Merleau-Ponty unterschied einen "geometrischen" Raum (eine "homogene und isotrope Räumlichkeit", die analog zu unserem "Ort" ist) von einer anderen "Räumlichkeit", die er als einen "anthropologischen Raum" bezeichnete. Diese Unterscheidung ergab sich aus einer anderen Problemstellung, bei der es darum ging, die "geometrische" Eindeutigkeit von der Erfahrung eines "Außen" zu trennen, die in Form des Raumes vorgegeben ist und für die "der Raum existenziell" und "die Existenz räumlich" ist. Diese Erfahrung ist das Verhältnis zur Welt; im Traum und in der Wahrnehmung (und sozusagen vor ihrer Unterscheidung) drückt sie "dieselbe wesenhafte Struktur unseres Seins als Sein im Verhältnis zu einer Umgebung" aus - ein Sein, das durch ein Begehren gesetzt ist, das untrennbar von einer "Richtung der Existenz" ist und das in den Raum einer Landschaft versetzt worden ist. Aus dieser Sicht "gibt es ebensoviele Räume wie unterschiedliche Raumerfahrungen" (7). Diese Sichtweise wird durch eine "Phänomenologie" des In-der-Welt-Seins bestimmt.

Untersucht man Alltagspraktiken, die diese Erfahrung artikulieren, wird der Gegensatz zwischen "Ort" und "Raum" - etwa in Erzählungen - vor allem auf zweierlei Bestimmungen zurückführen: einmal durch die Objekte, die letztlich auf das *Dasein* von etwas Totem, auf das Gesetz eines "Ortes" reduziert werden könnten (vom Kieselstein bis zum Leichnam scheint im Abendland ein Ort immer durch einen reglosen Körper definiert zu werden und die Gestalt eines Grabes anzunehmen); und zum anderen durch die *Handlungen,* die - an einem Stein, einem Baum oder einem menschlichen Wesen vorgenommen - die "Räume" durch die Aktionen von historischen *Subjekten* abstecken (die Erzeugung eines Raumes scheint immer durch eine Bewegung bedingt zu sein, die ihn mit einer Geschichte verbindet). Zwischen diesen beiden Bestimmungen gibt es Übergänge, wie zum Beispiel die Tötung (oder Verbannung) von Helden, die Grenzen überschreiten und die, da sie schuldig sind, gegen das Gesetz des Ortes verstoßen zu haben, durch ihr Grab zur Wiederherstellung des Gesetzes beitragen; oder auch, im

Gegensatz dazu, das Erwachen von unbewegten Gegenständen (ein Tisch, ein Wald, eine Person aus der Umgebung), die durch das Aufgeben ihrer Stabilität den Ort verändern, an dem sie in der Fremdheit ihres eigenen Raumes geruht haben.

Die Erzählungen führen also eine Arbeit aus, die unaufhörlich Orte in Räume und Räume in Orte verwandelt. Sie organisieren auch das Spiel der wechselnden Beziehungen, die die einen zu den anderen haben. Diese Spiele sind sehr zahlreich. Sie reichen von der Errichtung einer unbeweglichen und quasi mineralogischen Ordnung (nichts bewegt sich hier, außer dem Diskurs selber, der wie beim *travelling* das Panorama durchläuft), bis zur beschleunigten Aufeinanderfolge von Handlungen, die die Räume vervielfältigen (wie im Kriminalroman oder in bestimmten Volksmärchen, aber diese Raserei in Räumen bleibt dennoch vom Ort des Textes begrenzt). Es wäre möglich, von all diesen Erzählungen eine Typologie zu erstellen, um Orte zu identifizieren und Räume zu aktualisieren. Aber um die Arten und Weisen zu beschreiben, in denen sich all diese verschiedenen Operationen kombinieren, braucht man Kriterien und Untersuchungskategorien - eine Notwendigkeit, die zu den einfachsten Reiseberichten zurückführt.

Wegstrecken und Karten

Die mündlichen Ortsbeschreibungen, die Erzählungen von Wohnräumen und die Berichte über die Straße sind ein erstes und sehr umfangreiches Material. In einer sehr genauen Untersuchung der Beschreibungen von New Yorker Appartements durch ihre Bewohner haben C. Linde und W. Labov zwei Typen ausfindig gemacht, die sie zum einen als "Karte" (*map*) und zum anderen als "Weg" (*tour*) bezeichnet haben. Der erste Typus ist folgender Art:

"Neben der Küche ist das Mädchenzimmer". Der zweite: "Du wendest dich nach rechts und kommst ins Wohnzimmer". In dem New Yorker Material gehörten nur drei Prozent zum Typus der "Karte". Der ganze Rest, also beinahe alles, gehörte zum Typus der "Wegstrecke": "Dann gehst du durch eine kleine Tür", etc. Diese Beschreibungen bestehen hauptsächlich aus *Handlungs*-Anweisungen und zeigen, "wie man jedes Zimmer findet". Zum zweiten Typus merken die Autoren an, daß ein Rundgang oder "eine Wegstrecke" ein *speech-act* (eine Äußerung) ist, der "eine kleine Reihe von Wegen angibt, auf denen man in jedes Zimmer gelangt"; und daß der "Weg" (*path*) aus einer Reihe von Einheiten besteht, die entweder die Form von "statischen" ("nach rechts", "vor Ihnen" etc.) oder von "mobilen" ("wenn Sie sich nach links wenden" etc.) Vektoren haben (8).

Anders gesagt, die Beschreibung schwankt zwischen Alternativen: entweder *sehen* (das Erkennen einer Ordnung der Orte) oder *gehen* (raumbildende Handlungen). Entweder bietet sie ein *Bild* an ("es gibt" ...) oder sie schreibt *Bewegungen* vor ("du trittst ein, du durchquerst, du wendest dich" ...). Von diesen beiden Möglichkeiten haben die New Yorker Erzähler massiv die zweite bevorzugt.

Indem ich die Studie von Linde und Labov beiseite lasse (sie ist hauptsächlich auf Interaktionsregeln und gesellschaftliche Konventionen gerichtet, denen die "natürliche Sprache" gehorcht, also auf ein Problem, auf das wir erst später zu sprechen kommen), möchte ich mit Hilfe dieser New Yorker - und anderer, ähnlicher (9) - Erzählungen versuchen, die Beziehungen zwischen den Indikatoren der "Wegstrecke" und der "Karte" dort genauer zu bestimmen, wo sie in ein und derselben Beschreibung gemeinsam vorkommen. Worin besteht der Zusammenhang zwischen dem *Tun* und dem *Sehen* in der Alltagssprache, in der das erste offensichtlich vorherrschend ist? Auf der Grundlage dieser alltäglichen Erzählweisen richtet sich die

Frage schließlich auf das Verhältnis zwischen der Wegstrecke (eine diskursive Reihe von Handlungen) und der Karte (eine totalisierende Planierung der Beobachtungen), das heißt zwischen den beiden, den symbolischen und anthropologischen Sprachen des Raumes. Zwei Erfahrungspole. Es hat den Anschein, daß man sich beim Übergang von der "alltäglichen" Kultur zum wissenschaftlichen Diskurs vom einen zum anderen bewegt.

Bei den Beschreibungen von Wohnungen oder Straßen überwiegen die Umgangsweisen mit dem Raum (oder "Wegstrecken"). Sehr oft bestimmt diese Form der Beschreibung den ganzen Stil der Erzählung. Wenn die andere Form interveniert, wird sie von der ersten *bedingt* oder *vorausgesetzt*. Beispiele von Wegstrecken, die eine Karte bedingen: "Wenn du dich nach rechts wendest, gibt es ..." oder: eine ähnliche Formulierung: "Wenn du geradeaus gehst, siehst du ...". In beiden Fällen erlaubt ein Tun ein Sehen. Aber es gibt auch den Fall, wo eine Route eine Ortsangabe voraussetzt: "Dort ist eine Tür, du nimmst dann die nächste" - ein Element der Karte ist die Voraussetzung für eine Route. Das narrative Gewebe, in dem die Beschreiber von Routen überwiegen, wird also von Beschreibern vom Typus Karte punktiert unterbrochen, deren Aufgabe es ist, entweder auf eine *Wirkung* hinzuweisen, die durch Wegstrecken erreicht wird ("du siehst"), oder auf eine *Gegebenheit,* die als Grenze ("dort ist eine Mauer"), beziehungsweise als Möglichkeit postuliert wird ("dort ist eine Tür"), oder auf eine Verpflichtung ("das ist eine Einbahnstraße"), etc. Die Kette von raumschaffenden Handlungen scheint also mit Bezugspunkten markiert zu sein, die auf das hinweisen, was sie produziert (eine Vorstellung von Orten) oder was sie beinhaltet (eine lokale Ordnung). Somit hat man also die Struktur des Reiseberichtes: die Geschichten von Wanderungen oder von Gebärden werden durch die "Zitierung" von Orten markiert, die sich daraus ergeben oder die sie autorisieren.

Durch diesen Umweg kann man nun die Kombination von "Wegstrecken" und "Karten" in den Alltagserzählungen mit der Art und Weise vergleichen, in der sie sich seit fünf Jahrhunderten in den literarischen und wissenschaftlichen Darstellungen des Raumes verschachtelt und später dann geschieden haben. Insbesondere wenn man die "Karte" in ihrer heutigen geographischen Form nimmt, hat es den Anschein, daß sie sich im Verlaufe der Periode, die durch die Geburt des modernen wissenschaftlichen Diskurses gekennzeichnet ist (15.-17. Jahrhundert), langsam von den Routen abgelöst hat, die die Bedingung ihrer Möglichkeit waren. Die ersten mittelalterlichen Karten enthielten nur geradlinige Spuren von Wegstrecken (Handlungsanweisungen, die sich vor allem an die Pilgerer richteten), die durch die Aufzählung der zurückzulegenden Strecken (Städte, wo man vorbeigehen, anhalten, verweilen oder beten sollte) und der Entfernungen, die in Tagen oder Wegstunden angegeben waren, ergänzt wurden (10). Jede von ihnen ist ein Memorandum, das Handlungen vorschreibt. Dabei dominiert die zurückzulegende Wegstrecke. Sie umfaßt die Elemente der Karte, etwa so wie die Beschreibung eines zurückzulegenden Weges heute von einer flüchtigen Skizze begleitet wird, die bereits auf dem Papier, durch die Zitierung von Orten, Tanzschritte durch die Stadt vorzeichnet: "zwanzig Schritte geradeaus, dann links abbiegen, dann noch vierzig Schritte ...". Die Skizze enthält die Praktiken, die den Raum gliedern, so wie die Pläne von städtischen Routen, diese Künste der Gebärden und Erzählungen der Schritte, die den Japanern als "Adressenhefte" (11) dienen, oder wie die bewundernswerte aztektische Karte (15. Jahrhundert), die den Auszug der Totomihuacas mit einer Linie beschreibt, die keine Nachzeichnung einer Straße ist (es gab keine), sondern ein "Wegtagebuch" - eine Linie, die durch Fußabdrücke in regelmäßigen Abständen und durch bildliche Darstellungen der im Verlaufe der Reise vorgekommenen Ereignisse

(Pausen, Kämpfe, Fluß- oder Gebirgsüberquerungen etc.) gegliedert wird: keine "geographische Karte", sondern ein "Geschichtsbuch" (12).

Vom 15. bis zum 17. Jahrhundert verselbständigt sich die Karte. Zweifellos hat die Verbreitung von "narrativen" Figuren, mit denen die Karte lange Zeit geschmückt war (Schiffe, Tiere und Personen aller Art), immer noch die Aufgabe, auf kriegerische, bauliche, politische oder geschäftliche Aktivitäten, die die Herstellung eines geographischen Planes möglich machen, während der Reise hinzuweisen (13). Weit davon entfernt, "Illustrationen" oder bildliche Kommentare zu sein, bezeichnen diese Abbildungen wie die Bruchstücke von Erzählungen auf der Karte die historischen Aktivitäten, aus denen sie hervorgegangen ist. Das auf das Meer gemalte Segelschiff verweist ihmzufolge auf die See-Expedition, die die Darstellung der Küsten ermöglicht hat. Es ist damit einem Beschreiber vom Typus "Wegstrecke" gleichzusetzen. Aber die Karte siegt immer mehr über die Abbildungen; sie kolonisiert den Raum; und sie eliminiert nach und nach die bildlichen Darstellungen derjenigen Praktiken, die sie hervorgebracht haben. Die Karte, die durch die euklidische und später die darstellende Geometrie transformiert und als eine Gesamtformel von abstrakten Orten angefertigt wurde, ist ein "Theater" (so nannte man die Atlanten), in dem ein und dasselbe Projektionssystem dennoch zwei völlig verschiedene Elemente nebeneinanderstellt: die von der Tradition überlieferten Gegebenheiten (die *Geographie* des Ptolemäus zum Beispiel) und diejenigen, die von den Seefahrern stammten (die mittelalterlichen Segelhandbücher zum Beispiel). Die Karte bringt also auf derselben Ebene heterogene Orte zusammen, die einmal von einer Tradition *übernommen* und ein andermal durch Beobachtungen *erzeugt* werden. Wesentlich ist dabei die Beseitigung der Routen, die, indem sie das eine voraussetzen und das andere bedingen, tatsächlich den Übergang vom einen zum anderen sichern. Die Karte, dieser Gesamt-Schauplatz, auf dem die ursprünglich disparaten Elemente vereint sind, um ein Bild vom "Stand" des geographischen Wissens zu geben, verbirgt mit ihren Voraussetzungen und Folgen, wie hinter den Kulissen des Theaters, diejenigen Handlungen, deren Ergebnis oder deren künftige Möglichkeit sie ist. Sie allein bleibt übrig. Die Beschreiber von Wegstrecken sind verschwunden.

Die in den Erzählungen erkennbare Organisation des Raumes der Alltagskultur wird also durch eine Arbeit auf den Kopf gestellt, die ein System von geographischen Orten herausgelöst hat. Der Unterschied zwischen den beiden Beschreibungsformen liegt offensichtlich nicht in dem Vorhandensein oder Fehlen von Praktiken begründet (sie sind überall am Werk), sondern in der Tatsache, daß die Karten, die einen eigenen Ort bilden, an dem die Produkte des Wissens ausgestellt sind, Schaubilder mit *ablesbaren* Resultaten sind. Die Erzählungen vom Raum heben im Gegensatz dazu die Aktivitäten hervor, die es erlauben, den Raum an einem aufgezwungenen und nicht "eigenen" Ort trotzdem zu "verändern", so wie eine Bewohnerin über die Zimmer ihres Appartements sagt: "Man kann sie verändern" (14). Von den Volksmärchen bis zu den Beschreibungen von Wohnungen werden die Erzählungen durch eine Steigerung des "Handelns" (und somit der Äußerung) belebt; sie erzählen von Wegstrecken an Orten, für die es vom antiken Kosmos bis zur modernen Sozialbauwohnung charakteristisch ist, verschiedene Formen einer aufgezwungenen Ordnung zu sein.

Von einer vorgegebenen Geographie, die sich (wenn man beim Haus bleiben will) von den Zimmern, die so klein sind, daß "man in ihnen nichts machen kann", bis zu dem legendären, verschwundenen Dachboden, "auf dem man alles Mögliche machen kann" (15), erstreckt, berichten die Alltagserzählungen trotz allem von dem, was man in ihnen und mit ihnen machen kann. Auf diese Weise wird der Raum gestaltet.

Grenzziehungen

Ebenso wie die Umgangsweisen mit den Orten spielen auch die Geschichten die alltägliche Rolle einer mobilen und richterlichen Instanz hinsichtlich der Grenzziehung. Wie immer, kommt diese Rolle erst in der zweiten Instanz zum Vorschein, wenn sie durch den juristischen Diskurs erklärt und verdoppelt wird. Der schönen traditionellen Sprache der Gerichtsprotokolle zufolge "begaben sich" die Richter früher "an Ort und Stelle", um bei Grenzstreitig- keiten die widersprüchlichen *Aussagen* der Parteien "anzuhören". Ihr "vorläufiges Urteil" war, wie man sagte, ein "Akt der Grenzziehung". Von den Schreibern in Schönschrift auf dem Pergament festgehalten, wo die Schrift sich manchmal in Zeichnungen fortsetzt (oder öffnet?), die die Grenzen skizzieren, waren diese vorläufi- gen Urteile nichts anderes als Meta-Erzählungen. Sie stellten die Geschichten der einzelnen gegnerischen Parteien zusammen (eine Schreibarbeit, bei der Varianten gesammelt wurden): "Sieur Mulatier erklärt uns, daß sein Großvater diesen Apfelbaum an der Grenze seines Feldes eingepflanzt hat ... Jeanpierre berichtet uns, daß Sieur Bouvet einen Misthaufen auf einem Gelände angelegt hat, das ihm und seinem Bruder André gemeinsam gehört ...". Genealogien von Orten, Legenden von Landstücken. Ähnlich wie bei einer kritischen Werkausgabe bringt die Erzählung des Richters diese verschiedenen Versionen in Einklang. Sie wird auf der Grundlage von "ersten" Berich- ten (von Sieur Mulatier, von Jeanpierre und von vielen anderen) "geschaffen", die bereits die Funktion einer *räumlichen Rechtssprechung* haben, da sie die Grundstücke durch "Gesten" oder Handlungsdiskurse abgrenzen und aufteilen (einen Apfelbaum pflanzen, einen Misthaufen anlegen etc.).

Die "Akte der Grenzziehung", die mündlich überlieferten Verträge und Zusammenfassungen von Erzählungen werden mit Bruchstücken aus früheren Geschichten verglichen und "zusammengeklebt". So gesehen erklären sie die Bildung von Mythen; außerdem haben sie auch die Funktion, Räume zu schaffen und zu artikulieren und zu gliedern. Aufbewahrt in den Archiven der Gerichtskanzleien, bilden sie eine umfangreiche Reiseliteratur, das heißt eine Literatur über die Handlungen, die mehr oder weniger ausgedehnte gesellschaftliche oder kulturelle Bereiche organisieren. Aber diese Literatur stellt nur einen winzigen Teil (nämlich den, der über Streitpunkte aufgezeichnet wurde) der mündlichen Erzählung dar, die nicht aufhört, mit einer unendlichen Mühe Räume zu bilden und ihre Grenzen zu bestätigen, zu setzen und zu verschieben.

Dieses "Verhalten" der Erzählung, wie Pierre Janet sagte (16), bietet also ein einträgliches Feld zur Analyse der Räumlichkeit. Unter den dabei aufkommenden Fragen muß man diejenigen unterscheiden, die sich auf die Dimension (die Extensität), auf die Richtung (Vektorialität), die Affinität (Homographien) etc. beziehen. Ich möchte hier nur auf einige Aspekte der Grenzziehung selber hinweisen; die erste und buchstäblich "grundlegende" Frage bezieht sich auf die Aufteilung des Raumes, die ihn strukturiert. Denn tatsächlich geht alles auf diese Differenzierung zurück, welche das Spiel der Räume ermöglicht. Von der Unterscheidung, die ein Subjekt von seiner Außenwelt abtrennt, bis zu den Einschnitten, die die Gegenstände lokalisieren, vom Wohnraum (der durch Mauern gebildet wird) bis zur Reise (die durch die Bildung eines geographischen "Anderswo" oder durch ein kosmologisches "Jenseits" zustandekommt) und bis zum Funktionieren des Stadtnetzes und der Dorfstruktur gibt es keine

Räumlichkeit, die nicht durch die Festlegung von Grenzen gebildet würde.

Dabei spielt die Erzählung eine entscheidende Rolle. Gewiß, sie "beschreibt" nur, aber "jede Beschreibung ist mehr als eine Festschreibung", sie ist "ein kulturell schöpferischer Akt" (17). Wenn eine Reihe von Umständen zusammenfällt, hat sie sogar eine distributive Macht und eine performative Kraft (sie macht, was sie sagt). Somit schafft sie Räume. Umgekehrt gilt, dort, wo die Erzählungen verschwinden (oder zu musealen Gegenständen verkommen), gibt es einen Raumverlust: wird eine Gruppe oder ein Individuum seiner Erzählungen beraubt (wie man es sowohl in der Stadt wie auf dem Lande erleben kann), kommt es zu einem Rückfall in die beunruhigende und schicksalhafte Erfahrung einer unförmigen, ungeschiedenen und finsteren Totalität. Wenn man die Rolle der Erzählung bei der Abgrenzung betrachtet, stößt man sofort auf ihre Hauptfunktion, die Bildung, Verschiebung oder Überschreitung von Grenzen zu *autorisieren*, und - durch eine Schlußfolgerung, die innerhalb des Diskurses gezogen werden kann - auf zwei gegensätzliche Bewegungen, die sich so überschneiden (eine Grenze setzen und überschreiten), daß sie aus der Erzählung so etwas wie ein "Kreuzworträtsel" machen (ein dynamisches Raster des Raumes), dessen *Grenzen und Brücken* die grundlegenden Erzählformen zu sein scheinen.

1. *Ein Handlungs-Theater schaffen.* Die Erzählung hat zunächst die Aufgabe zu autorisieren oder, genauer gesagt, zu gründen. Diese Funktion ist nicht juristisch im eigentlichen Sinne, das heißt sie ist nicht von Gesetzen oder Urteilen abhängig. Sie stammt eher von dem ab, was Georges Dumézil aus der indo-germanischen Wurzel *dhē*, "setzen, stellen, legen", in ihren Folgeformen im Sanskrit (*dhātu*) und im Lateinischen (*fās*) ableitet. "*Fās* ist in der unsichtbaren Welt eigentlich die mystische Grundlage, ohne die alle Verhaltensformen, die von *iūs* (dem Recht der

Menschen) vorgeschrieben oder autorisiert werden, oder, ganz allgemein, alle menschlichen Verhaltensformen ungewiß, gefährlich und somit fatal sind. Das *fas* kann nicht wie das *ius* Gegenstand einer Analyse oder Kasuistik sein: es läßt sich ebensowenig in Einzelheiten zerlegen wie sein Nomen dekliniert werden kann." Es gibt eine *Grundlage* oder es gibt sie nicht: *fas est* oder *fas non est.* "Ein Zeitpunkt oder ein Ort werden als *fasti* oder *nefasti* (glückbringend oder unglückselig) bezeichnet, je nachdem, ob sie dem menschlichen Handeln diese notwendige Grundlage geben oder nicht" (18).

Im Gegensatz zu dem, was im alten Indien geschehen ist (wo unterschiedliche Rollen nacheinander von derselben Person gespielt wurden), ist diese Funktion in den abendländischen Teilen der indo-germanischen Welt zum Gegenstand eines besonderen institutionellen Einschnitts geworden. Die "Schöpfung des Okzidents", ein besonderes Ritual, das mit dem *fās* zusammenhängt, wurde in Rom von nur dafür zuständigen Priestern, den *fĕtiāles,* durchgeführt. Dieser Ritus wurde "in Rom vor jedem Kontakt mit einem fremden Volk" vollführt, also vor Kriegserklärungen, militärischen Expeditionen und Bündnissen mit anderen Nationen. Es besteht aus einer Art von Prozession in drei zentrifugalen Abschnitten, zuerst innerhalb, aber in der Nähe der Grenze, dann auf der Grenze und schließlich jenseits der Grenze auf dem fremden Gebiet. Die rituelle Handlung geht jeder zivilen oder militärischen Aktion voraus, weil sie das *Feld schaffen* soll, das für politische oder kriegerische Aktivitäten notwendig ist. Es handelt sich somit auch um eine *repetitio rerum:* gleichzeitig um eine *Wiederaufnahme* und Wiederholung von ursprünglichen Gründungsakten, um eine *Rezitation* und Zitierung von Genealogien, die geeignet sind, das neue Unternehmen zu legitimieren, und um eine *Vorhersage* und ein Versprechen auf den Erfolg zu Beginn der Kämpfe, Vertragsabschließungen und Eroberungen. Wie eine Generalprobe vor der richtigen Aufführung geht der Ritus, die gestuelle Erzählung, der historischen Tat voraus. Der Gang oder der "Marsch" der *fetiales* öffnet den militärischen, diplomatischen oder geschäftlichen Aktivitäten, die außerhalb der Grenzen gewagt werden, einen Raum und verschafft ihnen eine Grundlage. So öffnet Vischnu in den Veden "durch seine Schritte für die kriegerische Auseinandersetzung mit Indra die Zone des Raumes, in der der Kampf stattfinden soll". Das ist eine Grundlegung. Sie "schafft Raum" für die Aktionen, die man durchführen will; sie "schafft ein Feld", das ihnen als "Basis" und als "Theater" dient (19).

Genau das ist die erste Aufgabe der Erzählung. Sie eröffnet ein *Theater* zur Legitimierung tatsächlicher *Handlungen*. Sie schafft einen Bereich, der gewagte und zufällige gesellschaftliche Praktiken autorisiert. Aber sie unterscheidet sich in dreifacher Hinsicht von der Funktion, die so sorgsam im römischen Ritual hervorgehoben wurde; sie sichert das *fas* in verstreuter (und nicht mehr einzigartiger), in verkleinerter (und nicht mehr nationaler) und in polyvalenter (und nicht mehr in spezialisierter) Weise. Sie ist nicht nur aufgrund der Diversifizierung der sozialen Milieus *verstreut,* sondern vor allem aufgrund einer wachsenden (oder aufgrund einer mehr und mehr entschleierten) Heterogenität zwischen den legitimierenden "Bezugspunkten": die Verbannung der örtlichen "Gottheiten", die Entweihung der Orte, die vom Geist der Erzählung besessen waren, und die Ausweitung von neutralen Arealen, die der Legitimität entbehren, ist kennzeichnend für die Verflüchtigung und Zerstückelung von Erzählungen, die Grenzen und Aneignungen bestimmt haben. (Eine offizielle Historiographie - Geschichtsbücher, vom Fernsehen übertragene Neuigkeiten etc. - bemüht sich daher darum, allen die Glaubwürdigkeit eines nationalen Raumes aufzuschwatzen.) Sie werden *verkleinert,* weil die sozioökonomische Technokratisierung durch die Vervielfältigung von "Familiengeschichten", "Lebensgeschichten" oder allen möglichen psychoanalytischen Erzählungen das Spiel von *fas* oder *nefas* auf die familiäre oder individuelle Einheit reduziert. (Die nach und nach von diesen einzelnen Geschichten gelösten öffentlichen Rechtfertigungen, die sich in blinde Gerüchte verwandeln, werden dennoch in den Klassenauseinandersetzungen oder in den Rassenkonflikten aufrechterhalten oder kommen wildwüchsig in ihnen wieder zum Vorschein.) *Polyvalent* sind sie schließlich, weil das Durcheinander der vielen Mikro-Erzählungen ihnen Funktionen verleiht, die, ganz nach dem Belieben der Gruppen, in denen sie zirkulieren, abdriften. Diese Polyvalenz rührt dennoch nicht an die mit der Narrativität verbundenen Ursprünge: das antike Ritual, das Handlungsbereiche schafft, kann in den erzählerischen "Ausbrüchen" wiederererkannt werden, die an den dunklen Schwellen unserer Existenz eingepflanzt sind; diese verschütteten Fragmente artikulieren ohne deren Wissen die "biographische" Geschichte, deren Raum sie begründen.

Dort, wo es um Grenzen und Beziehungen zum Fremden geht, wird also weiterhin eine erzählerische Aktivität entwickelt, auch wenn sie vielgestaltig und nicht mehr einförmig ist. Bruchstückhaft und zerstreut, führt sie unaufhörlich Grenzziehungen durch. Sie bringt immer noch das *fas* ins Spiel, das Unternehmungen "autorisiert" und ihnen vorausgeht. Ebenso wie die römischen *fetiales* "marschieren" die Erzählungen den gesellschaftlichen Praktiken voraus, um ihnen ein Feld zu öffnen. Die juristischen Entscheidungen und Konstruktionen kommen, wie die Urteilssprüche und Protokolle des römischen Rechts (*ius*), erst danach, indem sie die jedem einzelnen vertrauten Handlungsbereiche miteinander in Einklang bringen und selber zum Bestandteil der Verhaltensweisen werden, für die das *fas* eine "Grundlage" lieferte. Nach den ihnen eigenen Regeln beeinflussen die "vorläufigen Urteile" der Richter die Vielzahl der heterogenen Räume, die bereits durch eine Unzahl von mündlichen Erzählungen geschaffen und verbreitet worden sind, welche aus familiären oder örtlichen Geschichten, aus gebräuchlichen oder beruflichen "Gebärden" und aus "Rezitationen" von Wegen und Landschaften bestehen. Diese Handlungs-Theater werden nicht von ihnen geschaffen; sie artikulieren und manipulieren sie. Die Richter brauchen narrative Autoritäten, erzählende Zeugen, die sie "anhören", gegenüberstellen und einordnen können. Die Erzählung geht der Rechtsprechung voraus und liegt ihr zugrunde.

2. *Grenzen und Brücken*. Die Erzählungen werden durch einen Gegensatz belebt, der als das Verhältnis von Grenze und Brücke, das heißt von einem (legitimen) Raum und seiner (fremden) Außenwelt dargestellt wird. Um diesen Gegensatz zu beschreiben, genügt es, sich auf die elementaren Einheiten zu beziehen. Wenn man die Morphologie (mit der wir es hier nicht zu tun haben) beiseite läßt und sich die Perspektive einer Pragmatik oder, genauer gesagt, einer Syntax zueigen macht, die die "Programme" oder Reihen von Praktiken bestimmt, mit deren Hilfe man sich den Raum aneignet, kann man als Ausgangspunkt Millers und Johnson-Lairds Definition der Grundeinheit nehmen, die sie als "Region" bezeichnen: dabei handelt es sich ihnen zufolge um einen Treffpunkt von Handlungsprogrammen. Eine "Region" ist somit der durch Interaktion geschaffene Raum (21). Daraus folgt, daß es an ein und demselben Ort soviele "Regionen" wie Interaktionen oder Begegnungen von Programmen gibt; und auch, daß die Bestimmung eines Raumes dual und operational ist und in einer Äußerungsproblematik besteht, die von einem dialogischen Prozeß abhängig ist.

Dadurch entsteht ein dynamischer Gegensatz zwischen jeder Grenzsetzung und ihrer Veränderlichkeit. Einerseits wird die Erzählung nicht müde, Grenzen zu ziehen. Sie vervielfältigt die Grenzen, aber als Interaktionen zwischen Personen und Dingen, Tieren und Menschen: die Handelnden teilen sich gleichzeitig die Orte, die Prädikate (gut, raffiniert, ehrgeizig, dumm etc.) und die Bewegungen (vorangehen, sich entziehen, auswandern, sich umdrehen etc.). Die Grenzen werden durch die Berührungspunkte zwischen den zunehmenden Aneignungen (Erlangung von Prädikaten im Verlaufe der Erzählung) und den aufeinanderfolgenden Ortsveränderungen (innere oder äußere Bewegungen) der Handelnden gezogen. Sie laufen auf eine dynamische Aufteilung der Güter und möglicher Funktionen hinaus, um ein immer komplexeres Netz von Differenzierungen und eine komplexere Kombination von Räumen zu bilden. Sie resultieren aus einer immer feineren Unterscheidung aufgrund der Begegnungen und Berührungen. Im Dunkel ihrer Unbegrenztheit unterscheiden sich die Körper also nur dort, wo die "Berührungen" ihres Liebes- oder Kriegs-Kampfes auf ihnen eingeschrieben werden. Das Paradox der Grenze: da sie durch Kontakte geschaffen werden, sind die Differenzpunkte zwischen zwei Körpern auch ihre Berührungspunkte. Verbindendes und Trennendes ist hier eins. Zu welchem von den Körpern, die Kontakt miteinander haben, gehört die Grenze? Weder dem einen noch dem anderen. Heißt das: niemandem?

Das theoretische und praktische Problem der Grenze lautet: zu wem gehört sie? Ein Fluß, eine Mauer oder ein Baum *bildet* eine Grenze. Diese Dinge haben nicht den Charakter eines Nicht-Ortes, den die kartographische Grenzlinie für eine Grenze voraussetzt. Sie spielen eine vermittelnde Rolle. Eben deshalb läßt die Erzählung sie auch sprechen: "Halt!", sagt der Wald, als der Wolf zu ihm kommt. "Stop!", sagt der Fluß und läßt seine Krokodile sehen. Und dieser Akteur schafft nur deshalb, weil er das Sprechen der Grenze ist, sowohl die Kommunikation als auch die Trennung; mehr noch, er setzt nur dadurch eine Grenze, daß er ausspricht, was ihn überschreitet und von der anderen Seite kommt. Er artikuliert. Er ist *auch* ein Übergang. In der Erzählung hat die Grenze eine dreifache Funktion. Sie ist ein *Zwischenraum*, wie es in einem wunderbaren, ironischen Gedicht von Morgenstern über den *Zaun* heißt, der sich mit *Raum* und *hindurchzuschaun* reimt. Es handelt sich um die Geschichte eines Lattenzauns:

> *Es war einmal ein Lattenraun*
> *mit Zwischenraum, hindurchzuschaun.*

Als dritter Ort, als Spiel von Interaktionen und Durchblicken ist die Grenze sozusagen ein Leerraum, ein erzählerisches Symbol des Austausches und der Begegnungen.

> *Ein Architekt, der dieses sah,*
> *stand eines Abends plötzlich da -*
> *und nahm den Zwischenraum heraus*
> *und baute draus ein großes Haus.*

Eine Verwandlung der Leere in etwas Volles und des Zwischenraums in einen bebauten Ort. Die Konsequenz versteht sich von selbst. Der Senat "kassiert" das Bauwerk und das GESETZ wird wiederhergestellt - und der Architekt flüchtet:

> *Ein Anblick gräßlich und gemein.*
> *Drum zog ihn der Senat auch ein.*
> *Der Architekt jedoch entfloh*
> *nach Afri- od- Ameriko. (22)*

Den Lattenzaun zubetonnieren, den "Zwischenraum" ausfüllen und bebauen, das ist das innere Streben des Architekten; aber das ist auch seine Illusion, denn er arbeitet unbewußt auch an der politischen Erstarrung von Orten; und, wenn er das fertige Werk betrachtet, bleibt ihm nichts anderes übrig, als vor den Gesetzesblöcken das Weite zu suchen. Die Erzählung dagegen bevorzugt aufgrund ihrer Interaktionsgeschichten eine "Logik der Zweideutigkeit". Sie "verwandelt" die Grenze in einen Durchgang und den Fluß in eine Brücke. Sie erzählt tatsächlich von Umkehrungen und Verschiebungen: die sich schließende Tür ist genau das, was man öffnet; der Fluß ermöglicht eine Überquerung; der Baum dient zur Einschätzung des Vorankommens; der Lattenzaun ist ein Gebilde von Lücken, durch die der Blick hindurchschlüpft.

Überall gibt es die Zweideutigkeit der *Brücke**: mal verbindet und mal trennt sie die einzelnen Inseln. Sie unterscheidet und sie bedroht sie. Sie befreit sie von ihrer Abgeschiedenheit und zerstört ihre Autonomie. Daher taucht sie zum Beispiel in den Erzählungen der Einwohner der Insel Noirmoutiers vor und nach dem Bau einer Brücke zwischen La Fosse und Fromentine im Jahre 1972 als ambivalenter Hauptdarsteller auf (23). Sie führt ein Doppelleben in zahllosen Erinnerungen an Orte und in Alltagslegenden, in denen oft Eigennamen, verborgene Paradoxe, elliptische Geschichten und zu lösende Rätsel enthalten sind: Saarbrücken, Königsbrück, Neubrück, Schloßbrücke, Zweibrücken, Teufelsbrücke, Yorckbrücken, Langenscheidtbrücke etc.

Daher steht die Brücke mit vollem Recht überall in den Bildern von Hieronymus Bosch, in denen er seine räumlichen Veränderungen darstellte, für das Diabolische (24). Als Überschreitung der Grenze und Ungehorsam gegenüber dem Gesetz des Ortes steht sie für den Aufbruch, die Auflösung eines Zustands, den Eroberungswillen einer Macht oder die Flucht ins Exil - und auf jeden Fall für den "Verrat" an einer Ordnung. Aber gleichzeitig bildet sie ein Woanders, das in die Irre leitet. Jenseits der Grenzen läßt sie eine Fremdheit erstehen, die im Inneren unter Kontrolle war. Sie verleiht dem Andersartigen, das sich diesseits der Grenzen verbirgt, eine Ob-jektivität* (also Ausdruck und Re-Präsentation), so daß der Reisende, der über die Brücke zurückkehrt und wieder in den umschlossenen Raum zurückgeht, jetzt das Woanders wiederfindet, das er zuvor gesucht hatte, als er aufbrach, und aus dem er dann flüchtete, als er zurückkehrte. Innerhalb der Grenzen ist das Fremde, also die Exotik oder der Sabbat der Erinnerung, eine beunruhigende Vertrautheit, bereits vorhanden. Alles geschieht so, als ob die Grenzziehung selber die Brücke wäre, die das Innere für sein Anderes öffnet.

Gesetzesübertretungen

Dort, wo die Karte Einschnitte macht, stellt die Erzählung Verbindungen her. Sie ist "diegetisch", sagt man im Griechischen, um eine Erzählung zu bezeichnen: sie unternimmt einen Gang (sie "führt") und sie durchquert etwas (sie "überschreitet"). Der Handlungsspielraum, in den sie eintritt, besteht aus Bewegungen: er ist *topologisch*, das heißt mit der Verzerrung von Figuren verbunden, und nicht *topisch*, das heißt er definiert keine Orte. Seine Grenze wird nur in zweideutiger Weise festgelegt. Sie spielt ein doppeltes Spiel. Sie macht das Gegenteil von dem, was sie sagt. Sie überläßt den Platz dem Fremden, den sie angeblich ausschließt. Beziehungsweise, wenn sie einen Haltepunkt markiert, so steht dieser nicht still, er folgt eher den Variationen von Begegnungen zwischen verschiedenen Programmen. Die Grenzziehungen sind transportierbare Grenzen und Transporte von Grenzen; auch sie sind *metaphorai*.

In den Erzählungen, die Räume schaffen, scheinen die Grenzziehungen die Rolle der griechischen *Xoana* zu spielen, also von Statuetten, deren Erfindung dem listigen Daedalus nachgesagt wird: ebenso raffiniert wie er, setzten sie nur Grenzen, indem sie sich (und sie) verschoben. Diese aufrechtstehenden Grenzzeichen markieren die Krümmungen und Bewegungen des Raumes. Ihre Abgrenzungsarbeit unterschied sich also vollkommen von den Grenzziehungen mit Hilfe von Pfählen, Pflöcken oder feststehenden Säulen, die in den Boden gerammt wurden und eine Ordnung von Orten zerlegten und bildeten (25). Dazu kommt, sie waren transportierbare Grenzen. Die narrativen Grenzziehungen von heute haben also die beschreibenden Rätsel von früher wiederaufgegriffen, indem sie sogar durch die Geste des Fixierens die Beweglichkeit einführen, um zu einer Abgrenzung zu gelangen. Michelet hat bereits gesagt: die am Ende der Antike in Niedergang begriffene Aristokratie der großen Götter des Olymps hat "noch keineswegs die Menge der einheimischen Götter mit sich begraben; der Götterpöbel war noch im Besitz von ungeheuren Ländereien, von Wäldern, Bergen, Quellen, aufs Innigste vermählt mit dem Leben ihrer Gegend. Diese Götter, die in dem Innern von Eichen, in reißenden und tiefen Gewässern wohnten, konnten daraus nicht vertrieben werden. (...) Wo sind sie? In der Wüste, in der Heide, im Walde? Ja, aber vor allem im Hause; sie halten sich auf das Innigste mit den Hausgebräuchen verbunden" (26). Aber auch auf unseren Straßen und in unseren Wohnungen. Sie sind alles in allem vielleicht nur die behenden Zeugen der Narrativität und ihrer *verbrecherischen* Form. Auch wenn sie ihre Namen geändert haben (jede Macht ist toponymisch und etabliert ihre Ordnung von Orten, indem sie sich einen Namen gibt), ändert das nichts an dieser vielfältigen, hinterhältigen und veränderlichen Kraft. Sie überlebt die Wechselfälle der großen Geschichte, die ihnen alte Namen nimmt und neue gibt.

Wenn der Verbrecher nur überleben kann, indem er sich von Ort zu Ort begibt, wenn es seine Eigenart ist, nicht am Rande, sondern in den Zwischenräumen der Codes zu leben, die er außer Kraft setzt und verändert, und wenn er durch den Vorrang des *Weges* gegenüber dem *Zustand* charakterisiert wird, dann ist die Erzählung verbrecherisch. Eine soziale Delinquenz bestünde darin, die

Erzählung wörtlich zu nehmen und sie dort zum Prinzip der körperlichen Existenz zu machen, wo eine Gesellschaft den Subjekten und Gruppen keine symbolischen Auswege und Raumerwartungen mehr bietet, also dort, wo es nur noch die Alternative von disziplinierter Anpassung oder illegaler Abweichung gibt, das heißt die eine oder andere Form von Gefängnis oder des draußen Umherirrens. Umgekehrt ist die Erzählung ein potentielles Verbrechertum, das - selber allerdings verschoben und angepaßt - in den traditionellen (antiken, mittelalterlichen etc.) Gesellschaften zusammen mit einer fest etablierten Ordnung aufrechterhalten wird, dabei aber flexibel genug ist, um diese abwechselnd erfreuliche und bedrohliche Mobilität, die um Orte streitet und sie nicht respektiert und die sich von den mikrobenhaften Formen der Erzählung bis zu den Karnevals-Ausbrüchen früherer Zeiten erstreckt, wuchern zu lassen (27).

Darüberhinaus wäre noch zu erforschen, welche tatsächlichen Veränderungen diese verbrecherische Narrativität in einer Gesellschaft hervorruft. Jedenfalls kann man jetzt schon sagen, daß dieses Verbrechen, was den Raum betrifft, damit beginnt, den Körper in den Text der Ordnung einzuschreiben. Die Undurchsichtigkeit des Körpers, der sich bewegt, gestikuliert, marschiert und genießt, ist das, was unendlich ein *Hier* im Verhältnis zu einem *Woanders* und eine "Vertrautheit" im Verhältnis zu einer "Fremdheit" erzeugt. Die Erzählung von Räumen ist auf unterster Stufe eine *gesprochene* Sprache, das heißt ein Sprach-System, das Orte aufteilt, indem es sich durch eine Focussierung der Äußerung und durch den Akt seiner praktischen Ausführung *artikuliert*. Sie ist Gegenstand der "Proxemik" (28). Bevor wir zu den entsprechenden Hinweisen in der Struktur des Gedächtnisses übergehen, genügt es hier, daran zu erinnern, daß der Raum mit dieser fokussierenden Äußerungen erneut als ein *praktisch behandelter* Ort erscheint.

VIERTER TEIL

DER UMGANG MIT DER SPRACHE

KAPITEL X

DIE ÖKONOMIE DER SCHRIFT

> *"Nur das gesprochene Wort, das innerhalb eines Landes von Mund zu Mund geht, die Legenden und die Gesänge halten das Volk am Leben."*
> N.F.S. Grundtvig (1)

Die Widmung an Grundtvig, den dänischen Dichter und Propheten, dessen Wege alle zum "lebendigen Wort" *(det levende ord)* führten, zum Graal des lebendigen Wortes, ist heute, wie einst bei den Musen, Anlaß für die Suche nach untergegangenen Stimmen, die in unseren "Schrift"-Gesellschaften wieder auftauchen. Ich möchte jenem zarten Widerhall des Körpers in der Sprache, den zahllosen Stimmen Gehör schenken, die die *conquista*, der Siegeszug der Ökonomie, in weite Ferne gerückt hat, für die seit der "Moderne" (17.-18. Jahrhundert) die Bezeichnung Schrift oder Schreibweise üblich geworden ist. Mein Thema ist das gesprochene Wort, das Mündliche (die *Oralität*), allerdings so, wie es in drei oder vier Jahrhunderten abendländischer Arbeit verändert worden ist. Wir glauben nicht mehr wie Grundtvig (oder Michelet), daß es vor den Toren unserer Städte oder in der näheren Umgebung sagenumwobene und "heidnische" Weiden gibt, auf denen noch die Gesänge und Mythen sprechen oder auf denen das sich weiterverbreitende Stimmengewirr der *folkelighed* (2) erklingt (was soviel wie "Volkstum" bedeutet und nur schlecht mit "Popularität" übersetzt werden kann, da auch dieses Wort durch unseren Gebrauch abgewertet worden ist; es hat einen ähnlichen Stellenwert wie die "Nationalität" im Verhältnis zur "Nation"). Diese Stimmen können nur noch im Textgewebe der Schriftsysteme vernommen werden, wo sie weiterhin lebendig sind. Sie durchstreifen leichtfüßig tänzelnd das Feld des Anderen.

Die Entwicklung der Schrift-Dispositive der "modernen" Disziplin, die untrennbar von der durch die Druckkunst ermöglichten "Reproduktionstechnik" ist, wird von der doppelten Loslösung des "Volkes" (von der "Bourgeoisie") und der "Stimme" (von der Schrift) begleitet. Daher die Überzeugung, daß das "Volk" außerhalb der ökonomischen und administrativen Mächte "spricht". Das verführerische oder gefährliche, einzigartige und (trotz kurzer und gewaltsamer Ausbrüche) verlorengegangene lebendige Wort wird gerade durch seine Unterdrückung zur "Stimme des Volkes", sowie zu einem Gegenstand der Sehnsucht, der Kontrolle und der gewaltigen Kampagne, bei der es mit Hilfe der Schule in der Schrift reartikuliert wird. Es wird zwar heute in jeder Form "aufgezeichnet", vereinheitlicht und überall zu Gehör gebracht, aber damit auch ein für allemal durch Radio, Fernsehen oder Schallplatte festgehalten und den Medien einverleibt, das heißt es wird durch die Techniken seiner Verbreitung "gesäubert". Gerade dort, wo es als Gemurmel des Körpers Eingang findet, wird es oft zur Imitation dessen, was von den Medien produziert und reproduziert wird - es wird zur Kopie seines Artefakts.

Es ist daher sinnlos, sich auf die Suche nach der Stimme zu begeben, die durch die jüngste abendländische Geschichte gleichzeitig kolonisiert und mythifiziert wurde. Außerdem gibt es überhaupt keine "reine" Stimme, da sie immer schon durch ein (familiales, soziales etc.) System geprägt und durch die Rezeption codifiziert ist. Auch wenn die Stimmen jeder Gruppe eine leicht erkennbare Klanglandschaft - eine ortsspezifische Tonlage - bilden, so kann doch in der Sprache ein Dialekt - ein Akzent - an seiner Spur festgestellt werden wie ein Parfum; und auch wenn eine einzige Stimme sich von tausend anderen darin unterscheidet, wie sie den Körper des Hörers - das von dieser unsichtbaren Hand berührte Musikinstrument - umschmeichelt und erregt, so werden darum die Geräusche der Präsenz, die dem Aussageakt eine Sprache verleihen, indem sie ihn aussprechen, immer noch nicht einmalig. Auch muß man die Vorstellung aufgeben, daß all diese Geräusche durch eine "Stimme", eine eigene "Kultur" oder den großen Anderen gebannt würden. Das Mündliche fädelt sich eher unauffällig in das Textgewebe ein, in den stummen endlosen Teppich einer Ökonomie der Schrift.

Es empfiehlt sich also, mit einer Analyse dieser Ökonomie, ihrer historischen Verwurzelung, ihrer Regeln und der Mittel ihres Erfolges zu beginnen - ein riesiges Programm, das ich durch eine Art von Comic ersetzen werde! -, um das Eindringen des gesprochenen Wortes in das große Buch unseres Gesetzes zu verfolgen. Ich will ganz einfach die historische Konstellation, die bei uns durch die Unterscheidung von Schrift und Oralität geschaffen worden ist, nachzeichnen, um auf bestimmte Auswirkungen hinzuweisen und um dabei einige aktuelle Verschiebungen deutlich zu machen, die noch genauer untersucht werden sollten.

Sich auf die Schrift und das gesprochene Wort zu beziehen, was ich sogleich erläutern werde, heißt nicht, zwei gegensätzliche Begriffe vorauszusetzen, deren Gegensatz durch ein Drittes aufgehoben werden könnte oder deren hierarchische Anordnung auf den Kopf gestellt werden könnte. Es steht nicht zur Frage, zu einem jener "metaphysischen Gegensätze" (Schrift/gesprochenes Wort, Sprache/Sprechen etc.) zurückzukehren, von denen Derrida mit Recht gesagt hat, daß "sie als letzten Referenzpunkt (...) immer noch das Vorhandensein eines Wertes oder eines *Sinns* haben, die der Differenz vorausgeht" (3). In dem Denken, das diese Antinomien setzt, postulieren sie das Prinzip eines einheitlichen Ursprungs (einer grundlegenden Archäologie) oder einer letztendlichen Vereinigung (ein teleologisches Konzept) und somit einen Diskurs, der von dieser referenziellen Einheit getragen wird. Ohne hier weiter auszuholen, gehe ich davon aus, daß der Ursprung vielfältig ist, daß die Differenz sich ihre eigenen Begriffe bildet und daß die Sprache die Aufgabe hat, die strukturierende Arbeit der Teilung durch eine Sym-bolik immerfort zu verbergen.

Aus der Sicht einer Kulturanthropologie sollte man überdies nicht vergessen:

1. daß diese "Einheiten" (z.B.: Schrift und Oralität) das Ergebnis von gegenseitigen Unterscheidungen innerhalb von aufeinanderfolgenden und miteinander verschachtelten historischen Konstellationen sind. Aus diesem Grunde sind sie nicht von diesen historischen Determinierungen zu trennen und können sie nicht den Status von allgemeinen Kategorien bekommen; und

2. daß diese Unterscheidungen sich als das Verhältnis zwischen der Etablierung eines Bereiches (z.B. die Sprache) oder eines Systems (z.B. die Schrift) und dem, was als Außenwelt oder Rest (das gesprochene Wort) konstituiert wird, darstellen, so daß diese beiden Terme nicht gleich oder vergleichbar sind, und zwar weder hinsichtlich ihrer Kohärenz (die Definition des einen setzt den anderen als Undefiniertes) noch ihrer Wirksamkeit (der eine, der produktiv, dominant und artikuliert ist, versetzt den anderen in eine Position der Passivität, der Unterordnung und des undurchsichtigen Widerstands). Es ist daher unmöglich, davon auszugehen, daß sie bei einer Umkehrung der Zeichen eine homologe Funktionsweise haben. Ihre Differenz ist qualitativ, sie haben keinen gemeinsamen Maßstab.

Die Praktik des Schreibens hat in den letzten vier Jahrhunderten eine mythische Bedeutung bekommen, da sie allmählich all jene Bereiche umorganisiert hat, auf die sich das abendländische Streben, seine Geschichte und eben dadurch Geschichte zu machen, bezog. Ich verstehe unter Mythos einen fragmentarischen Diskurs, der sich in den heterogenen Praktiken einer Gesellschaft artikuliert und sie symbolisch artikuliert. Im modernen Abendland handelt es sich nicht mehr um einen überkommenen Diskurs, der diese Rolle spielt, sondern um eine Weiterentwicklung, die eine Praktik ist: Schreiben. Der Ursprung liegt nicht mehr in dem, was erzählt wird, sondern in der vielgestaltigen und dahinplätschernden Aktivität, Texte zu produzieren oder die Gesellschaft als Text zu produzieren. Der "Fortschritt" hat den Charakter der Schrift. Auf sehr verschiedene Weisen definiert man daher durch das gesprochene Wort (oder als gesprochenes Wort) das, von dem eine "legitime" - wissenschaftliche, politische, schulische etc. - Praktik sich unterscheiden muß. Gesprochen oder "oral" ist das, was nicht am Fortschritt mitarbeitet; "geschrieben" ist dagegen das, was sich von der magischen Welt der Stimmen und der Tradition unterscheidet. Mit dieser Trennung zeichnet sich eine Grenze (und eine Front) der abendländischen Kultur ab. An den Giebeln der Moderne könnte man auch Inschriften lesen wie: "Hier bedeutet arbeiten Schreiben" oder "Hier versteht man nur, was geschrieben ist". Das ist das innere Gesetz dessen, was sich als "abendländisch" herausgebildet hat.

Schreiben, was ist das nun? Ich bezeichne als Schreiben die konkrete Aktivität, die darin besteht, in einem eigenen Raum, auf der Seite, einen Text zu konstruieren, der auf die Außenwelt einwirkt, von der er sich zunächst abgesondert hat. Auf dieser Grundebene sind drei Elemente entscheidend.

Zunächst die *leere Seite:* ein "eigener" Raum grenzt einen Produktionsort für das Subjekt ein. Dabei handelt es sich um einen Ort, der von den Zweideutigkeiten der Welt befreit ist. Er ermöglicht die Zurückgezogenheit und die Distanz eines Subjektes gegenüber einem Aktivitätsbereich. Er steht für eine partielle, aber überschaubare Handlung bereit. Eine Trennung durchzog den traditionellen Kosmos, in dem das Subjekt noch von den Stimmen der Welt abhing. Eine autonome Oberfläche wird unter das Auge des Subjektes geschoben, das sich somit ein Feld für sein eigenes Tun verschafft. Also die cartesianische Geste eines Einschnittes, der mit dem *Ort* der Schrift die Herrschaft (und Isolation) eines Subjektes gegenüber einem *Objekt* erzeugt. Jedes Kind wird vor seinem weißen Blatt bereits in die Position des Industriellen, des Städtebauers oder des cartesianischen Philosophen versetzt - in die Position, den eigenen und abgetrennten Raum organisieren zu müssen, in dem ein eigenes Wollen ins Werk gesetzt werden soll.

Dann wird an diesem Ort *ein Text* gebaut. Sprachliche Versatzstücke und Stoffe werden in diesem Raum nach klar festgelegten Regeln behandelt und aufgebaut (fabrikmäßig verarbeitet, könnte man sagen). Eine Reihe von deutlich gegliederten Operationen (gestischen und geistigen) - schreiben ist buchstäblich das - steckt auf der Seite Linien ab, die Wörter, Sätze und schließlich ein System bilden. Anders gesagt, eine umherschweifende, fortschreitende und geregelte Praktik - ein Vorgehen - erschafft auf der leeren Seite des Artefakt einer anderen "Welt". Einer Welt, die nicht mehr gegeben, sondern künstlich hergestellt ist. Auf dem Nicht-Ort Papier ist das Modell einer produzierenden Vernunft geschrieben. Dieser in vielen Formen in einen eigenen Raum gebrachte Text ist die grundlegende und allgemeine Utopie des modernen Abendlandes.

Drittes Element: diese Konstruktion ist nicht einfach ein Spiel. Das Spiel ist zwar in jeder Gesellschaft ein Schauspiel, in dem das Formale von Praktiken dargestellt wird, aber seine Bedingung der Möglichkeit besteht darin, daß es von den tatsächlichen gesellschaftlichen Praktiken losgelöst ist. Dagegen hat das Spiel der Schrift, diese Produktion eines Systems und dieser Raum zur Festlegung von Normen, den "Sinn", auf die Realität einzuwirken, von der es abgetrennt worden ist, *um sie zu verändern*. Es ist auf eine gesellschaftliche Wirkung gerichtet. Es spielt mit seiner Exteriorität. Das Laboratorium der Schrift hat eine "strategische" Aufgabe: sei es, daß in ihm eine Information, die von der Tradition oder von außen übermittelt wird, gesammelt, klassifiziert und in ein System eingeordnet und somit verändert wird, oder daß die an diesem Ausnahmeort erarbeiteten Regeln und Modelle es erlauben, auf die Umgebung einzuwirken und sie umzugestalten. Die Insel der Seite ist ein Durchgangsort, an dem eine industrielle Umformung vorgenommen wird: was hereinkommt, ist etwas "Übernommenes", und was herauskommt, ist ein "Produkt". Die hereinkommenden Dinge sind Indizien für eine "Passivität" des Subjektes gegenüber einer Tradition; die herauskommenden Dinge sind Kennzeichen für seine Fähigkeit und seine Macht, Gegenstände herstellen zu können. Ebenso transformiert und konserviert das Schreib-Unternehmen in seinem Inneren das, was es von der Außenwelt empfangen hat, und erschafft Instrumente zur Aneignung des äußeren Raumes. Dieses Unternehmen lagert ein, was es sich ausgesucht hat, und verschafft sich die Mittel zu einer Expansion. Indem es die Macht zur *Akkumulation* des Vergangenen und zur *Anpassung* der Alterität des Universums an seine Modelle vereint, ist es kapitalistisch und eroberungslustig. Das wissenschaftliche Labor und die Industrie (die von Marx zurecht als das "Buch" der "Wissenschaft" definiert wird) (4) gehorchen demselben Schema. Und auch die moderne Stadt: sie ist ein festumrissener Raum, wo der Wille, eine von außen kommende Population zu sammeln und unterzubringen und das Land an die städtischen Modelle anzupassen, verwirklicht wird.

Selbst die Revolution, diese "moderne" Idee, stellt ein Schreib-Projekt auf der Ebene einer ganzen Gesellschaft dar, die die Absicht hat, sich gegenüber der Vergangenheit als unbeschriebenes Blatt *zu konstituieren,* sich selber zu schreiben (das heißt, sich als ein eigenes System zu produzieren) und *die Geschichte* nach dem Modell dessen, was sie fabriziert, *von vorn anzufangen* (das wäre der "Fortschritt"). Es fehlte nur noch, daß diese Ambition die Schrift-Operationen in den ökonomischen, administrativen oder politischen Bereichen vervielfältigte, damit dieses Projekt realisiert wird. Durch eine Umkehrung, die die Überschreitung einer Schwelle in dieser Entwicklung anzeigt, funktioniert das Schrift-System heute ganz von selber; es wird auto-mobil und technokratisch; es verwandelt die Subjekte, die es früher beherrscht haben, in Erfüllungsgehilfen der Schreibmaschine, die über sie verfügt und sie benutzt. Eine Informatik-Gesellschaft.

Es hat daher gute Gründe, daß seit dreihundert Jahren das Schreibenlernen die Initiation par excellence in eine kapitalistische und eroberungslüsterne Gesellschaft darstellt. Es ist ihre grundlegende Initiations-*Praktik.* Es bedurfte der verheerenden Auswirkungen des so glänzenden Fortschritts, um uns die Erziehung des modernen Kindes durch die Schreibpraktik verdächtig zu machen.

Ein Beispiel für diese strukturbildende Praktik sei angeführt, weil es einen mythischen Stellenwert hat. Dabei handelt es sich um einen der wenigen Mythen, zu deren Bildung die moderne abendländische Gesellschaft in der Lage war (denn sie hat tatsächlich die Mythen der traditionellen Gesellschaften durch Praktiken ersetzt): *Robinson Crusoe* von Daniel Defoe. In diesem Roman werden die drei von mir unterschiedenen Elemente kombiniert: die Insel, die einen eigenen abgeschlossenen Ort bildet, die Produktion eines Systems von Dingen durch ein Herren-Subjekt und die Umwandlung einer "natürlichen" Welt. Es handelt sich um einen Roman über die Schrift. Denn bei Defoe vollzieht sich die Bekehrung Robinsons zur kapitalistischen Eroberungsarbeit der Beschreibung seiner Insel durch die Entscheidung, ein Tagebuch zu schreiben, um dadurch einen Herrschaftsraum über Zeit und Dinge zu sichern und mit der leeren Seite eine erste Insel zu schaffen, auf der sein Wille sich vollziehen kann. Es ist nicht verwunderlich, daß nach Rousseau, der seinem Emile nur dieses eine Buch geben wollte, Robinson gleichzeitig die Wunschfigur der "modernen" Erzieher von künftigen, stimmlosen Technikern gewesen ist und der Traum von Kindern, die sich eine vaterlose Welt schaffen wollten.

Wenn ich dieses *Schreiben,* die moderne mythische Praktik, untersuche, so verleugne ich keineswegs, was wir alle ihm verdanken, insbesondere wir, die wir mehr oder weniger professionelle Schreiberlinge, also Kinder, und von der Schrift Profitierende in einer Gesellschaft sind, die aus ihr ihre Kraft bezieht. Ich möchte noch auf zwei Aspekte hinweisen, die die Triebfeder dieser Kraft genauer bestimmen. Sie gehören zu meinem Thema, weil sie einerseits das Verhältnis der Schrift zum Verlust eines identitätsstiftenden WORTES betreffen und andererseits einen neuen Umgang des sprechenden Subjektes mit der Sprache.

Man kann das grundlegende Verhältnis des Abendlandes zu dem, was seit Jahrhunderten die SCHRIFT par excellence war, nämlich die Bibel, nicht hoch genug einschätzen. Wenn man die Geschichte vereinfacht (ich schaffe ein Kunstprodukt, wobei mir klar ist, daß ein Modell nicht nach seinen Beweisen, sondern nach den Ergebnissen, zu denen es in der Interpretation führt, beurteilt wird), kann man sagen, daß die SCHRIFT bis zur "modernen" Zeit, also bis zum 16.-17. Jahrhundert, spricht. Der heilige Text ist eine Stimme; er lehrt (erste Bedeutung von *documentum*) und ist als das "*Sagen-wollen*" Gottes auf uns gekommen, der vom Leser (eigentlich vom Hörer) ein "Hören-wollen" erwartet, von dem der Zugang zur Wahrheit abhängt. Aus andernorts erwähnten Gründen kommt die "Moderne" dadurch zustande, daß man feststellt, daß dieses WORT nicht mehr vernehmbar ist und daß es sich durch die Entstellungen des Textes und die Wechselfälle der Geschichte verändert hat. Man kann es nicht mehr verstehen. Die "Wahrheit" hängt nicht mehr von der Aufmerksamkeit eines Hörers ab, der die große identitätsstiftende Botschaft in sich aufnimmt. Sie ist nun das Resultat einer historischen, kritischen und ökonomischen Arbeit. Sie beruht auf einem *Machen-wollen*. Die heute veränderte und erloschene Stimme ist vor allem jenes große kosmologische WORT, von dem man den Eindruck hat, daß es nicht mehr ankommt: es kann den Abstand der Zeitalter nicht überwinden. Die durch ein Wort begründeten Orte verschwinden und die Identitäten, die man für ein Gefäß des Wortes hielt, lösen sich auf. Trauerarbeit. Von nun an hängt diese Identität von einer Produktion ab, von einem unendlichen Vorgehen (oder von einer Loslösung und einer Abtrennung), welche durch diesen Verlust notwendig werden. Das Sein bemißt sich nach dem Tun, dem Machen.

Die Schrift wird dabei zunehmend verändert. Nach und nach setzt sich in wissenschaftlichen, gebildeten oder politischen Formen eine andere Schrift durch: in ihr spricht es nicht mehr, sondern sie stellt sich her. Diese neue Schrift ist zwar noch mit dem, was im Verschwinden begriffen ist, verbunden, sie hat noch eine Schuld gegenüber dem, was sich als etwas Vergangenes entfernt und immer noch ihren Ursprung bildet, aber sie muß jetzt eine Praktik sein, eine unendliche Produktion von Identitäten, die nur durch ein Tun zustandekommen, ein Vorgehen, das immer noch von dem abhängig ist, was sich in seinem

Vorfeld in dem Maße bietet, wie die eigene Stimme einer christlichen Kultur zum Anderen der neuen Schrift wird und wie die ihr im Signifikanten verliehene Gegenwart (eben das ist die Definition der Stimme) sich in Vergangenheit verwandelt. Der kapitalistische Eroberungszug der Schrift artikuliert sich in diesem Verlust und in der gigantischen Anstrengung der "modernen" Gesellschaften, sich ohne diese Stimme neu zu definieren. Der revolutionäre Auftrag ist nur ein Resultat dieser Anstrengung. Er ist mit der Botschaft verbunden, die bis dahin den anderen Zivilisationen immer ihr Ende verkündete (keine von ihnen hat den Tod ihrer Götter überlebt): "unsere Götter sprechen nicht mehr - Gott ist tot".

Mit der Schrift hat sich auch gleichzeitig das Verhältnis zur Sprache gewandelt. Sie sind zwar beide voneinander abhängig, aber man muß dennoch diesen zweiten Aspekt hervorheben, um dann die Form verstehen zu können, in der das gesprochene Wort heute wiederkehrt. Ein weiterer historischer Abriß kann das verdeutlichen. Die Wende zur Moderne im 17. Jahrhundert ist vor allem durch eine Abwertung des Ausgesagten und eine Konzentration auf die Äußerung gekennzeichnet. Wenn der Sprecher sicher war ("Gott spricht in der Welt"), richtete sich die Aufmerksamkeit auf die Entzifferung seiner Aussagen, die "Mysterien" der Welt. Aber wenn diese Gewißheit durch die politischen und religiösen Institutionen, die sie garantierten, beeinträchtigt wird, wendet sich die Fragestellung dem Problem zu, Ersatzformen für den einzigartigen Sprecher zu finden: wer woll zu wem sprechen? Das Verschwinden des "Ersten Sprechers" schafft das Problem der Kommunikation, das heißt einer Sprache, die *hergestellt* und nicht mehr nur *gehört* werden muß. In dem Ozean einer zunehmend verstreuten Sprache, in einer Welt ohne Grenzen und ohne Verwurzelung (es wird zweifelhaft und nahezu unwahrscheinlich, daß ein Einziges Subjekt sie sich aneignet, um sie zum Sprechen zu bringen) ist jeder einzelne Diskurs ein Beweis für das Fehlen eines Platzes, der dem Individuum in der Vergangenheit durch die Gliederung eines Kosmos zugewiesen war, und für die Notwendigkeit, sich durch eine eigene Umgangsweise mit einem Teil der Sprache einen Platz zurechtzuzimmern. Anders gesagt, weil das Individuum seinen Platz verliert, wird es als *Subjekt* geboren. Der Ort, den ihm früher eine kosmologische Sprache zuwies, die als eine "Berufung" verstanden wurde und als eine Einordnung in die Welt, wird zunichte, zu einer Art Leere, die das Subjekt dazu zwingt, einen Raum zu beherrschen und sich selber zum Erzeuger der Schrift zu machen.

Durch diese Isolierung des Subjektes ob-jektiviert sich die Sprache, sie wird zu einem Feld, das eher erschlossen als entziffert werden muß, zu einer ungeordneten Natur, die kultiviert werden muß. Die herrschende Ideologie verwandelt sich in Technik, deren Hauptprogramm darin besteht, eine Sprache zu *machen* und nicht mehr zu *lesen*. Die Sprache selber muß produziert, "geschrieben" werden. Die Schaffung einer Wissenschaft und die Schaffung einer Sprache war für Condillac dieselbe Arbeit; genauso wie die Revolution für die Menschen von 1790 die Bedeutung hatte, ein nationales Französisch zu schaffen und durchzusetzen (5). Das beinhaltete ein Beiseiteschieben des (traditionellen oder individuellen) Erfahrungsschatzes und all dessen, was für das Volk mit dem Boden, dem Ort, dem gesprochenen Wort oder mit nicht-verbalen Tätigkeiten verhaftet blieb. Die Beherrschung der Sprache garantiert und isoliert eine neue, bürgerliche Macht, die Macht, Geschichte zu machen, indem man Sprachen produziert. Diese im wesentlichen "schriftliche" Macht leugnet nicht nur das Privileg der "Geburt", das heißt des Adels, sie definiert auch den Code des sozio-ökonomischen Aufstiegs und beherrscht, kontrolliert und selektiert alle, die nicht über diese Sprachbeherrschung verfügen. Die Schrift wird zu einem Prinzip der gesellschaftlichen Rangordnung, das früher den Bourgeois privilegierte und heute den Technokraten. Sie funktioniert wie das Gesetz einer Erziehung, die von einer herrschenden Klasse organisiert wird, welche die (rhetorische oder mathematische) Sprache zu ihrem Produktionsmittel machen kann. Auch hier noch klärt Robinson die Situation: das Subjekt der Schrift ist der Herr, und der Arbeiter, der ein anderes Werkzeug als die Sprache hat, ist Freitag.

Einschreibung des Gesetzes auf den Körper

Diese geschichtliche Mutation verwandelt nicht die ganze Organisation, die eine Gesellschaft durch die Schrift strukturiert. Sie führt darüberhinaus zu einem anderen Gebrauch, zu einer neuen Gebrauchsanweisung. Zu einem anderen Funktionieren. Man muß daher diese neue Umgangsform mit der quasi uralten Arbeit in Verbindung bringen, die sich darum bemüht, den (gesellschaftlichen und/oder individuellen) Körper unter das Gesetz einer Schrift zu stellen. Diese Arbeit ist der historischen Gestalt vorausgegangen, die die Schrift in der Moderne angenommen hat. Und sie wird sie überleben. Die Arbeit dringt in sie ein und determiniert sie wie eine fortwährende Archäologie, bei der wir nicht wissen, welchen Namen oder welchen Status wir ihr geben sollen. Was hier geschieht, betrifft das Verhältnis des Rechts zum Körper - zu einem Körper, der vom Schreiber selber definiert, umschrieben und artikuliert wird.

Es gibt kein Recht, das sich nicht auf Körpern einschreibt. Es hat Gewalt über den Körper. Sogar die Idee eines Individuums, das innerhalb einer Gruppe isoliert werden kann, ist aus einer Notwendigkeit entstanden: nämlich für das Strafrecht die Notwendigkeit von Körpern, die durch eine Strafe gekennzeichnet werden können, und für das Mutterrecht die von Körpern, die in den Transak tionen unter Gemeinschaften mit einem Preis bezeichnet werden können. Von der Geburt bis zur Trauer "bemächtigt" das Recht sich der Körper, um sie zu Text zu machen. Durch alle möglichen Arten von (ritueller, schulischer etc.) Initiation verwandelt es sie in Gesetzestafeln, leibhaftige Bilder von Regeln und Verhaltensweisen und Schauspieler eines Theaters, das von einer Gesellschaftsordnung getragen wird. Und für Kant und Hegel gab es sogar kein Recht ohne Todesstrafe, das heißt, ohne daß der Körper im Extremfall durch seine Zerstörung die absolute Autorität des Gesetzesbuchstabens und der Norm bezeichnet. Das ist allerdings eine strittige Behauptung. Wie dem auch sei, es steht fest, daß das Gesetz sich fortwährend auf den Körpern einschreibt. Es graviert sich auf den Pergamenten ein, die aus der Haut seiner Subjekte gemacht werden. Es gliedert sie in einem juristischen Korpus. Es macht sie zu seinem Buch. Diese Schriften führen zwei komplementäre Operationen aus: einerseits werden durch sie die lebenden Wesen "zu Text gemacht", in Bedeutungsträger der Regeln verwandelt (das ist eine Intextuation), und andererseits erlebt die Vernunft oder der *Logos* einer Gesellschaft seine "Fleischwerdung" (das ist eine Inkarnation).

Davon zeugt eine ganze Tradition: die Haut des Dieners ist das Pergament, worauf die Hand des Herrn schreibt. So sagt Dromio, der Sklave, zu seinem Herrn Antipholus von Ephesus in der *Komödie der Irrungen:* "If the skin were parchment and the blows you gave were ink ..." (6). Shakespeare gab somit einen Hinweis auf den ersten Ort der Schrift und auf das Herrschaftsverhältnis, das das Gesetz zu seinem Untertan durch die Geste "ihm das Fell zu gerben" unterhält. Jede Macht, inklusive die des Rechts, zeichnet sich zunächst auf dem Rücken ihrer Untertanen ab. Das Wissen macht es genauso. So schreibt sich die abendländische ethnologische Wissenschaft in den Raum ein, den ihr der Körper des Anderen liefert. Man könnte also sagen, daß Pergament und Papier an die Stelle unserer Haut getreten sind und daß sie, die sie die Haut in glücklichen Phasen ersetzt haben, um sie herum ein schützendes Vorfeld bilden. Die Bücher sind nur Metaphern für den Körper. Aber in Krisenzeiten ist das Papier für das Gesetz nicht mehr ausreichend, so daß dieses sich erneut auf dem Körper abzeichnet. Der gedruckte Text verweist auf all das, was unserem Körper eingeprägt wurde. Das (mit glühendem Eisen eingeprägte) Brandzeichen des NAMENS und des GESETZES verändert ihn schließlich vor Schmerz und/oder Lust, um ihn zu einem Symbol des ANDEREN zu machen, zu einem *Gesagten, Aufgerufenen* und *Benannten*. Auf der Bühne des Buches wird die ebenso soziale wie amouröse Erfahrung dargestellt, etwas Geschriebenes zu sein, das man nicht identifizieren kann: "Mein Körper ist nur noch ein Graph, den du auf ihm niederschreibst, ein Signifikant, den nur du entziffern kannst. Aber wer oder was bist du, du Gesetz, das den Körper in dein Zeichen verwandelt?" Der Schmerz, durch das Gesetz der Gruppe geschrieben zu werden, wird seltsamerweise durch die Lustempfindung gesteigert, anerkannt zu werden (wobei man aber nicht weiß, von wem), ein identifizierbares und lesbares Wort in einer gesellschaftlichen Sprache zu werden, in das Fragment eines anonymen Textes verwandelt zu werden und in eine Symbolik ohne Eigentümer und Urheber eingeschrieben zu werden. Jedes Druckwerk wiederholt diese ambivalente Erfahrung des Körpers, der vom Gesetz des Anderen geschrieben wird. In bestimmten Fällen ist es eine fernliegende und abgenutzte Metapher, die nicht mehr mit der fleischgewordenen Schrift spielt, oder auch eine lebendige Erinnerung, wenn die Lektüre am Körper die Narben eines unbekannten Textes berührt, der dort schon seit langem eingeprägt ist (7).

Das Gesetz benötigt, um auf den Körpern eingeschrieben werden zu können, einen Apparat, der das Verhältnis zwischen beiden Seiten vermittelt. Von den Instrumenten zum Schröpfen, zum Tätowieren und der Initiation bei den primitiven Völkern bis zu denen der Justiz wird der Körper von Werkzeugen bearbeitet. Früher war es der Feuersteindolch oder die Nadel. Heute reicht die Apparatur vom Polizeiknüppel bis zu den Handschellen und zur Anklagebank. Diese Werkzeuge bilden eine Reihe von Gegenständen, die dazu bestimmt sind, dem Untertanen die Stärke des Gesetzes einzugravieren, ihn zu tätowieren, um ihn zu einem Beweis für die Regel zu machen und um eine "Kopie" herzustellen, die die Norm lesbar macht. Diese Reihe von Gegenständen füllt den Zwischenraum; sie umgibt das Recht (sie bewaffnet es) und sie ist auf das Fleisch gerichtet (um es zu brandmarken). Als offensive Grenze ordnet sie den gesellschaftlichen Raum: sie trennt den Text und den Körper, aber sie verschränkt sie auch miteinander, indem sie Gesten ermöglicht, die aus der textuellen "Fiktion" das vom Körper reproduzierte und realisierte Modell machen.

Dieses Sortiment von Schreibwerkzeugen kann ausrangiert werden. Es wird in Lagern oder in Museen gehortet. Es kann vor oder nach dem Gebrauch gesammelt werden. Es bleibt dort, für künftige Verwendung oder als Überbleibsel. Diese gefühllosen Gegenstände können bei Körpern zur Anwendung gebracht werden, die noch fern und unbekannt sind, und sie können im Dienste anderer Gesetze als der, deren "Anwendung" sie ermöglicht haben, wiederverwendet werden. Diese Gegenstände, die hergestellt wurden, um die Körper einzuschnüren, gleichzuschalten, zu zerschneiden und zu öffnen oder zu verschließen, haben ein phantastisches Aussehen: Eisen oder glänzender Stahl, derbe Hölzer, dauerhafte und abstrakte Chiffren, die wie Druckbuchstaben angeordnet sind, gekrümmte oder gerade Instrumente zum Festhalten oder Verprügeln, die die Bewegungen einer unschlüssigen Justiz nachzeichnen und bereits zu markierende Körperteile, die noch nicht da sind, vorbilden. Zwischen diesen Gesetzen, die sich verändern, und den Lebewesen, die sie durchlaufen, stecken die Galerien dieser Werkzeuge den Raum ab und bilden Netze und Nervenstränge, wobei sie sich einerseits auf einen symbolischen Korpus und andererseits auf fleischliche Wesen beziehen. So verstreut (wie die Knochen eines Skelettes) dieses Sortiment auch sein mag, es legt in festen Punkten die Beziehungen zwischen den Regeln und den mobilen Körpern fest. In Einzelteile zerlegt, bildet es die Schreibmaschine des GESETZES - das mechanische System einer gesellschaftlichen Gliederung und Verknüpfung.

Von einem Körper zum anderen

Diese Maschinerie verwandelt die individuellen Körper in einen Gesellschaftskörper. Sie läßt diese Körper den Text eines Gesetzes produzieren. Eine weitere Maschinerie verstärkt parallel zur ersteren dieses Gesetz, aber sie ist medizinischer oder chirurgischer und nicht mehr juristischer Art. Sie enthält eine individuelle und keine kollektive "Therapeutik". Der Körper, den sie behandelt, unterscheidet sich von der Gruppe. Nachdem der Körper lange Zeit nur ein "Glied" - Arm, Bein oder Kopf - der gesellschaftlichen Einheit oder ein Schnittpunkt von kosmischen Kräften oder "Geistern" gewesen ist, hat er sich nun ganz allmählich als eine Totalität mit ihren Krankheiten, ihren Ausgewogenheitszuständen, ihren Abweichungen und ihren *eigenen* Anormalitäten herausgeschält. Eine lange Geschichte, etwa vom 15. bis zum 18. Jahrhundert, ist notwendig gewesen, bis dieser individuelle Körper so wie ein Körper in der Chemie oder in der Mikrophysik "isoliert" werden konnte und bis er nach einer Übergangszeit, in der er als das Miniaturbild der politischen oder himmlischen Ordnung, also als ein "Mikrokosmos", erschien, zur

Grundeinheit einer Gesellschaft wurde (8). Wenn eine grundlegende Bezugseinheit zunehmend aufhört, ein gesellschaftlicher Körper zu sein, um zu einem individuellen Körper zu werden, und wenn die Herrschaft einer *medizinischen* Politik - also der Repräsentation, der Verwaltung und des Wohlergehens der Individuen - beginnt, die Herrschaft einer *juristischen* Politik abzulösen, dann vollzieht sich ein Wechsel der sozio-kulturellen Grundvoraussetzungen.

Das individualistische und medizinische Herausschneiden von Körpern umreißt einen *eigenen* "körperlichen" Raum, bei dem die Konstellation der Elemente und die Gesetze ihres Austausches untersucht werden müssen. Vom 17. bis zum 18. Jahrhundert war die Medizin von der Idee einer Physik von Körpern, die sich in diesem Körper bewegen, besessen (9); erst später, im 19. Jahrhundert, wurde dieses Modell durch einen thermodynamischen und chemischen Bezugsrahmen ersetzt. Dabei handelt es sich um den Traum von einer Mechanik unterschiedlicher Elemente, die durch Triebe, Druck, Gleichgewichtsstörungen und Verschiebungen aller Art miteinander in Verbindung stehen. Die Oper des Körpers: eine komplexe Maschinerie von Pumpen, Gebläsen, Filtern und Hebeln, in denen die Säfte zirkulieren und durch die die Organe aufeinander einwirken (10). Durch die Identifikation der einzelnen Bestandteile und ihres Zusammenspiels wird es möglich, künstliche Elemente an die Stelle derjenigen zu setzen, die beschädigt sind oder einen Fehler aufweisen, und sogar Automatenkörper zu konstruieren. Der Körper heilt und bildet sich selber. Er fabriziert sich sogar selber. Das Sortiment der orthopädischen Instrumente und Eingriffswerkzeuge vergrößert sich nunmehr in dem Maße, wie man in der Lage ist, auseinanderzunehmen und zusammenzufügen, abzuschneiden, zu ersetzen, zu beseitigen, hinzuzufügen, zu korrigieren oder wiederherzustellen. Das Netz dieser Werkzeuge wird komplexer und weitet sich aus. Es ist sogar heute noch vorhanden, obwohl die Medizin inzwischen zur Chemie und zu kybernetischen Modellen übergegangen ist. Tausend stählerne und ausgeklügelte Geräte passen sich den zahllosen Möglichkeiten an, die ihnen die Mechanisierung des Körpers bietet.

Aber hat ihre Weiterentwicklung und -verbreitung ihre Funktionsweise verändert? Auch wenn diese Geräte in einen anderen Dienst getreten sind und wenn sie von der "Anwendung" des Rechtes zu der einer chirurgischen und orthopädischen Medizin übergegangen sind, so haben sie doch die Funktion behalten, die Körper im Namen eines Gesetzes zu markieren oder anzupassen. Auch wenn der (wissenschaftliche, ideologische und mythologische) *textuelle Korpus* sich verändert, wenn die Körper sich gegenüber dem Kosmos verselbständigen und die Gestalt von mechanischen Montagen annehmen, bleibt die Aufgabe, den ersteren mit den letzteren zu verschränken, bestehen. Sie wird zwar durch die Vervielfältigung der möglichen Eingriffe maßlos gesteigert, aber sie ist immer durch die Einschreibung eines Textes auf den Körpern, durch die Fleischwerdung eines Wissens definiert. Es gibt eine Stabilität der Instrumentierung. Eine eigenartige funktionelle Trägheit dieser Werkzeuge, die ansonsten so aktiv damit beschäftigt sind, das Fleisch zu zerschneiden, zusammenzupressen und zu modellieren, das unaufhörlich zur Erschaffung von Körpern in einer Gesellschaft bereitgestellt wird.

Eine Notwendigkeit (ein Schicksal?) scheint durch diese Gegenstände aus Stahl und Nickel angezeigt zu werden: nämlich die, die mit Hilfe des Eisens das Gesetz ins Fleisch einführt und die in einer Kultur nur solche Körper wie das mit einem Werkzeug beschriebene Fleisch anerkennt und legitimiert. Auch wenn die medizinische Ideologie sich zu Beginn des 19. Jahrhunderts langsam umkehrt, da die Therapeutik der Extrahierung (das Übel ist etwas Überflüssiges - etwas, das zu viel oder zu stark ist, das man dem Körper durch einen Aderlaß, ein Abführmittel etc. entziehen muß) durch eine Therapeutik der Hinzufügung (das Übel ist ein Mangel, ein Defizit, das man durch Drogen, durch Prothesen etc. ausgleichen muß) ersetzt wird - erfüllen die *Gerätschaften* weiterhin ihre Aufgabe, anstelle des alten den neuen Text des gesellschaftlichen Wissens auf den Körper zu schreiben. So wie die Egge der *Strafkolonie* immer dieselbe bleibt, auch wenn man das Normenblatt wechselt, das sie auf dem Körper des Gefolterten eingraviert.

Zweifellos nimmt die mythische Maschine Kafkas im Laufe der Zeit weniger gewaltsame Formen an; und vielleicht ist sie auch weniger dazu in der Lage, jene letzte Lustempfindung hervorzurufen, die der Zeuge in der *Strafkolonie* im Blick der von der Schrift des Anderen verletzten Sterbenden wahrnahm. Zumindest ermöglicht es die Analyse dieses Systems, die Varianten und Herrschaftsformen der Maschine zu erkennen, die die Körper zu der Gravur eines Textes macht, und über das Auge nachzudenken, für das diese Schrift, welche von ihren Trägern nicht entziffert werden kann, bestimmt ist.

Inkarnationsapparate

Von der Bewegung, die im 17. Jahrhundert die puritanischen Reformatoren ebenso wie die Juristen zum Wissen der Ärzte, die zu recht als *physicians* (11) bezeichnet wurden, fortgetragen hat, geht ein großer Anspruch aus: nämlich der Ehrgeiz, ausgehend von einem Text die Geschichte neu zu schaffen. Daß die Heiligen Schriften inmitten einer verfallenden Gesellschaft und einer im Niedergang begriffenen Kirche ein Modell zur Re-Formierung beider liefern, ist der Mythos der Reformation. Eine Rückkehr zu den Ursprüngen, und zwar nicht nur zu denen des christlichen Abendlandes, sondern zu denen des

Universums, um eine Genese zu finden, die dem *Logos* einen Körper verleiht und ihn so inkarniert, daß er erneut, aber ganz anders, "zu Fleisch wird". Varianten zu diesem Mythos finden sich in dieser Zeit der Wiedergeburten überall - zusammen mit der abwechselnd utopischen, philosophischen, wissenschaftlichen, politischen oder religiösen Überzeugung, daß die Vernunft eine Welt erschaffen oder erneuern können muß und daß es nicht mehr darum geht, die Geheimnisse einer Ordnung oder eines verborgenen Schöpfers zu entziffern, sondern eine Ordnung zu *produzieren,* um sie auf den Körper einer wilden oder heruntergekommenen Gesellschaft zu *schreiben.* Die Schrift erlangt ein Recht über die Geschichte, um sie zu reformieren, zu kasteien oder zu erziehen (12). Sie wird zur Macht in den Händen einer "Bourgeoisie", die das Privileg der Geburt, welches von der Annahme ausgeht, daß die vorfindliche Welt zu recht besteht, durch die Instrumentalität des Buchstabens ersetzt. In der sicheren Gewißheit, die sehr bald zu einem "aufgeklärten" oder revolutionären Postulat wurde, daß die Theorie die Natur umgestalten muß, indem sie sich in sie einschreibt, wurde sie zur Wissenschaft und zur Politik. Sie wird gewalttätig, indem sie die Irrationalität abergläubischer Völker und verhexter Regionen zurechtstutzt und in Stücke zerlegt.

Die Druckkunst vollführt diese Artikulation des Textes auf dem Körper durch die Schrift. Eine erdachte Ordnung, ein konzipierter Text zeigt sich in Körpern, in den Büchern, die ihn wiedergeben und die Pfade und Wege bilden, das heißt Netze der Rationalität, die die Inkohärenz des Universums durchziehen. Dieser Vorgang sollte sich vervielfachen. Zunächst ist er nur eine Metapher für die besser taylorisierten Techniken, die die Lebewesen selber in Druckschriften der Ordnung verwandeln sollten. Aber die Grundidee ist in diesem Logos bereits enthalten, der zu Büchern und in diesen Büchern wird, von denen das Jahrhundert der Aufklärung annahm, daß sie die

Geschichte neu gestalten würden. Sie könnte auch durch die "Verfassungen" symbolisiert werden, die vom 18. bis zum 19. Jahrhundert sehr zahlreich waren: sie verschaffen dem Text einen Rang, der es ihm erlaubt, auf öffentliche oder private Körperschaften "anwendbar" zu sein, sie zu definieren und somit wirksam zu werden.

Diese große mythische und reformatorische Leidenschaft läßt sich in drei Begriffen charakterisieren: einerseits, ein Modell oder eine "Fiktion", das heißt ein Text; andererseits, die Instrumente seiner Anwendung oder seiner Niederschrift, das heißt die *Werkzeuge;* und schließlich, das Material, das gleichzeitig Träger und Inkarnation des Modells ist, das heißt eine Natur, also im wesentlichen *Fleisch,* das durch die Schrift in *Körper* verwandelt wird. Mit Hilfe der Werkzeuge einen Körper an das anpassen, was einen gesellschaftlichen Diskurs definiert - das ist der ganze Vorgang. Er geht von einer normativen Idee aus, die von einem Code des ökonomischen Tausches oder von den Varianten transportiert wird, welche in den Erzählungen des allgemeinen Legendenschatzes oder in den Schöpfungen des Wissens enthalten sind. Zu Beginn gibt es eine Fiktion, die von einem "symbolischen" System bestimmt wird, das Gesetze bildet, also eine Vorstellung (ein Theater) oder eine Fabel (ein "Sagen") vom Körper. Das heißt, einen Körper, der als der Signifikant (der Term) eines *Vertrages* gesetzt wird. Dieses diskursive Bild soll einem *unbekannten* "Realen" eine Form geben, das früher als "Fleisch" bezeichnet wurde. Der Übergang von der Fiktion zum Unbekannten vollzieht sich mit Hilfe von Instrumenten, welche durch die unvorhersehbaren Widerstände des zu bildenden (anzupassenden) Körpers vermehrt und diversifiziert werden. Eine unendliche Verfeinerung dieses Instrumentariums ist notwendig, um jede Aussage und/oder jedes Wissen vom Körper, diese vereinheitlichenden Modelle, an die undurchsichtige fleischliche Realität anzupassen, von der die komplexe Organisation sich in dem Maße abhebt, wie sie sich dagegen wehren. Zwischen dem Werkzeug und dem Fleisch gibt es somit ein Spiel, das sich einerseits durch eine Veränderung in Fiktion übersetzt (eine Korrektur des Wissens) und andererseits in den Schrei, einen nichtartikulierbaren Schmerz, die nicht-gedachte Seite des Körperlichen.

Als Produkte des Handwerkes und später der Industrie werden diese Werkzeuge um Bilder herum verbreitet, denen sie dienen und die leere Zentren sind, reine Signifikanten der gesellschaftlichen Kommunikation, ein "Nichts" - und sie repräsentieren in fester Form die geschickten Kennt-nisse, die einschneidenden Drehs, die eindringenden Finten und die einschneidenden Umwege, die das Eindringen in den labyrinthischen Körper erfordert und hervorbringt. Dadurch werden sie zum metallischen Vokabular der Erkenntnisse, die sie von diesen Reisen mitbringen. Sie sind die Chiffren eines experimentellen Wissens, das dem Schmerz der Körper abgerungen wurde, die sich selber in Stiche und Karten dieser Eroberungsfeldzüge verwandeln. Das zerschnittene oder aufgehäufte, das zerlegte oder wieder zusammengefügte Fleisch berichtet von den Helden-taten all dieser Werkzeuge, dieser unvergänglichen Heroen. Für die Dauer eines Lebens oder einer Mode illustriert es die Aktionen des Werkzeuges. Das Fleisch bildet die vorübergehenden und umherziehenden menschlichen Erzäh-lungen.

Aber die Apparate haben nur dann einen instrumentel-len Wert, wenn und nur wenn eine "Natur" vorausgesetzt wird, die sich außerhalb vom Modell befindet, also wenn eine "Materie" von diesen informierenden und reformieren-den Eingriffen unterschieden werden kann. Diese Schrift hier benötigt ein Außen dort. Wenn es keinen Unterschied mehr gibt zwischen dem einzugravierenden Text und dem Körper, der ihn historisch rechtfertigen soll, funktioniert das System nicht mehr. Und es sind die Werkzeuge, die diese Differenz setzen. Sie markieren den Einschnitt, ohne den alles zu einer verstreuten Schrift wird, zu einer unbestimmten Kombinatorik von Fiktionen und Trugbildern oder auch, im Gegenteil, zu einem Kontinuum von natürlichen Kräften, libidinösen Trieben und instinktiven Schüben. Als Erfüllungsgehilfen der Schrift sind die Werkzeuge auch ihre Verteidiger. Sie halten das Privileg aufrecht, das die Schrift eingrenzt und vom zu erziehenden Körper unterscheidet. Ihre Netze halten gegenüber der textuellen Instanz, deren Vollstrecker sie sind, einen ontologischen Bezugsrahmen - oder ein "Reales" - aufrecht, dem sie eine Form geben. Aber diese Barriere löst sich nach und nach auf. Die Instrumente, die an Boden verlieren und außer Kraft gesetzt werden, verschwinden allmählich. Sie werden gewissermaßen zu Anachronismen in der gegenwärtigen Ordnung, wo die Schrift und die Maschinerie, endlich vereinigt, selber zu den aleatorischen Modalisierungen von programmatischen Matrizen werden, die von einem genetischen Code bestimmt werden (13), und wo von der früher der Schrift unterworfenen "fleischlichen" Realität vielleicht nur noch der (Schmerz- oder Lust-)Schrei übrigbleibt, also die nicht zur unbestimmten Kombinatorik von Simulationen passende Stimme.

Das ternäre System von Text, Werkzeug und Körper, das sein (mythisches) Vermögen zur Organisierung des Denkbaren verloren hat, bleibt allerdings unterschwellig vorhanden. Es überlebt, so fehl am Platz es aus der Sicht einer kybernetischen Wissenschaftlichkeit auch sein mag. Parzelliert und fragmentiert, dringt es in viele andere Systeme ein. Epistemologische Konstellationen sind durch das Auftauchen neuer Ordnungen niemals abgelöst worden, sie werden zum Grundgestein einer Gegenwart. Vom System der Instrumente gibt es überall Ablagerungen und Relikte - wie seinerzeit jene Offiziere in Wartestellung, die, nachdem sie das kaiserliche System und seine Eroberungszüge symbolisiert hatten, trotzdem weiterhin Netze und Kerne des Widerstandes im ganzen Frankreich der

Restauration bildeten. Die Werkzeuge bekommen einen folkloristischen Charakter. Auch sie befinden sich in einer Wartestellung, da sie vom untergegangenen Reich der Mechanik im Stich gelassen worden sind. Diese Generationen von Instrumenten schwanken zwischen dem Status denkwürdiger Ruinen und einer intensiven alltäglichen Aktivität. Sie bilden eine Zwischenklasse von Gegenständen, die bereits in den Ruhestand versetzt worden (das ist das Museum) und die noch an der Arbeit sind (sie können für andere Aufgaben eingesetzt werden) (14). Für diese Ameisenarbeit gibt es tausenderlei Betätigungsfelder, von den Toiletten bis zu den großartigsten Laboren und von den Werkstätten bis zu den Operationssälen. Als Kinder einer anderen Epoche schwirren sie mitten in der unseren umher, diese *gadgets* oder Operationsmesser, die dem Körper eine Form geben.

Der Repräsentationsmechanismus

Zwei Grundoperationen kennzeichnen ihre Interventionen. Die eine ist darauf gerichtet, dem Körper ein Element zu *entziehen,* das zuviel, krank oder unästhetisch ist, oder dem Körper das *hinzuzufügen,* was ihm fehlt. Die Instrumente unterscheiden sich somit je nach der Tätigkeit, zu der sie eingesetzt werden: schneiden, herausreißen, entziehen, fortnehmen etc. oder einführen, einsetzen, ankleben, aufsetzen, zusammenfügen, nähen, ineinanderfügen etc. - ganz zu schweigen von den Dingen, die fehlende oder beschädigte Organe ersetzen: Herzklappen und Herzschrittmacher, Gelenkprothesen, Knochenersatzteile, Glasaugen, Oberschenkelnagelungen etc.

Von innen oder von außen korrigieren sie einen Überschuß oder ein Defizit. Aber im Verhältnis zu was? Wie das Enthaaren der Beine oder Tuschen der Wimpern und wie beim Haareschneiden oder bei der Haartransplantation beruht diese extrahierende oder hinzufügende Tätigkeit auf einem *Code*. Sie unterstellt die Körper einer Norm. So gesehen kann sogar die Kleidung als Instrument betrachtet werden, mit dessen Hilfe sich das Gesetz einer Gesellschaft die Kontrolle über den Körper und seine Glieder sichert, ihn steuert und ihn wie bei einer Militärübung durch den Wechsel der Mode einübt. Auch das Auto formt ihn wie ein Korsett und verpaßt ihm ein Haltungsmodell; es ist ein orthopädisches und orthopraktisches Instrument. Und sogar die von den Traditionen überlieferten und auf den Märkten einer Gesellschaft feilgebotenen Nahrungsmittel formen die Körper, indem sie sie ernähren; sie zwingen ihnen eine Form und einen Tonus, die den Stellenwert einer Kennkarte haben, auf. Brillen, Zigaretten, Schuhe etc. gestalten auf ihre Weise das körperliche "Porträt" ... Wo liegt die Grenze eines Mechanismus , mit dessen Hilfe sich eine Gesellschaft in den Lebewesen repräsentiert und diese zu ihren Repräsentationen macht? Wo hält der Disziplinarapparat (15) inne, der diese Körper, die unter dem Instrumentarium der vielen Gesetze verformbar werden, entstellt, korrigiert und ihnen etwas hinfügt oder nimmt? Genaugenommen werden sie überhaupt nur durch ihre Anpassung an diese Codes zu Körpern. Denn wo oder wann gäbe es vom Körper irgendetwas, das nicht von den Werkzeugen einer gesellschaftlichen Symbolik beschrieben, erneuert, kultiviert oder kenntlich gemacht wäre? Allenfalls an der äußersten Grenze dieser ständigen Beschriftungen oder wenn sie durch einen Irrtum durchlässig werden und nur noch der Schrei ertönt: er ist durch die Lappen gegangen, er ist ihnen durch die Lappen gegangen. Vom ersten bis zum letzten Schrei dringt gleichzeitig etwas anderes durch, das so etwas wie die Differenz des Körpers wäre, etwas, das entweder *in-fans* oder "schlecht erzogen" ist und das beim Kind, beim Besessenen, beim Verrückten oder beim Kranken nicht geduldet werden darf - ein mangelhaftes "Benehmen", wie das Schreien des Kleinkindes in *Jeanne Dielman* (Chantal Ackerman) oder das Gejammer des Vizekonsuls in *India Song* (Marguerite Duras).

Diese erste Operation des Wegnehmens oder Hinzufügens ist somit nur die Folge einer anderen, viel allgemeineren, die darin besteht, *den Code zu den Körpern sprechen zu lassen*. Wie man gesehen hat, "realisiert" diese Arbeit eine gesellschaftliche Sprache, sie verschafft ihr ihre Wirkung. Es ist eine gewaltige Aufgabe, die Körper "in Gang zu setzen", damit sie eine Ordnung buchstabieren können (16). Die liberale Ökonomie ist nicht weniger effektiv als der Totalitarismus, wenn es darum geht, diese Artikulation des Gesetzes durch die Körper zu bewerkstelligen. Sie geht nur mit anderen Methoden vor. Anstatt die Gruppen in die Knie zu zwingen, um sie mit dem Eisen einer Macht zu brandmarken, atomisiert sie sie zunächst und vervielfacht die dichten Austauschnetze, die die individuellen Einheiten den Regeln (oder "Modi") der sozio-ökonomischen und kulturellen Verträge anpassen. In beiden Fällen kann man sich fragen, wieso das überhaupt funktioniert. Welches Verlangen oder Bedürfnis veranlaßt uns dazu, unsere Körper zu Emblemen eines einheitsstiftenden Gesetzes zu machen? Die Hypothesen, die auf diese Frage antworten, beweisen andererseits die Stärke der Bindungen, die die Werkzeuge zwischen unseren kindlichen "Naturen" und den gesellschaftlichen Diskurspraktiken knüpfen.

Die *Glaubwürdigkeit* des Diskurses liegt vor allem in dem, was die Gläubigen in Bewegung versetzt. Sie erzeugt praktisch Handelnde. Glauben machen bedeutet, zum Handeln bringen. Aber durch eine eigenartige Kreisbewegung ist das Vermögen, jemanden in Bewegung zu versetzen - die Körper zu beschriften und in Gang zu setzen -, genau das, was einen etwas glauben läßt. Weil das Gesetz bereits auf die Körper angewandt wird und in körperlichen Handlungsweisen "inkarniert" worden ist, kann es glaubhaft machen, daß es im Namen des "Realen" spricht. Es verschafft sich Vertrauen, wenn es sagt: "Dieser Text wird euch von der Realität selber diktiert". Man glaubt, was man für real hält, aber dieses "Reale" wird dem Diskurs durch einen Glauben beigelegt, der ihm einen Körper gibt, welcher vom Gesetz geprägt ist. Das Gesetz braucht immerzu einen "Vorschuß" von Körpern, ein Inkarnationskapital, damit es glaubwürdig und praktikabel wird. Es schreibt sich somit aufgrund dessen ein, was bereits eingeschrieben ist: das sind die Zeugen, Märtyrer oder Exempel, die es für andere glaubwürdig machen. Es wird daher folgendermaßen den Untertanen des Gesetzes aufgezwungen: "Das haben die Alten schon so gehalten" oder "Das haben schon andere geglaubt und gemacht" oder "Du selber trägst bereits an deinem Körper meine Signatur".

Mit anderen Worten, der normative *Diskurs* "läuft" nur, wenn er bereits eine *Erzählung* geworden ist, ein Text, der mit Realem verknüpft wird und in seinem Namen spricht, das heißt ein illustriertes und Geschichte gewordenes Gesetz, von dem die Körper Kunde geben. Es ist seine Voraussetzung, daß er zur Erzählung wird, damit er noch mehr Erzählungen produzieren kann und glaubwürdig wird. Und das Werkzeug sichert den Übergang vom Diskurs zur Erzählung genau durch die Eingriffe, die das Gesetz verkörperlichen, indem sie ihm Körper anpassen und ihm das Ansehen verschaffen, vom Realen selber rezitiert worden zu sein. Von der Initiation bis zur Folter benutzt jede gesellschaftliche Orthodoxie Instrumente, um sich die Form einer Geschichte zu geben und um eine Glaubwürdigkeit zu erzeugen, die von den Körpern artikuliert wird und mit dem Diskurs verbunden ist.

Eine weitere dynamische Kraft ergänzt die erstere und ist in ihr enthalten, nämlich die, welche die Lebewesen dahin treibt, zum Zeichen zu werden und sich durch einen Diskurs in eine Sinneinheit, in eine Identität zu verwandeln. Von diesem undurchsichtigen und zusammenhangslosen Fleisch, von diesem exorbitanten und verwirrenden Leben endlich zur Einfachheit eines *Wortes* zu gelangen, zu einem kleinen Bestandteil der Sprache, zu einem einzigen Namen zu werden, der von anderen entziffert und zitiert werden kann: diese Leidenschaft bewegt den mit Instrumenten zur Bekämpfung seines Fleisches ausgerüsteten Asketen oder auch den Philosophen, der dasselbe mit der körperlosen Sprache macht. Und ganz gleich, wer der Zeuge dieses Vorgangs ist, man ist begierig, endlich diesen Namen zu bekommen oder dieser Name zu sein, man will ein Bezeichneter bleiben und zur Metamorphose in etwas *Gesagtes* gelangen, selbst wenn es das Leben kosten sollte. Diese Textwerdung des Körpers entspricht der Fleischwerdung des Gesetzes; sie unterstützt sie, sie scheint sie sogar zu begründen und ist ihr in jedem Falle dienlich. Denn das Gesetz profitiert davon: "Gib mir deinen Körper und ich gebe dir eine Bedeutung, ich mache dich zum Namen und Wort meines Diskurses". Die beiden Problematiken sind miteinander verflochten; und vielleicht hätte das Gesetz überhaupt keine Macht, wenn es sich nicht auf das obskure Begehren beziehen könnte, das Fleisch gegen einen ruhmreichen Körper einzutauschen, beschrieben zu werden, sei es auch tödlich, und in ein bekanntes Wort verwandelt zu werden. Auch hier noch steht dieser Leidenschaft, ein Zeichen zu sein, nur der Schrei der Verfehlung oder der Etase, der Revolte oder der Flucht dessen gegenüber, was vom Körper dem Gesetz des Benannten entgeht.

Vielleicht wird jede Erfahrung, die kein Schmerz- oder Lustschrei ist, von der Institution eingesammelt. Jede Erfahrung, die nicht durch diese Ekstase verlagert oder abgetrennt wird, wird von der "Liebe des Zensors" (17) in Beschlag genommen und vom Diskurs des Gesetzes vereinnahmt und weiterverwendet. Sie wird kanalisiert und instrumentalisiert. Sie wird durch das gesellschaftliche

System geschrieben. Daher muß man auf Seiten des Schreis das aufspüren, was nicht durch die Ordnung der Schrift-Werkzeuge "umgeformt" worden ist.

Die "Junggesellenmaschinen"

Man kann das Aufkommen einer neuen Schreibpraktik, die sich am Himmel des 18. Jahrhunderts mit dem arbeitsamen Inseldasein von Robinson Crusoe abzeichnete, mit ihrer allgemeinen Verbreitung vergleichen, wie sie sich in den phantastischen Maschinen anbahnte, die zu Beginn des 20. Jahrhunderts in verschiedenen schriftstellerischen Werken auftauchten, so zum Beispiel bei Alfred Jarry (*Le Surmâle*, 1902; *Le Docteur Faustroll*, 1911), Raymond Roussel (*Impressions d'Afrique*, 1910; *Locus Solus*, 1914) (17a), Marcel Duchamp (Das Grosse Glas: *La mariée mise à nu par ses célibataires, même*, 1911-1925); Franz Kafka (*Die Strafkolonie*, 1914) etc. (18): Mythen der Einschließung in die Operationen einer Schrift, die sich unendlich in Gang setzt und immer nur sich selber begegnet. Auswege gibt es nur in Form von Fiktionen, gemalten Fenstern und Fensterspiegeln. Es gibt nur geschriebene Lücken und Risse. Es handelt sich um Komödien der Bloßstellungen und der Foltern, um "automatische" Erzählungen von Sinnentblätterungen und um theatralische Verwüstungen von verzerrten Gesichtern. Diese Werke werden nicht durch die Unklarheit eines Realen, das sie an den Grenzen der Sprache aufscheinen lassen, phantastisch *sondern durch das Verhältnis zwischen den Dispositiven, die Trugbilder erzeugen, und dem Fehlen von etwas anderem*. Diese romanhaften oder ikonischen Fiktionen erzählen davon, daß es für die Schrift weder einen Eingang noch einen Ausgang gibt, sondern nur das unendliche Spiel ihrer Erzeugnisse. Der Mythos benennt den Nicht-Ort des Ereignisses oder ein Ereignis, das nicht stattfindet - wenn jedes Ereignis ein Eingang oder ein Ausgang ist. Die Sprache produzierende Maschine wird von der Geschichte gereinigt; sie wird von den Obzönitäten eines Realen befreit; sie ist ab-solut und hat keine Verbindung zum anderen "Junggesellen".

Es handelt sich um eine "theoretische Fiktion", um mit Freud zu sprechen, der bereits im Jahre 1900 eine Art von Junggesellenmaschine beschrieb, die Träume produziert und die am Tage vorwärts und in der Nacht rückwärts läuft (19). Mit dem ganzen Repertoire eines fatalen Exils oder eines unmöglichen Exodus, schreibt sie sich in eine boden- und körperlose Sprache ein. Die alleinstehende Maschine setzt den Eros des Toten in Gang, aber dieses Trauerritual (es gibt kein anderes) ist eine Komödie im Grab des oder der Abwesenden. Im Bereich der graphischen oder sprachlichen Operationen gibt es keinen Tod. Die "Strafe" der Trennung vom Körper oder der Tötung des Körpers bleibt literarisch. Verletzend, folternd oder tötend, sie wird auf der Buchseite vollstreckt. Das Zölibat ist Bestandteil der Schrift. Die in Zylinder, Tympanums, Ruinen und Triebwerken verwandelten Protagonisten, die zusammen auf das "Glas" montiert und gemalt worden sind, wo ihre perspektivische Darstellung sich mit dahinterliegenden (das Glas ist ein Fenster) und mit davorliegenden Gegenständen (das Glas ist ein Spiegel) vermischt, stehen beim *painting-glass-mirror* (das ist *La Mariée mise à nu* von Duchamp, aufgestellt in der Bibliothek des Landhauses von Miss Dreier (20)) nicht nur für die Auflösung (Dissemination) des Bildthemas, sondern auch für die Verlockung zur Kommunikation, die die Transparenz des Glases verspricht. Eine spaßige Tragödie der Sprache: diese Elemente, die dort durch einen optischen Trick miteinander vermischt werden, sind weder kohärent noch miteinander verbunden. Der zufällige Blick der Betrachter assoziiert sie, aber er artikuliert sie nicht und stellt ihre Verbindung nicht her. Die Braut *(la mariée),* die durch einen mechanisch erzeugten Defekt entblößt wird *("mise à nu"),* verheiratet sich niemals mit etwas Realem oder mit einer feststehenden Bedeutung.

Sicherlich ist nur eine Erotik, das Begehren des abwesenden Anderen, dazu in der Lage, den Produktionsapparat in Gang zu setzen, aber sie ist auf etwas gerichtet, das niemals *da* sein wird und das den Blick des Betrachters lästig macht, der von seinem Double, welches sich inmitten der vom Glas-Spiegel angebotenen/zurückgewiesenen Dinge bewegt, ergriffen wird. Der Betrachter sieht sich in das Ungreifbare aufgelöst. Der auf das Glas gemalte Graph von Marcel Duchamp ist ein Trompe-l'oeil der Entblößung durch und für Betrachter, die immer nur Junggesellen sein werden. Diese Vision beschreibt und überlistet die fehlende Kommunikation. Andere Junggesellenmaschinen funktionieren auf die gleiche Weise, indem sie das Geschlecht mit seinem mechanischen Abbild und die Sexualität mit einer optischen Illusion gleichsetzen. So überragt in *Les jours et les nuits* von Alfred Jarry eine Inschrift die gläserne Mauer, die die Insel der Nereide umgibt, also eine Frau im Glaskasten inmitten eines militärischen Dekors; sie sagt von "dem, der ihr Double durch das Glas hindurch leidenschaftlich umarmt": "Das Glas wird an einer Stelle lebendig und zu einem Geschlecht, und das Lebewesen und das Bild lieben sich durch die Mauer hindurch" (21). Auf dieser "wollüstigen Glasinsel" produziert ein Mechanismus an jedem liebkosten Punkt ein Geschlecht, das nur ein Ersatz ist. In *Das Zehntausendmeilenrennen* trennt eine Glasscheibe die in einem Eisenbahnwaggon eingeschlossene Frau von den Männern, die auf Fahrrädern mit dem Zug um die Wette fahren.

Diese Tragi-Komödien oder Mythenfragmente verdeutlichen die Unmöglichkeit einer Kommunikation, deren Versprechen und zugleich Phantasma die Sprache ist. Ein weiteres Mal ist eine Poetik der Theorie vorausgegangen.

Seitdem ist das theoretische Denken weiter in diese Richtung vorgestoßen. Bei Lacan wird tatsächlich in der Kategorie *"lalangue"* das Sprechen mit der Unmöglichkeit, sich vereinigen zu können, in Verbindung gebracht ("es gibt keine sexuelle Beziehung") und darüberhinaus sogar die Möglichkeit von Sprache mit der Unmöglichkeit der Kommunikation, welche sie angeblich zustandebringen soll. Der Linguist fügt hinzu: "Ebenso wie die Sprache (langage) des Philosophen der Ort des Unmöglichen der gegenseitigen Bekanntschaft ist, ist *lalangue* der Ort des Unmöglichen der sexuellen Beziehung" (22). Den sich Begehrenden bleibt nichts anderes übrig, als die Sprache zu lieben, die an die Stelle ihrer Kommunikation tritt. Und somit handelt es sich um ein Sprachmodell, das von einer Maschine geliefert wird, welche (wie jede Aussage) aus differenzierten und miteinander kombinierten Teilen besteht und durch das Spiel ihrer Mechanismen die Logik eines zölibatären Narzißmus entwickelt.

"Es geht darum, die Bedeutung der Wörter *auszuschöpfen,* mit ihnen bis zur Vergewaltigung in ihren geheimsten Attributen zu spielen und schließlich die völlige Scheidung zwischen dem Term und dem Ausdrucksinhalt, den wir ihm gewöhnlich beilegen, auszusprechen" (23). Von da an ist nicht mehr das *Gesagte* (ein Inhalt) oder das *Sprechen* (ein Akt) wichtig, sondern die *Transformation* und die Erfindung von Dispositiven, die bislang völlig unbekannt waren und es erlauben, die Transformationen zu vervielfachen (24).

Vorbei ist die Zeit, wo das "Reale" in den Text einzufließen schien, um dort bearbeitet und dann exportiert zu werden. Vorbei ist die Zeit, in der die Schrift mit der Gewalt der Dinge zu kopulieren und die Dinge in der Ordnung einer Vernunft festzulegen schien. Der Naturalismus beruhte auf dem Schein und das Theater auf der Wahrscheinlichkeit. Nach Zola kommen Jarry, Roussel, Duchamp etc., das heißt die "theoretischen Fiktionen" des unmöglichen Anderen und einer Schrift, die ihren Mechanismen oder ihren einsamen Erektionen ausgeliefert ist. Der Text ahmt seinen eigenen Tod nach und gibt ihn dem Spott preis. Dieser Schrift, diesem edlen Kadaver, wird keinerlei Respekt mehr erwiesen. Sie ist nur noch die illusorische Heiligung des Realen, ein Raum, der vom Gelächter über die Postulate von einst erfüllt ist. Hier setzt die ironische und gewissenhafte Trauerarbeit ein.

Die Hauptbestandteile der erobernden Schrift von Defoe werden bloßgestellt: die leere Seite ist nur eine Glasscheibe, wo die Vorstellung von dem angezogen wird, was sie ausschloß; der in sich abgeschlossene, geschriebene Text verliert den Bezugsrahmen, der ihn autorisierte; die expansive "Nützlichkeit" verwandelt sich in die "unfruchtbare Nutzlosigkeit" des Junggesellen Don Juan oder der "Witwe", mit einer rein symbolischen Nachkommenschaft, ohne Frau und ohne Natur, ohne Anderes. Die Schrift ist hier "Einschreibungs-Insel", *Locus Solus,* "Strafkolonie"- eine Traumarbeit, die mit dem Unmöglichen dessen beschäftigt ist, worüber sie "zu sprechen" glaubt.

Durch diese Entblößung des modernen Mythos der Schrift wird die Junggesellenmaschine in höhnischer Weise blasphemisch. Sie widersetzt sich dem abendländischen Streben, im Text die Realität der Dinge zum Ausdruck zu bringen und sie umzugestalten. Sie ent-kleidet den *Schein* des Seins (des Inhaltes, der Bedeutung), der das heilige Geheimnis der Bibel gewesen war und der in vier Jahrhunderten bürgerlicher Schrift in die Macht des Buchstabens und der Ziffer verwandelt worden ist. Vielleicht ist dieser Anti-Mythos unserer Geschichte immer noch voraus, selbst wenn er bereits zahlreiche Bestätigungen erfährt: in der Erosion der wissenschaftlichen Gewißheiten, im weit verbreiteten "Überdruß" der Schulabgänger oder in der zunehmenden Metaphorisierung der Verwaltungssprache. Vielleicht ist er von einer rasenden Technokratisierung einfach "beiseite" gedrängt worden wie ein besonders bezeichnendes Para-dox oder ein Kieselsteinchen.

KAPITEL XI

STIMMEN ZITIEREN

Vox ...
Nympha fugax
(Stimme ... flüchtige Nymphe)
G. Cossar, *Orationes et Carmina,* 1675 (1)

Bereits Robinson Crusoe hat selber auf einen Riß in seinem Reich der Schrift hingewiesen. Zu einer bestimmten Zeit wird sein Unternehmen tatsächlich unterbrochen; es wird von einem Abwesenden bedroht, der an das Ufer der Insel zurückkehrt. Es handelt sich um "den Abdruck *(the print)* eines nackten menschlichen Fußes auf dem Strand". Die Abgrenzung gerät ins Wanken: die Grenze weicht vor dem Fremden zurück. An den Seitenrändern bringt die Spur eines unsichtbaren Phantoms *(an apparition)* die Ordnung durcheinander, die durch eine kapitalisierende und methodische Arbeit errichtet wurde. Sie ruft bei Robinson "entsetzte Gedanken" *(fluttering thoughts),* "furchtbare Vorstellungen" *(whimsies)* und "Schrecken" *(terror)* hervor (2). Der bürgerliche Eroberer verwandelt sich in einen Menschen, der "außer sich" ist und der sich wegen dieses (wilden) Hinweises, der auf nichts hinweist, selber wild macht. Er ist wie verrückt. Er träumt und hat Alpträume. Er verliert das Vertrauen in eine Welt, die vom großen Uhrenmacher regiert wird. Seine Erklärungen lassen ihn im Stich. Aus seiner produktiven Askese herausgerissen, die ihm als Lebenszweck diente, durchlebt er schreckliche Tage, an denen er von dem antropophagen Wunsch besessen ist, den Unbekannten aufzufressen oder selber von ihm gefressen zu werden.

Auf der beschriebenen Seite erscheint somit ein Fleck - wie das Gekritzel eines Kindes in dem Buch, das die Autorität des Ortes ist. In die Sprache schleicht sich ein Lapsus ein. Das Territorium der Aneignung wird durch die Spur von etwas verändert, das nicht da ist und keinen Ort hat (wie ein Mythos) (3). Robinson wird seine Verfügungsgewalt zurückgewinnen, als er die Möglichkeit bekommt, etwas zu sehen, das heißt als er den Hinweis auf einen Mangel (etwas Fehlendes) durch ein greifbares Wesen, ein sichtbares Objekt ersetzen kann: durch Freitag. Damit tritt er wieder in seine Ordnung ein. Unordnung war für ihn eingetreten, weil es einen Hinweis auf etwas Vergangenes und Vorübergehendes, auf das "nahezu Nichts" einer Durchquerung (eines Übergangs) gab. Die Gewalt, die zwischen dem Trieb aufzufressen und der Furcht, gefressen zu werden, schwankt, entsteht durch das, was man nach Hadewych von Antwerpen immer noch als die "Präsenz des Abwesenden" bezeichnen kann. Das Andere bildet hier kein System, das unter dem von Robinson beschriebenen verborgen wäre. Die Insel ist kein Palimpsest, in dem man ein System entdecken, entziffern und entschlüsseln könnte, das von einer Ordnung überdeckt ist, die es zwar überlagert, aber ansonsten von derselben Art ist. Das, was Spuren hinterläßt, vorübergeht und herüberdringt, hat keinen eigenen Text. Es drückt sich nur in dem Diskurs des Eigentümers aus und logiert nur an dessen Platz. Die Differenz kennt nur die Sprache des interpretierenden Deliriums - Träume und "furchtbare Vorstellungen" - von Robinson selbst.

Der Roman von 1719 verweist bereits auf den Nicht-Ort (eine Spur, die die Grenzen angreift) und auf die phantastische Modalität (ein Interpretationswahn) dessen, was als Stimme in den Bereich der Schrift eindringen sollte - auch wenn Daniel Defoe nur ein schweigsames Anreißen des Textes durch ein Körperteil (einen nackten Fuß) bemerkt und nicht die Stimme selber, die eine

Markierung oder Kennzeichnung der Sprache durch den Körper bedeutet. Diese Form und diese Modalitäten haben auch schon einen Namen bekommen: sie stammen, wie Robinson sagt, von irgendetwas "Wildem" *(wild)*. Die Benennung ist hier übrigens nicht mehr als die "Nachzeichnung" einer Realität; sie ist ein performativer Akt, der das organisiert, was er aussagt. Sie "bedeutet" etwas, so wie man jemandem seine Entlassung bedeutet. Sie macht, was sie sagt, und konstituiert die Wildheit, die sie bezeichnet. So wie man das benennt, was man exkommuniziert, schafft und definiert der Name des "Wilden" zugleich das, was die Schreibökonomie außerhalb ihrer selbst ansiedelt. Er wird daher sofort mit seinem Hauptmerkmal in Verbindung gebracht: der Wilde geht nur vorüber; er macht sich bemerkbar (durch Spuren, einen Lapsus etc.), aber er schreibt sich nicht ein. Er verändert einen Ort (er bringt ihn durcheinander), aber er gründet niemals einen eigenen Ort.

Die von Daniel Defoe erfundene "theoretische Fiktion" skizziert somit im Verhältnis zur Schrift eine *Form* der Andersartigkeit (Alterität), eine Form, die ihre Identität auch der Stimme aufzwingen sollte, denn als später Freitag auftaucht, wird er vor eine Alternative gestellt, die noch eine lange Geschichte haben sollte: entweder schreien (ein "wilder" Einschnitt, der die Interpretation oder Korrektur durch eine pädagogische oder psychiatrische "Behandlung" hervorruft) oder seinen Körper zum Ausführungsorgan der herrschenden Sprache machen (indem der gelehrige Körper, der die Ordnung ausführt, "zur Stimme seines Herrn" wird, verkörpert er eine Vernunft und erhält als Seinsstatus ein Substitut der Äußerung: es gibt also kein eigenes Handeln mehr, sondern nur noch ein Nachplappern des Anderen). Andererseits hinterläßt aber auch die Stimme eine Spur im Text: als Wirkung oder Metonymie des Körpers, als wandelndes Zitat wie die Nymphe von G. Cossart. *Nympha fugax:* die flüchtig Vorübergehende, ein aufdringlicher Wiedergänger, ein "heidnischer" oder "wilder" Widerhall in der Schrift-ökonomie, das störende Geräusch einer anderen Tradition und ein Vorwand für unendliche Deutungsprozesse.

Nun gilt es noch einige historische Formen zu bestimmen, die dem gesprochenen Wort aufgrund seiner Ausblendung aufgebürdet worden sind. Gerade durch diesen Ausschluß zwecks ökonomischer Reinheit und Wirksamkeit taucht die Stimme hauptsächlich in Form des *Zitierens* auf, das im Bereich der Schrift der Spur des nackten Fußes auf Robinsons Insel entspricht. In der Schrift-Kultur verbindet das Zitat Effekte der Interpretation (es ermöglicht es, Text zu produzieren) mit Effekten der Veränderung und Entstellung (es beunruhigt den Text). Es bewegt sich zwischen zwei Polen, die jeweils seine beiden Extremformen charakterisieren: zum einen - das *vor-textliche Zitieren,* das dazu dient, mit ausgewählten Resten aus einer mündlichen Tradition, welche Autorität besitzt, Text zu produzieren (angeblich als Kommentar oder Analyse); zum anderen - das *erinnernde Zitieren,* das in der Sprache auf die (wie beim Umschlagen der Stimme) unerwartete und fragmentarische Wiederkehr von zwar strukturierenden, aber von der Schrift verdrängten mündlichen Bezügen verweist. Grenzfälle, so scheint es, jenseits derer es sich nicht mehr um die Stimme handelt. Beim ersten werden die Zitate für den Diskurs ein Mittel zu seiner Weiterentwicklung; beim zweiten gehen sie ihm durch die Lappen und unterbrechen ihn.

Indem ich nur an diesen beiden Varianten festhalte, bezeichne ich die eine als "Wissenschaft von der Fabel" (also mit dem Namen, der ihr im 18. Jahrhundert sehr häufig gegeben wurde) und die andere als "Wiederkehr und Wendungen von Stimmen" (da ihre Wiederkehr wie bei den Schwalben im Frühjahr von raffinierten Umständen und Vorgehensweisen begleitet wird, die mit Wendungen oder Tropen der Rhetorik verglichen werden können, und sich in Wegstrecken übersetzen lassen, die unbewohnte Orte besetzen, in "Filme für Stimmen", wie Marguerite Duras sagt, und in flüchtige Rundgänge - "eine kleine Runde drehen und dann verschwinden"). Die Skizzierung dieser beiden Formen kann als Vorarbeit zur Untersuchung der mündlichen Praktiken dienen, indem einige Aspekte des Rahmens genauer erläutert werden, der den Stimmen noch Möglichkeiten zum Sprechen gibt.

Die entstellte Äußerung

Eine allgemeine Problematik durchzieht und bestimmt diese Formen, an die einführend erinnert werden muß. Ich nähere mich ihr von der linguistischen Seite. Aus dieser Sicht beteiligt sich Robinson an und bezieht sich auf eine historische Verschiebung des Problems der Äußerung, das heißt des "Sprechaktes" oder *Speech-act*. Die Frage nach dem Sprecher und seiner Identität hat sich mit dem Zusammenbruch der angeblich sprechenden und mündlich überlieferten Welt zugespitzt: wer spricht, wenn es keinen göttlichen Sprecher mehr gibt, der die Grundlage jeder Äußerung ist? Die Äußerung wurde offenbar von einem System gesteuert, das dem Subjekt einen Ort zuwies, der durch seine schriftliche Produktion garantiert und nach ihr bemessen war (4). In einer liberalen Ökonomie, wo die inselartigen und konkurrenzhaften Aktivitäten darauf gerichtet waren, zu einer allgemeinen Rationalität beizutragen, brachte die Arbeit des Schreibens gleichzeitig das Produkt und seinen Autor ans Licht. Seitdem gibt es in diesen Schriftwerkstätten prinzipiell keinen Bedarf an Stimme mehr. Im klassischen Zeitalter, dessen erste Aufgabe es war, wissenschaftliche und technische "Sprachen" zu schaffen, die nicht mehr an die Natur gebunden waren und die diese umgestalten sollten (ein Gestus, der durch Robinson symbolisiert wird, welcher sein Vorhaben beginnt, indem er sein Tagebuch oder "Stammbuch" verfaßt), läßt jedes dieser "Schrift"-Systeme keinen Zweifel an seinen "bürgerlichen" Urhebern aufkommen, die durch Eroberungen abgesichert waren, welche ihnen dieses selbständige Instrument auf dem Körper der Welt ermöglichte.

Ein neuer König wächst heran: das individuelle Subjekt, der unfaßbare Herr. Dem Menschen der Aufklärung wird das Privileg verliehen, selber der Gott zu sein, der früher von seinem Werk "getrennt" war und durch eine *Genesis* definiert wurde. Allerdings treffen die bürgerlichen Erben des jüdisch-christlichen Gottes unter seinen Attributen eine Auswahl: der neue Gott schreibt, aber er spricht nicht; er ist ein Autor, aber er wird körperlich nicht in einem Gespräch erfaßt. Der Unruheerd der Äußerung wurde also a priori beseitigt, bevor er heute wieder zum Kommunikationsproblem wird. Die zunehmende Fabrikation von objektiven Produktionsprogrammen, die unter dem Banner des "Fortschritts" steht, könnte man für eine autobiographische Erzählung ihrer Verfechter halten: in ihren Produkten erzählen sie von sich selber. Die Geschichte, die im Werden ist, ist ihre Geschichte; und zwar aufgrund eines doppelten Einschnittes, der einerseits die Vorgehensweisen und die Subjekte der Macht und des Wissens isoliert und der andererseits die Natur auf eine unerschöpfliche Grundlage reduziert, von der sich ihre Produkte lösen und aus der sie somit herausgerissen werden. Die Entlassung der neuen Schöpfer in die Freiheit ihrer Einsamkeit und die Trägheit der für ihre Expeditionen zur Verfügung stehenden Natur: diese beiden historischen Postulate haben die mündliche Kommunikation zwischen den Herren (sie sprechen nicht) und dem Universum (es spricht nicht mehr) unterbrochen und in den letzten drei Jahrhunderten die gewaltige Arbeit ermöglicht, die ihre Beziehungen vermittelt und die als Erzeuger von Gott-Menschen sowie als Umgestalter des Universums zur zentralen und schweigsamen Strategie einer neuen Geschichte wird.

Dennoch verfolgt uns die von der Arbeit prinzipiell aus der Welt geschaffte Frage: wer spricht zu wem? Aber sie kommt außerhalb dieser Schrift, die in ein Mittel und in ein Resultat der Produktion verwandelt worden ist, wieder zum Vorschein. Sie wird *abseits* wiedergeboren, kommt von jenseits der Grenzen, die durch die Expansion des Schrift-Unternehmens erreicht worden sind. "Irgendetwas" *anderes* spricht immer noch, das für die Herren in den verschiedenen Formen der Nicht-Arbeit sichtbar wird - der Wilde, der Verrückte, das Kind und auch die Frau -; sodann, indem oft auf Vergangenes zurückgegriffen wird, in Form der Stimme oder der Schreie des Volkes, das von der Schrift ausgeschlossen ist; und schließlich auch im Zeichen des Unbewußten, jener Sprache, die weiterhin bei den Bürgern und "Intellektuellen" ohne deren Wissen "spricht". Hier also hebt ein Sprechen an oder bleibt am Leben, aber als etwas, das der Beherrschung durch eine sozio-kulturelle Ökonomie, der Organisierung durch eine Vernunft, der Verschulung, der Macht einer Elite und schließlich der Kontrolle des aufgeklärten Bewußtseins "entgeht".

Jede Form dieser fremdartigen Äußerung hat als Gegengewicht eine wissenschaftliche und soziale Mobilmachung: die zivilisierende Kolonisierung, die Psychiatrie, die Pädagogik, die Volkserziehung, die Psychoanalyse etc.- diese Restaurationen von Schreibweisen als emanzipierten Bereichen. Aber wichtig ist hier vor allem die Tatsache, die als Ausgangspunkt (und als Fluchtpunkt) für all diese Wiedereroberungen dient: die Exzentrizität von *sagen* (sprechen) und *machen* (schreiben). *Der Platz, von dem aus man spricht, befindet sich außerhalb des Schrift-Unternehmens.* Gesprochen wird außerhalb der Orte, an denen die Aussagesysteme produziert werden. Man weiß kaum noch, woher das Gesprochene kommt; und man weiß immer weniger, wie die Schrift, die Macht zum Ausdruck bringt, sprechen könnte.

Das erste Opfer dieser Dichotomie war zweifellos die Rhetorik: sie wollte mit dem gesprochenen Wort auf den Willen des Anderen einwirken, Verbindungen und Verträge stiften, gesellschaftliche Praktiken koordinieren oder verändern und somit die Geschichte gestalten. Sie wurde nach und nach aus den wissenschaftlichen Bereichen ausgeschlossen. Und es ist kein Zufall, daß sie sich dort wiederfindet, wo die Legenden blühen, und daß Freud sie in den exilierten und unproduktiven Regionen des Traumes wiederaufspürte, wo ein unbewußtes "Sprechen" wiederkehrt. Diese Trennung, die sich bereits im 18. Jahrhundert in dem zunehmenden Gegensatz von Technik (oder Wissenschaft) und Oper deutlich abzeichnete (5) oder, noch spezifischer, in der linguistischen Unterscheidung von dem Konsonanten (der geschriebene Vernunft ist) und von Vokalen (der ein Hauch ist, eine einzigartige Äußerung des Körpers) (6), scheint schließlich mit Saussures Einschnitt zwischen Sprache und Sprechen ihre wissenschaftliche Stellung und Legitimation bekommen zu haben. Genauso trennt die "Hauptthese" von Hjelmslevs *Grundfragen der Allgemeinen Sprachwissenschaft*" das "Gesellschaftliche" vom "Individuellen" und das "Wesentliche" von dem, "was unwesentlich und mehr oder weniger akzidentell ist" (7). Sie setzt auch voraus, daß "die *Sprache* nur dazu da ist, um das *Sprechen* zu beherrschen" (8). Die Schlußfolgerungen, die diese These (die selber von Saussures "erstem Prinzip" abhängig ist, das heißt davon, daß das Zeichen arbiträr ist) genauer ausführen und die das Synchrone dem tatsächlichen Ereignis gegenüberstellen, sind ein Hinweis auf die Tradition, die Saussure verallgemeinert hat, indem er sie zur Wissenschaftlichkeit erhob, und die in zwei Jahrhunderten als Grundvoraussetzung der Schreibarbeit den Bruch zwischen dem Ausgesagten (dem beschreibbaren Gegenstand) und der Äußerung (dem Sprechakt) konstituiert hat. Bei dieser Zusammenfassung übergehe ich eine andere ideologische Tradition, die auch bei Saussure vorhanden ist und die die "Kreativität" des Sprechens dem "System der Sprache" gegenüberstellt (9).

Auch als entstellte Äußerung, die beiseite gedrängt oder zu einem Relikt wird, kann sie vom System der Aussagen nicht getrennt werden. Selbst wenn man nur an zwei sozio-historischen Formen dieser Re-Artikulation festhalten will, kann man einerseits eine Arbeit der Schrift zur Beherrschung der "Stimme" ausmachen, welche die Schrift zwar nicht sein kann, aber ohne die sie auch nicht sein kann, und andererseits die rätselhafte Wiederkehr von Stimmen, die die Aussagen durchgeistern und das Haus der Sprache wie Fremde oder "Phantasien" heimsuchen.

Die Wissenschaft von der Fabel

Wenn man zunächst *die Wissenschaft von der Fabel* betrachtet, stößt man auf all die gelehrten oder elitären Hermeneutiken des Sprechens (das wilde, religiöse, verrückte und kindliche Sprechen oder das Sprechen des Volkes), wie sie sich seit zwei Jahrhunderten in der Ethnologie, den "Religionswissenschaften", der Psychiatrie, der Pädagogik und den politischen oder historiographischen Verfahren, die die "Stimme des Volkes" in die offizielle Sprache einführen wollen, entwickelt haben. Ein weites Feld, das von den "Deutungen" der antiken oder exotischen "Fabeln" im 18. Jahrhundert bis zur Pionierarbeit von Oscar Lewis reicht, der den *Kindern von Sanchez* "das Wort gab" und als Ausgangspunkt für viele "Lebensgeschichten" diente (10). Diese unterschiedlichen "Heterologien" (oder Wissenschaften vom Anderen) haben als gemeinsamen Zug die Absicht, *die Stimme zu schreiben*. Was aus der Ferne spricht, muß seinen Platz im Text finden. So muß das wilde Sprechen im ethnologischen Diskurs niedergeschrieben werden: der "Genius" der "Mythologien" und religiösen "Fabeln" (wie es in der *Enzyklopädie* heißt) im gelehrten Wissen oder die "Stimme des Volkes" in der Geschichtsschreibung von Michelet. Was hörbar ist, allerdings in einer bestimmten Entfernung, wird in Texte umgesetzt, die dem abendländischen Wunsch, seine Produkte lesen zu können, entsprechen.

Die heterologische Vorgehensweise scheint auf zwei Voraussetzungen zu beruhen: ein Gegenstand, der als "Fabel" definiert ist; ein Instrument, die Übersetzung. Die Position des (wilden, religiösen, verrückten, kindlichen oder volkstümlichen) Anderen als *Fabel* zu definieren, bedeutet nicht nur, es mit dem gleichzusetzen, "was spricht" *(fari),* sondern auch mit einem Sprechen, das "nicht weiß", was es sagt. Wenn die aufgeklärte oder gelehrte Untersuchung seriös ist, wird sie zwar davon ausgehen, daß sich im Mythos des Wilden, in den Dogmen des Gläubigen, im Geplapper des Kindes, in Traumwörtern oder in den Sprichwörtern des Volkes etwas Wesentliches verbirgt, aber sie wird auch voraussetzen, daß dieses Sprechen nicht weiß, was es an Wesentlichem ausspricht. Die "Fabel" ist somit zwar ein volles Sprechen, aber es muß die gelehrte Exegese abwarten, damit "explizit" wird, was es "implizit" sagt. Durch diesen Trick verschafft sich die Forschung von vornherein in ihrem Gegenstand selbst eine Notwendigkeit und einen Platz. Sie ist sicher, daß sie die Interpretation im Nicht-Wissen ansiedeln kann, das der oberflächlichen Aussage der Fabel zugrundeliegt. Umgekehrt wird die Entfernung, aus der die fremde Stimme kommt, in einen Abstand verwandelt, der die verborgene (unbewußte) Wahrheit von der Stimme und das eigentlich Anziehende von seiner Darlegung trennt. Die Vorherrschaft der Schreibarbeit wird also durch diese "Fabel"-Struktur, die ihr historisches Produkt ist, als Rechtens begründet.

Damit diese Vorherrschaft von einem Recht zum Faktum werden kann, gibt es ein Instrument: *die Übersetzung* - ein Mechanismus, der im Laufe von Generationen vervollkommnet wurde. Er ermöglicht es, von einer Sprache zur anderen überzugehen, die Außenwelt zu beseitigen, indem man sie in eine Innenwelt verwandelt, und den ungewöhnlichen oder unsinnigen "Lärm", den die Stimmen verursachen, in (schriftliche, produzierte und "begriffene") "Botschaften" umzuwandeln. Wie man noch bei Hjelmslev sehen kann, setzt sie eine "Übersetzbarkeit" aller (ikonischen, gestuellen oder klanglichen) Sprachen in die "natürliche Alltagssprache" voraus. Von dieser Voraussetzung ausgehend, kann die Analyse alle Ausdrücke auf eine Form reduzieren, die zwar in einem speziellen Bereich entwickelt worden ist, die man aber dennoch für "nicht spezifisch" und für ein "universelles Merkmal" hält (11). Von da an sind die folgenden Vorgehensweisen gerechtfertigt: die Transkription, die Mündliches in Schriftliches verwandelt; die Konstruktion eines Modells, das die Fabel als ein Sprachsystem auffaßt; die Produktion von Sinn, der sich aus dem Funktionieren dieses Modells ergibt auf der Grundlage dessen, was in Text verwandelt worden ist; usf. Es ist unmöglich, jedes einzelne Stadium dieser Fabrikarbeit zu verfolgen, die das Material, das ihr als "Fabel" geliefert wurde, in schriftliche und lesbare Kulturprodukte transformiert. Ich möchte nur die Bedeutung der Transkription hervorheben, eine gängige Praktik, die für evident gehalten wird, denn, indem sie zunächst etwas Gesprochenes durch etwas Geschriebenes ersetzt (wie zum Beispiel bei der Transkription einer Volkssage), leistet sie dem späteren Glauben Vorschub, daß das niedergeschriebene Analyseergebnis, das auf diesem Dokument beruht, tatsächlich die gesprochene Literatur betrifft.

Diese Tricks, die von vornherein den Erfolg dieser Vorgehensweisen der Schrift garantieren, haben dennoch als Bedingung der Möglichkeit ein eigenartiges Faktum. Im

Gegensatz zu den sogenannten exakten Wissenschaften, deren Entwicklung von der Autonomie eines bestimmten Bereiches abhängig ist, erzielen die "heterologischen" Wissenschaften ihre Ergebnisse dadurch, daß sie von Anderen durchquert werden. Sie gehen nach einem "sexuellen" Verfahren vor, das die Begegnung mit dem Anderen als notwendigen Umweg bei ihrem Fortschritt voraussetzt. In dieser Perspektive, die wir uns hier zueigen machen, kommt das dadurch zum Ausdruck, daß das gesprochene Wort für immer etwas Äußerliches bleibt, ohne das die Schrift nicht funktioniert. *Die Stimme bewirkt das Schreiben.* Darin besteht auch das Verhältnis, das die Geschichtsschreibung von Michelet zur "Stimme des Volkes" unterhält, welche er dennoch, wie er sagt, niemals "zum Sprechen bringen konnte" - oder das Verhältnis der psychoanalytischen Schrift von Freud zum Lustempfinden von Dora, seiner Patientin, das ihm im mündlichen Gespräch während der ganzen Behandlung "entgangen" war.

Von der Ethnologie bis zur Pädagogik kann man feststellen, daß der durch die Schrift gesicherte Erfolg durch ein anfängliches Scheitern und einen Mangel zustandekommt. Es ist so, als ob der Diskurs das Ereignis eines stillschweigenden Verlustes wäre, der seine Bedingung der Möglichkeit ist, und als ob alle schriftlichen Eroberungszüge den Sinn hätten, solche Produkte zu vermehren, die eine abwesende Stimme ersetzen, ohne daß es jemals gelingt, sie vollständig einzufangen, sie in den Text einzuarbeiten und sie als etwas Fremdes abzuschaffen. Anders gesagt, die moderne Schrift kann sich nicht am Ort der Präsenz befinden. Wie wir schon gesehen haben, ist die Schreibpraxis gerade durch einen Abstand zwischen der Präsenz und dem System entstanden. Sie ist durch einen Bruch mit der antiken Einheit der SCHRIFT, die sprach, entstanden. Sie hat zur Voraussetzung, mit sich nicht identisch zu sein.

Die ganze "heterologische" Literatur kann daher als Resultat dieses Bruchs angesehen werden. Sie erzählt gleichzeitig, was sie mit dem gesprochenen Wort macht (sie verändert es) und wie sie immer wieder von der und durch die Stimme verändert wird. Die Texte sprechen also mit einer veränderten Stimme in der Schrift, welche die Stimme durch ihre unüberwindliche Differenz notwendig macht. Mit dieser Literatur hat man also eine erste Gestalt der (bei der Urteilsfindung) "zitierten" und zugleich "veränderten" Stimme - einer verlorengegangenen Stimme, die gerade im Gegenstand (der "Fabel") verschwunden ist, dessen schriftliche Fabrikation sie ermöglicht. Aber diese "sexuelle" und ständig verfehlte Funktionsweise der heterologischen Schrift verwandelt sie in Erotik: die Unerreichbarkeit ihres "Objektes" bringt sie zum Produzieren.

Körpergeräusche

Von diesem Komplex unterscheide ich eine andere moderne Gestalt: die "Stimme des Körpers". Ein Beispiel für diese andere Szene wird uns von der Oper geliefert, die sich in dem Maße herausgebildet hat, wie das Schrift-Modell im 18. Jahrhundert die gesellschaftlichen Techniken und Praktiken organisierte. Als ein Raum für Stimmen läßt die Oper eine Äußerung zu Wort kommen, die sich in ihren besten Momenten von den Aussagen löst, die Syntaxen durcheinanderbringt und parasitenartig befällt und vor allem die Körperstellen, die keine Sprache haben, verletzt oder Lust empfinden läßt. So zum Beispiel im *Macbeth* von Verdi beim Finale mit der Wahnsinnsarie der Lady Macbeth: die zunächst vom Orchester getragene Stimme dringt empor, ist bald ganz allein, als das Orchester verstummt, dann folgt sie noch für einen Moment dem Bogen der Melodie, schwankt, gerät langsam aus der Bahn und verirrt und verliert sich schließlich im Schweigen. Eine Stimme unter anderen, die den Diskurs durchlöchert, in ihm Parenthesen bildet und Verwirrung stiftet.

Auf der modernen Bühne ist das stimmliche Abdriften ebenso einzigartig wie die Körper und für die Deutung undurchdringlich, weil diese immer allgemein ist. Auch kann man sie nur so (wie die "Geister" und Stimmen von früher) "heraufbeschwören", wie Marguerite Duras "den Film der Stimmen" beschrieb: "Stimmen von Frauen ... Sie kommen aus einem irgendwie hochgelegenen, nächtlichen Raum, von einem Balkon über der Leere, über allem. Sie sind durch das Begehren miteinander verbunden. Begehren sich ... Mißachten uns. Können sich nicht verständlich machen". *Zerstören, sagt sie:* "Die Schrift hat aufgehört" (12).

Sogar die Philosophie - vom *Anti-Ödipus* von Deleuze/Guattari bis zur *Ökonomie des Wunsches* von Lyotard - bemüht sich darum, diese Stimmen wieder vernehmbar zu machen und somit ihnen Gehör zu verschaffen. Eine Kehrtwendung bringt die Psychoanalyse dahin, von einer "Wissenschaft der Träume" zur Erforschung dessen überzugehen, was die sprechenden Stimmen in der Tiefe ihres Resonanzkörpers austauschen. Der literarische Text verändert sich, indem er zu einer doppeldeutigen Dichte wird, in der sich Töne bewegen, die nicht auf einen Sinn reduziert werden können. Diese zerlegte Schrift wird zu einem vielgestaltigen Korpus, in dem flüchtig Wortlaute umgehen, zu einer "Bühne für Stimmen". Sie macht die Reduzierung des Triebes auf ein Zeichen unmöglich. Sie will, wie Maurice Ohana, "Schreie für zwölf gemischte Stimmen" schaffen. Man *weiß* nicht mehr, was was ist, außer daß es veränderte und verändernde Stimmen gibt.

Für die gelehrte Schrift bedeutet das allerdings nur die Wiederkehr der Stimmen, mit denen der Gesellschaftskörper in Zitaten, in Satzfragmenten, in "Wort"-Klängen und Geräuschen von Dingen "redet". "So sprechen meine

Eltern", sagt Helias, "so redet mein Vater" (13): ein Klangzauber, der mit den Trümmern von Aussagen verbunden ist. Diese in Vokalsplittern verstreute Glossolalie enthält Wörter, die wieder zu Klängen werden: so zum Beispiel Marie-Jeanne, die es "liebte, bestimmte Wörter wegen des Geräusches zu verwenden, das sie in ihrem Mund und in ihren Ohren machten" (14). Oder Geräusche, die zu Wörter werden, wie das "Geräusch", welches dieser Brummkreisel macht, wenn er hüpft. Oder Reime, Abzähl-verse, *jibidis* und *jabadaos,* Klangkostbarkeiten mit verlorenem Sinn und gegenwärtigen Erinnerungen:

Enemenemu
und raus bist Du
enemenemopel
wer frißt Popel
süß und saftig
für eine Mark und 80
für eine Mark und 10
Und du kannst gehn.

Mit den Legenden und Phantomen, die weiterhin das Alltagsleben mit Klangzitaten heimsuchen, wird eine Tradition des Körpers aufrechterhalten. Man kann sie hören, aber nicht sehen.

Dabei handelt es sich tatsächlich um dunkle Nachklänge von Körpern, die in die Alltagssprache eingebettet sind und sie kennzeichnen, um Kieselsteinchen im Wald der Zeichen. Um Liebeserfahrungen letztendlich. In die alltägliche Prosa eingesprengt, ohne daß ein Kommentar oder eine Übersetzung möglich wäre, bleiben die poetischen Klänge zitierte Fragmente. "Es gibt" überall dieses Echo, wenn ein Körper berührt wird, das "Stöhnen" und die Laute der Liebe, Schreie, die Lücken in den Text brechen, den sie um sich herum wuchern lassen, Äußerungsfehler in einer syntagmatischen Organisation von Aussagen. Sie sind die sprachlichen Analogien einer Erektion oder namenlose Schmerzen oder Tränen: Stimmen ohne Sprache, Äußerungen, die vom sich erinnernden und undurchsichtigen Körper ausstrahlen, wenn er nicht mehr über den Raum verfügt, den die Stimme des Anderen dem verliebten oder schuldhaften Sprechen bietet. Schreie und Tränen: die aphasische Äußerung dessen, was einen plötzlich überkommt, ohne daß man weiß woher (von welcher dunklen Schuld oder Schrift des Körpers) und ohne daß man weiß, wie es ohne die Stimme des Anderen gesagt werden könnte.

Dieser Lapsus der Stimme ohne jeden Kontext, diese "obszönen" Körperzitate und diese Laute, die auf eine Sprache warten, scheinen durch eine "Unordnung", die sich insgeheim auf eine unbekannte Ordnung bezieht, zu bestätigen, daß es noch etwas anderes gibt. Aber gleichzeitig künden sie endlos (es hört nicht auf, zu murmeln) von der Hoffnung auf eine unmöglich Präsenz, die die von der Stimme hinterlassenen Spuren in ihren eigenen Körper verwandelt. Dieses Zitieren von Stimmen kommen in einer alltäglichen Prosa zum Vorschein, die in Aussagen und Verhaltensweisen nur dessen Wirkungen zeitigen kann.

KAPITEL XII

LESEN HEISST WILDERN

> *"Die Bedeutung der Wörter ein für allemal festzulegen, ist das Ziel des Terrorregimes."*
> Jean-François Lyotard, *Rudiments païens* ...

Vor einiger Zeit kündigte Alvin Toffler die Geburt einer "neuen Gattung" Mensch an, die durch den Massenkonsum von Kunst entstehen sollte. Das besondere Merkmal dieser gerade entstehenden und gefräßig auf den Weiden der Medien herumziehenden Gattung sollte ihre "Automobilität" sein (1). Sie würde zum früheren Nomadentum zurückkehren, aber von nun an in künstlichen Steppen und Wäldern jagen.

Diese prophetische Untersuchung war allerdings nur auf die Menschenmenge bezogen, die "Kunst" konsumiert. Eine Studie des französischen Staatssekretärs für kulturelle Angelegenheiten (Dez. 1974) (2) zeigt, in welchem Maße nur eine Elite von dieser Produktion profitiert. Zwischen 1967 (dem Datum einer früheren Untersuchung des nationalen Institutes für Statistik I.N.S.E.E.) und 1974 haben die für die Kunst und die Entwicklung von Kulturzentren zur Verfügung gestellten öffentlichen Mittel die kulturelle Ungleichheit unter den Franzosen nur verstärkt. Die Orte für den freien Ausdruck und die Darstellung sind zwar mehr geworden, aber in Wirklichkeit haben nur dieselben Gruppen davon profitiert: die Kultur gelangt wie das Geld "nur zu den Reichen". Die große Masse wandelt kaum in den Gärten der Kunst. Aber sie wird von den Netzen der Medien erfaßt und eingefangen: vom Fernsehen (das 9 von

und nicht es an das "anzupassen", was man ist, es sich zueigen zu machen, es sich anzueignen oder wiederanzueignen. Unter diesen beiden möglichen Sichtweisen ist eine Wahl geboten, vor allem im Hinblick auf eine Geschichte, deren Horizont hier in groben Zügen skizziert werden soll. "Es war einmal ...".

Im 18. Jahrhundert ging die Ideologie der Aufklärung davon aus, daß das Buch die Gesellschaft reformieren könnte, daß die Ausweitung des Schulsystems Sitten und Gebräuche verändern würde und daß eine Elite dazu in der Lage wäre, mit ihren Produkten die ganze Nation umzugestalten, wenn diese über das ganze Territorium verbreitet würden. Dieser Erziehungsmythos (4) hat eine bestimmte Konsumtheorie in die Strukturen der Kulturpolitik eingeschrieben. Diese Politik hat sich durch die Logik der technischen und ökonomischen Entwicklung, die von ihr in Gang gesetzt worden ist, sogar bis in das heutige System fortgesetzt, das die früher so sorgsam um die Verbreitung der "Aufklärung" bemühte Ideologie auf den Kopf stellt. Die Mittel der Verbreitung sind heute wichtiger als die vermittelten Ideen. Das Medium ersetzt die Botschaft. Die "pädagogischen" Prozeduren, die vom Bildungssystem unterstützt wurden, haben sich derart weiterentwickelt, daß der Lehr-"Körper", der sie seit zwei Jahrhunderten vervollkommnet hat, aufgrund seiner Nutzlosigkeit abgeschafft oder zerstört wird: sie bilden heute einen Apparat, der durch die Verwirklichung des alten Traumes, *alle* Bürger und *jeden* Einzelnen in dieses Programm einzubeziehen, nach und nach die Zielsetzung, die Überzeugungen und die schulischen Institutionen der Aufklärung vernichtet. Insgesamt gesehen läuft bei der Erziehung alles so ab, als ob die *Form* ihrer technischen Durchführung uneingeschränkt verwirklicht worden wäre, indem gerade der *Inhalt* eliminiert wird, der sie ermöglicht hat und der nun seinen gesellschaftlichen Nutzen verliert. Aber im Verlaufe dieser ganzen Entwicklung ist die Idee der

Schaffung einer Gesellschaft durch ein "Schrift"-System ständig mit der Überzeugung einhergegangen, daß die Öffentlichkeit mit mehr oder weniger Widerstand durch die (verbale oder ikonische) Schrift geformt wird, daß sie sich dem anpaßt, was sie aufnimmt, und daß sie durch den Text *geprägt* wird und wie der Text wird, den man ihr aufzwingt.

Früher handelte es sich dabei um einen Schultext. Heute ist der Text die Gesellschaft selber. Er stellt sich in urbanistischer, industrieller, kommerzieller oder televisueller Form dar. Aber die Mutation, die den Übergang von der schulischen Archäologie zur Technokratie der Medien bewirkt hat, hat nicht den Grundgedanken einer dem Konsum eigenen Trägheit erschüttert - und gerade dieser Gedanke muß untersucht werden. Im Gegenteil, diese Mutation hat ihn eher noch unterstützt: die massive Einführung eines Einheitsunterrichts hat die intersubjektiven Beziehungen der traditionellen Lehre unmöglich oder unsichtbar gemacht; die "Informations"-Techniker sind durch die Systematisierung der Unternehmen zu fachbornierten Funktionären geworden, die immer weniger von den Konsumenten wissen. Indem die Produktionslogik die Produzenten voneinander isoliert, hat sie beim Produzenten den Eindruck hervorgerufen, daß es auf seiten der Konsumenten keine Kreativität gibt. Eine wechselseitige Blindheit, die von diesem System erzeugt wird, hat auf beiden Seiten zu der Meinung geführt, daß Initiative ausschließlich von den technischen Forschungseinrichtungen ausgeht. Sogar die Analyse der Repression, die von den Dispositiven dieses Disziplinierungssystems ausgeübt wird, geht immer noch von einer passiven, "informierten", bearbeiteten und markierten Öffentlichkeit ohne historische Funktion aus.

Die Effizienz der Produktion impliziert eine Trägheit des Konsums. Sie erzeugt die Ideologie vom Konsum als Sammelbecken. Als Resultat einer Klassenideologie und einer technischen Verblendung ist diese Legende notwendig für ein System, das Autoren, Pädagogen, Revolutionäre, also in einem Wort "Produzenten" gegenüber denjenigen privilegiert und auszeichnet, die nichts produzieren. Wenn man den "Konsum", so wie er von diesen "Autoren"-Unternehmen konzipiert und (natürlich) bejaht worden ist, zurückweist, wird es einem möglich, dort eine kreative Aktivität zu entdecken, wo sie verleugnet worden ist, und die unerhörte Anmaßung *einer* (realen, aber partikularen) Produktion zu relativieren, die Geschichte machen will, indem sie das ganze Land "informiert".

Das Lesen: eine verkannte Tätigkeit

Das Lesen ist zwar nur ein Teilaspekt des Konsums, aber ein fundamentaler. In einer Gesellschaft, in der mehr und mehr geschrieben wird, die von der Fähigkeit der Macht geprägt ist, anhand von (wissenschaftlichen, ökonomischen und politischen) Schriftmodellen die Dinge zu verändern und die Strukturen zu reformieren, und die nach und nach in zusammengesetzte (administrative, städtische, industrielle etc.) "Texte" verwandelt wird, kann man das Binom Produktion-Konsum oft durch sein allgemeines Äquivalent, nämlich durch das Binom Schrift-Lektüre ersetzen. Die Macht, die von dem (mal reformistischen, mal wissenschaftlichen, revolutionären oder pädagogischen) Willen zur Erneuerung der Geschichte mit Hilfe von schriftlichen Verfahrensweisen getragen ist, die zunächst in festumrissenen Bereichen durchgesetzt werden, führte gleichzeitig zur wesentlichen Teilung zwischen Lesen und Schreiben.

"Die Modernisierung, die Moderne ist die Schrift", sagt Francois Furet. Die Verallgemeinerung der Schrift hat tatsächlich dazu geführt, daß das abstrakte Gesetz die Sitten und Gebräuche ersetzt hat. Der Staat ist an die Stelle der traditionellen Autoritäten getreten und die

Gruppe hat sich zugunsten des Individuums aufgelöst. Diese Transformation geschah durch eine "Kreuzung" von zwei untrschiedenen Elementen: dem Schriftlichen und Mündlichen. In einer neueren Studie von F. Furet und J. Ozouf wird in schulisch benachteiligten Gegenden Frankreichs in der Tat "eine umfangreiche 'Kampagne' zur Halb-Alphabetisierung (nachgewiesen), die ihren Schwerpunkt bei der Lektüre hatte, von der Kirche und den Familien getragen wurde und sich hauptsächlich an Mädchen richtete" (5). Nur die Schule hat die Lese- und die Schreibfähigkeit miteinander verbunden, allerdings durch eine Naht, die oft recht lückenhaft geblieben ist. In Wirklichkeit sind diese Fähigkeiten schon bis ins 18. Jahrhundert für lange Zeit getrennt gewesen; und heute wird im Erwachsenenleben ehemaliger Schüler bei vielen sehr rasch das "nur Lesen" vom Schreiben getrennt; außerdem muß man die eigenen Wege der Lektüre gerade dort hinterfragen, wo sie mit dem Schreiben verbunden ist.

Die Untersuchungen, die sich mit einer Psycholinguistik des Auffassungsvermögens (6) beschäftigen, unterscheiden bei der Lektüre ihrerseits einen "lexischen Akt" und einen "skripturalen Akt". Sie zeigen, daß das Schulkind *parallel* zum Buchstabieren Lesen lernt, und das Buchstabieren also nicht Grundlage des Lesens ist: das Lesen der Bedeutung und das Entziffern von Buchstaben sind zwei verschiedene Tätigkeiten, auch wenn sie ineinanderspielen. Anders gesagt, allein ein durch Zuhören und mündliche Überlieferung erworbenes kulturelles Gedächtnis ermöglicht und bereichert nach und nach semantische Fragestrategien, bei denen die Entzifferung von etwas Geschriebenem die Erwartungen steigert, verdeutlicht oder korrigiert. Vom Kind bis zum Wissenschaftler wird die Lektüre durch die mündliche Kommunikation - diese "Autorität", die von den Texten nahezu niemals zitiert wird - vorherbestimmt und ermöglicht. Dabei geschieht alles so, als ob die Schaffung von Bedeutungen, die die Form einer Erwartung (warten auf etwas) oder einer Antizipation (Hypothesen bilden) hat, welche mit einer mündlichen Übermittlung verbunden ist, der ursprüngliche Block wäre, den die Entzifferung von graphischen Materialien immer mehr gestaltend bearbeitet, zerlegt, verifiziert und detailliert, um der Lektüre Raum zu schaffen. Ein Graph bearbeitet die Antizipation nur wie ein Bildhauer und gibt ihr Konturen.

Trotz der Arbeiten, die im Schrift-Imperialismus wieder eine Autonomie der Lesepraxis ans Licht bringen, haben mehr als drei Jahrhunderte Geschichte faktisch eine Situation geschaffen. Das gesellschaftliche und technische Funktionieren der gegenwärtigen Kultur hierarchisiert diese beiden Tätigkeiten. Schreiben bedeutet, den Text zu produzieren; lesen bedeutet, den Text des Anderen zu rezipieren, ohne ihm einen eigenen Stempel aufzudrücken, ohne ihn neu zu gestalten. In dieser Hinsicht wird die Lektüre des Katechismus oder der Heiligen Schrift, die der Klerus früher den Töchtern und Müttern ans Herz legte, indem er diesen Vestalinnen eines unberührbaren heiligen Textes das Schreiben untersagte, heute durch die "Lektüre" der Fernseh-Programme, die fortgesetzt den "Konsumenten" angeboten werden, wodurch es ihnen unmöglich wird, ihre eigene Schrift auf den Bildschirm zu schreiben, auf dem die Produktion des (großen) Anderen - der "Kultur" - erscheint. "Die Verbindung zwischen Lektüre und Kirche" (7) reproduziert sich im Verhältnis der Lektüre zur Kirche der Medien. Auf diese Weise scheint die Schaffung des gesellschaftlichen Textes durch die geistige Elite immer noch seiner "Rezeption" durch Gläubige zu entsprechen, die sich darauf beschränken müssen, die von den Manipulatoren der Sprache elaborierten Modelle zu reproduzieren.

Was man in Frage stellen muß, ist leider nicht diese Arbeitsteilung (sie ist nur allzu real), sondern die Gleichsetzung von Lektüre und Passivität. Nun bedeutet Lesen

aber tatsächlich, in einem vorgegebenen System umherzu-
wandern (im System des Textes, analog zur gebauten
Ordnung einer Stadt oder eines Supermarktes). Neuere
Analysen zeigen, daß "jede Lektüre ihren Gegenstand
verändert" (8), denn (wie Borges schon sagte) "eine
Literatur unterscheidet sich von einer anderen ... nicht so
sehr durch den Text als durch die Art, wie er gelesen
wird" (9), und daß schließlich ein verbales oder ikonisches
Zeichensystem ein Reservoir von Formen ist, die darauf
warten, vom Leser ihre Bedeutung zu bekommen. Wenn
somit "das Buch ein Resultat (eine Konstruktion) des
Lesers ist" (10), muß man die Vorgehensweise dieses
letzteren als eine Art von *lectio* betrachten, als eine dem
"Leser" eigene Produktion (11). Dieser nimmt weder *den*
Platz des Autors noch *einen* Autorenplatz ein. Er erfindet
in den Texten etwas anderes als das, was ihre "Intention"
war. Er löst sie von ihrem (verlorenen oder zufälligen)
Ursprung. Er kombiniert ihre Fragmente und schafft in
dem Raum, der durch ihr Vermögen, eine unendliche
Vielzahl von Bedeutungen zu ermöglichen, gebildet wird,
Un-Gewußtes. Ist diese "Lese"-Tätigkeit der Literaturkritik
(die aufgrund der Studien über die Lektüre immer im
Vorteil ist) vorbehalten, das heißt wiederum einer Art von
geistiger Elite, oder kann sie sich auf den ganzen kulturellen Konsum erstrecken? Das ist die Frage, auf die die
Geschichte, die Soziologie oder die Schulpädagogik Ansätze
einer Antwort beibringen müßten.

Leider liefert die umfangreiche Literatur, die sich mit
dem Lesen beschäftigt, zu diesem Punkt nur bruchstück-
hafte Erklärungen oder bezieht sich auf schriftstellerische
Erfahrungen. Die Untersuchungen beziehen sich vor allem
auf den Lese-Unterricht (12). Viel seltener begeben sie
sich auf das Gebiet der Geschichte und der Ethnologie, da
es kaum Spuren von einer Praktik gibt, die alle möglichen,
noch unzureichend erforschten "Schreibweisen" durchquert
(zum Beispiel "liest" man eine Landschaft wie einen Text)

(13). In der Soziologie sind sie zwar zahlreicher, aber dafür meistens statistischer Art: sie messen eher die Korrelationen zwischen Gelesenem, gesellschaftlichen Zugehörigkeiten und frequentierten Orten, als daß sie den Vorgang des Lesens selber, seine Modalitäten und seine Typologie analysieren (14).

Bleibt der heute (von Barthes bis zu Riffaterre oder Jauß) außerordentlich reiche Literaturbereich, der ein weiteres Mal durch die Schrift privilegiert wird, aber hochgradig spezialisiert ist: die "Schriftsteller" verlagern die "Lesefreude" von dort, wo sie sich äußert, zu einer Kunst des Schreibens und zu einer Lust am wiederholten Lesen. Dabei wird allerdings, vor oder seit Barthes, von Wanderungen und Erfindungen berichtet, bei denen mit den Erwartungen, Tücken und Normengerüsten des "gelesenen Werkes" gespielt wird; und dabei entstehen bereits theoretische Modelle, die in der Lage sind dem Rechnung zu tragen (15). Aber dennoch, die Geschichte der Reisen des Menschen durch seine eigenen Texte bleibt zum größten Teil unbekannt.

Produkt einer gesellschaftlichen Elite:
die "buchstäbliche" Deutung

Aus den Analysen, die die Lesetätigkeit auf ihren gewundenen Pfaden verfolgen - das Überfliegen der Seite - die den Metamorphosen und Anamorphosen des Textes durch das wandernde Auge, die Höhenflüge und meditativen Verschränkungen anhand von ein paar Wörtern, die räumliche Besetzung des militärisch aufgereihten Schriftfeldes und die flüchtigen Tänze -, aus diesen Analysen geht bei einer ersten Betrachtung zumindest hervor, daß man die Trennung zwischen Lektüre und zu lesendem Text (Buch, Bild etc.) nicht aufrechterhalten kann. Ob es sich nun um eine Zeitung handelt oder um Proust, der Text bekommt seine Bedeutung nur durch die Leser; er verändert sich mit ihnen; er wird nach Wahrnehmungscodes gegliedert, die ihm selber nicht geläufig sind. Nur durch sein Verhältnis zur Exteriorität des Lesers wird er zum Text, also durch ein Wechselspiel von Implikationen und Finten zwischen zwei miteinander kombinierten "Erwartungshaltungen": diejenige, die einen *lesbaren* Raum (eine Buchstäblichkeit) organisiert, und diejenige, die einen zur *Verwirklichung* des Werkes notwendigen Vorgang (eine Lektüre) organisiert (16).

Seltsamerweise wurde das Prinzip dieser Lesetätigkeit bereits vor drei Jahrhunderten von Descartes beschrieben, als er sich mit zeitgenössischen Arbeiten über die Kombinatorik und mit "Chiffren" oder chiffrierten Texten beschäftigte: "Wenn z.B. jemand einen Brief lesen will, der in lateinischen Buchstaben geschrieben ist, aber bei dem diese nicht in ihrer wahren Bedeutung hingestellt sind, und wenn er deshalb annimmt, daß überall, wo ein A stehe, ein B zu lesen sei, und wo ein B ein C, und daß so für jeden Buchstaben der nächstfolgende zu nehmen sei, und wenn er dann findet, daß auf diese Weise sich lateinische Worte daraus bilden lassen, so wird er nicht zweifeln, daß der wahre Sinn des Briefes in diesen Worten enthalten sei. Obgleich es nur auf einer Vermutung beruht, und es möglich bleibt, daß der Schreiber nicht die nächstfolgenden, sondern andere an Stelle der wahren gesetzt und so einen anderen Sinn darin verborgen hat ..." (17). Die Arbeit am Code, die an den Signifikanten vorgenommen wird, *bildet* den Sinn, der somit nicht durch eine Ablagerung im Text, durch eine "Intention" oder durch die Tätigkeit des Autors definiert wird.

Woher kommt also die chinesische Mauer, die das "Eigentliche" des Textes eingrenzt, die seine semantische Autonomie von allem anderen isoliert und die daraus die geheime Ordnung eines "Werkes" macht? Wer errichtet diese Barriere, die den Text als eine Insel konstituiert, die außer Reichweite des Lesers liegt? Diese Fiktion verurteilt die Konsumenten zur Abhängigkeit, da sie von nun an immer der Untreue oder der Ignoranz gegenüber dem stummen "Reichtum" des auf diese Weise beiseitegeschafften Schatzes schuldig werden. Diese Fiktion eines im Werk verborgenen "Schatzes", eines Tresors voller Bedeutungen, beruht offensichtlich nicht auf der Produktivität des Lesers, sondern sie entsteht im Zusammenhang mit der *gesellschaftlichen Institution,* die sein Verhältnis zum Text überdeterminiert (18). Die Lektüre wird gewissermaßen verunmöglicht, durch ein Kräfteverhältnis (zwischen Meistern und Schülern oder zwischen Produzenten und Konsumenten) unkenntlich gemacht, zu dessen Instrument sie wird. Die Benutzung des Buches durch die Privilegierten schafft insgeheim das, dessen "wahre" Interpreten sie sind. Sie zieht zwischen dem Text und seinen Lesern eine Grenze, für deren Überschreitung ausschließlich diese offiziellen Interpreten die Pässe ausgeben, indem sie ihre (*auch* legitime) Lektüre in eine orthodoxe "Buchstäblichkeit" umwandeln, die die anderen (ebenso legitimen) Lektüreformen als häretisch (dem Sinn des Textes nicht "angepaßt") oder bedeutungslos (dem Vergessen preisgegeben) herabwürdigt. Aus dieser Sicht ist der "buchstäbliche" Sinn der Index und das Resultat einer gesellschaftlichen Macht, der Macht einer Elite. Der Text, der an sich für eine vielfältige Lektüre bereitliegt, wird zu einer kulturellen Waffe, zu einem privaten Jagdrevier und zum Vorwand für ein Gesetz, das die Interpretation der *gesellschaftlich* autorisierten Profis und Schreiber als "buchstabengetreu" legitimiert.

Aber wenn die Manifestation der Freiheiten des Lesers im und durch den Text auch unter den Schreibern toleriert wird (man muß schon Barthes sein, um sich das erlauben zu können), so ist sie demgegenüber für die Schüler (die von den Lehrmeistern derb oder gewohnheitsmäßig in den Stall des "überkommenen" Sinns abgeschoben

10 Franzosen für sich einnimmt), von der Presse (8 von 10 Franzosen), vom Buch (7 von 10 Franzosen, von denen nach einer Untersuchung vom Herbst 1978 nur 2 viel und 5 wenig lesen) (3) etc. Anstatt eines zunehmenden Nomadentums gibt es also eher eine "Einschränkung" und eine Ballung: der von diesem umfassenden Raster organisierte Konsum sieht aus wie das Treiben einer Hammelherde, die immer unbeweglicher wird und die mit Hilfe der zunehmenden Mobilität der Medien, die den Raum erobern, "bearbeitet" wird. Die Konsumenten werden seßhaft, und die Medien werden immer mobiler. Den Massen bleibt nur noch die Freiheit, die Ration an Trugbildern abzugrasen, die das System jedem einzelnen zuteilt.

Und das ist genau die Vorstellung, gegen die ich Einwände habe: eine solche Darstellung der Verbraucher kann nicht hingenommen werden.

Die Ideologie der "Information" durch das Buch

Im allgemeinen wird ein solches Bild von der "Öffentlichkeit" nicht eingestanden. Trotzdem prägt es den Anspruch der "Produzenten", die Bevölkerung zu *informieren,* das heißt den gesellschaftlichen Praktiken "eine Form zu geben". Sogar die Proteste gegen die Vulgarisierung/Vulgarität der Medien beruhen oft auf einem ähnlichen pädagogischen Anspruch. Die Elite, die immer geneigt ist zu glauben, daß ihre eigenen kulturellen Vorbilder für das Volk im Hinblick auf eine Erziehung des Geistes und die Erhebung der Gefühle notwendig sind und die über das "schlechte Niveau" der Presse und des Fernsehens entsetzt ist, geht grundsätzlich davon aus, daß die Öffentlichkeit von den Produkten geformt wird, die man ihr vorsetzt. Aber das ist eine Fehleinschätzung des "Verbrauchers". Man ist der Meinung, daß "assimilieren" notwendigerweise bedeutet, dem "ähnlich zu werden", was man aufnimmt, werden) oder für die Öffentlichkeit (die ausdrücklich auf das hingewiesen wird, "was man zu denken hat" und deren Erfindungen für belanglos gehalten, also zum Schweigen gebracht werden) untersagt.

Die gesellschaftliche Hierarchisierung verdeckt also die Realität der Lesepraxis oder macht sie unkenntlich. Früher hielt die Kirche, die eine gesellschaftliche Teilung zwischen dem Klerus und den "Gläubigen" vorgenommen hatte, die SCHRIFT im Status eines "BUCHSTABENS" aufrecht, der unabhängig von seinen Lesern sein sollte und der tatsächlich von seinen Exegeten unter Verschluß gehalten wurde: die Autonomie des Textes bestand in der Reproduktion der soziokulturellen Verhältnisse innerhalb der Institution, wo die Vorsteher festlegten, was gelesen werden sollte. Mit dem Niedergang der Institution kamen zwischen dem Text und seinen Lesern die Wechselbeziehung zum Vorschein, die sie verborgen hatte - als ob sie auf ihrem Rückzug die unendliche Vielzahl von "Schriften", die vom Lesen erzeugt werden, sichtbar machen wollte. Die Kreativität des Lesers nahm in dem Maße zu, wie die Institution, die sie kontrollierte, verschwand. Dieser Vorgang, der seit der Reformation erkennbar ist, beunruhigte auch die Pastoren des 17. Jahrhunderts. Heute sind es die gesellschaftspolitischen Dispositive der Schule, der Presse oder des Fernsehens, die den vom Lehrmeister oder vom Produzenten stammenden Text von seinen Lesern isolieren. Aber hinter der Bühne dieser neuen Orthodoxie verbirgt sich (wie es bereits früher der Fall war) (19) die schweigsame, überschreitende, ironische oder poetische Aktivität von Lesern (oder Fernsehzuschauern), die im Privatbereich und ohne Wissen der "Herren und Meister" Distanz wahren.

Die Lektüre wäre also dort anzusiedeln, wo *gesellschaftliche* Schichtung (Klassenverhältnisse) und *poetische* Vorgehensweisen (Textkonstruktionen derer, die damit umgehen) sich überschneiden: die gesellschaftliche Hierarchisierung bewirkt eine Anpassung des Lesers an die "Information", die von einer Elite (oder Halb-Elite) verbreitet wird; die Lesetätigkeit treibt mit der ersteren ihr listiges Spiel, indem sie ihren Erfindungsgeist in die kulturelle Orthodoxie einsickern läßt.

Die eine von diesen beiden Geschichten verbirgt, was nicht mit den "Herren" konform geht, und macht es für sie unsichtbar, die andere verlängert es in die Netze des Privaten. Sie arbeiten also beide gemeinsam daran, die Lektüre zu einer unbekannten Größe zu machen, von der einerseits in übertriebener und autoritärer Form die einzige *gebildete* Erfahrung ausgeht und von der anderer-seits selten und in parzellierter Form (wie Luftblasen, die aus der Tiefe des Wassers aufsteigen) Hinweise auf eine *allen gemeinsame,* alltägliche Poetik kommen.

Diese "impertinente Abwesenheit", eine "Übung in Allgegenwärtigkeit"

Die Autonomie des Lesers ist von einer Transformation der gesellschaftlichen Verhältnisse abhängig, die seine Beziehung zu Texten überdeterminieren. Diese Transforma-tion ist eine notwendige Aufgabe. Aber diese Revolution beinhaltete wiederum den Totalitarismus einer Elite, die selber andere Verhaltensweisen schaffen und die die vorherige durch eine normative Erziehung ersetzen würde, wenn sie sich nicht auf die *Tatsache* stützen könnte, daß es *bereits* - in vielerlei Formen, wenn auch heimlich und unterdrückt - eine andere Erfahrung als die der Passivität gibt. Eine Lektürepolitik muß daher in einer Analyse zum Ausdruck kommen, die die Praktiken, die schon seit langem wirksam sind, politisierbar macht. Der Verweis auf einige Aspekte der Lesetätigkeit zeigt bereits, in welcher Weise sie dem Gesetz der Information entgeht.

"Ich lese und ich hänge meinen Tagträumen nach ...
Meine Lektüre wäre somit meine impertinente Abwesenheit.
Kann die Lektüre eine Übung in Allgegenwärtigkeit sein?"
(20). Das ist eine ursprüngliche, das heißt initiatorische
Erfahrung: lesen bedeutet, woanders zu sein, dort wo *wir*
nicht sind, in einer anderen Welt (21); es bedeutet, eine
geheime Szene oder Bühne zu erdenken; es bedeutet,
schattige und dunkle Winkel in einem Dasein zu schaffen,
das der technokratischen Transparenz und jenem unerbitt-
lichen Licht ausgesetzt ist, das bei Genet die Hölle der
gesellschaftlichen Entfremdung verkörpert. Marguerite
Duras schrieb: "Vielleicht liest man immer in der Nacht ...
Die Lektüre geht aus der Dunkelheit der Nacht hervor.
Selbst wenn man bei hellem Tageslicht liest, draußen, wird
es um das Buch Nacht" (22).

Der Leser ist ein Produzent von Gärten, in denen eine
Welt zusammengetragen und verkleinert wird; er ist der
Robinson einer zu entdeckenden Insel; aber er ist auch
auf sein eigenes Karnevalstreiben abgefahren, das das
Vielgestaltige und die Differenz in das Schriftsystem einer
Gesellschaft und eines Textes einführt. Er ist somit ein
schwärmerischer Autor. Er hat keinen festen Boden unter
den Füßen und schwankt an einem Nicht-Ort zwischen
dem, was er erfindet, und dem, was ihn verändert. Mal
hat er wie ein Jäger im Wald das Geschriebene vor Augen,
kommt vom Weg ab, lacht und landet einen "Coup" oder er
macht als guter Spieler mal einen schlechten Zug. Mal
verliert er die fiktiven Sicherheiten der Realität: seine
Seitensprünge schließen ihn von den Sicherheiten aus, die
das Ich im gesellschaftlichen Rahmen festhalten. *Wer* liest
eigentlich? Ich? Oder was in mir? "Es ist nicht das *Ich*
als eine Wahrheit, sondern das Ich als eine Ungewißheit
über das Ich, das sich in diesen Texten lesend verliert. Je
mehr ich sie lese, desto weniger verstehe ich sie, und ich
komme vom Regen in die Traufe" (23).

Das ist eine allgemeine Erfahrung, wenn man vielen Zeugnissen, die weder quantifizierbar noch zitierbar sind, glauben darf und nicht ausschließlich den Gebildeten. Sie gilt auch für die Leser und Leserinnen von *Wir Zwei, Das landwirtschaftliche Frankreich* oder *Der Freund des Schlachters,* wie populärwissenschaftlich oder technisch der Raum auch immer sein mag, der von der Amazone und dem Odysseus des Alltagslebens durchquert wird.

Weit davon entfernt, Schriftsteller - also Gründer eines eigenen Ortes oder Erbe früherer Pioniere, allerdings auf dem Boden der Sprache, als Brunnenausschachter und Häuserbauer - zu sein, sind die Leser Reisende; sie bewegen sich auf dem Gelände des Anderen, wildern wie Nomanden in Gebieten, die sie nicht beschrieben haben, und rauben gar die Reichtümer Ägyptens, um sie zu genießen. Die Schrift sammelt an, lagert ein, widersteht der Zeit durch die Schaffung eines Ortes und vermehrt ihre Produktion durch eine expansive Reproduktion. Die Lektüre ist gegen den Verschleiß durch die Zeit nicht gewappnet (man vergißt sich selber und man vergißt), sie bewahrt das Erworbene nicht oder bloß schlecht und jeder Ort, an dem sie vorbeikommt, ist eine Wiederholung des verlorenen Paradieses.

Sie hat tatsächlich keinen eigenen Ort: Barthes liest Proust im Text von Stendhal (24); der Fernsehzuschauer liest den Ablauf seiner Kindheit in einer Nachrichtensendung. Die Fernsehzuschauerin, die über eine am Vorabend gesehene Sendung sagt: "Es war völlig idiotisch, aber ich habe trotzdem weiter zugeschaut"; von welchem Ort sollte sie gefangengenommen sein, wenn nicht vom Ort und Nicht-Ort des gesehenen Bildes? Ebenso ist es beim Leser: sein Ort ist nicht *hier* oder *dort,* der eine oder der andere, sondern weder der eine noch der andere, innen und außen zugleich; er verliert beide, indem er sie durcheinanderbringt, indem er ruhende Texte miteinander in Verbindung bringt, deren Erwecker und Empfänger er ist, die aber niemals zu seinem Eigentum werden. Dadurch entgeht er sowohl dem Gesetz jedes einzelnen Textes als auch dem Gesetz des sozialen Milieus.

Räume für Spiele und Listen

Um diese Tätigkeit zu beschreiben, kann man auf mehrere Modelle zurückgreifen. Sie kann als eine Form von "Bastelei" angesehen werden, wie sie Lévi-Strauss im "wilden Denken" beschreibt, das heißt als ein Arrangement aus den Materialien, die ihm zur Hand sind, als eine Produktion, "die in keinem Zusammenhang zu dem augenblicklichen Projekt steht und die die Überbleibsel von früheren Konstruktionen oder Destruktionen wieder zusammenfügt" (25). Aber im Gegensatz zu den "mythologischen Welten" von Lévi-Strauss gilt: wenn diese Produktion auch Ereignisse hervorruft, so bildet sie doch kein Ganzes. Sie ist eine über einen langen Zeitraum verstreute "Mythologie", das Zerbröckeln einer Zeit, die nicht zusammengezogen, sondern in Wiederholungen und Differenzen von Genüssen zerstreut, in Erinnerungen und aufeinanderfolgende Erkenntnisse.

Ein anderes Modell: die subtile Kunst, deren Theorie von den mittelalterlichen Dichtern und Romanciers aufgestellt wurde: sie bringen die Neuerungen gerade in den Text selbst und in die Begriffe einer Tradition ein. Auf ausgeklügelten Wegen dringen tausende von Differenzen in die autorisierte Schrift ein, die ihnen als Rahmen dient, allerdings ohne daß ihr Spiel sich seinem Gesetz beugen würde. Diese poetischen Listen, die nicht mit der Schaffung eines eigenen Ortes (Schrift) verbunden sind, werden durch die Jahrhunderte bis in die heutige Lektüre aufrechterhalten, wobei die Abschweifungen und Metaphorisierungen so geschickt gehandhabt werden, daß sie oft kaum mehr Staunen hervorrufen.

Auch die in Bochum im Hinblick auf eine *Rezeptionsäs-thetik** und eine *Handlungstheorie** angestellten Untersu-chungen liefern verschiedene Modelle zum Verhältnis der textuellen Taktiken zu den "Erwartungen" und den daraus folgenden Hypothesen des Rezipienten, der das Drama (oder den Roman) für eine wohlbedachte Handlung hält (26). Dieses Spiel von Textproduktionen, die sich durch die Erwartungen des Lesers während der Lektüre ergeben, wird sicherlich mit einem schwerfälligen Begriffsapparat präsentiert; aber es bringt das Verhältnis von Lesern und Texten gerade dort zum Tanzen, wo - ein trauriges Schauspiel - eine orthodoxe Lehre das Götzenbild (goldene Kalb) eines "Werkes" aufgestellt hat, welches von angepaß-ten oder dummen Verbrauchern umgeben ist.

Diese und viele andere Untersuchungen sind auf eine Lektüre gerichtet, die nicht mehr nur durch eine "imper-tinente Abwesenheit" charakterisiert wird, sondern durch Angriffe und Rückzüge, durch Taktiken und Spiele mit dem Text. Sie kommt und sie geht, wird ab und zu aufgesogen (aber von was; was regt sich zugleich beim Leser und im Text?), ist verspielt, aufsässig und flüchtig.

Man müßte die Bewegungen der Lektüre auch am Körper selber wiederfinden, der scheinbar gelehrig und schweigsam ist und sie auf seine Weise nachahmt: in der Abgeschiedenheit aller möglichen Lese-"Kabinette" (vom Studierzimmer bis zum Klo) werden unbewußte Gebärden freigesetzt: Gemurmel, Zuckungen, Herumgekrame oder Drehungen, ungewöhnliche Laute, sozusagen eine wilde Orchestrierung des Körpers (27). Aber ansonsten ist die Lektüre auf ihrer elementarsten Ebene seit drei Jahrhun-derten zu einer Gebärde des Auges geworden. Sie wird nicht mehr wie früher Ausrufe vom Gemurmel einer stimmlichen Artikulation und von den Bewegungen der Mundmuskulatur begleitet. Das Lesen, ohne mit lauter oder halblauter Stimme zu sprechen, ist eine "moderne" Erfah-rung, die tausende von Jahren unbekannt war. Früher verinnerlichte der Leser den Text; er machte seine Stimme zum Körper des Anderen; er war dessen Akteur. Heute zwingt der Text dem Subjekt nicht mehr seinen Rhythmus auf, er äußert sich nicht mehr durch die Stimme des Lesers. Dieser Rückzug des Körpers, der eine Voraussetzung für seine Autonomie ist, bedeutet eine Distanzierung des Textes. Er ist der *habeas corpus* des Lesers.

Da der Körper sich vom Text zurückzieht, um nur noch die Beweglichkeit des Auges zum Zuge kommen zu lassen (28), regt die geographische Konstellation des Textes immer weniger die Aktivität des Lesers an. Die Lektüre befreit sich von dem Boden, auf dem sie gewachsen ist. Sie löst sich von ihm ab. Die Selbständigkeit des Auges beendet die Komplizenschaft von Körper und Text; sie koppelt den Text vom Ort der Schrift ab; sie macht aus dem Geschriebenen einen Gegen-stand und vergrößert die Bewegungsmöglichkeiten des Subjektes. Ein Indiz dafür sind die Schnell-Lese-Methoden (29). So wie das Flugzeug eine zunehmende Unabhängigkeit gegenüber den Zwängen, die durch die Beschaffenheit des Bodens ausgeübt werden, ermöglicht, erreichen die Schnell-Lese-Techniken durch die Verringerung der Fixpunkte für das Auge eine Beschleunigung beim Durchlesen, eine Unabhängigkeit gegenüber den Vorgaben des Textes und ein Lesen von mehr Text. Von den Orten befreit, ist der lesende Körper in seinen Bewegungen viel freier. Er verkörpert so die Möglichkeit jedes Subjektes, den Text durch die Lektüre umzuformen und ihn zu "überspringen", so wie man Stufen überspringt.

Ich lasse viele Aspekte zur Verteidigung der Impertinenz des Lesers außeracht. Barthes unterschied bereits drei Arten von Lektüre: diejenige, die bei der Lust an den Worten stehenbleibt, diejenige, die zum Ende hastet und "nicht warten" kann, und diejenige, die den Wunsch zu schreiben entwickelt (30). Erotik-, Jagd- oder Initiations-Lektüren. Es gibt natürlich noch andere, im Traum, im Kampf, bei der Autodidaktik etc., von denen aber hier nicht die Rede sein kann. Jedenfalls wird der Leser durch seine zunehmende Unabhängigkeit nicht geschützt, da sich die Macht der Medien gerade auf seine Vorstellungskraft auswirkt, das heißt auf alles, was er von sich aus in das Textgewebe einfließen läßt - seine Befürchtungen, seine Träume und seine eingebildete und mangelnde Autorität. Eben darauf stürzen sich die Herrschenden und machen aus Chiffren und "Tatsachen" eine Rhetorik, deren Zielscheibe diese preisgegebene Intimität ist.

Aber dort, wo unser wissenschaftlicher Apparat gehalten ist, die Illusion der Herrschenden, mit denen er notwendigerweise solidarisch ist, zu teilen, das heißt von Massen auszugehen, die durch die Eroberungen und Siege einer verbreiteten Produktion transformiert worden sind, ist es immer von Vorteil, sich daran zu erinnern, daß man die Leute nicht für dumm verkaufen sollte.

FÜNFTER TEIL

ARTEN UND WEISEN DES GLAUBENS

KAPITEL XIII

POLITISCHE GLAUBWÜRDIGKEIT

> *"Ich mag das Wort* glauben. *Ich denke im allgemeinen, wenn die Leute sagen 'ich weiß', dann wissen sie nicht, sie glauben."*
> Marcel Duchamp im Gespräch mit J.J. Sweeney (1a)

Die Juden sind Franzosen, sagte Léon Poliakov einmal, die, anstatt nicht mehr in die Kirche zu gehen, nicht mehr in die Synagoge gehen. In der humoristischen Tradition der *Hagada* ist dieser Scherz ein Hinweis auf einen Glauben vergangener Zeiten, der keinen Einfluß auf die Praktiken mehr hat. Den politischen Überzeugungen scheint es heute nicht anders zu gehen. Man ist Sozialist, weil man es einmal *gewesen ist,* ohne an Demonstrationen teilzunehmen, ohne Versammlungen, ohne Beitrag, insgesamt also ohne dafür zu bezahlen. Die "Parteizugehörigkeit", die eher ertragen als ausgeübt wird, erkennt man nur daran, daß man eine *Stimme* hat, diesen Rest von Sprechen, durch eine Stimmabgabe einmal im Jahr. Die Partei, die von einem Anschein von "Vertrauen" lebt, sammelt sorgfältig die Relikte alter Überzeugungen, und mithilfe dieses Anscheins von Legitimität schafft sie es tatsächlich, ihre Geschäfte zu betreiben. Sie muß nur noch durch Umfragen und Statistiken die Aussagen dieser Phantomzeugen verbreiten und sie wie eine Litanei rezitieren, her-beten.

Die Inszenierung dieser Vertrauensbeweise wird durch eine sehr einfache Technik in Gang gehalten. Es genügt, daß die Umfrage sich nicht auf das beziehen, was die

"Anhänger" direkt mit der Partei verbindet, sondern auf das, was sie nicht woanders sich engagieren läßt - nicht auf die Energie von Überzeugungen, sondern auf ihre Trägheit: "Wenn es falsch ist, daß Sie an etwas anderes glauben, muß es folglich richtig sein, daß Sie auf unserer Seite sind". In den Ergebnissen dieser Operation zählt man auf die verbliebenen Spuren der Mitgliedschaft. Man rechnet sogar mit dem *Verschleiß* jeglicher Überzeugung, da diese Reste zugleich auf einen *Abbau* dessen, was die Befragten geglaubt haben, und auf das *Fehlen* einer stärkeren Glaubwürdigkeit verweist, die sie woanders hinführt: die "Stimmen" wandern nicht ab; sie bleiben da; sie verharren reglos in ihrer Position und führen immer zum selben Ergebnis. Die Stimmzählung wird zu einem Märchen. Diese Fiktion könnte durchaus ein Nachtrag zum *Esse est percipi* von Borges sein (1). Dabei handelt es sich um ein Lehrstück über eine Verschiebung, die die Zahlen nicht ausdrücken, die aber dennoch den Glauben erschüttert.

Unter "Glauben" verstehe ich zunächst nicht den Gegenstand des Glaubens (ein Dogma, ein Programm etc.), sondern das Setzen der Subjekte auf eine Behauptung und den *Akt* des Aussagens, wenn sie für wahr gehalten wird (2) - anders gesagt, eine "Modalität" der Bejahung und keinen Glaubensinhalt (3). Die Fähigkeit, etwas glauben zu können, scheint im politischen Bereich überall im Rückgang zu sein. Sie war eine Stütze für das Funktionieren der "Autorität". Seit Hobbes hat die politische Philosophie, vor allem in ihrer englischen Tradition, diese Verknüpfung für grundlegend gehalten (4). Mit dieser Verbindung erklärte die Politik ihr differentes oder kontinuierliches Verhältnis zur Religion. Aber der Wille etwas "*glauben-zu-machen*", von dem die Institution lebt, lieferte in beiden Fällen ein Gegenstück, eine Ergänzung auf die Frage nach der Liebe und/oder der Identität (5). Es ist daher wichtig, sich über die Veränderung des Glaubens in unseren

Gesellschaften und über die Praktiken, die diese Verschiebungen verursacht haben, Gedanken zu machen.

Abwertung des Glaubens

Lange Zeit hat man den Glaubensquell für unerschöpflich gehalten. Man brauchte im Meer der Leichtgläubigkeit nur Inseln der Rationalität zu schaffen und die brüchigen Errungenschaften zu isolieren und mit einer Kritik abzusichern. Den angeblich unerschöpflichen Rest glaubte man auf andere Gegenstände und andere Zwecke übertragen zu können, so wie Wasserfälle in Wasserkraft umgesetzt und genutzt werden. Man bemühte sich, diese Kraft "einzufangen", indem man sie von einem Ort auf einen anderen übertrug: von den sogenannten heidnischen Gesellschaften, in denen sie heimisch war, führte man sie dem Christentum zu, das sie stützen sollte: von den Kirchen lenkte man dann die Kraft in Richtung einer politischen Monarchie; und schließlich von einer traditionalistischen Religiösität in Richtung der Institutionen der Republik, der staatlichen Erziehung oder der Sozialismen. Diese "Konversionen" bestanden darin, die Glaubensenergie einzufangen, indem man sie weiter transportierte. Was nicht in die neuen Regionen des Fortschrittes übertragbar war oder noch nicht dorthin transportiert worden war, erschien als "Aberglaube"; was für die herrschende Ordnung brauchbar war, bekam den Wert einer "Überzeugung". Das Reservoir war derart reichhaltig, daß man bei seiner Ausbeutung die Notwendigkeit seiner Analyse vergaß. Kampagnen und Kreuzzüge wurden geführt, um die Energie des Glaubens am rechten Ort und mit den richtigen Gegenständen (an die man glauben konnte) zu verbinden.

Nach und nach ist der Glaube wie die Luft oder das Wasser verschmutzt worden. Diese Antriebsenergie, die zwar immer Widerstand leistete, aber mit der man auch immer umgehen konnte, schmolz dahin. Gleichzeitig stellte man fest, daß man nicht wußte, woraus sie bestand. Ein eigenartiges Paradox: die Unmengen von Polemiken und Überlegungen über die ideologischen Gehalte und die entsprechenden institutionellen Rahmenbedingungen des Glaubens haben (mit Ausnahme der englischen Philosophie von Hume bis zu Wittgenstein, H.H. Price, Hintikka oder Quine) nicht zu einer Erhellung des Glaubensaktes als solchem beigetragen. Heute genügt es nicht mehr, den Glauben zu benutzen, zu übertragen und zu verfeinern, man muß nun seine Zusammensetzung untersuchen, da man ihn künstlich erzeugen will. Teilweise werden vom kommerziellen oder politischen Marketing Anstrengungen in dieser Richtung unternommen (6). Es gibt inzwischen zu vieles, woran man glauben soll, und zu wenig Glaubwürdigkeit.

Es findet eine Umkehrung statt. Die alten Mächte übten geschickt ihre "Autorität" aus und glichen dadurch die Unzulänglichkeit ihres technischen oder administrativen Apparates aus: dabei handelte es sich um Schutz-, Trost- und "Rechtfertigungs"-Systeme etc. Sie versuchten daher, sich durch eine Rationalisierung, Kontrolle und Organisation des Raumes vom Wechselspiel dieser Treueformen unabhängiger zu machen. Als Krönung dieser Arbeit verfügen die Mächte unserer entwickelten Gesellschaften über außerordentlich feine und lückenlose Methoden zur Überwachung aller gesellschaftlichen Netze, nämlich über die administrativen und "panoptischen" Systeme der Schule, der Polizei, des Gesundheitswesens, der Sicherheit etc. (7). Aber ganz allmählich verlieren sie jegliche Glaubwürdigkeit. Sie verfügen über immer mehr Macht und über immer weniger Autorität.

Die Techniker machen sich darüber sehr oft überhaupt keine Gedanken, da sie vollauf damit beschäftigt sind, die Ordnungs- und Überwachungsdispositive zu erweitern und komplexer zu gestalten. Eine trügerische Gewißheit. Die

Verfeinerung der Disziplinierung ist kein Ausgleich für die Gleichgültigkeit der Leute. In den Betrieben schreitet die Demobilisierung der Arbeiter viel schneller voran als die polizeiliche Kontrolle, deren Zielscheibe, Vorwand und Ergebnis die Entmobilisierung ist. Die Vergeudung von Produkten, die Unterschlagung von Arbeitszeit, das Auf-eigene-Rechnung-arbeiten, die Rotation oder das Fernbleiben der Beschäftigten etc. unterminieren ein System von innen, das wie in den Toyota-Fabriken (8) dahin tendiert, die Form eines Gefängnisses anzunehmen, um alle möglichen Ausflüchte und Fluchtformen zu verhindern. In den Verwaltungsbehörden, in den Büros und sogar in den politischen oder religiösen Organisationen schwinden mit der krebsartigen Entwicklung der Apparate die Überzeugungen. Diese Entwicklung trägt geradezu zu dem Überzeugungsverlust bei. Eigennutz ersetzt nicht den Glauben (9).

Der Glaube erschöpft sich. Letztendlich zieht er sich in die Medien und die Freizeit zurück. Er geht in Urlaub; trotzdem bleibt er immernoch ein Gegenstand, der von der Werbung, dem Kommerz und der Mode aufgesogen und bearbeitet wird. Um diese Glaubensformen wiedereinzufangen, die schwinden und abhanden kommen, beginnen die Unternehmen ihrerseits Trugbilder der Glaubwürdigkeit herzustellen. Shell erzeugt ein Credo von "Werten", die die Direktion "beflügeln" und welche die führenden Angestellten und die Beschäftigten übernehmen sollen. Dasselbe machen hunderte von anderen Unternehmen, auch wenn sie nur langsam in Gang kommen und immer noch auf das fiktive Kapital eines alten Familien-, Firmen- oder Regional-"Geistes" setzen.

Woher soll man den Stoff nehmen, mit dem man den Apparaten Glaubwürdigkeit verleihen kann? Dafür gibt es zwei alte Fundgruben, eine politische und eine religiöse: bei der einen kompensiert eine Überentwicklung ihrer Verwaltungsinstanzen und ihrer Rahmenbedingungen den

Wechsel oder das Schwinden der Überzeugungen ihrer Anhänger; bei der anderen lassen demgegenüber die Institutionen, die im Niedergang begriffen sind oder sich auf sich selber zurückziehen, überall die Glaubensformen verbreiten, die sie seit langem zusammengehalten, genährt und kontrolliert haben.

Die Übergänge des Glaubens - eine Archäologie

Die Wechselbeziehungen dieser beiden "Grundlagen" sind seltsam und alt.

1. Die Religiösität scheint leichter ausbeutbar zu sein. In den Marketing-Agenturen werden die Überreste von den Glaubensformen, die früher heftig als Aberglauben bekämpft worden sind, eifrig wiederaufgegriffen. Die Werbung bekommt den Charakter eines Evangeliums. Viele Funktionäre der ökonomischen und gesellschaftlichen Ordnung sind beunruhigt über den langsamen Schiffbruch der Kirchen, in denen die Reste der "Werte" gepflegt werden, die sie für sich ausnutzen wollen, indem sie sie für "aktuell" ausgeben. Bevor diese Glaubensformen mit den Schiffen, die sie tragen, endgültig untergehen, werden sie in den Unternehmen und Verwaltungen Hals über Kopf an Land gezogen. Die Benutzer dieser Relikte glauben nicht mehr an sie. Das hindert sie aber nicht daran - gemeinsam mit allen möglichen "Fundamentalisten"- ideologische und finanzielle Verbände zu bilden, um diese Wracks der Geschichte wieder seetauglich zu machen und aus den Kirchen Museen für Glaubensformen ohne Gläubige zu machen, die dort bereitgehalten werden, um vom liberalen Kapitalismus ausgebeutet zu werden.

Diese Rettungsversuche gehen von zwei taktischen Voraussetzungen aus, die wahrscheinlich falsch sind. Die eine postuliert, daß der Glaube mit seinen Gegenständen verhaftet bleibt, so daß, wenn man sich ihrer bemächtigt, sich auch ein Einfluß auf den Glauben sichert. Die Besetzungen des Glaubens wandern in der Tat (wie die Geschichte und die Semiotik zeigen) von Mythos zu Mythos, von Ideologie zu Ideologie oder von Aussage zu Aussage (10). So wendet sich der Glaube von einem Mythos ab und läßt ihn quasi intakt, wenn er keine Gefühle mehr weckt, sondern toter Buchstabe ist (11). Während dieser Übergänge kann die Überzeugung, die noch mit den Bereichen verbunden ist, welche sie nach und nach aufgibt, sich nicht ausreichend gegen die Bewegungen zur Wehr setzen, die sie woandershin verlagerten. Es gibt keine Äquivalenz zwischen den Gegenständen, die sie noch stützen, und denen, die ihr eine andere Richtung weisen.

Die andere Taktik geht nicht mehr davon aus, daß der Glaube mit seinen elementaren Gegenständen verbunden bleibt, sondern daß er ganz im Gegenteil künstlich von ihnen abgelöst werden kann; daß seine Flucht zu den Berichten der Medien, zu den "Freizeitparadiesen", zu den intimen oder Reise-Rückzugsbereichen etc. gestoppt oder umgeleitet werden kann; und daß man ihn also in den Schoß der Disziplinarordnung, die er verlassen hat, zurückführen kann. Aber ganz so leicht läßt sich die Überzeugung nicht in die Bereiche, die sie aufgegeben hat, zurückversetzen. Man kann sie nicht einfach in die "unglaubwürdig" gewordenen Verwaltungen oder Unternehmen zurückführen. Die Liturgien, die die Arbeitsplätze "beleben" und "aufwerten" wollen, verändern dadurch nicht deren Funktionsweise. Deshalb wird auch keiner bekehrt. So leichtgläubig ist die Öffentlichkeit nicht. Sie macht sich über diese Zeremonien und Trugbilder lustig. Aber sie läßt sich davon nicht vereinnahmen.

2. Die *politischen* Organisationen haben nach und nach die Kirchen als Stätte des praktizierten Glaubens ersetzt, aber gerade deswegen scheinen sie von der Wiederkehr einer sehr alten (vor-christlichen) und sehr "heidnischen" Allianz zwischen der Macht und dem Religiösen bedroht zu

sein. Es hat den Anschein, als ob das Politische in dem Maße, wie das Religiöse keine autonome Macht mehr ist (eine "geistliche Macht", wie es hieß), religiös wurde. Das Christentum hatte eine Trennung gemacht zwischen dem Geflecht der sichtbaren Gegenstände des Glaubens (den politischen Autoritäten) und seinen unsichtbaren Gegenständen (Götter, Geister etc.). Aber es konnte diese Trennung nur aufrechterhalten, indem es an die Stelle, die durch den vorrübergehenden Verfall des Politischen am Ende der Antike freigeworden war, eine kirchliche, dogmatische und sakramentale Macht setzte. Im 11. und 12. Jahrhundert zwang die kirchliche Macht im Zeichen des "Gottesfriedens" den zerstrittenen welchtlichen Mächten ihre "Ordnung" auf (12). In den folgenden Jahrhunderten fand ein Niedergang dieser Ordnung zugunsten der weltlichen Fürsten statt. Im 17. Jahrhundert beziehen die Kirchen ihre Vorbilder und ihre Rechte von den Monarchien, auch wenn sie immer noch eine "Religiösität" bezeugen, welche die Macht legitimiert und deren Glaubwürdigkeit erhöht. Mit der Auflösung dieser kirchlichen Macht seit drei Jahrhunderten sind die Glaubensformen zum Politischen zurückgeflossen, allerdings ohne die göttlichen oder himmlischen Werte, welche die Kirchen gepachtet, überwacht und in die Hand genommen hatten, für sich in Anspruch nehmen zu können.

Dieses komplexe Hin und Her, bei dem das Politische ins Christlich-Religiöse überging und dieses Religiöse wiederum in eine neue Politik einmündete (13), führte zu einer Individualisierung der Glaubensformen (die allgemeinen Bezugsrahmen zerfielen in gesellschaftliche "Meinungen" oder in individuelle "Überzeugungen") und verfing sich im immer komplizierteren Netz möglicher Gegenstände. Der Gedanke der Demokratie entsprach dem Willen, diese Häufung von Überzeugungen zu organisieren, die den Glauben ersetzten, welcher eine Ordnung begründet hatte. Auffällig dabei ist, daß das Christentum letztendlich dem

Vertrauen in das Religiöse, das es vom Politischen losgelöst hat, Abbruch getan hat, als es das antike System, das heißt die religiöse Glaubwürdigkeit des Politischen zerstörte. Es hat zur Abwertung dessen beigetragen, was es sich angeeignet hat, um autonom zu werden; und dadurch hat es einen Rückfluß der Glaubensformen zu den politischen Autoritäten ermöglicht, die von nun an von jenen spirituellen Autoritäten getrennt (oder befreit?) waren, welche früher sowohl ein Prinzip der Relativierung als auch der Legitimation waren. Die Wiederkehr eines "heidnischen" Verdrängten ist somit von diesem Niedergang des "Spirituellen" bewirkt worden. Die Erosion des Christentums hat eine bleibende Spur in der Moderne hinterlassen, nämlich die "Inkarnation" (oder Menschwerdung Gottes) oder Historisierung, die schon Rousseau im 18. Jahrhundert als eine "bürgerliche Religion" bezeichnete (14). Dem heidnischen Staat, der "zwischen seinen Göttern und seinen Gesetzen keinen Unterschied machte", setzt Rousseau eine "Religion" des Staatsbürgers entgegen, "bei der die Festlegung ihrer Artikel Sache des Staatsoberhauptes oder Souveräns ist". "Wer diese Grundsätze ablehnt und nicht an sie glaubt, nachdem er sie öffentlich anerkannt hat, soll mit dem Tod bestraft werden". Von dieser bürgerlichen Religion des *Staatsbürgers* unterschied er eine geistige Religion des *Menschen,* also die individuelle, asoziale und universelle Religion aus dem *Glaubensbekenntnis des savoyischen Vikars* (in "Emil oder von der Erziehung"). Diese prophetische Vorausschau, die viel weniger zusammenhanglos ist als man meint, beschreibt bereits die Entwicklung einer "bürgerlichen" und politischen Dogmatik am Beispiel der Radikalisierung eines individuellen Bewußtseins, das sich von jedem Dogma losgesagt hat und über keinerlei Macht verfügt. Inzwischen haben soziologische Untersuchungen die Richtigkeit dieser Vorausschau bestätigt (15).

Seit der Zeit der Aufklärung besetzt der Glaube ausschließlich das politische System, und zwar in dem Maße wie die "spirituellen Kräfte" aus der Bahn geraten, sich auflösen oder schwächer werden, die in der Antike die bürgerlichen Mächte unterstützt hatten und die im christlichen Abendland mit ihnen gewetteifert hatten.

Von der "geistlichen" Macht zur Opposition von links

Die heute archäologische Unterscheidung zwischen dem Weltlichen und dem Geistlichen als zwei Formen der Rechtssprechung ist immer noch strukturell in der französischen Gesellschaft verankert - heute allerdings *innerhalb* des politischen Systems. Der Platz, den die Kirche (oder die Kirchen) gegenüber den etablierten Mächten eingenommen hatte, ist seit zwei Jahrhunderten in der Tätigkeit einer sogenannten Linksopposition erkennbar geblieben. Auch im politischen Leben kann eine Mutation der ideologischen Inhalte eine gesellschaftliche "Form" unversehrt lassen (16). Ein Hinweis auf diese Übergänge, die die Glaubensformen in ein und demselben strukturellen Schema verlagern, findet sich in der Geschichte des Jansenismus: eine prophetische Opposition (Port-Royal im 17. Jahrhundert) verwandelt sich hier im 18. Jahrhundert in die politische Opposition eines "aufgeklärten" und parlamentarischen Milieus. Hier zeichnet sich bereits ab, daß eine Intellektuellenschicht von Gebildeten oder Notabeln die Opposition ablöst, die von den "geistlichen Mächten" gegen politische oder "zivile" Autoritäten unterstützt wurde.

Wie immer es auch in der Vergangenheit war und wenn man allzu simple (und a-politische) Vergleiche zwischen den typischen psychosoziologischen Zügen jeder Militanz (17) beiseite läßt, es gibt gegenüber der etablierten Ordnung *funktionell* einen Zusammenhang zwischen den Kirchen, die eine *jenseitige Welt* verteidigten, und den linken Parteien, die seit dem 19. Jahrhundert eine *andere Zukunft* anstreben. Auf beiden Seiten kann man ähnliche funktionale Merkmale ausmachen: die Ideologie und die Doktrin haben bei ihnen eine Bedeutung, die ihnen die Machthaber nicht beilegen; der Entwurf einer anderen Gesellschaft gegenüber der Fatalität oder Normalität der Tatsachen führt zu einer Priorität des (reformerischen, revolutionären, sozialistischen etc.) Diskurses; seine Rechtfertigung durch ethische Werte, durch eine theoretische Wahrheit oder durch einen Märtyrerkatalog soll die Legitimität kompensieren, mit deren Hilfe sich jede Macht durch bloße Existenz Glaubwürdigkeit verschaffen kann; die Techniken des "Glauben-machens" spielen gerade dort eine viel entscheidendere Rolle, wo es sich um etwas handelt, was noch nicht existiert (18); doktrinäre Unversöhnlichkeit und Ausschließlichkeit ist hier also viel stärker als dort, wo die errungene Macht Kompromisse zuläßt und oft sogar fordert; schließlich neigt jede reformistische Macht aufgrund einer anscheinend widersprüchlichen Logik dazu, politische Vorteile zu erringen, sich in eine kirchliche Verwaltung zu verwandeln, um ihrem Vorhaben Nachdruck zu verleihen, und somit ihre ursprüngliche "Reinheit" zu verlieren oder zu einem Anhängsel des Apparates zu werden, folglich aus ihren Verfechtern Beamte oder Eroberer zu machen.

Diese Analogie hat strukturelle Gründe: sie sind allerdings nicht direkt auf eine Psychologie der Militanz oder auf eine soziologische Ideologiekritik zurückzuführen, sondern vor allem auf die Logik eines "Ortes", der als seine Wirkungen die militanten Mobilisierungen, die Taktiken des "Glauben-machens" und kirchenähnlichen Institutionen produziert und reproduziert, die in einem Verhältnis der Distanz, des Wettbewerbs und der künftigen Transformation gegenüber den etablierten Mächten stehen.

Die Übergänge von christlichen zu sozialistischen Vorstellungen via "Häresien" und Sekten sind Gegenstand zahlreicher Untersuchungen (19), die ihrerseits zu den Übergängen beitragen, die sie analysieren. Aber wenn bei diesen Übergängen Relikte von religiösen Glaubensformen in neue politische Gebilde übertragen werden, so sollte man daraus allerdings nicht schließen, daß diese Reste von aufgegebenen Glaubensformen es erlauben, in diesen Bewegungen Religion wiederzuerkennen. Man kommt zu diesem falschen Schluß nur durch die Gleichsetzung des *Glaubensinhalts* mit dem Akt des *Glaubens*, sowie durch die entsprechende Folgerung, die Religion in jeder Gruppe vermutet, wo noch die Elemente funktionieren, die einmal religiös *gewesen sind.*

Ein anderes Analysemodell scheint den Gegebenheiten der Geschichte und der Anthropologie eher angemessen zu sein: die Kirchen, also die Religionen, sind keine Referenzeinheiten, sondern gesellschaftliche Varianten für die möglichen Beziehungen zwischen dem *Glauben* und dem *Geglaubten;* sie sind spezielle historische Konfigurationen (und Manipulationen) der Beziehungen gewesen, die die (formellen) Modalitäten des *Glaubens* und des Wissens zum (quasi lexikalischen) Katalog der verfügbaren *Inhalte* unterhalten. Heute haben Glaube und Wissen ein anderes Verhältnis zueinander als in den früheren Religionen; der Glaube bestimmt das Geglaubte nicht mehr nach denselben Regeln; die Gegenstände des Glaubens und des Wissens, ihre Definitionsweise, ihr Status und ihre Speicherung sind zum größten Teil erneuert worden. Auch kann man nicht zwei Konstellationen von "Glaubensformen" isolieren und in eine Kontinuität festschreiben, indem man von beiden nur die gemeinsame Tatsache eines *Belief* (Glaubensaktes), eines angeblich invariablen Elementes, zurückbehält.

Um die Beziehungen von Diskurs und Glauben in der neuen, politischen und militanten Form zu untersuchen, die die Linksparteien an einem Ort, der historisch von der Rolle der Kirchen von früher determiniert ist, an den Tag legen, muß man also die archäologische Perspektive aufgeben und stattdessen die Art und Weise untersuchen, in der der Glaube, das Wissen und ihre Inhalte sich heute gegenseitig bedingen. Das heißt man muß versuchen, einige Funktionsweisen des Glaubens und des Glauben-machens in jenen politischen Gebilden zu erfassen, wo sich innerhalb dieser Systeme Taktiken ausbreiten, die den Anspruch auf eine Position anmelden und den Anforderungen der Geschichte gerecht werden. Durch diese Annäherung an die Gegenwart können zwei Mechanismen unterschieden werden, mit deren Hilfe sich die Glaubenslehre schon immer Glaubwürdigkeit verschafft hat: einerseits, der Anspruch *im Namen eines Realen zu sprechen,* das angeblich unzugänglich, gleichzeitig das Prinzip dessen, was geglaubt wird (eine Totalisierung), und das Prinzip des Glaubensaktes (eine sich immer entziehende, nicht verifizierbare und fehlende Sache) ist; andererseits die Fähigkeit des von einem "Realen" autorisierten Diskurses, sich in Form von *die Praxis organisierenden Elementen,* das heißt in Form von "Glaubensartikeln" auszubreiten. Diese beiden Triebfedern finden sich heute in dem System wieder, das die Narrativität der Medien (eine Instituierung des Realen) mit dem Diskurs der zu konsumierenden Produkte verbindet, mit der Verbreitung dieses Realen in Form von "Artikeln", die man glauben und kaufen soll. Am ersten dieser beiden Punkte muß man weiterforschen; der zweite ist allzu bekannt.

Die Instituierung des Realen

Das große Schweigen der Dinge wird durch die Medien in sein Gegenteil verwandelt. Das Reale, das sich früher insgeheim vollzogen hat, ist heute geschwätzig. Überall gibt es nur noch Neuigkeiten, Informationen, Statistiken und Umfragen. Niemals hat die Geschichte so viel gesprochen und so viel gezeigt. Die Diener der Götter haben die

Dinge niemals so unablässig, so ausführlich und so nachdrücklich *zum Sprechen gebracht,* wie es heute die Produzenten von Enthüllungen und Regeln *im Namen der* Aktualität tun. Die Berichte von dem, was geschieht, bilden unsere Orthodoxie. Unsere Glaubenskriege sind ein Streit um Zahlen. Die Kontrahenten sind nicht mehr mit offensiven oder defensiven Ideen gewappnet. Ihre Angriffe werden mit Fakten, Begebenheiten und Ereignissen getarnt. Sie geben sich als Boten des "Realen" aus. Sie tragen die Farben des ökonomischen und gesellschaftlichen Bodens. Wenn sie vorpreschen, scheint sich das Terrain selber vorwärtszubewegen. Und in der Tat, sie fabrizieren und simulieren es, sie maskieren sich damit und beziehen ihre Glaubwürdigkeit daraus und schaffen dadurch die Bühne für ihr Gesetz.

Malville, Kalkar, Croissant, Polisario, Atomkraft, Khomeini, Reagan etc.: diese Geschichtsfragmente werden zu Glaubensartikeln hochstilisiert. "Seien Sie still", sagt der Sprecher oder der politische Verantwortliche: "Das sind die Fakten. Die Gegebenheiten, die Umstände etc. Sie müssen daher ..." Das erzählte Reale diktiert unaufhörlich, was geglaubt und gemacht werden muß. Und was kann man den Fakten schon entgegensetzen? Man kann sich ihnen nur beugen und dem gehorchen, was sie "bedeuten", wie das Orakel in Delphi (20). Die Fabrikation von Trugbildern (Simulakren) liefert das Mittel zur Produktion von Gläubigen, also Leuten, die ihren Glauben ausüben. Diese Institution des Realen ist die deutlichste Form unserer gegenwärtigen Dogmatik. Folglich ist sie unter den Parteien am meisten umstritten.

Diese Institution des Realen hat weder einen eigenen Ort, noch einen Sitz oder einen Lehrstuhl. Als anonymer Code innerviert und sättigt die Information den Gesellschaftskörper. Von morgens bis abends überschwemmen die Nachrichten pausenlos die Straßen und Häuser. Sie machen unser Dasein aus, indem sie uns beibringen, wie es sein soll. Sie "übertönen das Ereignis", das heißt sie *machen* (daraus) unsere Legenden *(legenda,* was man lesen und sagen muß). Der schon beim Aufstehen vom Radio (die Stimme ist das Gesetz) erfaßte Hörer durchwandert jeden Tag den Wald der Zeitungs-, Reklame- und Fernseh-Berichte, die ihm am Abend noch die letzten Botschaften unter der Schwelle des Schlafes durchschieben. Mehr als der Gott, von dem einst die Theologen erzählt haben, haben diese Geschichten die Funktion einer Vorsehung und Vorherbestimmung: sie organisieren im Voraus unsere Arbeiten, unsere Feste und sogar unsere Träume. Das gesellschaftliche Leben übernimmt die Gebärden und Verhaltensweisen, die von den narrativen Modellen *geprägt* worden sind; es reproduziert und akkumuliert unablässig die "Kopien" von Berichten. Unsere Gesellschaft ist in dreifachem Sinne zu einer *rezitierten* Gesellschaft geworden: sie wird gleichzeitig durch *Berichte (récits)* (die Fabeln unserer Werbung und unserer Informationsmedien), durch deren *Zitierung* und durch deren unendliche *Rezitierung* definiert.

Diese Berichte haben die doppelte und seltsame Fähigkeit und Macht, das Sehen in Glauben zu verwandeln, und das Reale mittels Schein zu produzieren. Eine doppelte Umkehrung. Einerseits wandelt die Moderne, die einst aus dem Bestreben entstanden ist, genau zu beobachten, gegen die Leichtgläubigkeit anzukämpfen und einen Vertrag zwischen dem Blick und dem Realen zu schließen, dieses Verhältnis um und gibt genau das zu *sehen,* was man *glauben* soll. Die Fiktion definiert den Bereich, den Status und die Gegenstände der Betrachtung. So funktionieren die Medien, die Werbung oder die politische Selbstdarstellung.

Zwar gab es auch früher Fiktion, aber nur in festumrissenen, ästhetischen und theatralischen Bereichen: dort machte die Fiktion sich selber kenntlich (zum Beispiel mit Hilfe der Perspektive, der Illusionskunst); sie lieferte mit ihren Spielregeln und ihren Produktionsbedingungen ihre eigene Metasprache (21). Sie sprach ausschließlich im Namen der Sprache. Sie machte aus der Symbolik eine Erzählung, indem sie die Wahrheit der Dinge in der Schwebe ließ und gewissermaßen geheimhielt. Heute gibt die Fiktion vor, das Reale zu vergegenwärtigen, im Namen der Fakten zu sprechen und macht somit den Schein, den sie selber produziert hat, zum Bezugsrahmen. Somit sind die Empfänger (und Käufer) dieser Geschichten nicht mehr gezwungen etwas zu glauben, was sie nicht sehen (die traditionelle Position), sondern zu glauben, was die sehen (die gegenwärtige Position).

Diese Umkehrung des Terrains, auf dem sich die Glaubensformen entwickeln, ergibt sich aus einem Paradigmenwechsel des Wissens: das alte Postulat von der Unsichtbarkeit des Realen - wurde durch seine Sichtbarkeit ersetzt. Der sozio-kulturelle Schauplatz der Moderne bezieht sich auf einen "Mythos". Dieser definiert den gesellschaftlichen Referenzpunkt durch seine Sichtbarkeit (und somit durch seine wissenschaftliche oder politische Vorzeigbarkeit); mit diesem neuen Postulat (glauben, daß das Reale sichtbar ist) bringt er die Möglichkeit unserer Erkenntnisse, unserer Beobachtungen, unserer Beweise und unserer Praxis zum Ausdruck. In diesem neuen Umfeld (ein weites Feld für optische Untersuchungen und die Schärfung des Blicks) bleibt das eigenartige Einverständnis zwischen dem *Glauben* und der Frage nach dem Realen immer noch bestehen. Aber es liegt nun im Bereich des *Gesehenen,* des *Beobachteten* und des *Gezeigten.* Das heutige "Simulakrum" (22) besteht letztlich in der Verankerung des Glaubens im Sehen, das heißt, *geglaubt* wird nur was *gesehen* wird - zumal die Hypothese aufgegeben worden ist, der zufolge die Fluten eines unsichtbaren Ozeans (das Reale) die Ufer des Sichtbaren heimsuchten und Wirkungen, entzifferbare Zeichen oder trügerische Reflexe seiner Gegenwart hinterlassen. Das Simulakrum ergibt sich aus dem Verhältnis des Sichtbaren zum Realen, wenn sich das Postulat einer unsichtbaren Weite des Seins (oder der Geschöpfe), die hinter dem Schein verborgen ist, auflöst.

Die erzählte Gesellschaft

Angesichts von Bildberichten, die nur noch "Fiktionen" (sichtbare und ablesbare Produktionen) sind, *weiß* der Zuschauer-Beobachter *sehr wohl,* daß es sich um "Schein-formen" und Resultate von Manipulationen handelt - "*Ich weiß genau, daß das alles nur Schwindel ist"* -, aber *trotzdem* verleiht er diesen Simulationen den Status des Realen (23): ein Glaube überlebt die Widerlegung, die durch alles, was wir über ihre Fabrikation wissen, gelie-fert wird. Wie ein Fernsehzuschauer sagte: "Wenn das falsch wäre, hätte man davon schon gehört".

Er geht von *anderen* gesellschaftlichen Orten aus, die beweisen können, was er für fiktiv hält, und das ermög-licht es ihm, "trotzdem" daran zu glauben. Es ist so, als ob der Glaube sich nicht mehr direkt in Überzeugungen auszudrücken vermag, sondern nur noch auf dem Umweg dessen, was andere angeblich glauben. Der Glaube beruht nicht mehr auf einer unsichtbaren fremden Welt, die hinter den Zeichen verborgen ist, sondern auf dem, was andere Gruppen, andere Bereiche oder andere Disziplinen angeblich sind. Real ist das Andere, worauf ich mich im Glauben beziehen kann. Das gilt sogar für die wissen-schaftlichen Disziplinen. So beruhen zum Beispiel die Beziehungen zwischen der Informatik und der Geschichts-wissenschaft auf einem erstaunlichen Quiproquo: die Historiker verlangen von der Informatik eine Anerkennung als "wissenschaftliche" Macht, die ihren Diskursen ein technisches und reales Gewicht verleihen soll; die Infor-matiker verlangen von der Geschichte eine Bestätigung durch das "Reale", welches in der historischen Bildung "konkret" vorliegt. Beide erwarten von der anderen Seite einen Beweis, der ihrem Simulakrum Gewicht verleiht (24).

Auf politischer Ebene läuft es genauso. Jede Partei bezieht ihre Glaubwürdigkeit aus dem, was sie von dem, worauf sie sich beruft, glaubt und glauben macht (die im Osten vollbrachten revolutionären "Wunder"?) oder von ihrem Gegner (die Fehltritte und Mißgeschicke der bösen Gegenseite). Innerhalb jeder Partei können die professionellen Reden der "Verantwortlichen" dank der Leichtgläubigkeit gehalten werden, die sie bei ihrer Basis oder bei den Wählern voraussetzen; und umgekehrt hat das "Ich weiß genau, daß das alles Schwindel ist" von vielen Wählern seinen Kontrapunkt in dem, was sie an Überzeugung oder an Wissen bei den Kadern des politischen Apparates voraussetzen. Der Glaube beruht also auf dem Wert des Realen, den man beim anderen "trotzdem" voraussetzt, selber wenn man "sehr wohl weiß", wie "beschissen" der Platz ist, den man einnimmt.

Das Zitat ist also die absolute Waffe des Glaubenmachens. Denn es spielt mit dem, was der Andere angeblich glaubt; es ist somit das Mittel, durch das sich etwas "Reales" bildet. Indem man den Anderen also zu Gunsten des Realen zitiert, macht man die Simulakren glaubwürdig, die an einem bestimmten Ort produziert worden sind. Die "Meinungsumfragen" sind dabei zur elementarsten und passivsten Vorgehensweise geworden. Die andauernde Selbst-Zitierung - die Vervielfachung der Umfragen - ist die Fiktion, mit deren Hilfe das Land dazu gebracht wird, an das zu glauben, was es *ist*. Jeder Bürger geht von dem aus, was er - ohne daran zu glauben - für den Glauben der Anderen hält. Indem das Zitat unglaubwürdig gewordene Lehren ersetzt, erlaubt es den technokratischen Apparaten, sich bei allen *im Namen der Anderen* glaubwürdig zu machen. Zitieren bedeutet, dem von einer Macht erzeugten Simulakrum Realität zu verleihen, indem man glauben macht, daß die anderen daran glauben, ohne allerdings irgendeinen glaubwürdigen Gegenstand zu liefern. Aber es bedeutet auch, "Anarchisten" oder "Abweichler" zu brandmarken (sie vor das Tribunal der öffentlichen Meinung zu zitieren); es setzt diejenigen der öffentlichen Wut aus, die durch ihr Verhalten zum Ausdruck bringen, daß sie nicht daran glauben und die fiktive "Realität" zerstören, die jeder nur "trotzdem" aufrechterhalten kann, indem er sich auf die Überzeugung der Anderen stützt.

Insofern das Instrumentarium der Meinungsbildung, von denjenigen manipulierbar ist, die darüber verfügen, muß man mit vollem Recht seine Eignung in Frage stellen, den "Glauben" in "Mißtrauen" oder "Verdacht", das heißt in Denunziation zu verwandeln. Auch muß man bezweifeln, ob es dem Bürger die Möglichkeit gibt, politisch das zu kontrollieren, was als zirkuläre und gegenstandslose Glaubwürdigkeit dem politischen Leben selber dient.

KAPITEL XIV

STERBEN: DAS UNSAGBARE

Bei einem Sterbenden zieht sich das Krankenhauspersonal zurück. "Ein Fluchtsyndrom auf seiten der Ärzte und Krankenschwestern" (1). Diese Distanzierung wird von Dienstvorschriften begleitet, die den Patienten bereits behandeln, als ob er schon tot wäre: "Er hat das Bedürfnis nach *Ruhe* ... Lassen Sie ihn *schlafen*". Der Sterbende muß *ruhig* und *still* sein. Neben der Pflege und den für den Kranken notwendigen Beruhigungsmitteln geht diese Anweisung auch darauf ein, daß es für die Umgebung unmöglich ist, die *Äußerung* der Angst, der Verzweiflung oder des Schmerzes *zu ertragen:* all das braucht nicht *gesagt* zu werden.

Die Sterbenden sind Geächtete *(outcasts),* weil sie aus einer Institution herausfallen, die auf die Erhaltung des Lebens gerichtet ist. Eine "vorweggenommene Trauer", ein Phänomen der institutionellen Ablehnung, bringt sie von vornherein ins "Sterbezimmer"; diese Trauer umgibt sie mit Schweigen oder, schlimmer noch, mit Lügen, die die Lebenden vor der Stimme schützen, die diese einsame Abgeschiedenheit durchbrechen könnte, indem sie ausruft: "Ich sterbe". Dieser Schrei würde zu einem *embarrassingly graceless dying* führen. Die Lüge ("Aber nein, es wird alles wieder gut") ist eine Absicherung gegen die Kommunikation. Denn wenn das verbotene Sprechen plötzlich doch zustandekommen würde, wäre es ein Verrat an dem Kampf, der das Krankenhaus in Gang hält und der nichts von einem Scheitern wissen will, da davon ausgegangen wird, daß *pflegen* ausschließlich *heilen* bedeutet; es wäre blasphemisch.

Der Sterbende, gewissermaßen ein bereits Toter mit Galgenfrist, *fällt* aus dem *Denk- und Vorstellbaren* heraus, das mit dem verbunden wird, was man *machen* kann. Indem er den Bereich verläßt, der von Behandlungsmöglichkeiten umrissen wird, tritt er in eine Region der Bedeutungslosigkeit, der Insignifikanz, ein. Dort, wo nichts mehr getan werden kann, kann nichts gesagt werden. Ebenso wie der Müßiggänger, und mehr noch als er, ist der Sterbende unmoralisch: der eine ist ein Subjekt, das nicht arbeitet; der andere ist ein Objekt, das nicht einmal mehr zur Bearbeitung zur Verfügung steht; beide sind untolerierbar in einer Gesellschaft, wo das Verschwinden der Subjekte überall durch eine Vervielfachung der Arbeitstätigkeit kompensiert und verschleiert wird. Man brauchte den in seinem technokratischen Totalitarismus logischen Nazismus, um die Toten zu behandeln und um mit Hilfe von Rentabilisierungsmaßnahmen die Grenze zu überschreiten, die der träge Leichnam ihnen entgegensetzte.

In diesem Verhältnis zwischen Subjekten ohne Tätigkeit und Prozeduren ohne Produzenten, zwischen der Angst - von Individuen und der Verwaltung von Praktiken führt der Sterbende die Frage nach dem Subjekt auf die äußerste Grenze der Untätigkeit zurück, zu dem Punkt, an dem sie am inständigsten und am wenigsten erträglich ist. Das Fehlen von Arbeit ist bei uns der Un- oder Nicht-Sinn; dieser Zustand muß vermieden werden, damit der Diskurs fortgesetzt werden kann, der unermüdlich Aufgaben artikuliert und der den Standartspruch der westlichen Welt "Es gibt immer etwas zu tun" formuliert. Der Sterbende ist ein Lapsus dieses Diskurses. Er ist obszön; er kann nichts anderes als obszön sein. Das heißt, er wird zensiert, der Sprache beraubt und mit dem Leichentuch des Schweigens zugedeckt: das Unsagbare.

Auch die Familie hat nichts zu sagen. Der Kranke wird ihr von einer Institution entführt, die die Verantwortung für seine Krankheit und nicht für das Invidiuum übernimmt, also für ein Objekt, das von Technikern isoliert, transformiert und eliminiert wird, die sich der Verteidigung der Gesundheit verschrieben haben, so wie sich andere mit der Verteidigung der Ordnung oder der Hygiene befassen. Ausgestoßen aus einer Gesellschaft, die, wie in den früheren Utopien, ihre Straßen und Häuser säuberlichst von allem reinhält, was die Arbeitsvernunft parasitär befallen könnte (Abfälle, Kriminalität, Gebrechen und Alter), muß der Kranke seiner Krankheit dorthin folgen, wo man sie behandelt, also zu den Spezialunternehmen, in denen sie sofort in ein wissenschaftlichen und sprachliches Objekt verwandelt wird, das dem alltäglichen Leben und Sprechen fremd gegenübersteht. Er wird in eine der geheimen und technischen Zonen (Krankenhäuser, Gefängnisse, Müllplätze) abgesondert, die die Lebenden von allem befreien, was die Kette von Produktion und Konsum ins Stocken bringen könnte, und in deren Schattenbereichen, die keiner gerne durchdringen möchte, all das repariert und ausgesiebt wird, was an die Oberfläche des Fortschritts zurückgeschickt werden kann. Wird er aber dort festgehalten, wird er für die Seinen zu einem Unbekannten. Er wohnt dann weder in ihren Häusern noch in ihrem Sprechen. Vielleicht wird der Exilierte aus dem fremden Land zurückkehren, dessen Sprache man bei ihm zuhause nicht kennt und das nur vergessen werden kann. Wenn er nicht zurückkehrt, bleibt er der ferne und nicht benennbare Gegenstand einer Arbeit und eines Scheiterns, welche im Raum und in der Sprache der Familie unmöglich nachvollzogen werden können.

Der Tod wird einerseits für ein Versagen oder einen vorübergehenden Stillstand des medizinischen Kampfes gehalten, andererseits der allgemeinen Erfahrung entzogen, also an der Grenze der wissenschaftlichen Möglichkeiten und außerhalb der vertrauten Praktiken auftauchend; er ist also *woanders*. In einer Gesellschaft, die offiziell keine andere "Ruhe" als die Trägheit oder die Vergeudung kennt, wird der Tod preisgegeben - zum Beispiel den antiquierten religiösen Sprachen, er wird Ritualen überlassen, die heute des Glaubens entkleidet sind, der sie einst belebte. Er wird in jene Räume aus vergangenen Zeiten abgeschoben, die ihrerseits auch durch die wissenschaftliche Produktivität "verschoben" worden sind und die zumindest noch einige Zeichen liefern (die unlesbar geworden sind), um diese sinnentleerte Sache buchstabieren zu können. Ein exemplarisches und nationales Spektakel: der Prunk, der anläßlich des Todes von de Gaulle entfaltet wurde, ist von der Mehrheit der Würdenträger, die ihren Toten damit umgaben, seit langem für "Aberglaube" gehalten worden. Was sie nicht benennen konnten, brachten sie in einer Sprache zum Ausdruck, an die sich nicht glauben konnten. Was in den religiösen, diabolischen, phantastischen oder Hexen-Büchern - diesem marginalisierten Wortschatz - insgeheim aufbewahrt wird oder maskiert wiederauflebt, ist der undenkbar und unsagbar gewordene Tod (2).

Sprechen heißt glauben

Daß der verdrängte Tod in seiner exotischen Sprache (der Sprache der Vergangenheit, von alten Religionen oder fernen Traditionen) wiederkehrt; daß er in fremden Dialekten beschworen werden muß und daß es ebenso schwierig ist, von ihm in seiner eigenen Sprache zu sprechen, wie "bei sich zuhause" zu sterben - all das definiert etwas Ausgeschlossenes, das nur in verschleierter Form zurückkehren darf. Als paradoxes Symptom dieses sprachlosen Todes beschäftigt sich eine ganze Literatur mit dem Punkt, an dem die Beziehungen zum Sinnlosen zusammenlaufen. Der Text wuchert um diese Wunde der

Vernunft. Ein weiteres Mal stützt er sich auf das, was nur verschwiegen werden kann. Der Tod ist die Frage nach dem Subjekt.

Ein Indiz: die psychoanalytische Behandlung zeigt, in welchem Maße sich die Erfahrung im Verhältnis des Subjektes zu seinem Tod artikuliert. Der Melancholiker sagt: "Ich kann nicht sterben" (3); der Zwangskranke: "Ich kann es nicht vermeiden zu sterben" ("Vor allem bedürfen sie (die Zwangskranken) der Todesmöglichkeit zur Lösung der von ihnen ungelöst gelassenen Konflikte, schreibt Freud im *Rattenmann*") (4). Aber bevor dieses Verhältnis des Subjektes zu seinem Tod im Bereich des psychoanalytischen Austausches auftaucht, kommt es in der Frage des Ödipus vor: "Werde ich, wenn ich überhaupt nichts mehr bin, endlich wirklich ein Mann werden?". Jacques Lacan kommentiert: "Hier fängt die Fortsetzung der Geschichte an: das Jenseits des Lustprinzip". Aber gerade hier kommt ein drittes Schweigen zu dem der Aufsichtsinstanz und dem der allgemeinen Sprache hinzu: das Schweigen des Subjektes selber. Insbesondere das Subjekt bemüht sich, den Tod zu sagen, Boris Vian:

> *Ich will nicht krepieren,*
> *nein, Monsieur, nein, Madame,*
> *bevor ich nicht den Geschmack*
> *verspürt habe, der mich quält,*
> *den Geschmack, der am stärksten ist.*
> *Ich will nicht krepieren,*
> *bevor ich gekostet habe von*
> *der Würze des Todes.*

Zwischen dem Krepieren in der Gosse, dieser unterschwelligen Sorge im *struggle for life*, der sich im Westen ausbreitet, und dem Sterben gibt es die Differenz des *Sprechens*, das beim Zusammenbruch des Habens und der Vorstellungskraft die Frage stellt "Was ist *sein*?". Eine "müßige" Frage. Es ist ein Reden, das *nichts* mehr sagt, das nichts anderes *hat* als den Verlust, aus dem sich das Sprechen formt. Zwischen der Maschine, die stehenbleibt oder verreckt, und dem Akt des Sterbens gibt es die *Möglichkeit,* es auszusprechen. Die *Möglichkeit, zu sterben,* spielt sich in diesem Zwischenraum ab.

An der Schwelle der Differenz zwischen Krepieren und Sterben stehend, ist der Sterbende daran gehindert, dieses Nichts auszusprechen, das er wird, er ist unfähig zu dem Akt, der nur seine Frage produzieren würde. Es würde ihm sogar genügen, den Platz einzunehmen, den er in der Sprache des Anderen in dem Moment bekommen würde, in dem er weder Güter noch Beweise vorzulegen hat. Einfach nur *gerufen* zu werden - "Lazarus!" - und mit seinem Eigennamen in die Sprache eines anderen Begehrens einzugehen, ohne daß in seinem Tod wie bei seiner Geburt irgendetwas Eigenes ihm das Recht dazu gäbe - das wäre eine Kommunikation jenseits des Austausches. Dort könnte das Begehren sein notwendiges Verhältnis zu dem eingestehen, was es nicht haben kann, zu einem Verlust. Das würde bedeuten, den Tod zu "symbolisieren": dafür Worte finden (die keinerlei Inhalt "berichten"), in der Sprache eines Gespräches die Auferstehung dessen ermöglichen, was kein Leben spendet.

Aber dieser Platz ist dem Isolierten verwehrt. Der Verlust seiner gesellschaftlichen Fähigkeiten und Gesichter verbietet ihm auch, was er ihm zu ermöglichen schien: den Zugang zu dem wechselseitigen Verhältnis, das ausschließlich in die Worte gefaßt werden kann "Du fehlst mir".

Dennoch gibt es eine erste und letzte Koinzidenz zwischen sterben, glauben und sprechen. In meinem ganzen Leben kann ich schließlich nur an meinen Tod *glauben,* wenn "glauben" ein Verhältnis zu *dem Andren* bezeichnet, das mir vorausgeht und unaufhörlich geschieht. Es gibt nichts, was so "anders" ist wie mein Tod, der Index jeder Alterität. Aber es bestimmt auch nichts besser den Platz,

von dem aus ich mein Begehren nach dem Anderen aussprechen kann, meine Dankbarkeit, in der Sprache, die
ohnmächtig in ihrer Erwartung ist, aufgenommen worden
zu sein, ohne daß ich einen Garanten oder etwas zu bieten
hätte; was also *sprechen* bedeutet, wird durch nichts
anderes so genau definiert wie durch meinen Tod.

Schreiben

Der "letzte Moment" ist nur der äußerste Punkt, an den
das Begehren zu sprechen sich zurückzieht, an dem es
sich steigert und an dem es sich vernichtet. Zweifellos
durchdringt der zu erwartende Tod lange vorher das
gesellschaftliche Leben, aber man muß ständig seine
Obszönität maskieren. Seine Botschaft verrät sich in den
Gesichtern, die im Begriff sind sich aufzulösen, aber sie
verfügen nur über Lügen, um zu sagen, was sie verkünden
(seid still, ihre Berichte vom Altern, die meine Augen,
meine Falten und die ganze Schwerfälligkeit erzählen), und
man hütet sich, sie zum Sprechen zu bringen (Gesichter,
sagt uns nicht, was wir nicht wissen wollen).

Die geheime *Unmoral* des Todes ruht in geschützten
Grotten, die ihm von der Psychoanalyse oder der Religion
zugewiesen worden sind. Sie bewohnt die umfangreichen
Metaphern der Astrologie, der Nekromantie oder der
Hexenkunst - Sprachen, die toleriert werden, solange sie
einen Bereich des Obskurantismus bilden, von denen sich
die Gesellschaften des Fortschritts unterscheiden. Die
Unmöglichkeit des Sprechens geht also weit vor den
Moment zurück, in dem die Bemühungen des Sprechers
gemeinsam mit ihm vernichtet werden. Sie ist in allen
Prozeduren enthalten, die den Tod einschließen oder aus
den Grenzen der Stadt, aus der Zeit, der Arbeit oder der
Sprache vertreiben, um einen Platz zu sichern.

Aber um das Bild des Sterbenden zu erschaffen, mache ich es genauso. Ich folge der Verlockung, die den Tod woanders lokalisiert, im Krankenhaus oder in den letzten Momenten des Lebens: ich verwandle ihn in das Bild des Anderen; indem ich den Tod mit dem Sterbenden identifiziere, schaffe ich *einen Bereich, in dem ich nicht bin*. In der Vorstellung exorziere ich den Tod, der beim Nachbarn untergebracht ist, der in einen Moment verbannt ist, von dem ich voraussetze, daß er nicht der meinige ist. Ich verteidige meinen Platz. Der Sterbende, von dem ich spreche, bleibt obszön, wenn es sich nicht um mich selber handelt.

Die Umkehrung beginnt bei der Arbeit des Schreibens selber, bei der die Vorstellungen nur eine Wirkung und/oder ein Abfall sind. Ich befrage mich über das, was ich fabriziere, denn der "Sinn" ist dabei in der Gebärde verborgen, im Akt des Schreibens. Warum soll man nicht im Namen eines unmöglichen Sprechens schreiben? Zu Beginn des Schreibens gibt es einen Verlust. Das, was sich nicht sagen läßt - eine unmögliche Entsprechung von Präsenz und Zeichen -, ist die Voraussetzung einer Arbeit, die immer wieder beginnt und deren Prinzip ein Nicht-Ort von Identität und eine Opferung der Sache ist. Der Befehl von Joyce: "Schreibs auf, verdammt, du, schreibs auf!" (5) entstammt einer Präsenz, die dem Zeichen entrissen wurde. Die Schrift wiederholt diesen Mangel mit jedem ihrer Graphen, den Relikten eines Ganges durch die Sprache. Sie buchstabiert eine Abwesenheit, die ihre Voraussetzung und ihre Bestimmung ist. Sie schreitet voran durch das unablässige Aufgeben von besetzten Plätzen und sie verknüpft sich mit einer Exteriorität, die sich ihr entzieht, mit einem von woanders gekommenen Empfänger, mit einem erwarteten, aber niemals gehörten Besucher, auf den Pfaden der Schrift, welche die Reisen eines Begehrens auf der Seite skizziert haben.

Als praktischer Umgang mit dem Verlust des Sprechens hat die Schrift nur außerhalb ihrer selbst einen Sinn, an einem anderen Platz, nämlich dem des Lesers, den sie als ihre eigene Notwendigkeit produziert, indem sie sich selber in die Richtung jener Präsenz bewegt, die sie niemals erreichen wird. Sie bewegt sich zu einem Sprechen hin, das ihr niemals gegeben sein wird und das eben deshalb die Bewegung hervorruft, unendlich mit einer abgelösten, ab-soluten Antwort verbunden zu sein, mit der Antwort des Anderen. Aus diesem Verlust entsteht das Schreiben. Es ist die Gebärde eines Sterbenden, ein Abfallen vom Haben bei der Durchquerung eines Wissensbereiches, ein bescheidener Versuch "Zeichen zu geben".

Auf diese Weise kann der Tod, der nicht spricht, geschrieben werden und eine Sprache finden, auch wenn bei dieser Arbeit der Verausgabung beständig das Bedürfnis wiederkehrt, durch die Stimme zu besitzen, die Grenze des Unüberschreitbaren, die verschiedene Präsenzen miteinander verknüpft, zu leugnen und in einem Wissen die Schwäche zu vergessen, die jedes Verhältnis eines Platzes mit anderen begründet.

Die therapeutische Macht und ihr Double

Von dieser "literarischen" Schreibweise, die in einem Verhältnis zum Tod entsteht, scheidet sich das "wissenschaftliche" System (das auch ein geschriebenes ist), das von einem Bruch zwischen Leben und Tod ausgeht und das dem Tod als seinem Scheitern, seinem Versagen und seiner Bedrohung begegnet. Seit drei Jahrhunderten war diese Trennung von Leben und Tod notwendig, damit Diskurse möglich werden konnten, die voll von wissenschaftlichen Ambitionen waren und die den Fortschritt kapitalisieren konnten, ohne unter dem Mangel des Anderen zu leiden.

Aber ihre Konstitution wurde ausschließlich durch ihre Verwandlung in Machtinstitutionen möglich.

So haben der Bruch, der den Eroberungsfeldzug der Arbeit dem Tod entgegengesetzt hat, und der Wille zur Besetzung des riesigen, leeren Landschaftsraumes des 18. Jahrhunderts mit einer ökonomischen und therapeutischen Verwaltung - eine Region des Unglücks, das neue Land der lebenden Toten - das Wissen im Verhältnis zum Elend und Leid organisiert. Eine Institutionalisierung des medizinischen Wissens hat die große Utopie einer *therapeutischen Politik* hervorgerufen, die von der Schule bis zum Krankenhaus alle Kampfmittel gegen die Arbeit des Todes im gesellschaftlichen Raum umfassen sollte. Eine allgemeine Transformation in Macht gab einer Administration, die die Aufgabe hatte zu *heilen* und mehr noch durch *Vorbeugung* eine *Ordnung* zu organisieren, ein "medizinisches" Aussehen.

Dieser Gesundheitsfeldzug sollte alle Lücken schließen, durch die der Feind eindringen konnte. Dabei wurde sogar die Schule zu einem speziellen Bereich "medizinischer Polizei" gemacht; man drang in alle Regionen des Privatlebens ein, um mit medizinischen Maßnahmen alle geheimen und intimen Wege zu versperren, die sich dem Übel und der Krankheit darboten; im Kampf gegen das biologische Unglück wurde die Hygiene zu einem nationalen Problem erhoben. Dieses medizinische Modell einer Politik bezog sich gleichzeitig auf das abendländische Streben nach einem unendlichen Fortschritt des Körpers (in einer Ökonomie der Herausforderung, bei der der Sport zu einer öffentlichen Inszenierung wurde) und auf die Zwangsvorstellung einer schleichenden und andauernden Degenerierung (die das biologische Kapital gefährdete, auf dem die kolonisatorische Expansion des Landes beruhte).

Die Schrift, die Möglichkeit, einen Raum zu schaffen, der mit dem Willen in Einklang stand, wurde am *Körper* wie auf einer mobilen, undurchsichtigen und flüchtigen

Seite artikuliert. Bei dieser Artikulierung wurde das Buch zu einem Laborexpriment im Bereich eines ökonomischen, demographischen oder pädagogischen Raumes. Das Buch ist im wissenschaftlichen Sinne des Wortes eine "Fiktion" des beschreibbaren Körpers; es ist ein "Szenario", das durch eine Zukunftsvision geschaffen wird, die *aus dem Körper das machen will, was eine Gesellschaft schreiben kann.* Von nun an schreibt man nicht mehr *auf* dem Körper. Der Körper soll sich in Schrift verwandeln. Dieser Körper als Buch, dieses Verhältnis des Lebens zum Geschriebenen, hat nach und nach von der Demographie bis zur Biologie eine wissenschaftliche Form angenommen, die überall gegen das Altern ankämpft, das abwechselnd als ein Schicksal oder als ein Komplex von kontrollierbaren Faktoren betrachtet wird. Diese Wissenschaft ist der in eine leere Seite verwandelte Körper, auf dem eine schriftliche Operation unendlich das Voranschreiten eines Machenwollens, einen Fortschritt produzieren kann.

Aber wie das Schreibpapier, so nutzt sich auch dieser Träger-Körper ab. Was als Lebensorganisation und Beherrschung oder Beschriftung des Körpers erzeugt wird, spricht unaufhörlich von dem Tod, der am Werk ist. Was dem wissenschaftlichen Diskurs entgeht oder wieder in ihn eingeht, erkennt den obsessiven Gegner, den er verbannen will. Allseits wuchert eine Literatur um die politische und therapeutische Institution herum. Sie läßt diesen Teufel wieder auferstehen und berichtet von der beunruhigenden Nähe des Verbannten. Von Nietzsche bis Bataille, von Sade bis Lacan zeigt diese "Literatur", welche der "wissenschaftliche" Diskurs seit dem 18. Jahrhundert aus "seinem" Bereich vertreiben und als Anderes konstituiert hat, in der Sprache die Rückkehr des Exilierten. Heute betrifft das ebenfalls den Bereich der *Fiktion.* Sie übernimmt vom Wissen das, was es verschweigt. Sie ist nur deswegen "anders", weil sie nicht mehr die Gegenstände behandelt, die von der Schreibtätigkeit erzeugt werden, sondern diese

Tätigkeit selber. Sie spricht von der Schrift selber, von der Arbeit des Buches im Bereich des Todes. Sie ist die Rückkehr des Schreib-Mythos zu sich selber. Sie ist in dem Sinne "Fiktion", daß sie im Raum des Buches den indiskreten Anderen wiederauftreten läßt, dem der gesellschaftliche *Text* seinen Platz nehmen wollte. Sie inszeniert gerade am Orte seiner Ausgrenzung das unabtrennbare Ausgeschlossene, das von der Sexualität und vom Tod abwechselnd immer wieder auf den Plan gebracht wird. Indem der Raum der Schrift auf die Wissenschaft in Form einer Verhöhnung antwortet, die noch von dem geprägt ist, was sie geschaffen hat, oder auch in Form einer Poetik der Entstellung und der Enteignung, wird dieser Raum erotisiert. In der Gestalt eines Mythos des Fortschrittes - das BUCH - entwickelt sich das gefährliche Spiel der Rekonstruktion. Schließlich schreibt sich der Körper selber ein, aber als eine Extase, die von einer vom Anderen zugefügten Wunde herrührt, als die "Verausgabung" einer Lust, die untrennbar von der Flüchtigkeit ist, und als ein ungreifbarer Fluchtpunkt, der "den Exzeß" mit dem Vergänglichen verbindet.

In eine Schreibweise, die mit der Fähigkeit verbunden ist, nichts von der ablaufenden Zeit zu verlieren, sie zu zählen und zu akkumulieren und daraus Kapital zu schlagen als Ersatz für die Unsterblichkeit, kehrt der Körper als ein *Augenblick* von Leben und Tod zugleich zurück, wobei sich beide an ein und demselben Ort befinden (6).

Das Vergängliche

Fest steht, daß der Tod nicht benennbar ist. Aber er schreibt sich in den Diskurs des Lebens ein, ohne daß es möglich wäre, ihm einen bestimmten Platz zuzuweisen. Die Biologie entdeckt "den von innen aufgezwungenen Tod" wieder. Francois Jacob: "mit der Reproduktion durch

Sexualität müssen die Individuen verschwinden" (7). Der Tod ist die Bedingung der Möglichkeit von Evolution. Daß die Individuen ihren Platz verlieren, ist das Gattungsgesetz. Die Vererbung des Kapitals und seines Fortschrittes wird durch ein Testament gesichert, daß immer ein Toter unterschreiben muß.

Jenseits der Zeichen, die von allen Seiten *in* die Schrift ihr Verhältnis zur Sexualität und zum Tod wiedereinführen, muß man sich fragen, ob die historische Bewegung, die die verdrängten Gestalten verschiebt ("Zur Zeit von Freud handelte es sich um Sexualität und Moralismus; heute geht es um eine unbegrenzte technologische Gewalt und einen absurden Tod" (8)), nicht eher eine fortschreitende Enthüllung des Modells ist, das die gesellschaftlichen Praktiken verknüpfte und das in dem Maße in die Gedankenwelt eingeht, wie sich seine Wirksamkeit verringert. Die Dekadenz einer Zivilisation, die durch die Macht der Schrift gegenüber dem Tod erschaffen worden ist, führt zu der Möglichkeit, das zu beschreiben, was sie organisiert hat. Erst am Ende einer Zeitepoche läßt sich sagen, was sie am Leben gehalten hat, so als ob sie sterben mußte, um zu einem Buch zu werden.

Also, (dieses Buch) schreiben bedeutet, durch das feindliche Gebiet marschieren zu müssen, sogar in den Bereich des Verlustes hinein, und den geschützten Bereich zu verlassen, der durch die Lokalisierung des Todes an einem anderen Ort gebildet worden ist. Es bedeutet mit dem Wortschatz des Vergänglichen Sätze zu produzieren, und zwar in der Nähe und schon fast im Raum des Todes. Es bedeutet, das Verhältnis zwischen Genießen und Handhaben in jenem Zwischenraum zu *praktizieren,* wo ein Verlust (ein Lapsus) der Produktion von Gütern die Möglichkeit einer Erwartung (eines Glaubens) schafft, ohne Aneignung, aber bereits dankbar anerkennend. Seit Mallarmé erstreckt sich das Experiment des Schreibens auf die Art und Weise des Verhältnisses zwischen dem Akt des

Voranschreitens und dem tödlichen Boden, auf dem sein Herumwandern seine Spur hinterläßt. In dieser Hinsicht ist der Schriftsteller selber auch ein Sterbender, der zu sprechen versucht. Aber im Tod, den seine Schritte auf einer schwarzen, vollgeschriebenen Seite (und nicht mehr weißen, leeren Seite) einschreiben, weiß er, daß er das Begehren aussprechen kann, das vom Anderen den wunderbaren und flüchtigen Exzeß, in einer Achtung zu überleben, die ihn verändert, erwartet.

UNBESTIMMTHEITEN

Die *Theorie* begünstigt eine pluralistische Epistemologie, die aus "einer Vielzahl von Gesichtspunkten (besteht), von denen jeder deutlich sichtbar denselben Grad von Allgemeinheit haben soll wie die anderen". Als Kunst "des Verkehrs auf kleinen Pfaden und in winzigen Adern" und als Kunst des Transportes und der Überschneidung, wäre der Fortschritt ein "Geflecht". Aufgrund seiner Physiologie würde er zu "einer Philosophie der Kommunikation ohne Substanz führen, das heißt ohne Beständigkeit und ohne Referenz" (1).

Aber die rationale *Technik* gibt den Dogmatismus weniger freudig auf. Sie wehrt sich gegen Interferenzen, die in den zweidimensionalen Planungen zu Undurchsichtigkeit und Zweideutigkeit führen. Sie spielt ihr eigenes Spiel (nämlich das der *Lesbarkeit* und der *Unterscheidung* der Funktionen) auf der Seite, wo sie nebeneinander und nacheinander *aufgeschrieben* werden, so daß man dieses Bild auf den Boden oder auf die Fassaden, in den Städten oder auf Maschinen übertragen kann.

Lesbarkeit der funktionalen Beziehungen zwischen Elementen und dreidimensional vergrößerte *Reproduktion* des Modells, das sind die beiden Operationsprinzipien der Technik. Gewiß, sie befinden sich auf dem Wege einer unendlichen Verfeinerung, die auf die breite Nachfrage reagiert, die übrigens ihrerseits ein Bestandteil des Systems ist, verplant und analytisch auf einen Raum verteilt wird, der die Eigenschaft hat (darin eingeschlossen der Computer) (2), ein lesbares Artefakt zu sein, ein Objekt, das von vorne bis hinten einem unbeweglichen Auge dargeboten wird. Ein eigenartiger Chiasmus: die Theorie bewegt sich in Richtung des Unbestimmten und die Technologie in Richtung einer funktionalistischen Unterscheidung und Bestimmung, bei der sie alles und auch sich selber umformt. Es ist so, als ob die eine sich, bewußt, auf die verschlungenen Pfade des *Aleatorischen* und Metaphorischen begäbe (3), während die andere verzweifelt versuchte, das utilitaristische und *funktionalistische* Gesetz ihres eigenen Mechanismus als "natürlich" hinzustellen.

Uns interessiert hier, was unterhalb der Technologie geschieht und ihr Spiel durcheinanderbringt. Das ist ihre Grenze, die zwar schon seit langem ausgemacht worden ist, der man aber eine andere Bedeutung beilegen muß als einer negativen Abgrenzung, eines "no man's land". Denn es handelt sich um tatsächliche Praktiken. Die Planer wissen sehr wohl um die Antriebskräfte, die sie als "Widerstände" bezeichnen, welche die funktionalistischen Kalküle (die elitäre Form einer bürokratischen Struktur) stören. Sie können nicht umhin, den fiktiven Charakter wahrzunehmen, der durch die Abhängigkeit von einer alltäglichen Realität in eine Ordnung eindringt (4). Aber sie dürfen es sich *nicht eingestehen*. Es ist Majestätsbeleidigung, über dieses Thema in den Büros zu lästern, und der Schuldige wird von ihnen vernichtet. Kunstwerk, bitte nicht dran rühren! Überlassen wir also diese funktionalistische Rationalität der Wucherung ihrer eigenen Schönfärberei, dem Euphemismus (5), der überall im Diskurs der Verwaltung und der Macht wieder auftaucht, und wenden wir uns mehr dem Gemurmel der Alltagspraktiken zu.

Sie bilden keine Nischen in der ökonomischen Gesellschaft. Sie haben nichts mit den Marginalitäten zu tun, die immer sehr schnell von der technischen Organisation integriert werden, um sie zu Bedeutungträgern und Tauschobjekten zu machen. Im Gegenteil, denn mit ihnen dringt eine nicht-codierbare Differenz in das glückliche Verhältnis ein, welches das System allzu gern mit den Handlungsweisen eingehen möchte, deren Verwaltung es beansprucht. Weit davon entfernt, eine lokale und somit klassifizierbare Revolte zu sein, handelt es sich um eine allgemeine und stillschweigende Subversion, die quasi herdenmäßig geschieht - es handelt sich um unsere eigene Subversion. Ich beschreibe davon nur zwei Symptome: eine "Ubiquität" des Ortes und die Einbrüche in die Zeit. Damit soll darauf hingewiesen werden, daß die übereinandergeschichteten, gesellschaftlichen Räume nicht auf ihre unkontrollierbare und konstruierbare Oberfläche reduziert werden können und daß die Veränderungen das Ungedachte gewisser Umstände in die durchkalkulierte Zeit wiedereinführen. Unentzifferbare Zusammenballung an einem Ort, Listen im Handeln und Zufälle der Geschichte, all das wird unlesbar. Von diesen Äußerungen kündet die Schrift ironisch und flüchtig vorübergehend wie ein Graffiti, so als ob ein auf die Mauer gemaltes Fahrrad, das Emblem eines allgemeinen Transits, sich loslösen würde, um zu unbestimmten Fahrten aufzubrechen (6).

Übereinandergeschichtete Orte

Die Differenz, die einen jeden Ort definiert, gehört nicht zur Ordnung von Nebeneinandergestelltem, sondern sie hat die Form von ineinandergeschachtelten Schichten. Nur die auf ein und derselben Oberfläche ausgebreiteten Elemente sind zählbar; sie können analysiert werden; sie bilden eine handhabbare Oberfläche. Jede Stadt-"Renovierung" zieht daher eine tabula rasa vor, auf die man die Komposition in Zement schreiben kann, die man im Labor auf der Basis von unterschiedlichen "Bedürfnissen" geschaffen hat, auf die man funktionelle Antworten geben kann. Das Bedürfnis, die erste "Substanz" dieser Komposition, wird vom System auch produziert, indem es zerlegt wird. Diese Einheit dort ist sauber wie eine Zahl. Mehr noch, der Mangel an Befriedigung, der jedes Bedürfnis definiert, erfordert und rechtfertigt von vornherein eine Konstruktion, die es mit anderen kombiniert. Produktionslogik: seit dem 18. Jahrhundert schafft sie sich auf der Basis von Konzentrationspunkten ihren eigenen diskursiven und praktischen Raum - das Büro, die Fabrik, die Stadt. Sie bestreitet die Zweckdienlichkeit von Orten, die sie nicht geschaffen hat.

Dennoch bleiben unter der produktionswütigen und universellen Schrift der Technologie undurchsichtige und eigensinnige Orte bestehen. Die Revolutionen der Geschichte, die ökonomischen Mutationen und die demographischen Vermischungen bleiben dort, übereinandergeschichtet, erhalten - eingewoben in die Bräuche, Riten und Praktiken im Raum. Die lesbaren Diskurse, die sie einst artikulierten, sind verschwunden oder haben in der Sprache nur Bruchstücke hinterlassen. Dieser Ort sieht an seiner Oberfläche wie eine Collage aus. Er ist tatsächlich eine verdichtete Ubiquität. Eine Aufschichtung von heterogenen Lagern. Jedes dieser Vorkommen ist so etwas wie eine unleserlich gewordene Buchseite, ein Verweis auf eine andere Art von territorialer Einheit, von sozioökonomischer Verteilung, von politischen Konflikten und identifikatorischer Symbolisierung.

Das Ganze, das aus unzeitgemäßen Teilen besteht, die noch mit zusammengebrochenen Totalitäten verbunden sind, wird von subtilen und kompensatorischen Gleichgewichten organisiert, welche stillschweigend die Komplementaritäten sichern. Verschwindend kleine Bewegungen und vielgestaltige Aktivitäten, die jenem "Gewimmel von Elektronen, Protonen und Photonen, ... deren Eigenschaften alle nur unzureichend bestimmt sind und die sich in beständiger Interaktion befinden," vergleichbar sind, als das sich die theoretische Physik, René Thom zufolge, das Universum vorstellt. Im Stadtteil oder auf dem Dorf haben diese Bewegungen den Anschein von etwas "unbeweglichem", einer falschen Trägheit. Diese Arbeit und ihr Spiel werden erst von dort aus unsichtbar, wo die Beobachtung aus der Distanz einer Klasse, die sich vom Rest "unterscheidet", nur das Verhältnis zwischen dem, was sie erzeugen will, und dem, was ihr widersteht, erfaßt. Das Dorf, der Stadtteil oder der Häuserblock sind übrigens nicht die einzigen Orte, die die Gesamtheit der heterogenen Schichtenfragmente zusammenwirken lassen. Der kleinste Satz der Alltagssprache "funktioniert" in der gleichen Weise. Seine semantische Einheit spielt mit außerordentlich subtilen kompensatorischen Gleichgewichten, welche von einer syntaktischen oder lexikalischen Analyse mit einem oberflächlichen Rahmen überfrachtet werden, mit dem Rahmen einer "Elite", die ihre Modelle für die Realität hält. Es wäre besser, sich auf jenes Modell zu beziehen (das zwar der Traumerfahrung entspringt, aber auch theoretisch ist, weil es eine Praxis zum Ausdruck bringt), das Freud am Beispiel der Stadt Rom aufgegriffen hat, wo *alle* Epochen unbeeinträchtigt an *demselben* Ort überleben und sich gegenseitig beleben (7).

Der Ort ist ein Palimpsest. Die Analyse der Gelehrten kennt immer nur den letzten Text; außerdem ist er für sie immer nur ein Resultat ihrer epistemologischen Entscheidungen, ihrer Kriterien und ihrer Zielsetzungen. Es ist also kein Wunder, daß die Vorgehensweisen, die im Hinblick auf die Rekonstitution geplant werden, einen "fiktiven" Charakter haben und ihren (vorläufigen?) Erfolg weniger ihrem Scharfblick verdanken als ihrer Macht zur Vernichtung der Eigenarten dieses Spiels zwischen disparaten Kräften und Zeiten.

Die Einbrüche in die Zeit

Eine andere Gestalt der Verschiebung der Planungen zu dem, was sie nicht bestimmen, ist das Unvorhergesehene. Die Zeit, die abläuft, trennt oder verbindet (und die zweifellos niemals gedacht worden ist), ist nicht die programmierte Zeit. Das wäre eine Binsenweisheit, wenn sie nicht von den zukunftsorientierten Planungsprojekten auch dann ausgeklammert werden würde, wenn diese unendlich viele Hypothesen aufstellen. Die Zeiteinbrüche erscheinen ausschließlich als eine Nacht, die zu "Unfällen" und Lücken in der Produktion führt. Sie sind ein Lapsus des Systems und sein teuflischer Gegner; sie sind das, was die Geschichtsschreibung verbannen will, indem sie diese Inkongruenzen des Anderen durch die transparente Organizität einer wissenschaftlichen Intelligibilität ersetzt (Korrelationen, "Ursachen" und Wirkungen, serielle Kontinuitäten etc.). Was die Zukunftsforschung nicht macht, sichert der Geschichtsschreiber, indem er demselben (fundamentalen) Anspruch gehorcht, durch die Produktion einer (fiktiven) "Vernunft" die Obszönität des Undeterminierten zu verschleiern.

Diese vom Diskurs konstruierten Zeiten erweisen sich in der Realität als holprig und brüchig. Die Zeit der Theorie, die "Knechtschaften" und Abhängigkeiten unterworfen ist (8), ist in der Tat eine Zeit, die mit dem Unwahrscheinlichen, dem Scheitern und mit Umwegen verbunden ist und die somit durch ihr Anderes verschoben wird. Sie ist mit dem gleichzusetzen, was in der Sprache als "Tempus-Metapher" (9) bezeichnet wird. Und aufgrund eines eigenartigen Phänomens bildet dieses Verhältnis des Kontrollierbaren zum Gescheiterten gerade die Symbolisierung und die Zusammenfügung dessen, was einen Zusammenhang bildet, ohne kohärent zu sein, und was Verbindungen herstellt, ohne gedacht werden zu können.

Das Versagen oder Scheitern der *Vernunft* ist genau der blinde Punkt, der einem Zugang zu einer *anderen* Dimension verschafft, zu der eines *Denkens,* das sich am Differenten als seiner unfaßbaren Notwendigkeit artikuliert. Das Symbolische ist untrennbar mit dem Scheitern verbunden. Die Alltagspraktiken, die von einer günstigen

Gelegenheit abhängig sind, das heißt von Zeiteinbrüchen, wären also - verstreut über die ganze Dauer - so etwas wie Denk-*Akte*. Eine permanente Praktik des Denkens.

Das Unvorhersehbare zu eliminieren oder es aus dem Kalkül als einen illegitimen Unfall auszuschließen, der die Rationalität bedroht, bedeutet also, die Möglichkeit eines lebendigen und "mythischen" praktischen Umgangs mit der Stadt zu verbieten. Dabei blieben für ihre Bewohner nur die Stücke einer Programmierung übrig, die von der Macht des Anderen vorgenommen und vom Ereignis verfälscht wurde. Die Zeiteinbrüche sind das, von dem in den tatsächlichen Diskursen der Stadt erzählt wird: eine unendliche und unbestimmte Fabel, die besser in den metaphorischen Praktiken und an den übereinandergeschichteten Orten zum Ausdruck kommt als im Reich der Evidenz der funktionalistischen Technokratie.

ANMERKUNGEN

(1) entfällt

(2) Vergl. M. de Certeau, *La Prise de parole,* Paris 1968; *La Possession de Loudun,* Paris 1970; *L'Absent de l'histoire,* Paris 1973; *La Culture au pluriel,* Paris 1974; *Une politique de la langue* (mit D. Julia und J. Revel), Paris 1975, etc.

(3) Vom griechischen *poiein:* "schaffen, erfinden, hervorbringen".

(4) Vergl. Emile Benvéniste, *Probleme der allgemeinen Sprachwissenschaft,* München 1974, S. 287-297

(5) Michel Foucault, *Überwachen und Strafen,* Ffm 1976

(6) Zu diesem Punkt sind auch die Arbeiten von Henri Lefebvre über das Alltagsleben von grundsätzlicher Bedeutung.

(7) Über den Begriff der *Kunst* von der *Enzyklopädie* bis zu Durkheim siehe unten, Kapitel V.

(8) Vergl. zu dieser Literatur die in *Le livre dans la vie quotidienne* (Bibliothèque Nationale, Paris 1975) aufgeführten Bücher und auch Geneviève Bollème, *La Bible bleu, Anthologie d'une littérature "populaire",* Paris 1975, p. 141-379.

(9) Diese beiden Monographien wurden von Pierre Mayol und Luce Giard abgefaßt (auf der Basis von Interviews von Marie Ferrier).

(10) Von Erwing Goffmann siehe vor allem *Rahmen-Analysen,* Ffm. 1977; *Interaktionsrituale,* Ffm. 1971 sowie *The Presentation of Self in Everyday Life,* New York 1973. Von Bourdieu siehe *Entwurf einer Theorie der Praxis,* Ffm 1976; "Les stratégies matrimoniales", in *Annales,* Juli 1972; "Le langage autorisé", in *Actes de la recherche en sciences sociales,* Nov. 1975 Nr. 5-6; "Le sens pratique", ebd. Feb. 1976 Nr. 1. Von Marcel Mauss vor allem "Die Techniken des Körpers" in *Soziologie und Anthropologie* Bd. 2, München, Wien 1975. Von Marcel Détienne und Jean-Pierre Vernant *Les Ruses de l'intelligence, La mètis des Grecs,* Paris 1974. Von Jeremy Boissevain *Friends of friends. Networks, Manipulators and Coalitions,* Oxford 1974. Von Edward O. Laumann, *Bonds of pluralism. The form and substance of urban social networks,* New York 1973.

(11) Joshua A. Fishman, *The sociology of language,* Newbury 1972. Vergl. das Kollektivwerk: David Sudnow (Hrsg.) *Studies in social interaction,* New York 1972; William Labov, *Sociolinguistique,* Paris 1976; etc.

(12) Oswald Ducrot, *Dire et ne pas dire,* Paris 1972; David K. Lewis *Convention: a philosophical study,* Harward 1969 und *Counterfactuals,* ebd. 1973.

(13) Georg H. von Wright *Norm and Action,* London 1963; *Essay in deontic logic and the general theory of action* Amsterdam 1968; *Explanation and Understanding,* Ithaca 1971. Und auch A.C. Danto *Analytical philosophy of action,* Cambridge 1973; Paul Ricoeur und D. Tiffeneau (Hrsg.) *La Sémantique de l'action,* C.N.R.S. 1977.

(14) A.N. Prior *Past, Present and Future: a study of "tense logic",* Oxford 1967, und *Papers of tense and time,* ebd. 1968. N. Rescher und A. Urquhart *Temporal logic,* Oxford 1975.

(15) Alan R. White, *Modal thinking,* Ithaca 1975; G.E. Hughes und M.J. Cresswell *An introduction to modal logic,* Oxford 1973; I.R. Zeeman *Modal logic,* ebd. 1975; S. Haacker, *Deviant logic,*

Cambridge 1976; H. Parret (Hrsg.) *Discussing language with Chomsky, Halliday, etc.*, Den Haag 1975.

(16) Eine mehr technische Studie, die sich mit den Logiken der Handlung und der Zeit, sowie mit der Modalisierung beschäftigt, wird woanders veröffentlicht werden.

(17) Jacques Sojcher *La Démarche poétique*, (10-18) Paris 1976, p. 145.

(18) Siehe Fernand Deligny *Les Vagabonds efficaces*, Paris 1970 (Dt.z.T.: *Provokateure des Glücks*, Bln. 1984), *Ein Floß in den Bergen*, Berlin 1980), *Nous et l'innocent*, Paris 1977, u.a.

(19) Vergl. M. de Certeau *La Culture au pluriel*, a.a.O., p. 283-308: "Des espaces et des pratiques"; ders. "Actions culturelles et stratégie plolitique", in *La Revue Nouvelle*, April 1974, p. 351-360.

(20) Eine Analyse der Prinzipien dieser Zergliederung erlaubt es, gleichzeitig diese Kritik zu nuancieren und zu präzisieren. Vergl. *Pour une histoire de la statistique*, I.N.S.E.E., Bd. 1, 1978, insbesondere Alain Desrosières "Eléments pour l'histore des nomenclatues socioprofessionelles", ebd., p. 155-231.

(21) Die Arbeiten von P. Bourdieu, M. Détienne und J.-P. Vernant ermöglichen eine genauere Bestimmung des Begriffes der "Taktik", aber auch die soziolinguistischen Untersuchungen von H. Garfinkel, H. Sacks, etc. (vergl. oben, Anmerkgn. Nr. 10 und 11).

(22) M. Détienne und Vernant, *Les Ruses ...*, a.a.O.

(23) Vergl. S. Toulmin *The uses of argument*, Cambridge 1958; Ch. Perelman und L. Olbrechts-Tyteca *Traité de l'argumentation*, Brüssel 1970; J. Dubois et al. *Rhetorique générale*, Paris 1979, etc.

(24) Die Arbeiten von Korax, der einen der ersten frühen griechischen Texte zu Rhetorik geschrieben haben soll, sind verloren gegangen, vgl. auch Aristoteles, *Rhetorik*, II, Kap. 24, 1402a. W.K.C. Guthrie *The Sophists*, Cambridge 1971, p. 178-179 und Jean-Francois Lyotard, *Das Patchwort der Minderheiten*, Bln. 1977, S. 73-92

(25) Sun Tze, *Die dreizehn Gebote der Kriegskunst*, München 1972

(26) R.K. Khawam (Hrsg.) *Le livre des ruses. La stratégie politique des Arabes*, Paris 1976.

(27) Vergl. Jean Baudrillard *Das Ding und das Ich*, Wien 1974; *La société de consommation*, Paris 1970; *Pour une critique de l'économie politique du signe*, Paris 1972.

(28) Guy Debord *Die Gesellschaft des Spektakels*, ohne Jahr und Ort.

(29) Roland Barthes, *Die Lust am Text*, Ffm 1974, S. 53f.

(30) Vergl. Gérard Mordillat und Nicolas Philibert *Ces patrons éclairés qui craignent la lumière*, Paris 1979.

(31) Vergl. H. Sacks, E.A. Schegloff, etc., a.a.O. Diese Analyse mit dem Titel *Dire l'autre* wird eine weitere Veröffentlichung nach sich ziehen.

(32) Siehe unten, Teil III, Kap. VII bis IX.

(33) Diesen Praktiken haben wir mehrere Monographien gewidmet, in denen man die anwachsende und sich ausbreitende Bibliographie zu diesem Thema findet (siehe Bd. 2: *Habiter, cuisiner* von Luce Giard und Pierre Mayol).

(34) Vergl. z.B. A. Lipietz "Structuration de l'espace, problème foncier et aménagement du territoire", in *Environment and Planning*, A, 1975, Bd. 7, p. 415-425, und "Approche Théorique des

transformations de l'espace francais", in *Espaces et Sociétés,* Nr. 16, 1975, p. 3-14.

(35) Die Analyse "Trauvaux et recherches de prospective", die von La Documentation francaise veröffentlicht wurde, insbesondere die Bände 14, 59, 65 und 66, und vor allem die Studien von Yves Barel und Jacques Durand waren die Grundlage für diese Untersuchung über die Vorausschau. Sie wird gesondert veröffentlicht werden.

(36) W. Gombrowicz, *Kosmos,* München 1984.

Kapitel I
DIE UMGANGSSPRACHE: EIN GEMEINPLATZ

(1) Robert Musil, *Der Mann ohne Eigenschaften,* Hamburg 1970, S. 13.

(2) Robert Klein, *La forme et l'intelligible,* Paris 1970, p. 436-444. Vergl. auch Enrico Castelli-Gattinara, "Quelques considérations sur le Niemand et ... Personne", in *Folie et déraison à la Renaissance* (Kolloquium Brüssel 1973), Brüssel 1977, p. 109-118.

(3) S. Freud, *Gesammelte Werke* (im Folgenden = G.W.), Bd. XIV, S. 431-432. In diesem Text *Das Unbehagen in der Kultur* (§1) verweist er auf *Die Zukunft einer Illusion,* wo er in §1 tatsächlich auch von dem Gegensatz einer "Minderheit" und einer "Mehrheit" ausgeht, welcher ein Motiv für seine Untersuchung ist.

(4) *Die Zukunft einer Illusion,* G.W. Bd. XIV, §7, S. 360.

(5) ebd., S. 431.

(6) Vergl. M. de Certeau, *l'Ecriture de l'histoire,* Paris 1978, p. 7-8.

(7) G.W., Bd. XIV, S. 431.

(8) Freud, Briefwechsel mit Lou Andreas-Salomé, Brief vom 28.7.1929, Ffm 1980, S. 198.

(9) ebd.

(10) G.W., Bd. XIV, S. 506.

(11) Vergl. *l'Ecriture de l'histoire,* a.a.O.: "La fiction de l'histoire, L'écriture de *Moise et le monothéisme",* p. 312-358.

(12) Vergl. die Untersuchung über den Experten in *Abus de savoir,* Kollektivarbeit, D.D.B., 1977.

(13) Siehe unten, Teil IV: Der Umgang mit der Sprache.

(14) Vergl. Luce Giard/Pierre Mayol, *Habiter, cuisiner,* Paris 1980.

(15) L. Wittgenstein, *Philosophische Untersuchungen,* in: Werkausgabe Bd. 1, Ffm 1984, §116, S. 300.

(16) L. Wittgenstein, *Tractatus logicus,* ebd., § 6.53, S. 85.

(17) ders., *Philosophische Untersuchungen,* a.a.O., § 494, S. 431.

(18) Vergl. Brief an Ficker über den *Tractatus:* "Es wird nämlich das Ethische durch mein Buch gleichsam von innen her begrenzt; und ich bin überzeugt, daß es *streng* NUR so zu begrenzen ist" (zit. nach A. Janik und Stephen Toulmin, *Wittgensteins Wien,* München 1984, S. 261). Wie Wittgenstein auch sagt, besteht der *Tractatus* aus zwei Teilen, zum einen aus dem geschriebenen Buch und zum anderen, und wichtiger, aus dem, was er nicht geschrieben hat und auch nicht geschrieben werden kann, wobei letzteres sich gerade mit der Ethik befaßt.

(19) *Philosophische Untersuchungen,* a.a.O., § 122, S. 302. Vergl. Jacques Bouveresse, *La parole malheureuse,* Paris 1971: "Langage ordinaire et philosophie", p. 299-348.

(20) Zu diesem Aspekt der Historie vergl. M. de Certeau, *l'Ecriture de l'histoire,* a.a.O., p. 63-122, und "Écriture et histoire" in *Politique aujourd'hui,* Nov.-Dez. 1975, p. 65-77. Ich lasse hier die philosophische Debatte um Marx und Wittgenstein beiseite (letzterer wollte übrigens in der U.d.S.S.R. arbeiten). Vergl. die Studien von F. Rossi-Landi ("Per un uso marxiano di W."), Tony Manser ("The end of philosophy: Marx an W.", Southampton 1973) oder Ted Benton ("Winch, W. and Marxism", in *Radical Philosophy,* Nr. 13, 1976, p. 1-6). Man kann bei W. einen diesem "Bourgeois" entsprechenden historischen Materialismus finden, aber keinerlei "Wissenschaft" der Geschichte (im marxistischen Sinne).

(21) Vergl. L. Wittgenstein, *Lecons et conversations,* Paris 1971, p. 154-155 (dt. *Vorlesungen und Gespräche,* Göttingen 1971). Vergl. auch die von Norman Malcolm zitierte Außerung über einen Mann, der ein Zimmer zu verlassen sucht, in das er sich eingesperrt fühlt, "an der Wand langschleicht", in *Ludwig Wittgenstein, a Memoir,* London 1959.

(22) *Philosophische Untersuchungen,* a.a.O., § 109, S. 298ff. In der englischen Fassung lautet diese Stelle: "Looking into the works of our language".

(23) Vergl. L. Wittgenstein, *Das Blaue Buch,* Ffm. 1984.

(24) Dieses aus Wien stammende Wort bezeichnet "alle möglichen Denk-, Charakter- und Sprachstile" (vergl. Janik/Toulmin, a.a.O., S. 310) oder noch allgemeiner die *hinzunehmenden* (historischen) Strukturierungen unseres Lebens.

(25) Vergl. z.B. J.L. Austin, *Philosophical Papers,* Oxford 1969, p. 181-182.

(26) Vergl. zu dieser englischen Tradition G.J. Warnock, *English Philosophy since 1900,* Oxford 1969, p. 19-20, 100-102, etc. und vor allem Charles - E. Caton (Hrsg.) *Philosophy and Ordinary Language,* Urbana (Ill.) 1963 und V.C. Chapel (Hrsg.), *Ordinary Language,* U.S.A. 1964.

(27) Adolf Loos, "Ornament und Verbrechen", in: ders. *Trotzdem,* Neudruck der Erstausgabe von 1931, Wien 1982.

(28) R. Musil, a.a.O.

(29) Das Wort "Abscheu" charakterisiert seine Allergie gegen einen Denkstil. Vergl. z.B. *Vorlesungen und Gespräche,* a.a.O. und J. Bouveresse, "Les derniers jours de l'humanité", in: *Critique* Nr. 339-340 über "Vienne, début d'un siècle", Aug.-Sept. 1975, p. 753-805.

(30) Vergl. das Vorwort zu den *Philosophischen Bemerkungen,* Werke Bd. 2, S. 7.

(31) R. Musil, a.a.O., S. 47.

(32) ebd.

(33) *Philosophische Untersuchungen,* a.a.O., § 194, S. 124f.

(1) Ein Seminar, das auf der Basis einer seit 1971 geführten Untersuchung und eines ersten Berichtes *Frei Damiao: sim ou nao? E os impasses da reliao popular* (Refice, Vervielfältigung) abgehalten wurde; diese Dokumente sind nicht veröffentlicht worden. Eine ähnliche Analyse wurde anhand einer Untersuchung über die sehr populäre Pilgerfahrt des *Senhor do Bonfim* (Salvador, Brasilien) vorgenommen. Vergl. Fernando Silveira Massote, *Esplosione sociale del Sertao Brasiliano*, Diss., Urbino 1978, p. 74-183 über die Religion.

(2) "Meine Geliebte ist eine Idee (die egalitäre Gesellschaft), der ich Herz und Arm gewidmet habe", Auszug aus dem anarchistischen Lied *Amore ribelle*, zit. in Jean-Louis Comolli, *La Cecilia*, Daniel et Cie, 1976, p. 99.

(3) "Beile Dich aufzugehen, oh Sonne der Zukunft. Wir wollen frei leben. Wir wollen nicht mehr dienen", Auszug aus dem *Canto dei Malfatorri*, zit. ebd. p. 103. Über den Film vergl. auch M. de Certeau, J. Revel, etc. in *Ca cinéma*, Nr. 10/11, 1976, p. 38-44.

(4) Vergl. Willy Apollon, *Le Vaudou. Un espace pour les "voix"*, Paris 1976.

(5) Vergl. z.B. Tomé Cabral, *Dicionario de termos e eypressoes populares*, Fortaleza 1972.

(6) Vergl. M. de Certeau, *La culture au pluriel*, a.a.O., p. 283-308: "Des espaces et des pratiques", und "Actions culturelles et stratégies politiques", in *La Revue nouvelle*, April 1974, p. 351-360, etc.

(7) M. Détienne und J.-P. Vernant, *Les Ruses de l'intelligence. La mètis des Grecs*, Paris 1974.

(8) P. Bourdieu, *Entwurf einer Theorie der Praxis*, Ffm 1976, und vor allem "Le sens pratique", in: *Actes de la recherche en sciences sociales*, Feb. 1976, Nr. 1, p. 43-86.

(9) Siehe unten Teil IV.

(10) So die Arbeiten von A. Charraud, F. Loux, Ph. Richard und M. de Virville im "Centre d'ethnologie francaise" (siehe den Bericht "Analyse de contenu de proverbes médicaux", M.S.H., 1972, oder den Artikel von F. Loux in *Ethnologie francaise*, 1971, Nr. 3-4, p. 121-126). Dieselben Methoden wurden schon vorher in einem "Essai de description des contes populaires" (M.S.H.) angewandt.

(11) Vergl. z.B. Alberto Mario Cirese, *I Proverbi: Struttura delle definizone*, Urbino 1972, was sardische Sprichwörter betrifft.

(12) Diese Einheiten waren der Reihe nach "Typen" (Aarne), "Motive" (Thompson), "Funktionen" (Propp) und "Beweise" (Meletinsky), etc.

(13) Daniel Paul Schreber, *Denkwürdigkeiten eines Nervenkranken*, Wiesbaden 1972, S. 60.

(14) "Den Abdruck des Außerungsprozesses in der Äußerung" zu untersuchen, ist, wie man weiß, der genau umrissene Gegenstand einer Linguistik der Außerung. Vergl. O. Ducrot und T. Todorov, *Dictionnaire encyclopédique des sciences du langage*, Paris 1972, p. 405.

(15) Über die Modalität, in der der Sprecher dem von ihm Ausgesagten (*dictum* oder *lexis*) eine bestimmte Bedeutung (im

Hinblick auf die Existenz, die Gewißheit, die Verpflichtung, etc.) gibt, vergl. z.B. *Langages,* Nr. 43, Sept. 1976, Nr. über die "Modalités" und die Bibliographie p. 116-124.

(16) Sun Tze, *Die dreizehn Gebote der Kriegskunst,* München 1972; diese Schrift datiert bereits aus dem 4. Jahrhundert vor Christus.

(17) R.K. Khawam (Hrsg.), *Le livre des ruses. La stratégie politique des Arabes,* Paris 1976.

(18) In dieser Hinsicht wäre die Wissenschaftlichkeit eine Verallgemeinerung der List: der Kunstgriff ist nicht mehr Bestandteil des *Umgangs* mit der Alltagssprache (mit ihren tausend rhetorischen "Wendungen"), sondern gehört zur *Produktion* von eigenen Sprachen (von Kunstsprachen, die eine eindeutige und transparente Anwendung der konstruierten Begriffe sichern).

(19) Lévi-Strauss stellt das trennende (disjunktive) *Spiel,* das Differenzen zwischen ursprünglich gleichen Lagern produziert, dem verbindenden konjunktiven Ritual gegenüber, das eine Einheit herstellt oder wiederherstellt. Vergl. *Das Wilde Denken,* Ffm 1968, S. 47.

(20) Vergl. Roger J. Girault, *Traité du jeu de go,* Paris 1977, Bd. 2

(21) Vergl. R. Jaulin, *La Géomancie. Analyse formelle,* Paris 1966; A. Adler und A. Zempleni, *Le bâton de l'aveugle,* Paris 1972; J.P. Vernant et al., *Divination et rationalité,* Paris 1974.

(22) Man könnte die Wechselwirkung von Spielen und Erzählungen im Lichte der Untersuchungen von Nicole Belmont über das Verhältnis der volkstümlichen "Beobachtungen" und "Glaubensformen" analysieren: "Les croyances populaires comme récit mythologique", in: *l'Homme,* X, 2, 1970, p. 94-108.

(23) Vladimir Propp, *Morphologie des Märchens* (1928) Ffm 1975, und auch: *Le radici storiche dei raconti di fate,* Turin 1949. Über Propp vergl. vor allem A. Dundes, *The Morphology of North-American Indian Folktales,* Helsinki 1964; A.J. Greimas, *Sémantique structurale,* Paris 1966, p. 172-213; C. Lévi-Strauss, *Strukturale Anthropologie,* 2 Ffm 1975; A. Régnier, "La morphologie selon V.J. Propp", in *la Crise du langage scientifique,* Anthropos 1974, und "De la morphologie selon V. Propp à la notion de système préinterprétatif", in *l'Homme et la Société,* Nr. 12, p. 171-189.

(24) Das Wort stammt von Régnier, in *l'Homme et la Société,* a.a.O., p. 172.

(25) *Morphologie des Märchens,* a.a.O., S. 26ff.

(26) So fügt z.B. der Held in Zigeunergeschichten nicht, sondern er versteht sich darauf, auf Befehle, die er bekommt, *etwas anderes* zu antworten, als der Herr oder der Mächtige ihm zu bedeuten gedachte. Vergl. auch D. Paulme und C. Bremond, *Typologie des contes africains du décepteur. Principes d'un index des ruses,* Urbino 1976; oder aus einer theoretischen Sicht, Louis Marin, *Sémiotique de la Passion,* Paris 1971: "Sémiotique du traître", p. 97-186.

(27) Für R. Jakobson gehorchen die Mutationen und Beziehungen von Phonemen bei den Glossolalien und "Wortprophetien"-Diskursen, die keinen Sinn haben und eine "abstrakte Volkskunst" darstellen - sogar derartig strengen Regeln, daß man von ihnen ausgehend die komplexesten "Kompositionsprinzipien" (*compositional principles*) der (klanglichen oder signifikanten) Schichten der

oralen Tradition suchen kann *(Selected Writings,* Bd. IV, Mouton 1966, p. 642). Die Buchstabenspiele in diesen signifikationslosen Formeln (vom Typ *Am stram agram ...*) hätten somit den Stellenwert von algebraischen Formeln, die die formalen Möglichkeiten der Textproduktion indizieren. In dieser "abstrakten" Literatur wäre also eine Formalisierung gegeben, die logische Modelle für diejenigen Praktiken liefern, in denen volkstümliche "Ausdrucksweisen" fabriziert werden.

(28) Vergl. die kritischen Analysen von P. Bourdieu, in *Le métier de sociologue,* Paris 1973 (Vorwort), und von M. Godelier, *Horizon, trajets marxistes en anthropologie,* Paris 1973, etc.

(29) Vergl. M. de Certeau, *La culture au pluriel,* a.a.O.: "La beauté du mort" (in Zusammenarbeit mit D. Julia und J. Revel), p. 55-94.

(30) Miklos Haraszti, *Stücklohn,* Berlin 1976. Über die "bousillés", Glaswaren, die von Glasarbeitern auf eigene Rechnung hergestellt werden, vergl. Louis Mériaux, "Retrouvailles chez les verriers", in *Le Monde,* 22-23. Okt. 1978. Sowie M.-J. und J.-R. Hissarrd, "Henri H. perruquiste", in *Autrement,* Nr. 16, Nov. 1978 (*Flagrants délits d'imaginaire*), p. 75-83.

(31) Marcel Mauss, *Soziologie und Anthropologie,* Bd. II, München, Wien 1975: "Über die Gabe", S. 9-143.

Kapitel III
GEBRAUCHSWEISEN UND TAKTIKEN

(1) Vergl. insbesondere A. Huet, J. Ion, et al., *La marchandise culturelle,* C.N.R.S., Paris 1977, wo sich nicht nur darauf beschränkt wird, die Produkte (Photo, Schallplatte, Graphik) zu analysieren, sondern auch das System der marktgerechten Wiederholung und der ideologischen Reproduktion.

(2) Siehe z.B. *Pratiques culturelles des Francais,* Secrétariat d'Etat à la culture, S.E.R., 1974, 2 Bde. Weiterhin grundlegend und richtungsweisend, wenn auch ein wenig statistisch und auf die Massenkunst begrenzt, ist die Studie von Alvin Toffler, *The culture consumers,* Baltimore 1965.

(3) Zum warnenden Thema der "Junggesellenmaschine" in der Kunst (M. Duchamp etc.) oder in der Literatur (von J. Verne bis zu R. Roussel) seit Beginn des Jahrhunderts vergl. H. Szeemann (Hrsg.), *Junggesellenmaschinen/Les machines célibataires,* Ausstellungskatalog 1975.

(4) Zu den Aymaras in Peru oder Bolivien siehe z.B. J.-E. Monast, *On les croyait chrétiens: les Aymaras,* Paris 1969.

(5) Vergl. M. de Certeau in Y. Materne, *Le réveil indien en Amérique latine,* Paris 1976, p. 119-135.

(6) G. Ryle, "Use, usage and meaning", in G.H.R. Parkinson (Hrsg.) *The Theory of meaning,* Oxford 1968, p. 109-116. Ein großer Teil des Bandes ist dem Gebrauch gewidmet.

(7) Richard Montague, "Pragmatics", in R. Klibansky (Hrsg.), *La philosophie contemporaine Bd. 1,* Florenz 1968, p. 102-122. Bar-Hillel verwendet somit einen Begriff von C.S. Peirce, der folgende Äquivalente hat: bei Russel die "egocentric particulars"; bei Reichenbach die "token-reflexive expressions"; bei Goodman die

"indicator words"; bei Quine die "non eternal sentences"; etc. Auch Wittgenstein geht davon aus, dessen Leitsatz es war, nicht nach dem Sinn zu suchen, sondern nach dem Gebrauch ("Dont't ask for the meaning; ask for the use", "Laß dich die Bedeutung durch den Gebrauch *lehren*."), wobei er sich übrigens auf den normalen Gebrauch bezog, wie er von der Institution der Sprache vorgeschrieben wird.

(8) siehe oben, Abschnitt über das "Sprichwort", S. 60ff.

(9) Vergl. Emile Benveniste, *Problèmes de linguistique général,* Bd. 2, Paris 1974, p. 79-88.

(10) Fernand Deligny *(Les Vagabonds efficaces,* Paris 1970) definiert mit diesem Ausdruck die Wege von jungen Autisten, mit denen er zusammenlebt, also Querfeldein-Schreibweisen, Irrwege dessen, der nicht mehr einen Weg im Raum der Sprache finden kann. Vgl. auch F. Deligny, *Ein Floß in den Bergen,* Berlin 1980.

(11) siehe unten, letztes Kapitel.

(12) ebd.

(13) "Es gibt nur Strategien, die die Strategie des Anderen einbeziehen" (John von Neumann und Oskar Morgenstern, *Theory of games and economic behavior,* New York 1964).

(14) "Strategie ist die Wissenschaft von kriegerischen Bewegungen außerhalb des Sichtbereiches des Gegners; Taktik, innerhalb desselben" (von Bülow).

(15) Carl von Clausewitz, *Vom Kriege,* Bonn 1980, S. 387. Seit Machiavelli findet sich diese Analyse übrigens bei vielen Theoretikern. Vergl. Y. Delahaye, "Simulation et dissimulation", in *La Ruse* (Cause commune, 1977, 1), Paris, coll. 10-18, p. 55-74.

(16) Clausewitz, a.a.O., S. 385.

(17) S. Freud, *Der Witz,* G.W. Bd. VI.

(18) Aristoteles, *Rhetorik,* II, Kap. 24, 1402a: "Aus dem schwächsten von zwei Argumenten das stärkste machen". Derselbe Gedanke wird von Platon dem Teisias zugeschrieben *(Phaidros,* 273 b-c). Vergl. auch W.K. Guthrie, *The Sophists,* Cambridge 1971, p. 178-179. Über die *technè* von Korax, die Aristoteles im Zusammenhang mit "Orten scheinbarer Enthymeme" erwähnt, siehe Ch. Perelman und L. Olbrechts-Tyteca, *Traité de l'argumentation,* Brüssel 1970, p. 607-609.

(19) S. Freud, *Der Witz,* a.a.O., Kap. II.

(20) Vergl. S. Toulmin, *The uses of argument,* Cambridge 1958; Perelman/Olbrechts-Tyteca, a.a.O.; J. Dubois et al., *Rhetorique générale,* Paris 1970 etc.

(21) Vergl. *I. Ging, Das Buch der Wandlungen,* Düsseldorf/Köln 1923, wo in 64 Hexagrammen (die aus 6 unterbrochenen oder ganzen Linien gebildet sind) alle möglichen Situationen des Seins im Laufe der Wandlungen des Universums dargestellt werden.

(22) Détienne/Vernant, *Les Ruses ...,* a.a.O.

(23) Vergl. M. Rodinson, *Islam und Kapitalismus,* Ffm 1986.

Kapitel IV
FOUCAULT UND BOURDIEU

(1) Siehe oben, Kapitel II, S. 61 über Taktiken, für die Volkslegenden und Redekünste "Regelwerke" erstellen, aber an einem verdeckten Ort.

(2) Michel Foucault, *Überwachen und Strafen,* Ffm 1976. Über das frühere Werk von Foucault vgl. M. de Certeau, *l'Absent de l'histoire,* Paris 1974.

(3) M. Foucault, ebd., S. 34, 119-128, 133-146, 181-191, 202-205, 236, 241-248, 269-277, 300-317, 345-347, 348f. u.a.; das Buch wird durch eine Reihe von theoretischen "Tableaus" gegliedert, welche einen historischen Gegenstand zerlegt und für ihn einen adäquaten Diskurs erfindet.

(4) Vergl. insbesondere Gilles Deleuze, "Kein Schriftsteller: ein neuer Kartograph", in G. Deleuze/M. Foucault, *Der Faden ist gerissen,* Berlin 1977.

(5) Serge Moscovici, *Essai sur l'histoire humaine de la nature,* Paris 1968.

(6) Pierre Legendre, *l'Amour du censeur, Essai sur l'ordre dogmatique,* Paris 1974.

(7) Claude Lévi-Strauss, *Traurige Tropen,* Ffm 1978; vor allem die Seiten über "Die Rückkehr", eine Meditation über die umgekehrte Reise, die zu einer Erforschung des Gedächtnisses wird.

(8) Pierre Bourdieu, *Entwurf einer Theorie der Praxis,* Ffm 1976. Der Titel des Buches ist der Titel des zweiten, theoretischen Teils. Die französischen Kritiken zu Bourdieu sind nicht sehr zahlreich - ganz im Gegensatz zu Foucault. Ist das gleichzeitig ein Effekt der Erfurcht und der Bewunderung, zu denen ein béarnaiser Reich anregt? Der "ideologische" Charakter seiner Positionen wurde Bourdieu von Raymond Boudon vorgeworfen (in *l'Inégalité des chances* oder in *Effets pervers et ordre social*). Aus marxistischer Sicht: Baudelot und Establet (*l'Ecole capitaliste en France*); Jacques Bidet ("*Questions à* P. Bourdieu", in *Dialectiques,* Nr. 2); Louis Pinto ("La théorie de la pratique", in *La Pensée,* April 1975); etc. Aus epistemologischer Sicht, Louis Marin ("Champ théorique et pratique symbolique", in *Critique,* Nr. 321, Feb. 1974). W. Paul Vogt hat Bourdieus Thesen in "The Inheritance and Reproduction of Cultural Capital" zusammengefaßt, in *The Review of Education,* Sommer 1978, p. 219-228. Siehe auch J.-M. Geng, *l'Illustre inconnu,* Paris 1978, p. 53-63, über die "soziologische Totalisierung" bei Bourdieu und über die Produktion eines "soziologischen Glaubens", worauf Bourdieu sehr schnell in "Sur l'objectivation participante" geantwortet hat, in *Actes de la recherche en sciences sociales,* Nr. 23, Sept. 1978, p. 67-69.

(9) P. Bourdieu, "Les stratégies matrimoniales dans le système de reproduction", in *Annales E.S.C.,* Juli-Okt. 1972, p. 1105-1127; "Le langage autorisé", in *Actes de la recherche ...,* Nov. 1975, Nr. 5-6, p. 183-190; "Le sens pratique", ebd., Feb. 1976, Nr. 1, p. 43-86. Und das gesellschaftliche Epos des "Geschmacks": *Die feinen Unterschiede. Kritik der gesellschaftlichen Urteilskraft,* Ffm 1982, vor allem die Kapitel 2 und 3.

(10) In *Revue francaise de sociologie,* XV, 1974, p. 3-42.

(11) "Les stratégies matrimonial ...", a.a.O.; in: *Entwurf* ..., Kap. III.

(12) Eben diese Konfrontation wünschen sich P. Bourdieu, J.-C. Passeron und J.-C. Chamboredon in le *Métier de sociologue,* Mouton et Bordas 1968, p. 112-113.

(13) *Entwurf einer Theorie* ..., a.a.O.

(14) Vergl. Jacques Derrida, *Marges de la philosophie,* Paris 1972: "La mythologie blanche", p. 247-324 (In der dt. Ausgabe: *Randgänge der Philosophie,* Ffm, Bln, Wien 1976, nicht enthalten).

(15) Vergl. Bourdieus Analyse in *Entwurf* ..., a.a.O., S. 48-65.

(16) Vergl. P. Bourdieu und J.-C. Passeron, *Les Héritiers,* Paris 1964; *La Reproduction,* Paris 1970; etc.

(17) Vergl. die Einwände, die Bourdieu gegen diese Studie machte, als er sie 1972 neu herausgebracht hat.

(18) Siehe "Avenir de classe ...", in *Revue franc. de sociologie,* a.a.O., p. 22, 33-34, 42, etc.

(19) *Entwurf* ..., a.a.O., S. 211-227; "Les stratégies ...", a.a.O., p. 1107-1108; "Le sens pratique, a.a.O., p. 51-52; etc.

(20) *"Les stratégies ...",* a.a.O., 1109; etc.

(21) ebd.

(22) Vergl. insbesondere "Le sens pratique", a.a.O., vor allem p. 54-75.

(23) *Le Métier de sociologue,* a.a.O., p. 290-299.

(24) Wie man weiß, bedeutet in den traditionellen Gesellschaften das "Haus" gleichzeitig die Bleibe (ein Gut) und die Familie (der genealogische Körper).

(25) "Avenir de classe ...", a.a.O., p. 11-12. Bourdieu berücksichtigt übrigens nicht die Studien zu den individuellen Konsumentenstrategien in unseren Gesellschaften. Vergl. dazu von A.O. Hirschmann, *Exit, Voice and Loyalty* (Cambridge, Mass., 1970), ebd., p. 8, Anmerkung 11.

(26) *Entwurf* ..., a.a.O., S. 179f., 186f.; "Avenir de classe ...", a.a.O., p. 28-29.

(27) ebd., S. 209

(28) ebd., S. 181-184.

(29) Die Idee und der Begriff *hexis (habitus)* stammen von Marcel Mauss *(Soziologie und Anthropologie,* a.a.O.). Auch Panofsky hat in einigen berühmten Texten, die übrigens von Bourdieu zitiert werden, die theoretische und praktische Bedeutung des *habitus* in der mittelalterlichen Gesellschaft hervorgehoben. Bei Bourdieu ist diese Idee alt. Vergl. *Le Métier* ..., a.a.O., p. 11, 52, etc., im Hinblick auf die "Schemata" des Soziologen oder *l'Amour de l'art* (Paris 1969, p. 163) im Hinblick auf den "Geschmack". Diese Idee wird heute von einem beeindruckenden Apparat *scholastischer* Begriffe und Axiome gestützt, die sehr interessante Hinweise darauf liefern, in der gegenwärtigen Technokratie möglicherweise eine Rückkehr der mittelalterlichen Ordnung zu sehen.

(30) siehe Anmerkung (26).

(31) Vergl. das Loblied auf den Helden in "Avenir de classe ...", a.a.O., p. 28 sq. Auch kann man davon ausgehend "die Strategien *des* Habitus" (ebd., p. 30, Hervorhebung von mir) untersuchen.

Kapitel V
DIE KUNST DER THEORIE

(1) Kant sagte bereits in der *Kritik der reinen Vernunft:* der Forscher ist ein "Richter, der die Zeugen nötigt, auf die Fragen zu antworten, die er ihnen vorlegt". (Vorrede zur zweiten Auflage)

(2) Emile Durkheim, *Die elementaren Formen des religiösen Lebens,* Ffm 1981; Vergl. auch W.S.F. Pickering, *Durkheim on Religion,* London/Boston 1975.

(3) S. Freud, *Totem und Tabu,* G.W. Bd. IX.

(4) Vergl. Fritz J. Raddatz, *Karl Marx. Eine politische Biographie,* Hamburg 1975.

(5) Vergl. Ausstellungskatalog: *Le livre dans la vie qutidienne,* Bibliothèuqe Nationale 1975.

(6) Im Jahre 1799 hat Louis-Francois Jouffret die *Société des Observateurs de l'homme* gegründet.

(7) Platon, *Gorgias,* 465a. Vergl. Giuseppe Cambiano, *Platone e le techniche,* Torino 1971.

(8) Bei J. Guillerme und J. Sebestik ("Les commencements de la technologie", in *Thalès,* Bd. 12, 1966, p. 1-72) findet sich eine Reihe von Beispielen für diesen Zwischenzustand: die Künste sind Gegenstände von *Deskriptionen* (p. 2, 4, 32, 37, 41, 46-47, etc.), und da sie für unvollkommen gehalten werden, müssen sie *perfektioniert* werden (p. 8, 14, 29, 33, etc.).

(9) Denis Diderot, *Enzyklopädie* (Philosophische und politische Texte aus der 'Encyclopédie'), München 1969, Abschnitt über *Kunst,* S. 183ff.

(10) *Encycopédie,* Genève 1773, Abschnitt *Catalogue* von David, nach einem Manuskript von Girard; Vergl. dazu Guillerme und Sebestik, a.a.O., p. 2-3.

(11) Fontenelle, Vorwort zu *Histoire de l'Académie royale pour 1699,* wo *Sur la Description des Arts* veröffentlicht wurde. Zit. in Guillerme und Sebestik, a.a.O., p. 33, Anmerkung 1.

(12) Emile Durkheim, *Erziehung und Soziologie,* Düsseldorf 1972, S. 59f. Vergl. Bourdieu, *Entwurf ...,* a.a.O., S. 206, der hierin eine "vollkommene Beschreibung" der "gelehrten Unwissenheit" sieht.

(13) E. Durkheim, *Die elementaren Formen des religiösen Lebens,* a.a.O.

(14) Christian Wolff in der *Vorrede* zur deutschen Ausgabe von Bernard Forest de Belidor, *Architectura hydraulica, oder, Die Kunst, das Wasser (...) zu leiten,* 8 Bde., Augsburg 1740-1750, n.p.

(15) H. de Villeneuve, "Sur quelques préjugés des industriels" (1832), zit. in Guillerme und Sebestik, a.a.O., p. 24.

(16) In vielerlei Hinsicht ist die Position des Experten dazu eine Variante. Vergl. oben, Kap. I.

(17) Vergl. oben, Kap. II.

(18) Ein durchgängiges Thema bei Freud, auch wenn der Status dieses "Wissens" theoretisch unentschieden bleibt.

(19) Über diese Entwicklung von dem Vorhaben einer *Kritik des Geschmacks* (1787) bis zur *Kritik der Urteilskraft* (1790) siehe Victor Delbos, *La philosophie pratique de Kant,* Paris 1969, p. 416-422. Der Text von Kant findet sich in der *Kritik der Urteilskraft,* § 43 ("Von der Kunst überhaupt"), Ffm 1974, S. 238. Bourdieus

Kritik der kantischen Ästhetik, die zwar grundlegend ist ("das verleugnete gesellschaftlich Verhältnis"), aber mit dem Messer des Soziologen vorgenommen wird, steht in einem anderen Zusammenhang als die meinige, auch wenn sie sich mit der kantischen Unterscheidung von "freier Kunst" und "notwendiger Kunst" beschäftigt (*Die feinen Unterschiede*, a.a.O., S. 768).

(20) Vergl. A. Philonenko, *Théorie et praxis dans la pensée morale et politique de Kant et de Fichte en 1793*, Paris 1968, p. 19-24; Jürgen Henrichs, *Das Problem der Zeit in der praktischen Philosophie Kants*, Bonn 1968, S. 34-43 ("Innerer Sinn und Bewußtsein") und Paul Guyer, *Kant and the Claims of Taste*, Harvard 1979, p. 120-165 ("A universal Voice") und 331-350 ("The Metaphysics of Taste").

(21) Zit. in A. Baumler, *Das Irrationalitätsproblem ...*, Darmstadt 1967, S. 285.

(22) Kant, *Kritik der Urteilskraft*, § 43.

(23) S. Freud, G.W. Bd. XIII, S. 330; Bd. XIV, S. 66, 250, etc.

(24) Kant, *Kritik der reinen Vernunft*, Werke (W. Weischedel) Bd. II, 1983, S. 185.

(25) Siehe oben, Kap. II.

(26) Dieser Text (in: Kant, Werke Bd. VI, 1975, S. 125ff.) wurde von Dieter Heinrich im Zusammenhang mit der gesamten Diskussion von Ende 1793 bis Anfang 1794 über das Verhältnis von Theorie und Praxis herausgegeben in: Kant, Gentz, Rehberg, *Über Theorie und Praxis*, Ffm 1967. Ich zitiere nach dieser bemerkenswerten Ausgabe.

(27) Über Kant und die Revolution siehe L.W. Beck, "Kant and the Right of Revolution", in *Journal of the History of Ideas*, Bd. XXXII, Nr. 3 Juli-Sept. 1971, p. 411-422, und vor allem die Textsammlung L.W. Beck (Hrsg.), *Kant on History*, New York 1963.

(28) Lukasevangelium, 2, 41-50, über Jesus als Kind, "im Tempel sitzend mitten unter den Lehrern, wie er ihnen zuhörte und sie fragte". Dieses Thema ist in die Kolportageliteratur eingegangen, siehe z.B. *l' Enfant sage à trois ans*, ein Text der bereits von Charles Nisard, *Histoire des livres populaires*, Amyot 1854, Bd. 2, p. 16-19, analysiert wurde und von Geneviève Bollême, *La Bible bleue*, Paris 1975, p. 222-227 zitiert wird.

(29) Kant et al., *Über Theorie und Praxis*, a.a.O., S. 41. Hervorhebung durch Kant selber.

Kapitel VI
DIE ZEIT DES GESCHICHTENERZÄHLENS

(1) siehe oben, Kap. I.

(2) Jack Goody, "Memoire et apprentissage dans les sociétés avec ou sans écriture: la transmission du Bagre", in *l'Homme*, Bd. XVII, Nr. 1, Jan.-März 1977, p. 29-52. Vergl. auch ders., *The domestication of the savage mind*, Cambridge und New York 1977.

(3) Marcel Détienne, *Les Jardins d'Adonis*, Paris 1972; *Dionysos mis à mort*, Paris 1977; *La Cuisine du sacrifice*, (mit Vernant und anderen) Paris 1979.

(4) Vergl. Richard Bauman und Joel Sherzer (Hrsg.), *Explorations in the Ethnography of Speaking*, Cambridge 1974; David

Sudnow (Hrsg.), *Studies in Social Interaction*, New York/London 1972.

(5) Détienne und Vernant, *Les Ruses ...*, a.a.O.

(6) ebd., p. 9-10.

(7) "Gedächtnis" (mémoire) im alten Sinne des Wortes, in dem es eine Präsenz einer Vielzahl von Zeiten bezeichnet und sich somit nicht nur auf die Vergangenheit beschränkt.

(8) In den Anführungszeichen stehen Ausdrücke oder Zitate von Détienne und Vernant, a.a.O., p. 23-25.

(9) Vergl. M. de Certeau, "L'étrange secret. *Manière d'écrire* pascalienne.", in *Rivista di Storia e Letteratura religiosa*, Anno XIII, Nr. 1, 1977, p. 104-126.

(10) Vergl. Maurice Halbwachs, *Das Gedächtnis und seine sozialen Bedingungen*, Ffm 1985.

(11) Vergl. Frances A. Yates, *The Art of Memory*, London 1966.

(12) Siehe unten, Teil IV.

(13) Siehe unten, und auch bereits oben in Kap. II.

(14) Francoise Frontisi-Ducroux, *Dédale. Mythologie de l'artisan en Grèce ancienne*, Paris 1975.

(15) Aristoteles, *Fragmente*, Paderborn 1960, Fragm. 668, S. 236.

(16) Aristoteles, *Metaphysik*, Hamburg 1978, A, 2, 982b, S. 13.

Kapitel VII
GEHEN IN DER STADT

(1) Vergl. von Alain Médam seinen bewundernswerten Text "New York City", in *Les Temps modernes*, Aug.-Sept. 1976, p. 15-33; und ders. *New York Terminal*, Paris 1977.

(2) Cf. H. Lavedan, *Les Représentations des villes dans l'art du Moyen Age*, 1942; R. Wittkower, *Architectural Principles in the age of humanism*, New York 1962; L. Marin, *Utopiques: jeux d'espaces*, Paris 1973.

(3) M. Foucault, "L'oeil du pouvoir", in J. Bentham, *Le Panoptique* (1791), Belfond 1977, p. 16.

(4) D.P. Schreber, *Denkwürdigkeiten eines Nervenkranken*, Wiesbaden 1973, S. 14.

(5) Bereits Descartes machte in seinen *Regulae* den Blinden zum Garanten der Erkenntnis von Dingen und Orten gegenüber den Illusionen und Irrtümern des Blicks.

(6) M. Merleau-Ponty, *Phänomenologie der Wahrnehmung*, München 1964.

(7) Cf. F. Choay, "Figures d'un discours inconnu", in *Critique*, April 1973, p. 293-317.

(8) Man kann die urbanistischen Techniken, die die Dinge räumlich klassifizieren, mit der Tradition der "Kunst der Erinnerung" in Verbindung bringen (cf. Frances A. Yates, *The Art of Memory*, London 1966). Die Fähigkeit, einen räumlichen Aufbau des Wissens zu organisieren (mit "Örten", die jedem einzelnen "Gestalt"- oder "Funktions"-Typ zugewiesen werden), entwickelt ihre Vorgehensweise ausgehend von dieser "Kunst". Sie hat Einfluß auf die Utopien und kann bis in die *Panoptik* von Bentham wiedererkannt werden. Sie ist eine stabile Form, trotz der Diversität der

(vergangenen, künftigen oder gegenwärtigen) Inhalte und der Vorhaben (konservieren oder erschaffen), die von den jeweiligen Bedeutungen des Wissens abhängig sind.

(9) Cf. André Glucksmann, "Der Totalitarismus wie er liebt und lebt", in "Panik Stadt", Stadtbauwelt 60, Dez. 1978, S. 321.

(10) M. Foucault, *Überwachen und Strafen*, Ffm 1976.

(11) Ch. Alexander, "La cité semi-treillis, mais non arbre", in *Architecture, Mouvement, Continuité*, 1967.

(12) Vergl. die Hinweise von R. Barthes *Das semiologische Abenteuer*, Ffm 1988, S. 202f. ("wir sprechen unsere Stadt (...) einfach, indem wir sie bewohnen, durchlaufen und ansehen"), und C. Soucy, *L'image du centre dans quatre romans contemporains*, Paris 1971, p. 6-15.

(13) Vergl. die zahlreichen Studien, die seit J. Searle. "What is a speech act?", in M. Black (Hrsg.), *Philosophy in America*, 1965, p. 221-239, diesem Thema gewidmet wurden.

(14) E. Benveniste, *Problèmes de linguistique générale, Bd. 2*, Paris 1974, p. 79-88, etc.

(15) R. Barthes, a.a.O., S. 206.

(16) "*Hier* und *jetzt* bezeichnen die räumliche und zeitliche Instanz, die zu der anwesenden Diskursinstanz, die *ich* enthält, koextensiv und gleichzeitig ist." (E. Benveniste, a.a.O., S. 282).

(17) R. Jakobson, *Poetik* (Ausgewählte Aufsätze 1921-1971), Ffm 1979, S. 91.

(18) Über die Modalitäten siehe: H. Parret, *La pragmatique des modalités*, Urbino 1975, und A.R. White, *Modal thinking*, Ithaca 1975.

(19) Vergl. die Untersuchungen von P. Lemaire, *Les signes sauvages. Philosophie du langage ordinaire*, Promotion, Paris 1972, p. 11-13.

(20) A.J. Greimas, "Linguistique statistique et linguistique structurale", in *Le Francais moderne*, Okt. 1962, p. 245.

(21) In dem Nachbargebiet über die Rhetorik und Poetik in der Gebärdensprache von Stummen siehe: E.S. Klima und U. Bellugi, "Poetry and song in a language without sound", San Diego (Calif.) 1975, und Klima, "The linguistic symbol with and without sound", in J. Kavanagh & J.E. Cuttings (Hrsg.), *The Role of speech in language*, Cambridge (Mass.), M.I.T. 1975.

(22) *Conscience de la ville*, Paris 1977.

(23) Cf. Ostrowetsky, "Logiques du lieu", in *Sémiotique de l'espace*, Paris 1979, p. 155-173.

(24) *Pas à pas. Essai sur le cheminement quotidien en milieu urbain*, Paris 1979.

(25) In seiner Untersuchung der kulinarischen Praktiken hält P. Bourdieu nicht die Zutaten, sondern den Umgang mit ihnen für wesentlich ("Le sens pratique", in *Actes de la recherche en sciences sociales*, Feb. 1976, p. 77).

(26) J. Sumpf, *Introduction à la stylistique du francais*, Paris 1971, p. 87.

(27) Über die "Theorie des Eigentlichen" siehe J. Derrida, *Marges*, Paris 1972, "La mythologie blanche", p. 247-324.

(28) J.-F. Augoyard, a.a.O.

(29) T. Todorov, "Synecdoques", in *Communications* Nr. 16, 1970, p. 30. Siehe auch P. Fontanier, *Les Figures du discours*,

Paris 1968, p. 87-97; J. Dubois u.a., *Rhétorique générale,* Paris 1970, p. 102-112.

(30) Über jeden Raum, den die Praktiken als "Inseln" organisieren siehe: P. Bourdieu, *Entwurf einer Theorie der Praxis,* Ffm 1976, und "Le sens pratique", a.a.O., p. 51-52.

(31) Cf. Anne Baldassari und Michel Joubert, *Pratiques relationnelles des enfants à l'espace et institution,* CRECELE, CORDES, 1976, und dies., "Ce qui se trame", in *Pralèles,* Nr. 1, Juni 1976.

(32) J. Derrida, a.a.O., p. 287, über die Metapher.

(33) E. Benveniste, *Probleme ...,* a.a.O., S. 103-105.

(34) Der "Diskurs" ist für Benveniste "die Sprache, so wie sie von dem sprechenden Menschen angenommen wird, unter der Bedingung der Intersubjektivität" (ebd., S. 297).

(35) Siehe z.B. S. Freud, *Die Traumdeutung,* GW II/III, S. 284-315, über Verdichtung und Verschiebung, die beiden Gestaltungstätigkeiten, die der Traumarbeit eigen sind.

(36) Ph. Dard, F. Desbons u.a., *La ville, symbolique en souffrance,* C.E.P. 1975, p. 200.

(37) Siehe z.B. auch das Motto von *Place de l'Etoile* von Patrick Modiano (Paris 1968).

(38) Joachim du Bellay, *Regretz* (1559).

(39) So hat zum Beispiel *Sarcelles,* der Name für ein großes städtebauliches Vorhaben, für die Einwohner der Stadt einen Symbolwert bekommen, während dieses Unternehmen für ganz Frankreich zum Ausdruck für ein totales Scheitern wurde. Diese Verwandlung verschaffte den Einwohnern letztenendes den "Ruhm" einer ganz außergewöhnlichen Identität.

(40) Zu *superstition* (Aberglaube) vgl. lat. *superstare:* sich darüber befinden, in Form eines "mehr" oder "zuviel".

(41) Cf. F. Lugassy, *Contribution à une psychosociologie de l'espace urbain. L'habitat et la forêt,* Publ. de Recherche urbaine, 1970.

(42) Dard, Desbons, a.a.O.

(43) ebd., p. 174 et 206.

(44) C. Lévi-Strauss, *Traurige Tropen,* Ffm 1978, S. 371-372.

(45) Man könnte dasselbe von Reisephotos sagen, die die Legenden vom Abfahrtort ersetzen (und in Museen versetzen).

(46) Begriffe, deren Beziehungen nicht gedacht, sondern als notwendig gesetzt werden, können als symbolisch bezeichnet werden. Über diese Definition des Symbolischen als ein kognitives Dispositiv, das durch ein "Defizit" des Denkens charakterisiert wird, siehe Dan Sperber, *Les symbolisme en général,* Paris 1974.

(47) F. Ponge, *Einführung in den Kieselstein und andere Texte,* Ffm 1986, S. 129.

(48) Eine Einwohnerin des Stadtteils "Croix-Rousse" in Lyon (Interview von P. Mayol): siehe Band 2 *Habiter, cuisiner,* Paris 1980.

(49) Siehe *Le Monde,* 4. Mai 1977.

(50) Siehe Fußnote 48.

(51) Siehe die *Traumdeutung* und *Jenseits des Lustprinzips,* sowie Sami-Ali, *L'espace imaginaire,* Paris 1974, p. 42-64.

(52) J. Lacan, *Schriften I,* Olten 1973, S. 61-70.

(53) S. Freud, *Hemmung, Symptom und Angst,* GW XIV, S. 116.

(54) W. Kandinsky, *Über das Geistige in der Kunst,* Bern-Bümpliz 1952, S. 39.

Kapitel IX
BERICHTE VON RÄUMEN

(1) John Lyons, *Semantik* Bd. II, München 1983, S. 100-106 (Lokativ-Subjekte) und S. 297-309 (Räumliche Ausdrücke).

(2) George A. Miller & Philip N. Johnson-Laird, *Language and Perception*, Cambridge (Mass.) 1976.

(3) Siehe unten Anm. 8.

(4) Albert E. Scheflen & Norman Ashcraft, *Human Territories. How we behave in Space-Time*, Englewood Cliffs (N.J.) 1976.

(5) E.A. Schegloff, "Notes on a Conversational Practice: Formulating Place", in David Sudnow (Hrsg.), *Studies in Social Interaction*, New York 1972, p. 75-119.

(6) Cf. z.B. Ecole de Tartu, *Travaux sur les systèmes de signes*, ausgewählt und herausgegeben von Y.M. Lotman und B.A. Ouspenski, Brüssel und Paris 1976, p. 18-39, 77-93, etc.; Iouri Lotman, *La structure du texte artistique*, Paris 1973, p. 309ff., dt. u.a. Juri M. Lotman, *Kunst als Sprache*, Leipzig 1981.

(7) M. Merleau-Ponty, *Phänomenologie der Wahrnehmung*, München 1964, S. 284-346.

(8) Charlotte Linde und William Labov, "Statial Networks as a site for the Study of Language and Thought", in *Language*, 51, 1975, p. 924-939. Über das Verhältnis des *Tuns* zum *Raum* siehe auch die Gruppe 107 (M. Hammad, etc.), *Sémiotique de l'espace*, Bericht für die D.G.R.S.T., 1973, p. 28.

(9) Siehe z.B. Catherine Bidou und Francis Ho Tham Kouie, *Le vécu des habitants dans leur logement à travers soixante entretiens libres*, Centre de Recherche sur le Bien-Etre 1974; Alain Medam und Jean-Francois Augoyard, *Situations d'habitat et facons d'habiter*, Ecole spéciale d'architecture de Paris 1976; etc.

(10) Cf. George H.T. Kimble, *Geography in the Middle Ages*, London 1938; etc.

(11) R. Barthes, *Das Reich der Zeichen*, Ffm 1981, S. 51-55.

(12) Diese Karte wurde reproduziert und analysiert von Pierre Janet, *L'evolution de la mémoire et la notion du temps*. A. Chahine, 1928, p. 284-287. Das Original befindet sich in Cuauhtinchan, Puebla, Mexiko.

(13) Siehe z.B. Louis Marin, *Utopiques: jeux d'espaces*, "Le portrait de la ville dans ses utopiques" (Paris 1973, p. 257-290) über das Verhältnis von Gestalten (ein "Diskurs-Parcours") und Karte (ein "Text-System") in den drei Stadtdarstellungen aus dem 17. Jahrhundert: das Verhältnis zwischen einem "narrativen" und einem "geometrischen" Element.

(14) Zit. in C. Bidou und F. Ho Tham Kouie, a.a.O., p. 55.

(15) Zit. ebd., p. 57 u. 59.

(16) Pierre Janet, *L'évolution de la memoire ...*, a.a.O., insbesondere die Vorträge über "den Ablauf der Narration" und über die "Fabrikation" (p. 249-294). A. Medam und J.F. Augoyard haben den Gegenstand ihrer Untersuchung mit dieser Einheit definiert (Situations d'habitat ..., a.a.O., p. 90-95).

(17) Y.M. Lotman, in Ecole de Tartu, *Travaux sur les systèmes de signes*, a.a.O., p. 89.

(18) Georges Dumézil, *Idées romaines*, Paris 1969, p. 61-78: "Ius fetiale".

(19) ebd.

(20) ebd., p. 31-45.

(21) G. Miller & Ph. Johnson-Laird, a.a.O., p. 57-66; cf. ebd., p. 385-390, 564 etc.

(22) Christian Morgenstern, "Der Lattenzaun", in *Alle Galgenlieder*, Wiesbaden 1958, S. 59.

(23) Cf. Nicole Brunet, *Un pont vers l'acculturation. Ile de Noirmoutiers*, D.E.A., Ethnologie, Uni. Paris VII, 1979.

(24) Cf. M. de Certeau, "Délires et délices de Jérôme Bosch", in *Traverses* Nr. 5-6, 1976, p. 37-54.

(25) Cf. Francoise Frontisi-Ducroux, *Dédale. Mythologie de l'artisan en Grèce ancienne*, Paris 1975, p. 104, p. 100-101, 117, etc., über die *Mobilität* dieser *starren* Statuen.

(26) Jules Michelet, *Die Hexe*, München 1974, S. 30.

(27) Zu dieser Zweideutigkeit siehe z.B. Emmanuel Le Roy Ladurie, *Karneval in Romans*, Stuttgart 1982.

(28) Cf. Paolo Fabbri, "Considerations sur la proxémique", in *Languages* Nr. 10, Juni 1968, p. 65-75. E.T. Halls definierte "Proxemik" als "the study of how man unconsciously structures spaces - the distance between men in the conduct of daily transactions, the organisation of space in his houses and buildings, and ultimately the lay out of his towns" ("Proxemics: the study of man's spatial relations", in Gladston (Hrsg.), *Man's image in Medicine and Anthropology*, New York 1963).

Kapitel X
DIE ÖKONOMIE DER SCHRIFT

(1) Übersetzt nach Grundtvig, *Budstikke i Hoinorden* (1864) 31 X 527, zit. bei Erica Simon, *Réveil national et culture populaire en Scandinavie. La genèse de la hojskole nordique*, 1844-1878, Kopenhagen 1960, p. 59.

(2) Cf. E. Simon, a.a.O., p. 54-59.

(3) J. Derrida, *Position*, Paris 1972, p. 41.

(4) K. Marx, "Ökonomisch-philosophische Manuskripte (1844)", in MEW Erg. Bd. I, S. 542-544.

(5) Cf. M. de Certeau, D. Julia, J. Revel, *Une politique de la langue*, Paris 1975.

(6) Shakespeare, *The Comedy of Errors*, II, 2, Vers 13-14.

(7) Cf. Lucette Finas, *La Crue*, Paris 1972, Vorwort, über die Lektüre, die eine Einschreibung des Textes auf dem Körper ist.

(8) Über diese Geschichte: A. Macfarlane, *The Origins of English Individualism*, Oxford 1978, und C.B. Macpherson, *Die politische Theorie des Besitzindividualismus. Von Hobbes bis Locke*, Ffm 1967.

(9) Siehe dazu vor allem Charles Webster, *The Great Instauration. Science, Medicine and Reform*, 1626-1660, New York 1975, p. 246-323.

(10) Jean-Pierre Peter, "Le corps du délit", in *Nouvelle Revue de psychanalyse* Nr. 3, 1971, p. 71-108: die drei Körperformen, die J.-P. Peter unterscheidet, könnten mit den drei Paradigmen der Physik in Verbindung gebracht werden, deren Varianten und Anwendungen sie sind, also die Physik der Zusammenstöße (17.

Jahrh.), die Physik der Wirkungen auf Entfernungen (18. Jahrh.) und die Thermodynamik (19. Jahrh.).

(11) Webster, a.a.O., und seine "Conclusions", p. 484-520.

(12) Über diese neue Macht der Schrift über die Geschichte siehe M. de Certeau, *L'écriture de l'histoire*, Paris 1978.

(13) Vergl. die Analysen von J. Baudrillard, *Der symbolische Tausch und der Tod*, München 1982, S. 77-130: "Die Ordnung der Simulakren"; und "Die Präzession der Simulakra", in J.B. *Agonie des Realen*, Berlin 1978.

(14) So oszillieren sie auch auf dem Glanzpapier in dem schönen Buch von André Velter und Marie-José Lamothe, *Les outils du corps*, Photos von Jean Marquis, Ed. Hier et demain 1978. Aber sie bevölkern auch die technischen Kataloge, z.B. *Chirurgie orthopédique*, Katalog von Chevalier Frères, o.J., 5-7 place de l'Odéon, Paris.

(15) Hier sei auf M. Foucault, *Überwachen und Strafen*, Ffm 1976, verwiesen, dessen Untersuchungen ein weites Feld eröffnen, das sogar noch jenseits der panoptischen Dispositive zu erforschen wäre.

(16) Es war ein Gedanke Durkheims, daß der gesellschaftliche Code sich in der individuellen Natur einschreibt und sie verstümmelt. Die erste Form der *Schrift* wäre also die *Verstümmelung*, die eine Hoheitsmacht verschafft. Siehe E. Durkheim, *Die elementaren Formen des religiösen Lebens*, Ffm 1981.

(17) Cf. Pierre Legendre, *L'amour du censeur*, Paris 1974.

(17a) dt. *Der Supermann*, Berlin 1969, *Heldentaten und Lehren des Dr. Faustroll (Pataphysiker)*, Berlin 1968, und *Locus Solus*, Neuwied 1968, *Eindrücke aus Afrika*, München 1980.

(18) Michel Carrouges, *Les Maschines célibataires*, Paris 1954 (und die durchgesehene und erweiterte Neuauflage von 1975); Jean Clair und Harald Szeemann (Hrsg.), *Junggesellenmaschinen/Les machines célibataires*, Venedig 1975.

(19) *Die Traumdeutung*, Kap. 7 über den *seelischen Apparat*. Der Ausdruck *theoretische Fiktion* ist direkt mit der "Fiktion eines primitiven psychischen Apparates" verbunden (GW II/III, S. 604).

(20) Cf. Katherine S. Dreier & Matta Echaurren, "Duchamp's glass 'La Mariée mise à nu par ses célibataires, même'. An analytical reflection" (1944), in *Selected Publications Society Anonym*, Bd. III, *Monographs and Brochure*, New York 1972.

(21) Alfred Jarry, *Les Jours et les Nuits*, (1897).

(22) Jean-Claude Milner, *L'amour de la langue*, Paris 1978, p. 98-112.

(23) Michel Sanouillet, in Marcel Duchamp, *Duchamp du signe. Ecrits*, Paris 1975, p. 16.

(24) Cf. Jean-Francois Lyotard, *Les Transformateurs Duchamp*, Paris 1977, p. 33-40: "Duchamp as a transformer"; dt. in: "*Schlau sein, dabei sein*", Merve Verlag 1970-1980, Berlin 1980 und *Die TRANSformatoren Duchamp*, Stuttgart 1986.

Kapitel XI
STIMMEN ZITIEREN

(1) *Vox* (Eloge auf die Stimme) in einer Gedichtsammlung mit dem Titel *Ingenii familia* (darin: *Ingenium, liber, vox, memoria, oblivio),* in Gabriel Cossart, *Orationes et carmina,* Paris 1675, p. 234.

(2) Daniel Defoe, *Robinson Crusoe,* München (Goldmann) o.J., S. 162ff.

(3) Vergl. zu diesem Aspekt des Mythos: Claude Rabant, "Le mythe à l'avenir (re)commence", in *Esprit,* April 1971, p. 631-643.

(4) Siehe oben, Kap. 10.

(5) Cf. M. de Certeau, *L'écriture de l'histoire,* Paris 1978.

(6) Cf. M. de Certeau, "Théorie et fiction" et "Le monde de la voyelle", in Certeau, Julia, Revel, a.a.O., p. 82-98 und 110-121.

(7) Cf. Ferdinand de Saussure, *Grundfragen der allgemeinen Sprachwissenschaft,* Berlin 1967, S. 22ff.

(8) ebd., Anmerkung von Tullio de Mauro in der franz. Ausgabe, p. 420.

(9) Cf. Saussure, a.a.O., S. 198; und auch Cl. Haroche, P. Henry, M. Pecheux, "La sémantique et la coupure saussurienne: langue, langage, discours", in *Langages* Nr. 24, 1971, p. 93-106.

(10) Cf. D. Bertaux, *Histoires de vies ou récits des pratiques? Méthodologies de l'approche biographique en sociologie,* Paris 1976.

(11) L. Hjelmslev, *Prolegomena zu einer Sprachtheorie,* München 1974.

(12) Marguerite Duras, *Nathalie Granger,* Paris 1973, p. 105, Einleitung zu "La femme du Gange" und Interview mit Benoît Jacquot in *Art Press,* Okt. 1973.

(13) Pierre Jakez Helias, *Le cheval d'orgueil,* Paris 1975, p. 41 u. 27.

(14) ebd., p. 54.

(15) ebd., p. 55.

Kapitel XII
LESEN HEISST WILDERN

(1) Alvin Toffler, *The culture consumers,* Baltimore 1965, p. 33-52.

(2) *Pratiques culturelles des Francais,* Secrétariat d'Etat à la Culture, S.E.R., 1974, 2 Bde.

(3) Nach einer Untersuchung von Louis-Harris (Sept.-Okt. 1978) hat sich die Zahl der Leser in Frankreich in den letzten 20 Jahren um 17% vergrößert: der Anteil der Vielleser (22%) ist gleichgeblieben, aber der Anteil der mittleren oder schwachen Leser ist größer geworden. Cf. Janick Jossin, in *L'Express,* 11. Nov. 1978, p. 151-162.

(4) Cf. Jean Ehrard, *L'idee de nature en France pendant la première moitié du XVIIIe siècle,* Sepven 1963, p. 753-767: "Naissance d'un mythe: l'Education".

(5) Francois Furet und Jacques Ozouf, *Lire et écrire. L'alphabétisation des Francais de Calvin à Jules Ferry,* Paris 1977, Bd. 1, p. 349-369 und p. 199-228: "Lire seulement".

(6) Siehe z.B. J. Mehler und G. Noizet, *Textes pour une psycholinguistique,* Paris 1974; und auch Jean Hébrard, "Ecole et alphabétisation au XIXe siècle", Beitrag zum Kolloquium "Lire et écrire", Paris, M.S.H., Juni 1979.

(7) Furet u. Ozouf, a.a.O., p. 213.

(8) Michel Charles, *Rhétorique de la lecture,* Paris 1977, p. 83.

(9) J.L. Borges, "Bemerkungen über (in die Richtung von) Bernhard Shaw".

(10) M. Charles, a.a.O., p. 61.

(11) Bekanntlich ist "*lecteur*" (Leser und Lektor) im Mittelalter der Titel eines Lehrenden gewesen.

(12) Siehe vor allem Alain Bentolia (Hrsg.), *Recherches actuelles sur l'enseignement de la lecture.* Bibl. du C.E.P.L., Retz 1976; Jean Foucambert und J. André, *Le manière d'être lecteur. Apprentissage et enseignement de la lecture, de la maternelle au CM 2,* 1976; Laurence Lentin, *Du parler au lire. Interaction entre l'adult et l'enfant,* 1977, etc. Darüberhinaus gibt es zu diesem Thema noch Unmengen an Literatur "made in U.S.A.".

(13) Vergl. die Bibliographie von F. Furet und J. Ozouf, a.a.O., Bd. 2, p. 358-372, und auch Mitford Mcteod Mathews, *Teaching to read, historically considered,* Chicago 1966. Darüberhinaus eröffnen die Arbeiten von Jack Goody zahlreiche Wege für ethnohistorische Forschungen.

(14) Dazu kommen noch statistische Untersuchungen, cf. J. Charpentreau, F. Clément u.a., *Le livre et la lecture en France,* Paris 1968.

(15) Siehe vor allem Roland Barthes, *Die Lust am Text,* Ffm 1974, und "Sur la lecture", in *Le bruissement de la langue,* Paris 1984, S. 37-47, aber auch die Arbeiten von Tony Duvert, O. Mannoni, Michel Mougenot, Victor N. Smirnoff, T. Todorov, Jean Verrier, etc.

(16) Siehe z.B. die "Sätze" von M. Charles, a.a.O.

(17) Descartes, *Die Prinzipien der Philosophie,* Hamburg 1955, S. 247.

(18) Pierre Kuentz, "Le tête du texte", in *Esprit,* Dez. 1974, p. 946-962, und "L'envers du texte", in *Littérature* Nr. 7, a.a.O.

(19) Es gibt leider nur sehr wenige Dokumente, die etwas über die Autonomie der Lektüre, die Interpretation und die Überzeugungen der katholischen Bibelleser aussagen. Siehe dazu über seinen "bäuerlichen" Vater Rétif de la Bretonne, *La vie de mon père* (1778), dt. *Leben meines Vaters,* 2 Bde., Bln 1780.

(20) Guy Rosolato, *Essais sur le symbolique,* Paris 1969, p. 288.

(21) Therese von Avila hielt die Lektüre für ein Gebet und für die Entdeckung eines anderen Raumes, in dem sich das Begehren artikulierte. Tausend andere geistliche Autoren sind derselben Meinung, und auch das Kind weiß es bereits.

(22) Marguerite Duras, *Le Camion,* Paris 1977, und "Entretien à Michèle Porte", zit. in *Sorcières* Nr. 11, Jan. 1978, p. 47.

(23) Jacques Sojcher, "Le professeur de philosophie", in *Revue de l'Université de Bruxelles,* 1976, Nr. 3-4, p. 428-429.

(24) R. Barthes, *Die Lust am Text,* a.a.O., S. 53.

(25) Claude Lévi-Strauss, *Das wilde Denken,* Ffm 1973, S. 29-48. Bei der "Bastelei" des Lesers könnten die wiederverwendeten Elemente, die alle aus dem offiziellen und überkommenen Korpus stammen, *glauben machen,* daß es nichts Neues bei der Lektüre gibt.

(26) Cf. insbesondere die Arbeiten von Hans Ulrich Gumbrecht ("Die dramenschließende Sprachhandlung im Aristotelischen Theater und ihre Problematisierung bei Marivaux") und von Karl-Heinz Siterle ("Das Liebesgeständnis in Racines *Phèdre* und das Verhältnis von (Sprach-)Handlung und Tat") in *Poetica,* Bochum 1976, etc.

(27) Georges Perec hat wunderbar darüber gesprochen, in "Lire: esquisse sociophysiologique", in *Esprit,* Jan. 1976, p. 9-20.

(28) Es ist allerdings bekannt, daß die Sprechmuskeln der Stimmbänder und der Stimmritze bei der Lektüre doch in Bewegung bleiben.

(29) Cf. F. Richaudeau, *La lisbilité,* C.E.P.L. 1969; oder Georges Rémond, "Apprendre la lecture silencieuse à l'école primaire", in A. Bentolila (Hrsg.), a.a.O., p. 147-161.

(30) R. Barthes, "Sur la lecture", a.a.O., p. 15-16.

Kapitel XIII
POLITISCHE GLAUBWÜRDIGKEIT

(1a) Marcel Duchamp, *Die Schriften,* Bd. 1, Zürich 1981, S. 215.

(1) Jorge Luis Borges, Die Chroniken von Bustos Domecq, das Kapitel "Esse est percipi" (Sein heißt, gesehen werden).

(2) Vergl. die Bemerkungen von W.V. Quine und J.S. Ullian, *The Web of Belief,* New York 1970, p. 4-6.

(3) Siehe zu diesem Thema: Jaakko Hintikka, *Knowledge and belief. An introduction to the logic of the two notions,* Ithaca 1969; Rodney Blackwell, *Belief, Language and Experience,* Oxford 1972; Ernest Gellner, *Legitimation of Belief,* Cambridge 1974; John M. Vickers, *Belief and Probability,* Dordrecht 1976; etc.

(4) Siehe z.B. R.S. Peters und Peter Winch, "Authority", in Anthony Quinton (Hrsg.), *Political philosophy,* Oxford 1973, p. 83-111.

(5) Pierre Legendre, *L'amour du censeur,* Paris 1974, p. 28.

(6) Siehe z.B. Dale Carnegie, *Public speaking and influencing men in business,* und vor allem Martin Fishbein und Icek Ajzen, *Belief, Attitude, Intention and Behavior,* 1975.

(7) M. Foucault, *Überwachen und Strafen,* a.a.O.

(8) Kamata Satoshi, *Toyota, l'usine du désespoir,* Paris 1976: ein noch "paläotechnisches" System, wo es darum geht, alle Aktivitäten zu "kontrollieren" und ihnen keine Werte beizulegen, die Gläubige schaffen sollen. Cf. Miklós Haraszti, *Stücklohn,* Berlin 1976.

(9) Pierre Grémion stellt fest, daß die Legitimationsmechanismen bei der regionalen Verwaltung und den städtischen Unterorganisationen "nicht mehr vorhanden sind". Cf. P. Grémion, *Le pouvoir périphérique. Bureaucrates et notables dans le système politique francais,* Paris 1976.

(10) Siehe M. de Certeau, *La culture au pluriel,* Paris 1974, p. 11-34: "Les révolutions du croyable". Logischerweise haben Quine und Ullian gerade diesen Verschiebungen des Glaubens *(Belief)* von

Aussage zu Aussage ihre ersten Untersuchungen gewidmet (a.a.O., p. 8-9).

(11) Der Analyse von Reisen, bei denen der Mythos von Stamm zu Stamm übermittelt und ganz allmählig zu einer legendenhaften Überlieferung "abgeschwächt" wird, sei es in Romanform oder als politische Ideologie (siehe Lévi-Strauss, *Strukturale Anthropologie,* Bd. 2, Ffm 1967), muß man noch eine Analyse jener langsamen Entziehung der Besetzung hinzufügen, durch die der Glaube sich aus einem Mythos zurückzieht.

(12) Vergl. Georges Duby, *Krieger und Bauern,* Ffm 1977, S. 166.

(13) Cf. M. de Certeau, *L'écriture de l'histore,* Paris 1978, p. 152-212: "La formalité des pratiques. Du système religieux à l'éthique des lumières (XVIIe-XVIIIe siècle)".

(14) J.-J. Rousseau, *Der Gesellschaftsvertrag,* IV, Kap. 8 (vergl. Der Gesellschaftsvertrag, München 1948, S. 205-219).

(15) Cf. Robert N. Bellah, *Beyond belief. Essays on religion in a post-traditional world,* New York 1970, p. 168-189, über die "bürgerliche Religion" in den Vereinigten Staaten.

(16) Maurice Agulhon hat den Beweis dafür geliefert, als er das Fortbestehen einer "Form" von südfranzösischer Gesellschaftlichkeit untersuchte, die sich trotz verschiedener Inhalte erhielt: fromm im 16.-17. Jahrh., freimaurerisch im 18. Jahrh. und sozialistisch im 19. Jahrh.; in *Pénitents et francs-macons de l'ancienne Provence,* Paris 1968.

(17) Ein Einwand, den man gegen die feinsinnigen Untersuchungen von Yvon Bourdet machen könnte, die ausschließlich um die Psychologie oder Ethik der Militanz zentriert sind, welche von dem historischen Ort getrennt wird, an dem sie entsteht: *Qu'est qui fait courir les militants?,* Paris 1976.

(18) Daniel Mothé notiert zu recht, daß der Militante pessimistisch ist, was die Gegenwart betrifft, und optimistisch in Bezug auf die Zukunft *(Le métier militant,* Paris 1973).

(19) Siehe insbesondere die zahlreichen Arbeiten von Henri Desroche.

(20) *Bedeuten* im Sinne des folgendem Heraklit-Fragment: "Der Herr, dem das Orakel in Delphi gehört, sagt nichts und birgt nichts, sondern er bedeutet." *(Heraklit,* Fragm. 93), dt. nach Diels.

(21) Siehe Erwin Panofski, "Die Perspektive als symbolische Form", in *Aufsätze zu Grundfragen der Kunstwissenschaft,* Berlin 1974; Ernst H. Gombrich, *Kunst und Illusion,* 1960; R. Klein, *La forme et l'intelligible,* Paris 1970.

(22) Zum Simulakrum siehe Anmerkung 13 zu Kapitel 10.

(23) Cf. O. Mannoni, *Clefs pour l'imaginaire ou l'Autre Scène,* Paris 1969, p. 9-33: "Ich weiß sehr wohl, aber trotzdem" (über den Glauben).

(24) M. de Certeau, "Science et fiction: l'histoire, de l'informatique à l'Anthropologie", in *Nouvelles littéraires,* Jan. 1977.

(1) Maurice Berger und Francoise Hortala, *Mourir à l'hôpital,* Paris 1974, p. 155.

(2) Cf. M. de Certeau, *L'absent de l'histoire,* Paris 1973.

(3) Cf. Guy Le Gaufey, "La douleur mélancolique, la mort impossible et le réel", in *Lettres* de l'Ecole freudienne Nr. 13, Dez. 1974, p. 38-49.

(4) Cf. Serge Leclaire, *Das Reale entlarven,* Olten 1976, S. 125-150: "Jérôme *oder* der Tod im Leben des Zwangskranken".

(5) James Joyce, *Giacomo Joyce,* in *Werke, Frankfurter Ausgabe* Bd. 4.1, S. 297.

(6) Über diese topologische Struktur des "zwei an derselben Stelle", also über die Struktur des gespaltenen Subjektes siehe M. de Certeau, *L'écriture de l'histoire,* Paris 1978, p. 337-352.

(7) Francois Jacob, *Logik des Lebenden,* München 1983.

(8) Robert Jay Lifton, *Death in Life. The Survivors of Hiroshima,* London und New York 1968, zitiert bei A. Alvarez, *Le Dieu sauvage. Essai sur le suicide,* Paris 1972, p. 281.

UNBESTIMMTHEITEN

(1a) Georg von Lukács, *Die Seele und die Formen,* Berlin 1911, S. 328.

(1) Michel Serres, *Hermès II. L'interférence,* Paris 1972, p. 12-13.

(2) Manuel Janco und Daniel Furjot, *Informatique et capitalisme,* Paris 1972, p. 117-127.

(3) Gerald Holton, *Thematic origins of scientific thought. Kepler to Einstein,* Harvard 1974, vor allem p. 91-161, über die imaginären Voraussetzungen der Wissenschaft und die "Komplementarität", die logische Strenge an imaginären Strukturen entfaltet. Siehe auch über die Rolle der Metaphorik bei wissenschaftlichen Begründungen Mary Hesse, *The structure of scientific inference,* London 1974, erstes und letztes Kapitel.

(4) Auf den *tatsächlichen* Wegen, auf denen ein Vorhaben einer Entscheidung zugeführt wird, werden viele erbauliche "Berichte" benötigt, die denen vergleichbar sind, welche Lucien Sfez (leider zusammengefaßt) im Anhang seiner *Critique de la décision,* Paris 1973, p. 353-356, anführt. Aber darf man das eingestehen?

(5) Der "Blasphemie" (die die Pointe "fallen läßt" und mehr "verrät" als sie preisgibt) setzt Benveniste den "Euphemismus" entgegen ("der Name einer Pfeife" anstelle des "Namens von Gott"), der "auf eine sprachliche Profanierung anspielt, ohne sie zu vollenden" (*Problèmes de linguistique général,* Paris 1974, Bd. 2, p. 254-257). Ein ausgezeichnetes Konzept.

(6) Cf. das "Graffiti" von Ernest Berringer in New York.

(7) Cf. M. de Certeau, *L'écriture de l'histoire,* a.a.O., p. 312-358.

(8) Diese Ausdrücke wurden von Jean-Claude Perrot in seiner meisterlichen Studie *Genèse d'une ville moderne. Caen au XVIIIe*

siècle, Paris 1975, p. 54-98, verwendet, um das Verhältnis der "Theorien" über die Stadtentwicklung zur tatsächlichen Entwicklung zu beschreiben.

(9) Cf. Harald Weinrich, *Tempus. Besprochene und erzählte Welt*, Stuttgart, Berlin, Köln, Mainz 1977, S. 190-221.

Schriften von Michel de Certeau

LE MÉMORIAL DE PIERRE FAVRE, Paris 1960.

GUIDE SPIRITUEL DE JEAN-JOSEPH SURIN, Paris 1963.

CORRESPONDANCE DE JEAN-JOSEPH SURIN, Paris 1966.

LA PRISE DE PAROLE, Paris 1968.

L'ÉTRANGER (ou L'UNION DANS LA DIFFÉRENCE), Paris 1969.

LA POSSESSION DE LOUDUN, Paris 1970.

L'ABSENT DE L'HISTOIRE, Paris 1973.

LA CULTURE AU PLURIEL, Paris 1974.

LE CHRISTIANISME ÉCLATÉ (zusammen mit Jean-Marie Domenach), Paris 1974.

UNE POLITIQUE DE LA LANGUE. LA RÉVOLUTION FRAN-CAISE ET LES PATOIS (mit Dominique Julia und Jacques Revel), Paris 1975.

L'ÉCRITURE DE L'HISTOIRE, Paris 1975.

POLITICA E MISTICA. QUESTIONI DI STORIA RELIGIOSA, Mailand 1975.

LE RÉVEIL INDIEN EN AMÉRIQUE LATINE (mit Yves Materne), Paris 1977.

LA FABLE MYSTIQUE. XVIe-XVIIe SIECLE, Bd. 1, Paris 1982.

L'ORDINAIRE DE LA COMMUNICATION (mit Luce Giard), Paris 1983.

HISTOIRE ET PSYCHANALYSE ENTRE SCIENCE ET FIC-TION, Paris 1987.

LA FAIBLESSE DE CROIRE; hg. von Luce Giard, Paris 1987.